智能制造系列教材

智能制造物流系统设计与控制

主　编　武　星　肖海宁
副主编　王龙军　李苗苗　冷　晟
主　审　楼佩煌

电子工业出版社
Publishing House of Electronics Industry
北京·BEIJING

内 容 简 介

本书从制造系统组成入手，由制造系统的物料流引出了与制造过程密切相关的生产物流，提出了包含策略级管理控制、系统级调度控制、设备级运动控制、系统级仿真优化的生产物流控制架构，讲述了生产物流计划与控制、物流系统规划设计、连续式物流输送装备、有轨输送车的一般原理，重点研究了自动导引车的技术组成、定位导航、运动控制、调度管控与建模仿真。本书既包含自主导航、智能调度、协同控制等科技前沿理论的分析研究，又包含自动导引车、有轨输送车、链式输送机、辊子输送机、带式输送机等典型物流装备的技术开发，兼有理论研究深度和工程应用价值。

本书既可作为智能制造工程、机器人工程、机械工程、物流工程、工业工程等专业的高等院校学生的教材，又可供从事智能物流系统研究、设计、开发和应用的科技人员参考。

未经许可，不得以任何方式复制或抄袭本书的部分或全部内容。
版权所有，侵权必究。

图书在版编目（CIP）数据

智能制造物流系统设计与控制 / 武星等主编. —北京：电子工业出版社，2021.9
ISBN 978-7-121-42006-1

Ⅰ. ①智… Ⅱ. ①武… Ⅲ. ①制造工业－物流－高等学校－教材 Ⅳ. ①F407.4

中国版本图书馆 CIP 数据核字（2021）第 188229 号

责任编辑：杜　军　　　　　特约编辑：田学清
印　　刷：北京虎彩文化传播有限公司
装　　订：北京虎彩文化传播有限公司
出版发行：电子工业出版社
　　　　　北京市海淀区万寿路 173 信箱　　邮编：100036
开　　本：787×1092　1/16　　印张：21.75　　字数：585 千字
版　　次：2021 年 9 月第 1 版
印　　次：2024 年 1 月第 2 次印刷
定　　价：59.00 元

凡所购买电子工业出版社图书有缺损问题，请向购买书店调换。若书店售缺，请与本社发行部联系，联系及邮购电话：(010) 88254888，88258888。

质量投诉请发邮件至 zlts@phei.com.cn，盗版侵权举报请发邮件至 dbqq@phei.com.cn。
本书咨询联系方式：dujun@phei.com.cn。

前言

　　工厂内部的生产制造过程是由生产工艺与生产物流共同组成的，物流系统将整个制造系统的各加工工序有效地衔接起来。与制造系统的发展历程相似，物流系统的发展也经历了机械化、自动化、高柔性自动化和智能化4个阶段。在智能化时期，自动导引车与机器人、有轨车、有轨穿梭车等各种自动化物流输送装备有机结合，并配以自动导引车调度控制系统，与制造执行系统或仓储管理系统等无缝对接，不仅实现了生产物流输送的整体自动化与智能化，还将生产工艺与智能物流高度衔接，促进了整个智能工厂的物流与生产高度融合。

　　为了适应制造强国战略对智能制造高端技术人才的迫切需求，很多高等工科院校适时开办了智能制造工程专业。其中，智能制造物流系统设计与控制是智能制造工程专业的一门核心课程。当前，有关物流技术装备的教材主要面向物流管理、物流工程、工业工程、交通运输工程等专业，着重研究包含物流基础设施（公路、铁路、水路、管道等）、物流专用设施（物流园区、物流中心、配送中心、仓库等）、物流功能设备（运输、仓储、装卸、搬运、包装、流通加工等）的交通运输物流。然而，与智能制造密切相关的是面向工厂内部制造过程的车间生产物流，目前学术界尚未发现专门针对智能制造研究车间生产物流控制与调度的专业教材。

　　近十年来，编者主持了与智能制造物流系统设计与控制相关的国家自然科学基金（61105114、61973154）、国防基础科研计划智能制造专项（JCKY2018605CXXX）、江苏省重点研发计划（BE2014137）和中国博士后科学基金（2015M580421）等多项国家级/省部级科研项目。在国家部委的支持和项目组成员的共同努力下，我们在 *Robotics and Computer Integrated Manufacturing*、*Mechatronics*、*Journal of Intelligent & Robotic Systems*、*IEEE Access*、*Applied Sciences*、*International Journal of Advanced Robotic Systems*、*Mathematical Problems in Engineering*，以及《机械工程学报》《仪器仪表学报》《控制与决策》《控制理论与应用》《机器人》《中国机械工程》《计算机集成制造系统》《农业机械学报》《机械科学与技术》等国内外知名刊物发表学术论文50余篇，申请国家发明专利40余件，其中已授权20余件，不少专利技术已实现工程应用与成果转化。由于这些成果都是以分散的形式在学术期刊或专利文件上出现的，不方便查阅和交流，因此有必要将这些项目的研究成果汇集起来，以供智能制造物流系统设计与控制领域的研究者和关注者查阅。

　　本书从制造系统组成入手，由制造系统的物料流引出了与制造过程密切相关的生产物流，提出了包含策略级管理控制、系统级调度控制、设备级运动控制、系统级仿真优化的生产物流控制架构，讲述了生产物流计划与控制、物流系统规划设计、连续式物流输送装备、有轨输送车的一般原理，重点研究了自动导引车的技术组成、定位导航、运动控制、调度管控与建模仿真。本书既包含自主导航、智能调度、协同控制等科技前沿理论的分析研究，又包含自动导引车、有轨输送车、链式输送机、辊子输送机、带式输送机等典型物流装备的技术开发，兼有理论研究深度和工程应用价值，在一定程度上填补了智能制造物流控制领域的专业教材空白。

本书由武星（南京航空航天大学）、肖海宁（盐城工学院）任主编，楼佩煌（南京航空航天大学）任主审，王龙军（南京航空航天大学）、李苗苗（南京航空航天大学）、冷晟（南京航空航天大学）任副主编。本书共九章，第一章、第三章、第六章由武星编写；第二章由冷晟编写；第四章、第五章由李苗苗、武星编写；第七章由王龙军、武星编写；第八章、第九章由肖海宁、武星编写，全书由武星统稿。本书在编写和出版过程中得到了国内外许多专家、学者，以及参与了项目研究而没有参加本书编写工作的博士研究生和硕士研究生的热情帮助，谨此向各位表示感谢。

本书既可作为智能制造工程、机器人工程、机械工程、物流工程、工业工程等专业的高等院校学生的教材，又可供从事智能物流系统研究、设计、开发和应用的科技人员参考。

由于编者水平有限，书中难免存在不妥及疏漏之处，诚恳地希望各位读者和广大师生不吝赐教和指正，对此表示诚挚的感谢。

编者

目录

第一章 绪论 1
    第一节 制造系统概述 1
    第二节 生产物流的概念 8
    第三节 生产物流控制 13
    第四节 智能制造物流控制 17

第二章 生产物流计划与控制 24
    第一节 基本理论 24
    第二节 制造资源计划 32
    第三节 生产调度排产 48

第三章 物流系统规划设计 56
    第一节 工厂布局与物流管理 56
    第二节 车间、仓库和设施布局 59
    第三节 流水线设计 62
    第四节 物流输送系统总体设计 71

第四章 连续式物流输送装备 89
    第一节 带式输送机 89
    第二节 辊子输送机 100
    第三节 链式输送机 109

第五章 有轨输送车 129
    第一节 概述 129
    第二节 电动单轨车 130
    第三节 有轨巷道式堆垛机 138
    第四节 有轨穿梭车 153

第六章 自动导引车 158
    第一节 概述 158
    第二节 系统组成 167

第三节　感知和导引 174
  第四节　运动底盘 199
  第五节　运动控制 205

第七章　AGV 智能导航控制 227
  第一节　环境感知 228
  第二节　地图表示 236
  第三节　定位 240
  第四节　路径规划 245

第八章　AGV 系统设计与管控 255
  第一节　AGV 系统概述 255
  第二节　AGV 路径网络设计 263
  第三节　AGV 任务调度 279
  第四节　AGV 路径规划 293
  第五节　AGV 交通管控 294

第九章　系统仿真与优化 308
  第一节　系统仿真基本原理 308
  第二节　生产物流系统典型事件分析 312
  第三节　Plant Simulation 仿真软件 318
  第四节　生产物流系统建模与仿真实例 326

参考文献 337

第一章

绪　论

本章主要阐述了生产物流的基本概念与生产物流控制的内涵，并介绍了智能制造物流系统设计与控制涉及的专业领域。首先，从制造系统组成入手，由制造系统的物料流引出了与制造过程密切相关的生产物流；其次，具体介绍了生产物流的基本概念、功能、类型和内涵；再次，重点讲述了包含策略级管理控制、系统级调度控制、设备级运动控制、系统级仿真优化的生产物流控制架构；最后，为了适应制造系统在工业 4.0 阶段的发展需求，描述了智能制造物流控制的新特征，展望了物流 4.0 的发展趋势。

第一节　制造系统概述

社会发展和市场发展，以及生活质量的提高向制造业提出了新的要求，而科学和技术的进步为制造业的革命提供了理论和技术条件。纵观历史，较为擅长制造物品的人类文化总是较为成功的。通过制造较好的工具，使他们有较好的生活物品和武器，较好的生活物品使他们生活得更好，而较好的武器使他们在与别的文化发生冲突时可以战胜别人。从某种意义上讲，人类文明的发展历史就是人类制造物品的历史。

从技术上看，制造是运用物理或化学的方法改变毛坯（原材料）的几何形状、特性或外观，最后制成零件或产品。制造包含将多个零件装配成产品的操作。要完成制造过程，必须结合机器、工具、能源和人力 4 个因素，如图 1-1（a）所示。制造通常是一个操作序列，每一步都使原材料更接近最终状态。

从经济上看，制造是通过一个或一组工艺操作（加工、装配等）将材料转变成具有更大价值的材料，如图 1-1（b）所示。经济定义的核心是改变材料的形状、性质或与别的零件结合，制造增加了材料的价值，即材料通过作用在它身上的制造操作而增值。例如，铁变成钢而增值、砂变成玻璃而增值、石油变成塑料而增值、塑料压成手机外壳而增值。

制造业是通过制造活动为人们提供生活消费品或工业品的行业。制造业的产品通常分为两类：生活资料（消费品）和生产资料。消费品（如电视）直接由消费者购买，而生产资料（如机床）则由公司购买并用来制造别的产品。此外，还有大量的非最终产品（如螺钉），它们用来装配最终产品。

制造系统是制造业的基本组成实体。制造系统是由制造过程及其涉及的硬件、软件和制造信息等组成的一个具有特定功能的有机整体。其中，硬件包括人员、设备、材料、能源和各种辅助装置；软件包括制造理论和制造技术，而制造技术又包括制造工艺和制造方法等。制造系统的定义具有广泛的内涵，机械加工系统就是一种制造系统；一个制造产品的生产线、车间乃至各个工厂都可以看作不同规模和层次的制造系统；柔性制造系统、计算机集成制造系统也是一种制造系统。

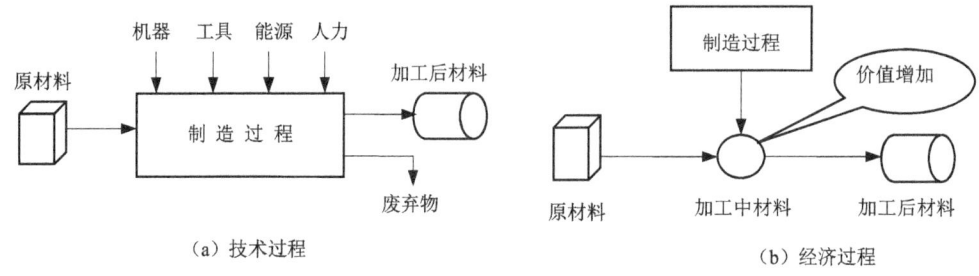

图 1-1 制造的定义

一、制造系统的组成

制造不仅是物料转换的过程，而且是一个复杂的信息变换的过程，在制造中进行的一切活动都是信息处理流程的一部分。制造系统可看成是由物料流、信息流和能源流三大部分组成的系统，如图 1-2 所示。这里的物料流指原材料转变、存储、运输的过程；信息流指围绕制造过程用到的各种知识、信息和数据的处理、传递、转换和利用的过程；能源流指动力能源。若要对制造系统的组成进行分析，则需要从制造系统的功能、信息、组织结构、资源组成等方面进行描述。

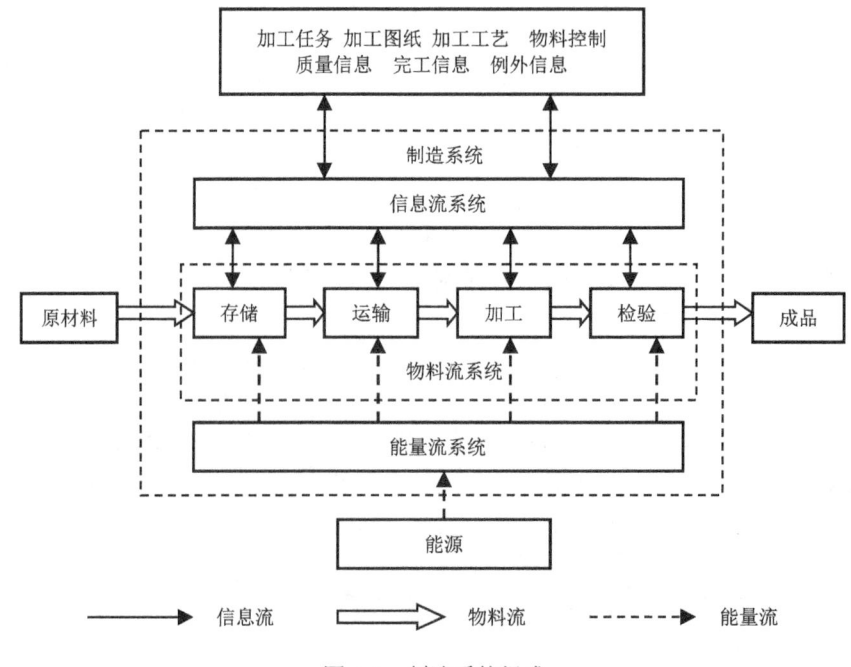

图 1-2 制造系统组成

1．功能视图

功能视图是从功能的角度来表达制造系统的。最简单的描述制造系统的方法是，按照制造系统中各功能模块在制造过程中的位置来表示制造系统的主要功能组成，如图 1-3 所示。制造功能环是一个循环迭代的处理过程，包括点划线表示的指令、实线表示的物料流及虚线表示的进展报告。从市场的销售预测开始，调研目标产品的潜在客户和市场容量，制订年度销售目标和生产计划，再由财务部门规划产品预算。设计部门根据产品预算完成工程设计，输出图纸、说明和标准。生产管理部门根据计划产量和物料清单计算物料需求计划，并将其下达给库存管理部门。库存管理部门对比各种零配件的库存量，已有的零配件可直接运送到制造部门，空缺的零配件可先通过采购到库房再运送到制造部门。制造部门通过改变毛坯的几何形状、特性或外观，最后制成零件或产品。质量控制部门通过检验、测试和调试来保证产品的功能和性能。检验合格的产品进入批发与零售环节，通过各种销售渠道交付给客户，实现产品的价值与使用价值。

在制造功能环中，广义的生产过程涵盖了原材料—成品—用户整个劳动过程的总和，这涉及两种截然不同的物流运输过程。一种是批发与零售环节中的运送产品过程，即通常所说的交通运输物流，其主要研究物流基础设施（公路、铁路、水路、管道等）、物流专用设施（物流园区、物流中心、配送中心、仓库等）和物流功能设备（运输、仓储、装卸、搬运、包装、流通加工等）。这种物流工程不在本书的讨论范围。另一种是面向工厂内部制造过程的车间生产物流，即从库房到生产线中各种加工/装配设备之间进行在制品、零配件、工夹量具等的搬运配送，这种生产物流是本书将要研究讨论的。

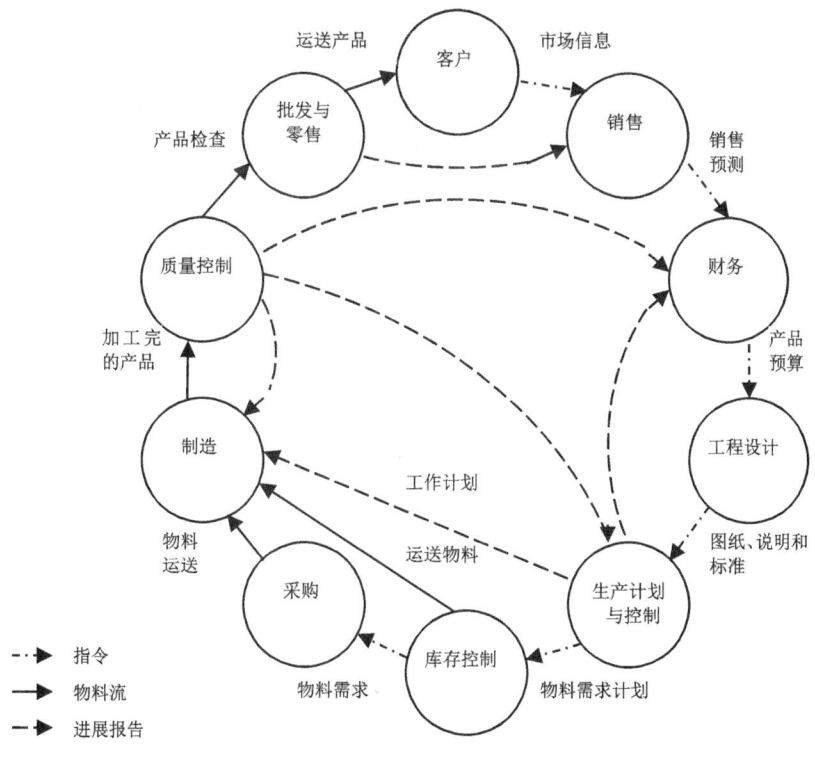

图 1-3　制造功能环

2. 信息视图

信息视图是制造系统处理的业务对象中包含的信息,即执行具体功能的活动的输入、输出数据及这些数据之间的逻辑关系。由图 1-2 可知,信息流基本包含了技术和生产管理两方面的内容,首先从产品图纸上获得的信息和数据是整个制造活动的依据,制造过程将按图纸要求有序地进行。按照复杂程度,产品可分解为部件、零件和形状要素,以及尺寸、材料和技术要求,这些产品的原始数据是制造活动的初始信息源。

为了制造产品,制造部门必须通过工艺设计来确定用什么方法和手段对制造过程进行技术组织和管理,同时编制工艺规程、设计工夹量具、确定工时和工序费用,并给出机床的数控程序。

与此同时,为使制造过程有条不紊地进行,必须建立生产计划与控制系统,根据下达的生产任务与系统资源利用情况,对生产任务做出合理的安排,并及时从生产现场获得有关生产任务完成情况及产品质量、设备和人员的信息,以便进行动态的作业计划与生产调度,保证制造过程顺利进行,并达到理想的工效和最佳的效益。

值得特别指出的是,目前计算机在制造系统中得到越来越广泛的应用,不论在生产数据处理和生产过程控制方面,还是在企业的技术、生产管理方面,其都发挥着巨大的作用,成为发展制造技术必不可少的设备。因此,在研究制造技术的同时,必须密切关注计算机及控制技术的发展和应用的趋势,以及它们对制造系统发展的影响,以便更好地发挥计算机在制造系统中的作用,使生产更加现代化、管理更加科学化。

3. 组织视图

组织视图不仅要反映责任人和工作的联系,还要反映制造系统的多层次性。流程—人—技术是制造系统运行管理中的 3 个基本方面,每一个制造功能的运行都需要 3 个基本方面的密切合作。一个典型制造系统(企业)的组织结构如图 1-4 所示,各组织的作用如下。

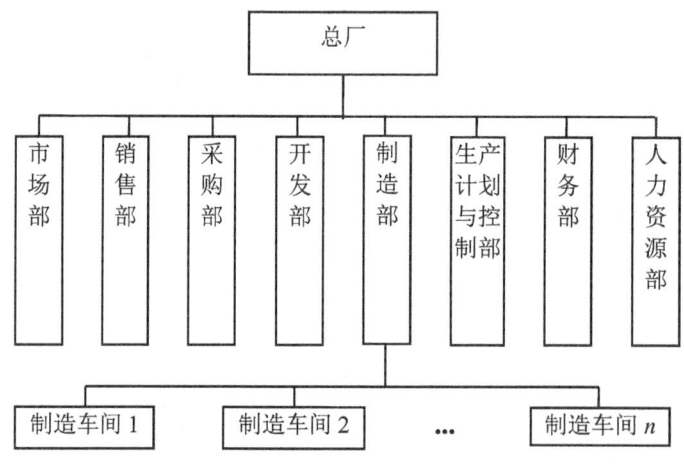

图 1-4 一个典型制造系统(企业)的组织结构

(1)市场部:产品市场分析、销售预测、广告营销、客户关系管理等。

(2)销售部:产品销售,包括合同管理、售后服务、产品定价等。

(3)开发部:新产品研究与开发,包括小批量的试制、产品文档的编写,有时也包括新车间的设计等。

（4）生产计划与控制部：安排生产计划，控制生产过程，包括库存控制、生产能力计划、生产计划和生产控制等。

（5）制造部：产生一个物理输出（零件或最终产品），包括完成各种制造和装配工序、设备维护、质量保障等。

（6）采购部：完成原材料、外购件和设备的采购等。

（7）财务部：企业资金管理，包括账务管理、预算审查、投资评估、成本核算等。

（8）人力资源部：管理制造系统中的人，包括招聘与解聘、业绩考核、工资与福利等。

4. 资源视图

制造资源指为完成特定的制造任务而需要的那些东西，主要包括材料、人、技术、设备、信息、资金、能源和时间。

二、制造系统的分类

不同的制造任务需要不同类型的制造系统。制造系统有以下两种分类方式。

1. 按生产批量分类

（1）小批量制造系统：对中型产品而言，一般批量为 1~100 件/年，特点是产品的品种繁多但生产量少。为保证最大柔性，通常采用通用的生产设备，并将其按工艺专业化进行布置；通常要求生产工人具有较高的技巧。这类制造系统的优点是高度柔性，缺点是生产率低。

（2）中批量制造系统：对中型产品而言，一般批量为 100~5000 件/年。中批量制造系统分为两种情况：一种是不同产品之间只有大的差异，则生产按批量生产进行组织，即生产设备按工艺专业化进行布置，按批组织生产；另一种是不同产品之间只有小的差异，则生产设备成组布置，且每一组生产设备都能完成一类零件的生产。

（3）大批量制造系统：对中型产品而言，一般批量为大于 5000 件/年，常按流水线方式组织生产。

2. 按生产策略分类

根据交货期和实际制造系统的生产周期，可选择不同的生产策略来满足客户的需求。不同的生产策略与交货期的关系如图 1-5 所示。

（1）按订单设计（ETO）：通常产品具有很大的技术复杂性及小的批量，需要根据客户的特殊要求组织设计，并进行制造。典型产品是大型船舶、商用飞机。

（2）按订单制造（MTO）：在产品订货前已完成产品设计，按客户订单进行制造。采用这种生产策略的产品的需求通常不可预测。典型产品是高档数控机床。

（3）按订单装配（ATO）：在产品订货前已完成产品设计和零部件的加工，只需要按客户订单进行装配。采用这种生产策略的产品的需求通常是可预测的，但客户要求的交货期短。典型产品是汽车。

（4）按备货型制造（MTS）：制造的产品不直接面对客户而先存储在仓库中。采用这种生产策略的产品具有的特点：产品很少变化；客户要求的交货期短；客户需求可预测。典型产品是彩电等家用电器。

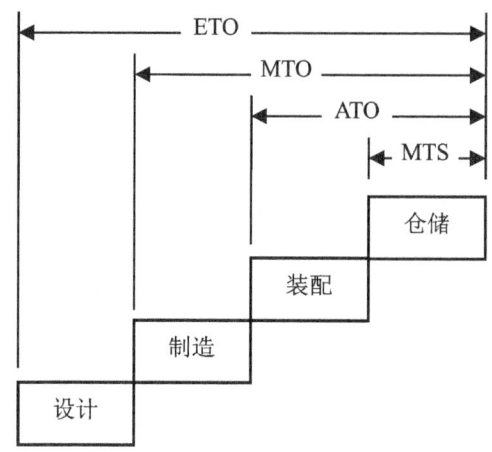

图 1-5　不同的生产策略与交货期的关系

三、制造系统布局

在制造系统中，生产设备与工作场地的布局对制造系统的运行效率有重要影响。制造系统通常有 4 种布局方法：工艺专业化布局、固定布局、产品专业化布局、成组布局。

1. 工艺专业化布局

工艺专业化布局又称为机群式布局，如图 1-6 所示。在这种布局方法中，具有相同和相似处理能力的设备被集中放置在一起。例如，所有的车床放在一起组成车工车间，所有的铣床放在一起组成铣工车间等。在这种布局方法中，通常是采用通用型的机床，以适应不同的零件要求。这种布局方法的优点：可以根据需要将工作分配给合适的机床；机床负载均衡；单台机床出现故障时不会影响整个生产。这种布局方法的缺点：物料搬运路线较长且不稳定，费用高；生产计划与控制较复杂；生产周期长；在制品库存量相对较大。

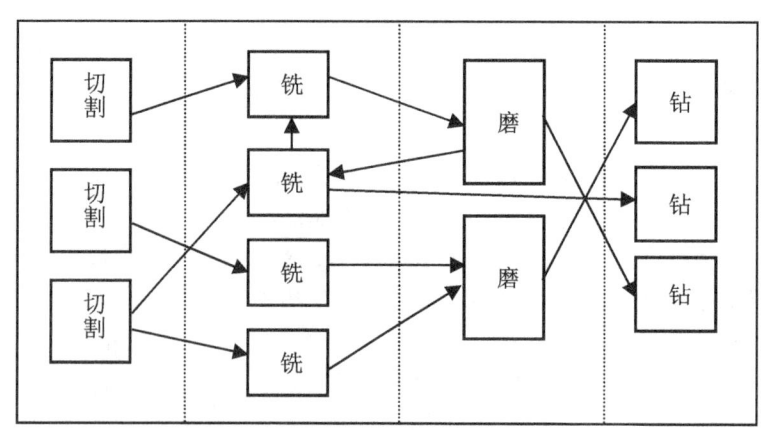

图 1-6　工艺专业化布局

2. 固定布局

固定布局如图 1-7 所示。这种布局方法的最大特点是产品很大或很重，产品位置在生产车间中是固定的，所有的设备、材料、人员都围绕这个产品。飞机装配车间是一个典型的采用固定布局的车间。

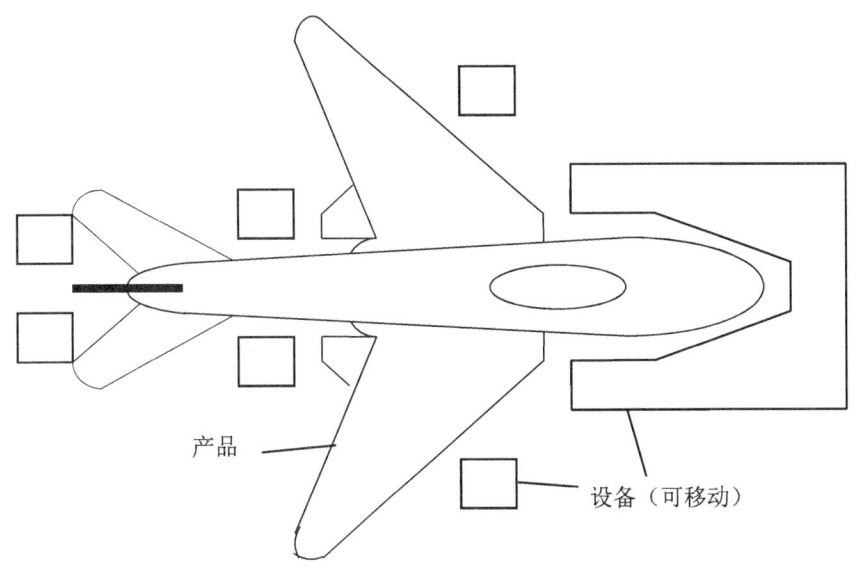

图 1-7　固定布局

3. 产品专业化布局

产品专业化布局又称为流水线布局，如图 1-8 所示。在这种布局方法中，设备按照工艺路线的顺序进行排列，一个零件的制造工作被分解为一个个小的工序而被安排到每台机床上，机床之间通过传输系统连接，也可简单地通过手工搬运。这种布局方法往往只能生产一种产品，或者生产一组生产工艺非常类似的产品。为了充分利用流水线中的各台高效设备，通常要求产品有很大的批量。

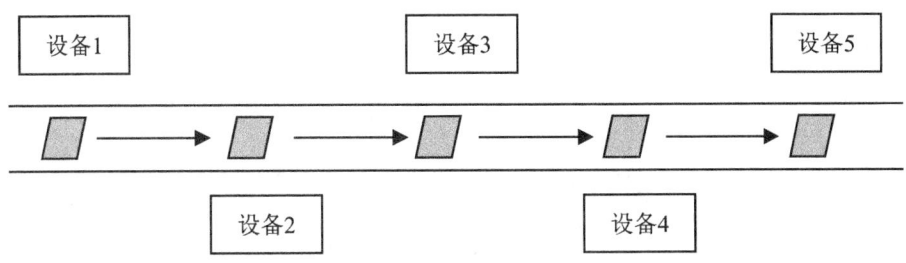

图 1-8　产品专业化布局

4. 成组布局

成组布局又称为单元布局，如图 1-9 所示。成组布局源于成组技术，机床或设备按照成组工艺进行分组，每组设备可以生产一个零件族的零件。与产品专业化布局相比，成组布局的零件搬运路线较短，生产率较高。最典型的成组布局是柔性制造系统（FMS）。

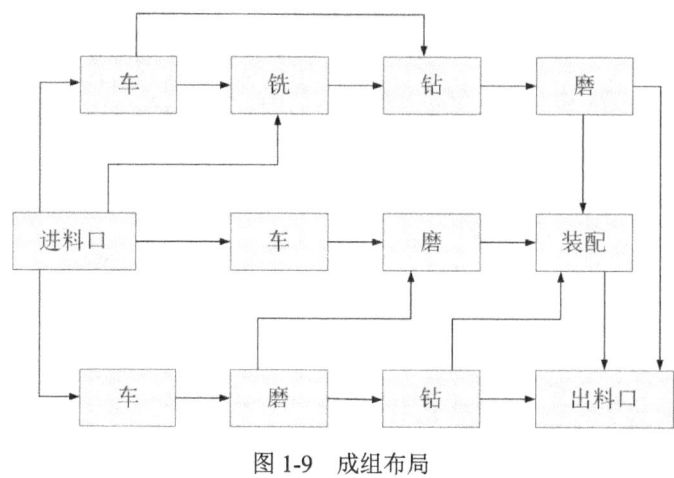

图 1-9 成组布局

第二节 生产物流的概念

一、定义

企业的生产物流活动指生产工艺中的物流活动。这种物流活动是与整个生产工艺过程相伴而生的，其构成了生产工艺过程的一部分。《国家标准物流术语》（GB/T 18354—2006）对生产物流下的定义是，企业生产过程中发生的涉及原材料、在制品、半成品、成品等进行的物流活动。企业内部的生产过程是由生产工艺与生产物流共同组成的，物流系统将整个制造系统的各加工工序有效地衔接了起来。

广义的生产物流涉及的内容包括厂址的选择、工厂总平面的布局、车间布局、设备布局、工艺流程设计、生产过程的时间及空间组织、物料搬运等。狭义的生产物流也称为厂区物流、车间物流，一般指在企业的原材料、燃料、外购件投入生产后，经过下料、发料，再运送到各加工点和存储点，然后以在制品的形态，从一个生产单位（仓库）流入另一个生产单位，再按照规定的工艺过程进行加工、储存，同时借助一定的运输装置，在某个点内流转，又从某个点内流出，始终体现着物料实物形态的流转过程。物料投入生产后即形成物流，并随着时间进程不断改变自己的实物形态（如加工、装配、储存、搬运、等待等），这一过程贯穿企业的整个生产过程。

生产物流活动按照生产操作对象不同，主要分为以下几个方面。

（1）原材料、零部件物流：主要是从原材料、零部件仓库或供应商直供到生产线的物流活动，也包括原材料、零部件在不同车间之间，以及不同工序、工位之间的物流活动。

（2）半成品物流：生产过程中的半成品从上一道工序（或车间）到下一道工序（或车间）的物流活动。

（3）成品物流：生产出的成品或最终产品，从生产线到成品仓库或直接到下游企业的物流活动。

二、功能

企业的生产物流过程大体为原材料、零部件、燃料等物料从企业仓库或企业的"门口"进入到生产线开始端,再进一步随生产加工的各个环节运动,在运动过程中,本身被加工,同时产生一些废料、余料,直到生产加工终结,最后运送到成品仓库。

生产物流的研究涉及机械工程学、计算机科学、控制理论与工程、管理工程学等多学科理论,其涉及的业务范围非常宽。按生产发生的顺序,生产物流的主要功能如下。

(1) 确定物料需求的时间和数量。
(2) 确定所需物料的来源。
(3) 物料的运输管理。
(4) 物料的接收及仓储管理。
(5) 物料的库存计划、金额控制。
(6) 生产线的物料配送过程控制:时间、数量和地点。

三、类型

生产物流可以按生产性质、生产工艺特性、生产专业化程度、企业组织生产的特点进行分类,这样有助于企业根据不同的物流特征进行生产物流管理,如图1-10所示。生产物流的主要影响因素有生产工艺、生产类型、生产规模、企业专业化程度与协作水平。

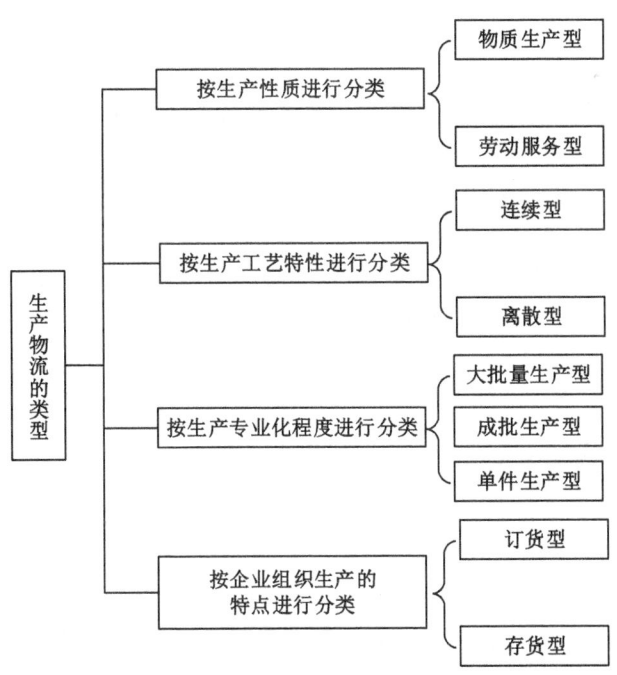

图1-10 生产物流的类型

(1) 按生产性质,生产物流可分为物质生产型生产物流和劳动服务型生产物流。

物质生产型生产物流是通过物理和化学作用将有形原材料转化为有形产品的过程,属于制造性生产。劳动服务型生产物流的产出产品是无形的,属于服务性生产。

（2）按生产工艺特性，生产物流可分为连续型生产物流和离散型生产物流。

连续型生产物流指原材料从投入开始，连续地按一定的工艺顺序进行运动，并且在运动中不断地改变形态和性能，最后形成产品的生产。连续型生产物流又称为流程式生产物流。例如，化工、炼油、冶金、食品、造纸等。这种类型的生产物流的生产设施按工艺流程进行布置，加工顺序固定不变，工艺过程的程序化、自动化程度较高，只要把加工设备、工艺参数控制好，生产就会进行得比较顺利。

离散型生产物流指产品由很多零部件组成，各零部件的加工过程彼此独立，最后组装和总装成最终产品。离散型生产物流又称为加工装配式生产物流。例如，汽车制造、服装、电子设备等。这种类型的生产物流的工艺过程比较复杂，工序较多，构成产品的零部件可以在不同的国家或地区进行加工制造，生产的计划、组织、控制具有一定的难度。

（3）按生产专业化程度，生产物流可分为单件生产型、成批生产型和大批量生产型生产物流。

（4）按企业组织生产的特点，生产物流可分为按订单设计（ETO）、按订单制造（MTO）、按订单装配（ATO）和备货型制造（MTS）。

根据制造系统布局的特点，可按工艺专业化形式、产品专业化形式和成组工艺形式组织生产物流。

四、特征

1. 需求特征

生产物流是与生产流程紧密相连的。如果生产物流组织不好，那么即便生产条件、生产设备等都很好，也不能顺利完成生产任务。合理组织的生产物流具备以下特征。

（1）连续性。生产物流的连续性主要要求物料在工序（工位）或车间之间流转时要顺畅、迅速、及时。这是由生产的连续性决定的。

（2）平行性。企业生产的产品是按照工艺流程的顺序流动的，但是生产的连续性意味着在整个生产工艺流程的各个环节都有不同程度的在制品。企业开始生产以后，同一时间生产的各个环节都在运行。虽然在制品可以按生产工艺流程顺序从上一道工序向下一道工序流动，但是生产物流是服务于生产工序的各个环节的，因此生产物资的供应会同时出现在不同的工艺流程环节中。生产物流需要按不同环节的物资需求进行供应活动，其平行性既可以保证生产的连续性，又可以有效地缩短产品的生产周期。

（3）节奏性。节奏性指产品在生产过程的各个阶段，即从原材料投入到最后成品入库，都能保证按计划有节奏或均衡地进行。这有利于劳动资源的合理利用，以及减少工时的浪费和损失，有利于设备的正常运转和维护保养；有利于保证产品质量；有利于减少在制品的大量积压；有利于安全生产及避免人身事故的发生。

（4）比例性。比例性指生产过程的各阶段之间、各工序之间在生产能力上要保持某种比例，以适应产品制造的要求。加工装配型生产对生产物流的比例性要求最高，各零部件的供应和生产都必须根据产品组成结构来按比例成套生产。任何零部件的不成比例生产都会给企业造成经济上的损失或生产周期的延长。

（5）适应性（柔性）。企业在不断开发新产品后，其生产过程应以较强的应变能力去适应。当然，生产物流过程应该具备相应的适应性。

2. 价值特征

企业生产物流与社会交通物流的一个最本质的区别是企业生产物流是实现加工附加价值的经济活动，而不是实现时间价值和空间价值的经济活动。这也是企业生产物流最本质的特征。

企业生产物流一般是在企业的小范围内完成，当然，这不包括在全国或世界范围内布局的巨型企业。因此，空间距离的变化不大，企业内部储存和社会储存的目的也不相同，这种储存是对生产的保证，而不是一种追求利润的独立功能，因此，时间价值潜力不高。

企业生产物流伴随加工活动而发生，可实现加工附加价值，也可实现企业主要经营目的。因此，虽然生产物流的空间价值、时间价值潜力不高，但加工附加价值很高。

3. 功能特征

企业生产物流的主要功能要素不同于社会交通物流。社会交通物流的主要功能要素是运输和储存，其他是作为辅助性功能要素、次要功能要素或强化性功能要素出现的。然而，企业生产物流的主要功能要素是搬运活动。很多制造型企业的生产过程，实际上是物料不停搬运的过程。在不停搬运的过程中，物料得到了加工，改变了形态，即使是配送企业和批发企业的企业内部物流，其实也是不断搬运的过程。通过搬运活动，商品不仅完成了分货、拣选、配货工作，还完成了大改小、小集大的换装工作，使商品形成了可配送或可批发的形态。

4. 过程特征

企业生产物流是一种工艺过程性物流。企业的生产工艺、生产装备与生产流程一旦确定，生产物流也就成为工艺流程的一个稳定的重要组成部分。由于这种稳定性，生产物流的可控性、规律性很强，这与随机性很强的社会交通物流具有很大的区别。

5. 运行特征

企业生产物流的运行具有极强的伴生性，其往往是生产过程中的一个组成部分或一个伴生部分。这决定了生产物流很难与生产过程分开而形成独立的系统，特别是在车间生产物流过程中。在总体具有伴生性的同时，生产物流中也存在与生产工艺过程可分的局部物流活动，这些局部物流活动有其本身的界限和运动规律，如仓库的储存活动、接货物流活动、车间或分厂之间的运输活动等。

五、内涵

生产物流研究的核心是如何对生产过程中的物料流和信息流进行科学的规划、管理与控制。生产物流区别于其他物流系统的最显著的特征是，它和生产工艺过程紧密联系在一起。只有合理组织生产物流过程，才有可能使生产工艺过程始终处于最佳状态。如果生产物流过程的组织水平低，达不到基本要求，那么即使生产条件、设备再好，也不可能顺利完成生产过程，更谈不上取得较高的经济效益。此外，生产物流过程也要有物流信息服务，即物流信息要支持物流的各项业务活动。通过信息流传递，把运输、储存、加工、装配、装卸、搬运等业务活动联系起来，并协调一致，以提高生产作业整体效率。

1. 边界

从物流范围的角度分析，在企业生产系统中，物流的边界起于原材料、外购件的投入，止于成品仓库。物流贯穿生产全过程，横跨整个企业（车间、工段），其流经的范围是全厂性的、全过程的。物料投入生产后即形成物流，并随着时间进程不断改变自己的实物形态（如加工、装配、储存、搬运等）和场所位置（各车间、工段、工作地、仓库）。从物流属性的角度分析，企业生产物流指生产所需物料在时间和空间上运动的全过程，是生产系统的动态表现。换言之，物料（原材料、辅助材料、零配件、在制品、成品）经历的生产系统各个生产阶段或工序的全部运动过程就是生产物流。

从生产工艺的角度分析，生产物流指企业在生产工艺中的物流活动，即物料不断地离开上一工序并进入下一工序，不断发生搬上搬下、向前运动、暂时停滞等活动。这种物流活动是与整个生产工艺过程相伴而生的，实际上已构成了生产工艺过程的一部分。

因此，生产物流是企业生产活动与物流活动的有机结合，对生产物流的优化设计离不开对企业生产因素的考虑，二者是不可分割的。生产物流的优化设计主要从3方面入手：生产流程对物流线路的影响；生产能力对物流设施配备的要求；生产节拍对物流负荷量的影响。

2. 环节

了解生产物流系统涉及的环节是全面改进生产物流系统的前提。企业内部的生产物流系统的改进主要体现在以下环节。

（1）工厂（车间）的空间布局。工厂（车间）的空间布局是为各种工厂设施、设备、仓库、通道等定位的过程。这一过程决定了生产物流的路径、强度和效率的高低。因此，如果想改进生产物流系统，那么空间布局的分析是非常必要的。

（2）生产工艺流程。生产工艺流程是技术加工过程、化学反应过程与物流输送过程的统一。认真分析物料的运动过程，可能会发现很多不合理的运动，而这方面的问题很多是因为工艺流程设计未考虑物流因素。

（3）装卸搬运。在生产物流过程中，装卸搬运是一种发生频率最高的物流活动。这种物流活动甚至会决定整个生产方式和生产水平。无论是在厂区内、库区内、车间内、车间之间、工序之间、机台之间，都存在原材料、零部件、半成品和成品的流转运动，而且都离不开物料的装卸搬运等活动。做好装卸搬运可以保证生产顺利、高效地运行；减少物料搬运的数量、频率和距离；减少搬运费用、降低成本；防止物料损坏、丢失；防止各种工业事故的发生。

（4）仓库。生产物流中涉及的仓库主要有原材料仓库、半成品仓库、成品仓库等。仓库的有效管理、库存的合理控制，可以保证生产顺利进行，并有效降低库存费用，从而降低生产过程中的库存成本。

（5）包装。合理的物料容器及包装不仅能提高运输、装卸搬运和储存的效率，而且能更好地保护物料及成品的安全，便于工人的使用，提高生产效率。

3. 节点

生产物流节点主要以仓库形式存在，虽然名为仓库，但生产物流中各仓库的功能、作用乃至设计、技术等都是有区别的。一般来说，生产物流中的仓库有以下两种不同的类型。

（1）储存型仓库：在生产物流中，这种仓库的库存量是要尽量减少的。因此，这种仓库不是主体。

（2）衔接型仓库：生产企业中各种类型的中间仓库的统称，也称为中间库。中间库完全在企业的可控范围内，因此可采用各种方法缩减这种仓库的数量，甚至可以完全取消这种仓库。解决这一问题需要管理方法与调整技术并用。从技术方面来讲，需要调整半成品生产与成品生产的速率，现在可采用看板方式和物料需求计划方式（MRP 方式），从而达到生产物流优化的目的。

第三节　生产物流控制

生产物流控制是实现生产作业计划的保证。在实际的生产物流系统中，由于受系统内部和外部各种因素的影响，计划与实际之间会产生偏差，因此为了保证计划的完成，必须对有关产品或零部件的数量和生产进度进行规划，对物流配送过程进行有效管控，对物流输送系统与装备进行闭环控制。

生产物流控制架构包括策略级管理控制层、系统级调度控制层与设备级运动控制层等多个层面，如图 1-11 所示。其中，策略级管理控制根据生产计划和生产工艺，对零部件的数量、生产进度、加工设备、配送路线进行规划与控制，生成原材料、辅助材料、零配件、在制品与成品的物料配送任务。策略级管理控制的基本原理与方法将在第二章进行讲述，包括生产物流计划与控制的基本理论、物料需求计划（MRP II）的基本原理与计算方法、生产排产计划与配送任务管控等。

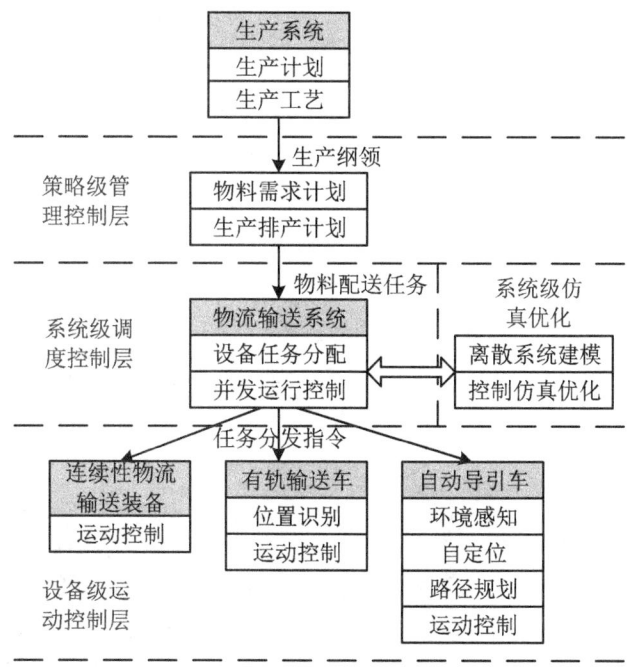

图 1-11　生产物流控制架构

策略级管理控制层将物料配送任务下达给物流输送系统。物流输送系统的构建包括逻辑架构的规划设计与物理设施的开发实现。第三章按从工厂到车间、从生产线到输送线的层次,系统阐述了物流设施规划设计的主要方法,包括工厂选址、车间/仓库布局和设施布局方法、流水线设计方法、物流系统总体设计方法,如图 1-12 所示。物流系统的总体设计内容包括设计物流运行路线、分流/合流控制、流向控制等逻辑功能,以及分析物流输送系统的物流通过率指标。

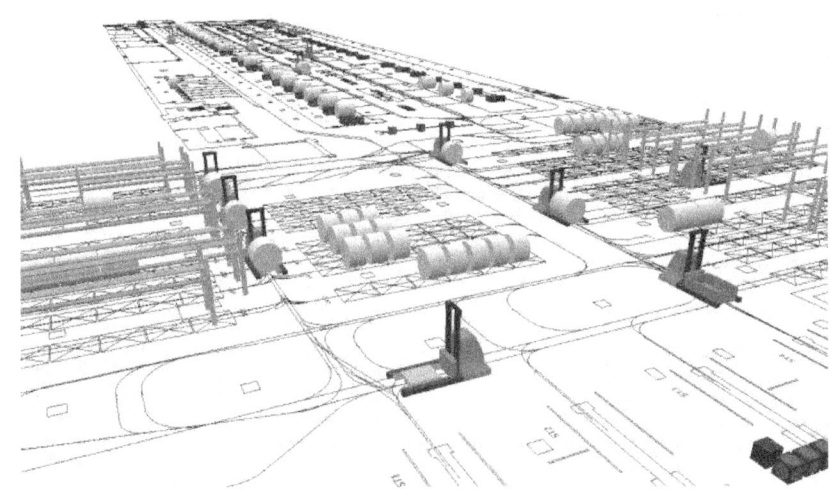

图 1-12 物流系统总体设计

物流输送系统的物理实现层包括系统层和设备层。设备层包括多种具体的物流输送装备,如连续式物流输送装备等。系统层是集成、调度、管控上述具体物流输送装备的输送功能执行层,相当于制造系统中车间级的制造执行系统(Manufacturing Execution System,MES),因此,物流输送系统的功能执行层可类似地称为输送执行系统(Conveying Execution System,CES)。因此,物流输送系统物理实现层的控制可分为输送执行系统的调度控制与物流输送装备的运动控制。

从第四章到第七章,主要讲述了各种具体的物流输送装备及其运动控制技术。第四章讲述了可沿给定运送线路连续、稳定、均匀地输送货物的连续式物流输送装备,包括带式输送机、辊子输送机、链式输送机、悬挂式输送机及各种配套的升降输送机,如图 1-13 所示。该类输送装备在货物装卸时不需要停机,具有较高的生产率,常用于流水线生产中。

(a)辊子输送机　　　　　　　　　　(b)链式输送机

图 1-13 连续式输送机

与连续式物流输送装备沿给定运送线路连续输送散粒物料或成件物品不同,物流输送车在输送物料时具有更加灵活的运行路线。根据驱动方式、控制方式和导引方式的差异,物流输送车大致可分为有人操纵的人工输送车、轨道导向的有轨输送车(Rail Guided Vehicle,RGV)、无人驾驶的自动导引车(Automated Guided Vehicle,AGV)。第五章在介绍有轨输送车基本概念的基础上,重点讲解了电动单轨车(Electric Mono-rail System,EMS)、有轨巷道式堆垛机、双向有轨穿梭车和四向有轨穿梭车的基本原理、组成结构和控制方法,如图1-14所示。

(a)电动单轨车

(b)双向有轨穿梭车

图1-14 有轨输送车

与连续式物流输送装备和有轨输送车相比,AGV是一种工业用轮式移动机器人,如图1-15所示,其在自动化程度、智能化水平、路径设置柔性及系统可重构性方面明显优于前两种物流输送装备。第六章主要讲述了AGV的基本概念和系统组成,并研究分析了AGV的感知导引、运动机构、运动控制和安全防护等关键技术。

图1-15 AGV

AGV之所以能在工业领域得到广泛应用,很大程度上是因为成功采用了具有先验知识的结构化环境,使操作过程适应自动化要求。通过结构化环境可获得用于支持AGV导引的环境基础设施,如通过交流电流的感应电缆、产生磁场的磁条/磁钉、与地面形成对比的色带、反射激光束的反射板等。导航策略将AGV的运动限定在专用的运行路径上,称为导引路径,并尽最大可能清除障碍物和保证导引路径的通畅,保证AGV对导航基础设施可见性的需求,极大地限制 AGV 偏离系统预先定义的导引路径的能力。当一台 AGV 在导引路径上发生故障时,可能会暂时阻塞一条主要通道或瘫痪整个自动化交通运行。为了解决这类问题,必然要求智能导航 AGV 降低对导航基础设施的依赖。这种可显著偏离预先定义的导引路径的导航能力称为自由路径导航能力。很多移动机器人都可通过自主路径规划来实现这种功能,如图 1-16 所示。因此,第七章从移动机器人自主导航的角度,研究了智能导航 AGV 的环境感知、地图表示、全局/相对定位和路径规划等方法,从而降低了该类 AGV 对导航基础设施的依赖,提高了其自由路径导航能力。

图 1-16 自由路径导航与主动避障

在讲述各种具体的物流输送装备及其运动控制技术的基础上,第八章以 AGV 调度控制系统为例,研究了物流输送系统的系统级调度控制功能,包括路径网络设计、路径规划、任务调度和交通管控等,如图 1-17 所示。首先,根据车间设施布局、物流运行路径和装载/卸载点,设计多 AGV 并发运行的导引路径网络作为拓扑地图,并采用有向图理论保证拓扑地图的强连通性。其次,在拓扑地图上研究任意两点间最优(最短)运行路径的路径规划方法,如 Dijkstra 算法。再次,针对策略级管理控制层下达的物料配送任务,研究多 AGV 任务调度的运筹学模型,以及求解模型的多目标优化方法,从而将多个物料配送任务分发给不同的 AGV 并发执行。最后,当多 AGV 并发执行物料配送任务时,由于共享导引路径网络可能产生潜在的运动冲突,因此,研究多 AGV 交通管控方法,包括多 AGV 运动冲突消解策略、环路死锁检测与避免方法等。

图 1-17 多 AGV 调度控制

生产物流系统是一种面向既定车间设施布局和生产工艺过程、包含多种物流输送装备和生产加工设备的复杂工程系统。该系统在运行过程中涉及各种生产作业计划、调度控制信息与事件，表现出离散、随机、并发和递归的特点，至今尚无一种数学方法能精确地描述并求解这类调度控制问题。因此，第九章讲述了生产物流系统仿真与优化方法，包括系统仿真基本原理、生产物流系统典型事件分析、Plant Simulation 仿真软件、生产物流系统建模与仿真案例等。在生产物流系统物理设施尚未建设的初始阶段，可通过计算机软件仿真工具，为生产物流系统的工程开发提供一种客观有效的设计依据与评价标准，如图 1-18 所示。

(a) 三维物流仿真

(b) 二维物流仿真

图 1-18　物流系统仿真优化

第四节　智能制造物流控制

与制造系统的发展历程相似，物流系统的发展也经历了机械化、自动化、高柔性自动化和智能化 4 个阶段。叉车是机械化时期的典型代表；在自动化时期出现了电磁感应导引的 AGV；激光导航、惯性导航、视觉导航等技术大大提高了 AGV 路径设置柔性、路径规划能力和安全避障能力；在智能化时期，AGV 与机器人、有轨车、有轨穿梭车等各种自动化物流输送装备有机结合，并配以多 AGV 调度控制系统，与制造执行系统或仓储控制 WCS 无缝对接，不仅实现了整个物流流程的整体自动化与智能化，还将生产工艺与智能物流高度衔接，实现了整个智能工厂物流与生产的高度融合。

在工业 4.0 的框架下，系统、传感器、执行器与认知性的融合被看作网络物理系统的特点。生产的高度个性化和灵活性要求物流自动化解决方案具有高认知度和独立性。为了使物流控制更为灵活，多年前人们已经开始在工业设备上使用无人驾驶运输工具（FTF）或无人驾驶运输系统（FTS）了。无人驾驶运输工具是独立的搬运设备，可以将这些独立的搬运设备通过中央系统联网控制起来，成为无人驾驶运输系统。

1. 现有技术

以 AGV 为代表的无人驾驶运输系统包括多种多样的运输工具，如图 1-19 所示。大多数生产厂家是以运输工具的载重量等级为依据进行划分的，然而，很多时候也会根据客户的要求生产特定的型号。运输工具的多样性和可定制化首先体现在其驱动系统上，根据不同的装备,其驱动系统可以是类似于汽车的 3 轮或 4 轮驱动,也可以是全方位转向/牵引驱动或麦克纳姆轮驱动。运输工具所需的传感器及车身可以因服务的设备不同而进行专门化定制。在动力供给方面,运输工具可以使用可充电电池或电容器,这种电容器可以定期在充电站进行充电。此外,激光避障系统的运用可以防止运输工具在搬运货物的过程中发生碰撞。

(a) 拖车式 AGV

(b) Akermann 底盘 AGV

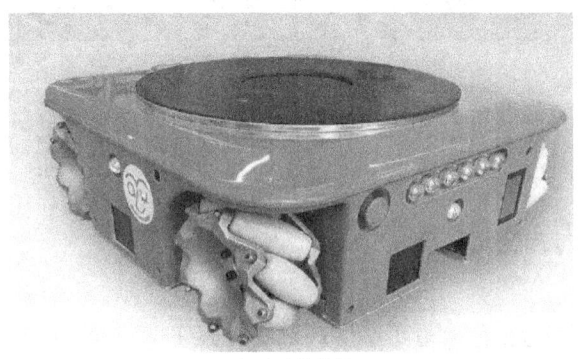

(c) 麦克纳姆轮 AGV

(d) 驱动转向舵轮

图 1-19　AGV 驱动底盘

无人驾驶运输系统包含的核心技术之一是导航技术。在运输工具中,应用最为广泛的导航是线路导航。根据执行任务的不同,线路导航可以是光线路导航、磁线路导航或电感线路导航,其所用传感器也不尽相同,如摄像机、霍尔传感器或天线。线路导航通过外部的基准标记如无线射频识别标签或光栅来定位或探知机器位置。这种导航技术使用方便且经过长期测试,使用的组件价格也非常低廉且性能稳定。因此,这种导航技术适用于廉价的运输工具与设备。然而,这种导航技术的投入使用和维护(如安装、调整、导航线路修理等)费用高昂,而且机动性和灵活性较差是其致命缺陷。

如果将线路导航中每条连续的线分割为不连续的线段(由标识点发射),那么可得到所谓的栅格导航。栅格导航是在地表下每隔一段距离嵌入磁感应点或无线射频识别标签,通过相应的传感器,运输工具可检测到这些离散点的信号,再计算运输工具相对于离散点的位置偏差,并自动进行纠偏反馈控制。如果栅格导航中的离散点从一维扩展至二维,那么栅格导航在行车路线方面的灵活性比线路导航更高。与线路导航类似,栅格导航采用识别标签使得安装导航基础设施的费用较高。

灵活性更高的另一种导航技术是基于反射装置的激光导航，如图 1-20 所示。与线路导航和栅格导航相比，激光导航不是在运输工具的运行路线上安装反射标识，而是在墙壁或货架上安装反射标识。针对反射标识，激光导航采用三角测距原理计算无人驾驶运输系统的全局位置，并且运行路线不需要在地面上采用物理地标来标识，而是采用计算机内存储的虚拟路线，因此易于添加和修改。激光导航采用的激光雷达和反射装置价格昂贵，其设备成本和安装成本高于线路导航与栅格导航，但是其后期路线修改的维护费用较低。

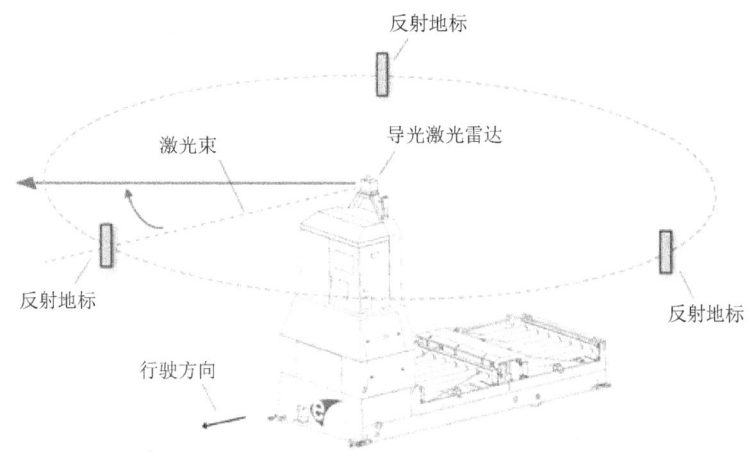

图 1-20　基于反射装置的激光导航

在上述导航技术中，运输工具的运行路线都是预先设定好的，这会限制其运行的灵活性。当一条运行路线的某处出现阻塞时，无人驾驶运输系统的运行会停止。利用中央调度控制系统可以在很大程度上解决此类问题，即预先为运输工具设定多条运行路线，当某条运行路线上出现阻塞时，中央调度控制系统可以更换其他备用路线。然而，解决方案中任何一条路线都是被事先设定好的，运输工具想要绕过路线上的障碍物继续前行是不可能的。

2. 智能制造背景下的新挑战

1）全新的应用场景

近年来的主流趋势是让生产中的自动化变得更为灵活，这一趋势对无人驾驶运输系统的应用场景产生了影响。产品多样化与生产设备的快速运行要求现有的无人驾驶运输系统能够又快又便宜地得到更新和实施。除此之外，无人驾驶运输系统也将更深入地整合到原有的生产过程中，它不再局限于工件运输，而是可以通过无人驾驶运输系统上的移动机械臂或设置特定的生产步骤，直接、积极地参与到生产过程中，如图 1-21 所示。这对无人驾驶运输系统的精确性和灵活性提出了新的要求。

2）安装与集成费用高昂

现代自动化解决方案从设计、规划到初次安装使用，花费颇为巨大。一般来说，中小型企业没有专人来负责此项事务。安装无人驾驶运输系统通常需要改造地面环境或周围环境。根据导航原理差异，或需要安装磁轨，或需要在合适的地点安装反射装置，而且，如果有必要，还需要对运行通道进行拓宽，并将一些无人驾驶运输系统无法检测的低悬障碍物移除。在部分情况下，这种改造还会涉及整个建筑的结构改变。此外，还需要选择合适的能量储存方案与充装方式，以满足无人驾驶运输系统的能量需求。例如，安装了电容装置的无人驾驶运输系统需要一个密集的充电站网络，这些充电站要位于运行路线上并能满足其能量需求。

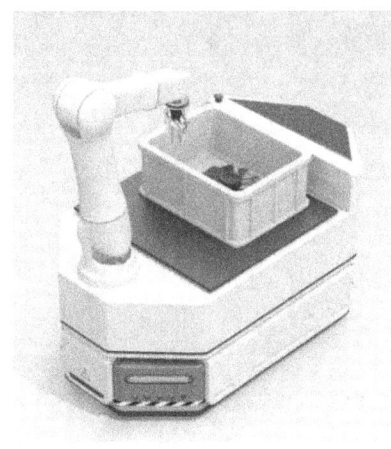

图 1-21　移动机械臂

在通常情况下，为了防止运输工具在运行时对人员或物品造成伤害，在运输工具上安装有安全传感器。若在运输工具的安全运行区域内出现障碍，则立即驱动装置紧急制动，以防与障碍物发生碰撞，有些险情可能还需要操作人员手动排除。因此，无人驾驶运输系统高效、流畅地运行依赖于一个尽可能稳定的行驶环境。该系统设计者需要考虑工厂内部的运行流程，或者降低运输工具的运行速度到易于确保安全的程度。

在部分情况下，无人驾驶运输系统需要与事先存在的工业自动化系统进行有效整合。因为连接至制造执行系统或仓储控制系统的线路方式多种多样，所以需要给无人驾驶运输系统安装相应的集成软件。在建筑环境与运行措施成功地满足了无人驾驶运输系统的安装要求后，还要建立运行通道与运行流程，使系统能最终投入实际应用。

3）标准化系统需求

无人驾驶运输系统的定制化需求可能会导致软硬件的规范程度不高，这无疑增加了设计开发成本。因此，对无人驾驶运输系统的投资属于对自动化生产线的一次性固定投资，一旦安装完毕，可能就难以再应用于其他生产流程了。

4）智能运输工具与智能系统

无人驾驶运输系统通常是整套销售的，但在实际应用中，可能会存在一些相互独立的运输工具，通过简单的组装连接即可将它们整合在一起，或是和生产设备连接起来，或是拥有中央控制系统的一组运输工具。整体来说，面向工业 4.0 的智能运输工具还有待进一步设计开发。

3. 最新技术发展

因为与移动机器人的关键技术非常接近，所以无人驾驶运输系统可以从移动机器人的技术发展中获益良多，甚至可以将移动机器人研究中的最新技术直接运用到无人驾驶运输系统中。

1）机器人操作系统

机器人操作系统（Robot Operating System，ROS）是针对上述挑战而产生的一个机器人软件框架，其为软件开发工作提供了极大的便利。它集成了大量的工具、程序库、协议，提供了类似操作系统提供的功能，包括硬件抽象描述、底层驱动程序管理、共用功能的执行、程序间的消息传递、程序发行包管理，同时整合了许多第三方工具和库文件，可极大地简化复杂多样的机器人平台下的复杂任务创建与稳定行为控制，并帮助用户快速完成机器人应用的建立、编写和多机整合。

ROS 的设计目标是提高机器人研发中的软件复用率，因此它采用一种分布式结构，使框架中的每个功能模块都可单独设计、编译，并且在运行时以松耦合的方式集成在一起。ROS 的核心技术是采用了基于 TCP/IP 通信协议的分布式网络，实现了模块间点对点的松耦合连接，以及多种类型的通信方式，包括基于话题（Topic）的异步数据流通信，基于服务（Service）的同步数据流通信，还有参数服务器上的数据存储等。ROS 的主要特点如下。

（1）点对点的设计。

在 ROS 中，每一个进程都以节点的形式运行，可以分布于多个不同的主机。节点间的通信消息通过一个带有发布和订阅功能的 RPC 传输系统，从发布节点传送到接收节点。这种点对点的设计可以分散定位、导航等功能带来的实时计算压力，适用于多机器人的协同工作。

（2）多语言支持。

为了支持更多应用的移植和开发，ROS 采用一种语言弱相关的框架结构。ROS 使用简洁、中立的定义语言描述模块之间的消息接口，在编译过程中产生所使用语言的目标文件，用于为消息交互提供支持，同时允许消息接口的嵌套使用。目前 ROS 已支持 Python、C++、Java、Octave 和 LISP 等多种不同的语言，也可以同时使用这些语言来完成不同模块的编程。

（3）架构精简、集成度高。

在已有的、繁杂的机器人应用中，软件的复用性是一个巨大的问题。很多驱动程序、应用算法、功能模块在设计时过于混乱，导致其很难在其他机器人或应用中进行移植和二次开发。而 ROS 框架具有的模块化特点使每个功能节点可以进行单独编译，并且使用统一的消息接口，从而使模块的移植和复用更加便捷。

（4）组件化工具包丰富。

移动机器人的开发往往需要一些可视化工具和仿真软件，ROS 采用组件化的方法将这些工具和软件集成到系统中，而且可以作为一个组件直接使用。例如，3D 可视化工具 RViz（Robot Visualizer），开发者可根据 ROS 的软件接口在其中显示机器人 3D 模型、周围环境地图、机器人导航路线等信息。

由此可见，ROS 的软件接口以 HTTP-RPC 技术为基础，可以在许多工业网络中使用。以组件为基础的、能够清晰定义接口概念的研发方法使自动化平台与工业 4.0 的直接整合成为可能。ROS 最初应用于斯坦福大学人工智能实验室与机器人技术公司 Willow Garage 合作的个人机器人项目（Personal Robots Program）。为了加速将该项目研究获得的技术应用于实际工业生产，美国西南研究院在 2013 年 3 月组建了 ROS 北美工业协会 RIC-NA。此外，德国弗劳恩霍夫制造技术与自动化研究所也推进组建了 ROS 欧洲工业协会 RIC-EU。

2）标准化研发平台

服务机器人研发存在的一个问题是软件和硬件平台之间的巨大差异导致了高额的研发成本与极低的再利用率。为了解决这个问题，除了通过 ROS 将各软件平台统一起来，硬件平台的标准化也是研究人员所希望的。现在已出现一些努力成为标准化平台的服务机器人，如面向工业物流与制造领域的 Rob@work3 工业服务型机器人，如图 1-22 所示。通过标准模块的不同组合，可使基于 Rob@work3 型研发平台的设计过程具有较大的灵活性，并使其能够适用于不同的应用场景（从小部件组装到传统无人驾驶运输系统任务）的研发。在工业研发项目

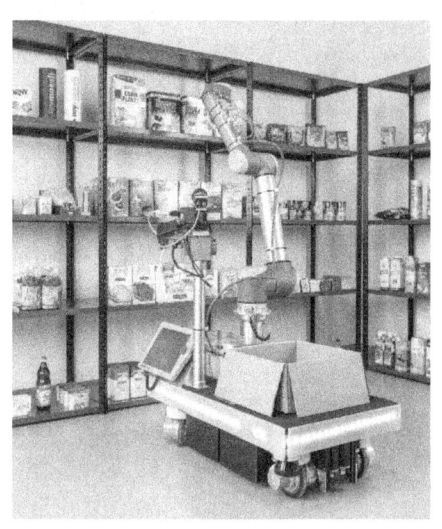

图 1-22　Rob@work3 工业服务型机器人

前期设计阶段,新型自动化移动系统的开发可通过不同的 Rob@work3 型研发平台进行评估。

3)自主导航系统

与传统无人驾驶运输系统使用的导航方式不同,移动自动化平台应无须对周围环境进行改造和适应就能进行导航。因此,它需具备适应性和灵活性的特点,以满足工业 4.0 的要求。然而,以线路、栅格及反射装置为基础的激光导航限制了移动机器人的灵活性。

一个显而易见的解决方法是不使用特殊标记定位,而是直接在周围环境中判定位姿,这就是所谓的自然地标导航。移动机器人可通过激光雷达扫描来提取周围环境的几何元素,如线段和交点,再选取特征较显著的自然几何元素作为地标,并存储于地图中,以此作为移动机器人定位的参考。这种地图可以简单地借助现有的图纸或 CAD 数据(见图 1-23)进行创建。

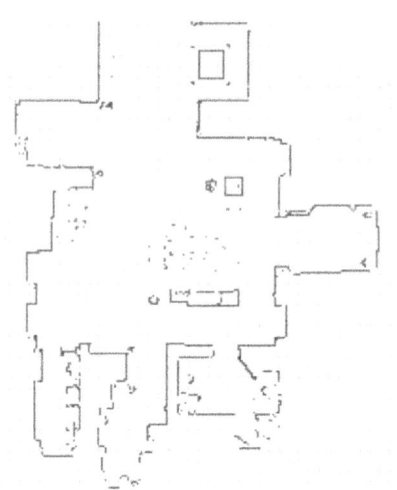
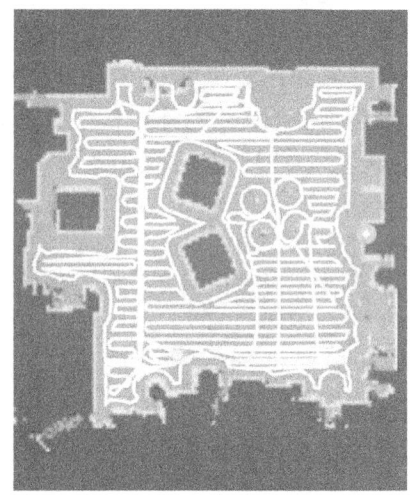

图 1-23　自然地标环境地图

由于提取的自然地标并不总是很清楚,因此需要融合更多的传感器数据,以进一步提高机器人定位的精确性。理论上讲,任何一种传感器都可以融合到机器人定位系统中。概率估算方法是常用的传感器数据融合方法,如卡尔曼滤波器(Kalman Filter)、扩展卡尔曼滤波器(Extended Kalman Filter)和粒子滤波器(Particle Filter)。这些方法考虑了传感器测量误差、系统建模误差和环境干扰噪声等。

卡尔曼滤波器的工作过程分为两步:第一步,采用本体感知式传感器(如里程计)测量机器人的运动,基于系统状态方程(如运动学模型)预测机器人的位姿;第二步,采用外部测量式传感器(如激光雷达)测量机器人的位姿,最后采用卡尔曼滤波器融合机器人位姿的预测值和测量值,得到真值的估计值,并更新卡尔曼滤波器参数。

为了避免碰撞,同时为了精确定位,近年来各种不同的 3D 传感器逐渐成为发展的焦点,如 RGB-D 深度相机，一方面是这些传感器的成本较低，另一方面是它们带来了广泛应用的可能性。3D 传感器能够敏锐地感知周围环境，并且识别处在不同高度上的障碍物。然而，当前安装有二维安全激光雷达的无人驾驶运输系统还无法实现这一点。毕竟，只有动态地检测周围环境的三维完整信息，才能真正保障导航的精确性和灵活性。

传统的无人驾驶运输系统总是需要沿着预先设定好的路线运动，这难以适应不断变化的动态环境。因此，导航技术应允许移动平台自主寻找通往预先设定的目标的路线。这不仅需要用到地图，而且需要考虑实际检测的周围环境的具体情况。这不仅能让平台实现从 A 点到 B 点的移动，还能识别移动中的物体和人，并在必要时绕过障碍物。只有这样，才能降低平台与人、周围环境及其他平台发生碰撞的危险。

如果周围环境发生剧烈变化，那么已存储的自然地标将被改变或隐藏，以致无法被识别，同时现有地图失去其准确描述周围环境的作用。为了解决这种问题，可采用同步定位与建图（Simultaneous Localization And Mapping，SLAM）技术。在 SLAM 导航过程中，环境测量建图和机器人定位将同时进行，自主导航系统能在变化多样的运行环境中持续重新配置。无论是路线受到阻塞还是出现事先不曾预料的情况，都不会让导航系统停止工作，这极大地提高了单个无人驾驶运输工具和整个无人驾驶运输系统的灵活性，从而较好地满足了工业 4.0 的要求。

4．物流 4.0 前景

导航技术的发展使得无人驾驶运输系统的自主能力显著增强，而且运输工具的机动性得到了改善，安装费用也减少了。ROS 框架一直在无人驾驶运输系统领域扩展，传统的无人驾驶运输系统研发者通过专有的、开放的软件模块逐渐公开他们的技术，移动自动化系统在这两者发展的结合中产生，并通过其灵活的使用为其他领域的自动化发展提供实时信息。

不同导航技术的组合能使无人驾驶运输系统的自主性进一步加强。通过导航模块的"即插即用"，使得将现场传感器集成到车辆中成为可能，如射频识别技术；通过智能传感技术和数据挖掘技术，无人驾驶运输系统不断发现新的知识，并能更加紧密地与工厂自动化相结合。在这种情况下，无人驾驶运输系统将会与网络技术有着更加紧密的联系，这一点已经在 ROS 的发展中得到了印证。

第二章

生产物流计划与控制

本章系统阐述了车间生产物流计划与控制的相关理论及重要方法。第一节介绍了生产物流计划与控制的基本理论；第二节阐述了制造企业中重要的制造资源计划（MRP II）的发展历史与基本原理；第三节介绍了基于制造工艺流程的生产调度排产。

第一节 基 本 理 论

一、生产物流计划

生产物流计划是生产物流管理中的关键内容。生产物流计划是企业生产过程中物料流动的纲领性书面文件，其指导生产物流的开始、有序运行直至完成的全过程，概括了生产物流系统开发可以达到预定经营目标的各种行动和项目。

生产物流计划的核心是生产作业计划的编制工作，即根据计划期内确定的产品品种、数量、期限，以及发展变化的客观实际，具体安排产品及其零部件在各工艺阶段的生产进度和生产任务。生产物流计划为企业内部各生产环节安排短期的生产任务，并协调前后衔接关系。

期量标准也称为作业计划标准，是生产物流计划工作的重要依据。它是根据加工对象在生产过程中的运动，经过科学分析和计算确定的时间和数量标准。"期"表示时间，如生产周期、提前期等；"量"表示数量，如一次同时生产的在制品数量（生产批量）、仓库最大存储量等。"期"和"量"是构成生产作业计划的两个方面。合理的期量标准为编制生产计划和生产作业计划提供了科学依据，从而提高了计划的编制质量，使其能真正起到指导生产的作用。

生产物流计划的任务如下。

（1）保证生产计划的顺利完成。为了保证按生产计划规定的时间和数量生产各种产品，要研究物料在生产过程中的运动规律，以及各工艺阶段的生产周期，然后以此安排经过各工艺阶段的时间和数量，并使系统内各生产环节的在制品结构、数量和时间相协调。

（2）为均衡生产创造条件。均衡生产指企业及企业内的车间、工段、工作地等各生产环节在相等的时间阶段内，完成等量或均增数量的产品。均衡生产的要求：每个生产环节都要均衡地完成承担的生产任务；不仅在数量上均衡地生产和产出，而且各工艺阶段的物流要保持一定的比例性；尽可能缩短物料流动的周期，以保持一定的节奏性。

（3）加强在制品管理，缩短生产周期。保持在制品、半成品的合理储备是保证生产物流连续进行的必要条件。在制品过少，会使物流中断，从而影响生产的顺利进行；反之，又会造成物流不畅，并使生产周期延长。因此，对在制品的合理控制，既可减少在制品占用量，又能使各生产环节实现正常衔接与协调，并按物流作业计划有节奏地、均衡地组织物流活动。

1. 生产物流计划的编制与执行程序

生产物流计划的编制与执行程序主要有以下 3 个步骤。

1）生产物流计划编制前的准备工作

在编制生产物流计划前，必须了解生产物料的市场供求状况，以及生产物料的需用量、储备量及分销要求等，然后运用系统分析和综合平衡的方法制订科学合理的生产物流计划。

在编制生产物流计划前，一方面需要掌握详尽的企业内部资料。这些资料包括生产物料消耗定额、生产计划、在制品数量、产品设计更改单、物料供应与物料消耗规律分析、上期生产物流计划在执行中的问题、在途及库存生产物料资源、委托加工生产物料资源等。另一方面需要制定有关生产物流的消耗定额。生产物流消耗定额指在一定的生产技术和组织条件下，为制造单位产品或完成单位工作量规定的必须消耗的生产物料数量标准。它既是现代企业生产物流管理的基础工作和重要手段，又是编制生产物流计划的依据和考核生产物流消耗的标准。

2）生产物流计划的编制

生产物流计划按计划期的长短可分为年度生产物流计划、季度生产物流计划和月份生产物流计划。在这 3 种生产物流计划中，年度生产物流计划是企业全年生产物流供应工作的依据和基础；季度生产物流计划是在年度生产物流计划的基础上编制的，是由年度到月份、由长期到短期的中间环节，由企业物资部门在某一季度到来前 10 天左右编制；月份生产物流计划是季度生产物流计划的具体化，其任务一是依据年度、季度生产物流计划中规定的指标，按月或旬生产物流计划具体安排到车间、班组，层层落实，保证企业生产物流计划的完成；二是在生产物流计划的实施过程中，可通过月或旬生产物流计划来调整某些不确定的偶然事件，从而保证组织供需平衡的过程。

3）生产物流计划的执行

执行生产物流计划的重点在于资源，要积极组织力量通过订货、采购、委托加工、协作等形式来保证生产物料供应。生产物料进厂后，一方面要及时发放，重要产品生产所需生产物料应优先保证，紧张短缺生产物料应择优供应，超储积压生产物料应组织利用；另一方面要加强生产物流管理，定额发料，防止浪费。

2. 不同生产方式下的生产物流计划

1）大批量流水生产方式的生产物流计划

（1）大批量流水生产方式的期量标准。

大批量流水生产方式的期量标准主要有节拍、流水线作业规划和在制品占用定额。

① 节拍。

节拍是流水线中最重要的工作参数，它表示流水线速度的快慢。节拍的计算公式为

$$R = \frac{T_e}{N} = t_0 \times \frac{k}{N} \tag{2-1}$$

式中，R——流水线节拍，单位为 min/件；
　　T_e——计划期的有效工作时间，单位为 min；
　　t_0——计划期的日历工作时间，单位为 min；
　　N——计划期制品产量，单位为件；
　　K——时间有效利用系数，一般取 0.90～0.96。

② 流水线作业规划。

流水线作业规划又称为标准工作指示图表，表示流水线内各工作地在正常情况下的具体工作制度，其对合理利用设备、减少在制品数量有重要意义。由于工序间同期化程度不同，因此流水线的连续程度也不同，所以流水线有连续流水线和间断流水线之分。

③ 在制品占用量定额。

在制品占用量分为流水线内部在制品占用量和流水线之间在制品占用量两种，它们分别根据各自的作用进行分类及计算。

（2）大批量流水生产方式的生产物流计划原理和方法。

大批量流水生产方式可以看作批量生产的一种极端情况，即在相当长的时间内，生产设备仅完成一种生产任务。因此，生产作业计划的安排、物流转运和产品在各工艺阶段的平衡与衔接主要是数量上的平衡。从物流管理的角度看，生产作业计划的安排既要避免原材料、在制品和成品的库存过量，又要满足生产和用户的要求。常用的方法有平衡线法和在制品定额法。

① 平衡线法。

平衡线法借助平衡线来规定各生产环节的任务，并提供实际生产量或进度与计划生产目标的相互比较，使其能适时地根据比较结果采取改正措施。平衡线法是任务进度控制和物流控制的一种有效技术方法，其主要流程如下。

a. 拟订作业进度计划，标出生产过程的主要环节及每一作业的提前期。平衡线图例如图 2-1 所示。

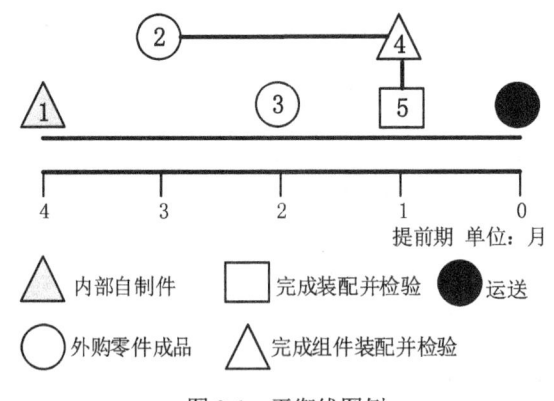

图 2-1　平衡线图例

图 2-1 表示：按物料需求情况及各物料的提前期，该产品需于运送前 4 个月开始投产才能按期交货。外购零件 2 与外购零件 3 应分别于运送前 3 个月及 2 个月前全部采购抵达，外购零件 2 在运送前 3 个月前应完成组件装配并检验 4，内部自制零件 1 与外购零件 3 也应于运送前 2 个月前完成装配并检验，最后重要控制点 6 表示运送，以按期交货。

b. 根据已知的需求量和实际量绘制累计产量图，用来比较计划生产进度与实际生产进度。

累计生产量图例如图 2-2 所示。

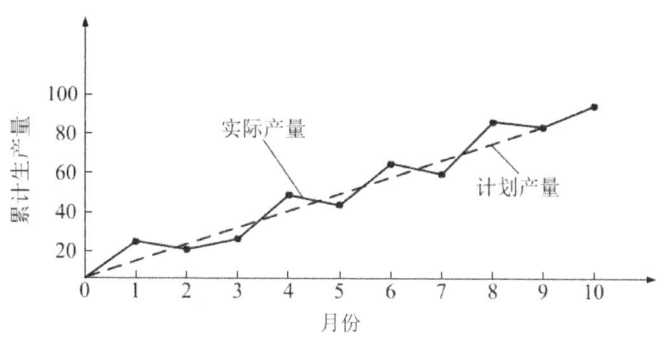

图 2-2　累计生产量图例

c. 绘制生产进度图，并标出各控制点的实际产量（物料的流出量），同时用平衡线标出控制点应完成的工作量。生产进度图例如图 2-3 所示。

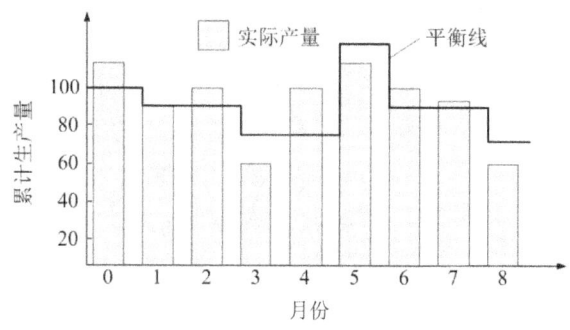

图 2-3　生产进度图例

d. 比较计划生产进度与实际生产进度，找出不能按时完成物流计划的原因，并采取相应的措施。

② 在制品定额法。

大批量流水生产方式属于加工装配式生产系统，其特点是品种少、产量大、在制品存储量相对稳定，同时生产物流计划的编制可根据确定的在制品定额来进行，即将标准在制品定额与预计的在制品量进行比较，使计划期期末的在制品量保持在规定的水平上，以保证各生产子系统间数量上的平衡。

利用在制品定额法编制生产物流计划需从成品生产的最后一个子系统开始，按逆工序顺序逐个计算各子系统的投入和产出任务。

2）单件小批量生产方式的生产物流计划

（1）单件小批量生产方式的期量标准。

单件小批量生产方式的期量标准有产品生产周期表、生产提前期等。

① 产品生产周期表。

单项工程的生产周期指从工程开工到工程完成的全部时间，一般采用网络技术方法表示和计算。成套设备的生产周期指从原材料投入到设备装配完成的全部时间，一般以零部件在各加工车间的生产周期为基础，根据零部件组装等衔接关系绘制生产周期表，来确定成套设备的生产周期。

② 生产提前期。

生产提前期指组成成品的各零部件在各车间投入（或产出）的日期距产品装配产出日期或交货期应提前的时间。

（2）单件小批量生产方式的生产物流计划的原理和方法。

单件小批量生产方式的生产物流计划主要是安排生产任务在各车间的合理流动和处理顺序，其最优化问题的计算难度较大，一般常用启发式方法求得近优解。

① 任务到达方式。

单件小批量生产方式的任务到达方式有两类：一类是成批到达，称为静态到达型，一般把已到达的订单合并起来安排生产计划；另一类是按某种时间统计分布到达，称为动态到达型，一般按统计分布模型近似计算一定时间内的任务量，并按批量组织生产，同时将库存作为订货波动的缓冲。

② 任务流动模式。

单件小批量生产车间的任务流动模式一般分为定流型和随机型，定流型的特点是物流路线固定，任务从车间的某一设备开始，逐步向后面的设备流动；随机型的特点是物流路线不固定，存在交叉或逆流现象。

③ 作业计划的判优标准与计划方法。

作业计划优化目标一般是总成本最小，有时还包括生产周期最短、加工成本最小、等待损失最小、换产成本最小等。与物流系统有关的判优标准是等待损失最小（常化为平均等待时间最少或配套时间最短）和换产成本最小（一般指设备调整费用）。

3）成批生产方式的生产物流计划

（1）成批生产方式的期量标准。

成批生产方式的期量标准有批量、生产间隔期、生产周期、在制品占用量等。

批量是相同制品一次投入和产出的数量。生产间隔期是前后两批产品投入和产出的时间间隔。批量与生产间隔期的关系为

$$r = \frac{N}{q} \tag{2-2}$$

式中，r——生产间隔期；

N——批量；

q——计划期平均日产量。

由式（2-2）可以看出，批量增大可增大生产间隔期，并减少投产次数，从而减少生产准备和调整时间，增大连续生产相同制品的数量，有利于提高生产效率和产品质量。但批量增大也会延长生产周期，使在制品流通库存费用增大，增加生产和仓库面积。因此应进行系统分析，然后确定合理的批量和生产间隔期，一般采用以下两种方法。

① 以量定期法：先确定批量的初始值，利用该初始值选择标准生产间隔期，再根据相应的标准生产间隔期，确定相应的批量。在确定批量的初始值时，需要考虑以下要求：批量不小于主要加工工序的半个轮班的产量；批量与月产量成倍数关系；前后工艺阶段的批量相等或成倍数关系。

② 以期定量法：根据生产间隔期推算出生产批量。为了便于成批组织生产，往往以产品的经济批量为参考先确定生产间隔期基数，并使零部件的生产间隔期与产品的生产间隔期成

倍数关系；然后根据生产间隔期推算出生产批量。这种方法实际上是按照产品的复杂程度、工艺特点、价值大小等因素，先确定各制品的生产间隔期，然后根据月产量确定相应的批量。当任务发生变化时，若生产间隔期不变，只调整批量就可以了。

（2）成批生产方式的生产物流计划原理和方法。

① 耗尽时间法。耗尽时间法指生产物流计划中已安排的产品生产时间，加上库存中已有产品，足以满足用户对一组产品在时间和数量方面的要求。耗尽时间法安排生产物流计划的主要目标是能力平衡。

② 累计编号法。累计编号法指在确定各子系统任务时，从生产物流计划初期开始对产品进行累计编号。通过规定各子系统在生产物流计划期末生产某种产品的累计号，来确定各子系统的生产任务。各子系统的生产物流计划的安排，可以以装配成品的出产累计号为基准，根据各子系统在各工艺阶段物料的提前期标准及平均成品装配日产量求得。累计编号法实际上就是通过将提前期转化为提前量来确定生产量的方法。在加工装配式生产系统中，当产品轮番生产时，各生产环节必然存在时间与数量的衔接问题，而累计编号法可以解决此类问题。

二、生产物流控制

生产物流控制是实现生产作业计划的保证。实际的生产物流系统由于受系统内部和外部各种因素的影响，计划与实际之间会产生偏差，因此为了保证计划的完成，必须对有关产品或零部件的数量和生产进度进行规划，并对物流活动进行有效控制。生产物流控制是物流控制的核心，也是实现生产作业计划的保证。

生产物流控制的内容如下。

（1）生产物流进度控制。生产物流进度控制是对物料从投入到成品入库为止的全过程进行控制，是生产作业控制的关键，包括物料投入进度控制、物料产出进度控制和工序物料控制等内容。

（2）在制品占用量控制。在制品占用量控制主要指控制车间内各工序之间的在制品流转和跨车间协作工序的在制品流转，并加强工序间检验对在制品流转的控制。

（3）偏差的测定与处理。偏差的测定与处理指在生产物流计划实施过程中，按照预定时间及顺序检测计划执行的结果（计划量与实际量的差距），根据发生差距的原因及程度，采用不同的方法进行处理。

1. 生产物流控制的程序

生产物流控制是在生产物流计划的基础上进行的，而且随着生产物流的执行过程同步进行，其主要步骤如下。

1）生产物流计划的检查

在生产物流计划执行的过程中，要不定时地对计划的执行情况进行检查，主要检查内容有：计划需用量与实际耗用量的对比；生产物料到货衔接情况、供货合同执行情况；生产物料消耗定额执行情况；生产物料节约使用情况等。相应地，生产物流计划的检查方法有全面检查与专题检查、经常检查与定期检查、统计资料对比与现场分析，以及在计划期结束后进行的生产物料核销检查等。

生产物流计划检查应做到"有法可依，有章可循"，这里的"章"指在编制生产物料计划时应事先制定好一些重要考核指标，如计划准确率、订货合同完成率、生产物料节约率、库存生产物料周转率、库存生产物料损失率、仓库机械化作业率、包装容器回收率、资金占用量及周转率等。

2）适时调整

为了保证生产物流计划的顺利完成，有必要根据检查的执行情况，适时调整偏差，以保证完成生产物流计划目标。通常，调整生产物流计划的原因有生产计划的变动、设计变动、工艺变动或生产物流计划本身的不确定性等。同时，根据具体情况可以选择定期修订、经常修订或专项修订等方式对生产物流计划进行调整。

2. 生产物流控制原理

1）物流推进型控制原理

物流推进型控制的基本思想：根据最终产品的需求结构，计算出各生产工序的物流需求量，在考虑各生产工序的生产提前期后，向各工序发出物流指令（生产物流计划指令）。

物流推进型控制的特点是集中控制，每个阶段的物流活动都要服从集中控制指令。由于各阶段没有考虑影响本阶段的局部库存因素，因此这种控制原理不能使各阶段的库存水平都保持在期望水平。

对于推动式生产物流系统，进行生产控制的重点是保证各生产环节的物流输入和输出都按计划要求按时完成。但是由于各类因素的干扰，外部需求经常波动，内部运行也时有异常事件发生，同时各种提前期的预测也不尽准确，这造成计划变化滞后，各车间、工序之间的数量和品种都难以衔接，进而使交货期难以如期实现。为了解决这些问题，通常采用调整修改计划、设置安全库存、加班加点、加强调度控制力度、增加计算机辅助管理系统等措施；同时，会发生相关的库存费用、人工费用、管理费用和投资。尽管如此，还是不能完全挽回不确定性因素带来的损失。

2）物流拉动型控制原理

物流拉动型控制的基本思想：根据最终产品的需求结构，计算出最后工序的物流需求量，再根据最后工序的物流需求量，向前一工序提出物流需求。以此类推，各生产工序的前一工序都接受它后面工序的物流需求。从指令方式不难看出，由于各工序独立发出指令，因此实质上是单一阶段的重复。

物流拉动型控制的特点是分散控制，即每一阶段的物流控制目标都是满足局部需求的，通过这种控制方式，可使局部生产达到最优要求。由于各阶段的物流控制目标难以考虑系统的总体控制目标，因此这种控制方式不能使总费用水平和库存水平保持在期望水平。广泛应用的看板管理系统控制（如 JIT 生产模式，其采用了看板管理工具）实质上就是物流拉动型控制。

拉动型物流管理模式的实施需要一定的企业管理基础，它主要考虑了人的因素，注重员工的多功能和员工之间的合作。但是，拉动型物流管理模式的成功运行是在与生产相关的物流系统资源能够提供足够大的物流能力的前提下进行的。在实际生产中，各种资源的能力不可能一开始就是完全相等的，即不可能一开始就实现最大能力的均衡生产。因此，拉动型物流管理模式的顺利实施受到了整个生产系统中有效产出最低的环节的限制。

3）两种控制原理对比

物流推进型和拉动型控制原理在现代企业生产物流管理中得到了具体应用，并收到了良好成效,它们的主要特性如表 2-1 所示。

表 2-1　生产物流控制原理

项目	物流推进型控制原理	物流拉动型控制原理
工厂平衡	在追求能力平衡的前提下,维持物流平衡	在追求物流平衡的前提下,维持能力平衡
生产水平	先假定生产能力无限,再进行生产计划安排,然后按能力需求计划进行调整	认为生产能力有限,用看板管理安排生产
生产水平波动	通过安全库存来平衡	不允许有堆积或间断现象,生产序列同步进行
库存水平	认为库存是一种资源,可用来预防预测误差、设备故障等	认为库存是一种不利因素,应尽一切努力减少库存
生产物流控制	一般较为主动且有较长时间周期,通过速办清单,用推的方式实现优先级	每时每刻对每道工序都需要加强控制,用拉的方式实现优先级

3. 生产物流控制方法

常用的生产物流控制方法有以下几种。

1) 加权法

令 X'_t 表示原计划时 t 期的生产量;X_t 表示最后确定的 t 期的生产量;I'_t 表示原定 t 期期末的在制品库存数量;T 表示调整时相当于调整期的前置时间;t 表示生产时间。

当 t 期期末发现有偏差时,修正或调整 $(t+1)$ 期的实际生产量,而且这种调整或修正是在前置期内逐步完成的,其修正量为 Δt,即

$$\Delta t = X_t - X'_t \tag{2-3}$$

T 值分别为 $t+1, t+2, \cdots, t+\Delta$。在 t 期中,原计划与实际期末在制品数量分别为

$$I' = I'_{(t-1)} + X'_t - D'_t \tag{2-4}$$

$$I_t = I'_{(t-1)} + X_t - D_t \tag{2-5}$$

式中,D'_t——预测需求量;

D_t——实际需求量。

最后还需要对计划生产量进行修正,其模型为

$$\begin{aligned} X_{[t+(\tau+1)]} &= X'_{[t+(\tau+1)]} + \alpha[I'_t - I - \sum_{j=1}^{\tau}(X_{(t+j)} - X'_{(t+j)})] \\ &= X'_{[t+(\tau+1)]} + \alpha(I'_t - I - \sum_{j=1}^{\tau}\Delta_{(t+j)}) \end{aligned} \tag{2-6}$$

式中,α 为加权系数,表示修正部分是由 t 期期末计划和实际库存量的差异与前置期间各期中计划与实际产量的差异相加后,再乘以加权系数得到的。

2) 平准法

平准法与加权法类似,需要记录每期的实际库存量与计划库存量的差异,然后修正调整各期生产量。但修正量与加权法相同,调整可以在某一时期,也可以平均分摊在以后各时期,方法比较简单。

有些生产系统的 α 增加,修正量变化幅度较大,但库存量变化不大;有些生产系统的 α 减小,库存量变化较大,但产出量变化较小。因此,调整期是在某一时期,还是平均分摊在

以后各时期，要依据 α 的影响情况而定，使调整引起的费用最小。

3）流动数曲线分析法

在生产过程中，每一阶段都有物流的流入和流出。记录物流积累的流入量和流出量，并以时间为横坐标，累计量为纵坐标画出曲线，形成流动数曲线（见图 2-4）。由图 2-4 可知，物流的速度 v 和滞留时间 ΔT，可以对在制品数量 Q_w 进行动态控制。因此，通过流动数曲线可以判定物流状态，并分析物流滞留原因，以便采取相应对策，缩短生产周期，加快物流速度。

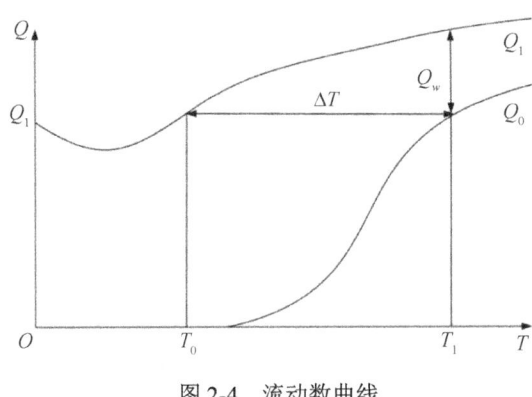

图 2-4　流动数曲线

第二节　制造资源计划

制造企业生产过程指围绕完成产品生产的一系列有组织的生产活动的运行过程。狭义的生产过程主要指产品生产过程，即对原材料进行加工，使其转化为成品的一系列生产活动的运行过程。

物料需求计划（Material Requirement Planning，MRP）是根据预测和客户订单安排生产活动的一种计划体系，即根据产品结构与各层次物品的从属和数量关系，以每个物品为计划对象，以完工时期为时间基准倒排计划，再按提前期长短区别各物品下达计划时间的先后顺序。MRP 是一种制造企业内的物资计划管理模式。

制造资源计划（Manufacturing Resource Planning，MRP II）是美国在 20 世纪 70 年代末 80 年代初提出的一种现代企业生产组织方式和运作管理模式。MRP II 是由美国著名管理专家奥列弗·怀特（1929—1983 年）在约瑟夫·奥列基博士开创的 MRP 理论的基础上发展起来的。它是以 MRP 为核心的企业生产管理计划系统。MRP II 是以工业工程的计划与控制为主线、体现物流与资金流信息集成的管理信息系统。

MRP II 的基本思想是，基于企业经营目标制订生产计划，围绕物料转化组织制造资源，最后实现按时按量生产。具体地说，就是将企业产品中的各种物料分为独立需求物料和相关需求物料，按时间段确定不同时期的物料需求，从而实现库存物料的准确订货和有效供给；根据产品完工日期制订生产计划，按照基于产品结构的物料需求组织生产，并进行准确的成本自动核算。

一、MRP Ⅱ 的发展历史

在 20 世纪前,生产管理实践、经验和习惯在管理中起主要作用,没有成型的管理方法。

20 世纪初,制造业开始从手工作坊向现代大规模生产进化。泰勒倡导科学管理,主张用科学化、标准化的管理方法代替旧的经验管理,以达到最高的工作效率,具体措施包括:制定科学的工艺规程和操作方法,使工具、机器、材料、作业环境、操作时间等标准化;对工人进行选择、培训、专业分工和晋升;实行具有激励性的计件工资报酬制度。这些措施给当时的企业生产率带来了大幅度的提高,从而开创了现代企业管理的新时代。

泰勒之后,甘特首创用图表进行计划和控制,形成了今天广泛用于编制进度计划的甘特图。福特在泰勒的单工序动作研究基础上,充分考虑了大批量生产的优点,规定了各工序的标准时间定额,使整个生产过程在时间上协调起来,并创建了第一条流水生产线——福特汽车生产线,使成本明显降低。此外,福特还在产品系列化、零件规格化、工厂专业化、机器工具专业化、作业专门化等方面进行了大量的标准化工作。这些理论与实践逐步发展成一门学科——工业工程,包括工作研究、工厂布局、物流规划和生产计划与控制等方面的内容。工业工程的实施和应用,大大提高了制造业的生产率,降低了成本。直至今天,工业工程仍在制造业的管理中发挥着重要的作用。

以泰勒的科学管理为开端,企业管理实践的要求促使包括线性规划、运筹学、价值工程等一大批现代管理技术的产生和应用,并产生了极大的效益。

20 世纪 70 年代中期,世界市场进一步开放和统一,顾客需求个性化,市场竞争加剧,制造业向大量个性化生产靠拢,这就要求企业具备柔性和应变能力,并实行按需生产。企业生产经营活动的最终目的是获取利润,为了达到此目的,必须合理地组织和有效地利用设备、人员、物料等制造资源,以最低的成本、最短的制造周期、最高的质量生产出满足顾客需求的产品。为此,必须采取先进且十分有效的生产管理技术来组织、协调、计划与控制企业的生产经营活动。MRP Ⅱ 正是为解决上述问题而发展起来的一种科学的管理思想与处理逻辑,它是一种企业进行现代化管理的科学方法。纵观 MRP Ⅱ 的发展过程,它经历了 5 个大的阶段:订货点法、基本 MRP、闭环 MRP、MRP Ⅱ 和 ERP 系统,这些科学的管理思想、模式与方法是随着生产力的发展和管理水平的不断提高而产生的。

1. 订货点法

企业为了维持均衡的生产,一般备有相应的原材料和成品库存,这是一种应付异常变化的缓冲手段。但是,库存要占用流动资金,资金占用要考虑利息甚至机会成本;库存需要考虑场所和管理人员带来的相关费用;库存物可能丢失、变质、贬值、淘汰,从而造成损失。因此,企业在不断地为库存付出代价。所以,如何协调生产与库存的关系、寻求合理平衡,是企业管理者应该关心的问题。

20 世纪 50 年代后期,美国一些企业在计算机的支持下,开始实行库存 ABC 分类管理,并根据经济批量和订货点的原则,对生产所需的各种原材料进行采购管理,从而达到降低库存、加快资金周转的目的。订货点法通过对库存补充周期内的需求量进行预测,并保持一定的安全库存储备来确定订货点(见图 2-5),即

$$订货点 = 安全库存量 + 单位时间段的消耗量 \times 订货提前期$$

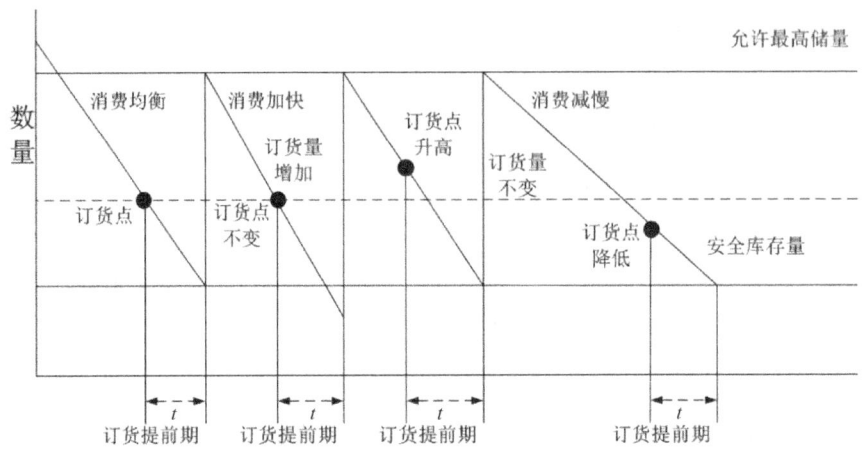

图 2-5　订货点法

订货点法考虑安全库存量和订货提前期，通过库存量与订货点进行判断，当库存量达到订货点的数量时，发生订货要求，保证库存物料满足生产需求。这种方式适用于成品或维修备件等相对独立的物料的库存管理。

订货点法的有效性取决于大规模生产环境下物料需求的连续稳定性。但是由于顾客需求在不断变化，因此产品及相关原材料的需求在数量和时间上往往是不稳定且具有间歇性的，这使得订货点法的应用效果大打折扣。特别是在离散制造行业（如汽车、机电设备行业），由于产品结构较为复杂，同时涉及数以千计的零部件和原材料，因此生产和库存管理的问题更加复杂。

2. 基本 MRP

20 世纪 60 年代中期，美国 IBM 公司的约瑟夫·奥列基博士首先提出了 MRP 方案，把企业生产中涉及的所有产品、零部件、原材料、中间件等，在逻辑上统一视为物料，并把企业生产中对各种物料的需求分为独立需求和相关需求。其中，独立需求指需求量和需求时间由企业外部需求（如客户订单、市场预测、促销展示等）决定的那部分物料需求；相关需求指根据物料之间的结构组成关系，由独立需求的物料产生的需求（如半成品、零部件、原材料等）。

MRP 管理模式实现准时生产、减少库存的基本方法：将企业产品中的各种物料分为独立物料和相关物料，并按时间段确定不同时期的物料需求；基于产品结构的物料需求组织生产，并根据产品完工日期和产品结构制订生产计划，从而解决库存物料订货与组织生产问题。

早期的 MRP 是一个基于物料库存计划管理的生产管理系统，其运行原理是在已知主生产计划（Master Production Schedule，MPS）（根据客户订单并结合市场预测制订的各产品的排产计划）的条件下，根据产品结构或产品物料清单、制造工艺流程、产品交货期及库存状态等信息，由计算机编制出各时间段各种物料的生产及采购计划，如图 2-6 所示。

MRP 系统的目标：围绕所要生产的产品，在正确的时间、正确的地点、按照规定的数量得到真正需要的物料。通过按照各种物料真正需要的时间来确定订货与生产日期，以避免造成库存积压，但 MRP 管理模式的运作是建立在以下前提下的。

首先，MRP 系统的建立是在假设已有了主生产计划，并且主生产计划是可行的前提下，对主生产计划引发的物料需求进行有效管理的。这意味着，在考虑了生产能力可能实现的情况下，有足够的生产设备和人力来保证生产计划的实现。对于已定的主生产计划，应该生产些什么产品属于 MRP 系统功能的管辖范围。而工厂生产能力有多大、能生产些什么产品，则属于制订主生产计划要考虑的范围。对此，MRP 系统就显得无能为力了。

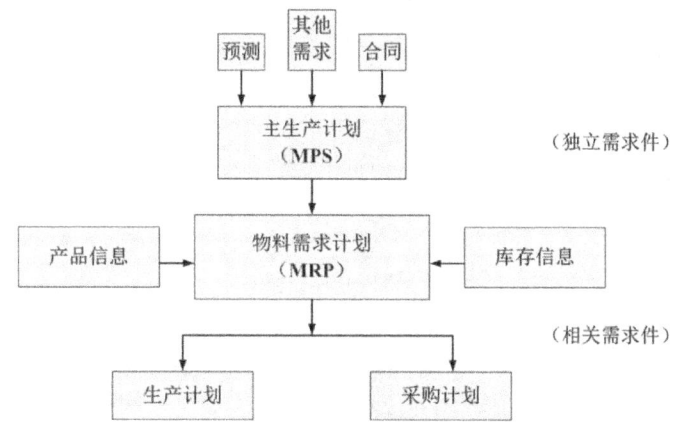

图 2-6　基本 MRP 原理示意图

其次，MRP 系统的建立是假设物料采购计划是可行的，即认为有足够的供货能力和运输能力来保证完成物料的采购计划。而实际上，有些物料由于市场紧俏、供货不足或运输工作紧张而无法按时、按量地完成物料采购计划。这样的话，MRP 系统的输出将只是设想而无法实现。因此，用 MRP 计算出来的物料需求有可能因设备工时的不足而没有能力生产，或者因原料供应的不足而无法生产。

再次，MRP 系统的建立是认定生产执行机构是可胜任的，即有足够的能力来满足主生产计划制定的目标，因此 MRP 系统不涉及车间作业计划及作业分配问题。如果临时出现生产问题，那么需要通过人工方式进行调整，因此不能保证作业的最佳顺序和设备的有效利用。

尽管有些不足之处，但 MRP 根据物料结构特点和时间分割原理进行生产计划，提供了足够准确有效的物料需求管理数据，其机理已经反映了生产管理的本质，并产生了巨大的效益，MRP II/ERP 管理模式的发展一直是以 MRP 为基础的扩充。

MRP 的实施使未来的物料短缺不是等到短缺发生时才给予解决，而是事先进行计划。MRP 与订货点法相比有一个质的进步，但也只是一种库存订货的计划方法，因为它虽然说明了需求的优先顺序，但没有说明需求是否有可能实现，所以也叫基本 MRP。因为只有优先计划是远远不够的，如果没有足够的生产能力，那么还是无法生产；而 MRP 输出的生产和采购计划信息若没有传送到车间和供应商那里，则这些计划一点价值也没有。所以，实际计划在运作时必须增加能力需求计划（Capacity Requzremet Plan，CRP）、物料采购计划和生产作业控制 3 方面的功能。

3. 闭环 MRP

20 世纪 70 年代，MRP 经过发展形成了闭环 MRP。闭环 MRP 在基本 MRP 的基础上，引进了能力需求计划，并进行了运作反馈，从而克服了基本 MRP 的不足，因此它是一个结构完整的生产资源计划及执行控制系统。这个系统有以下特点。

（1）以年度生产计划为系统流程的基础，主生产计划及作业执行计划在产生过程中均接受能力需求计划的平衡检验，使 MRP 成为可行的计划。

（2）具有车间现场管理、采购作业管理等功能，各部分相关的执行结果均可立即获得反馈，有利于计划进行合乎实际的调整和更新。

图 2-7 为闭环 MRP 原理示意图。闭环 MRP 遵循由长期生产规划指导短期主生产计划的原则。主生产计划的内容满足年度生产规划的基本规范，这个计划通过多次模拟来进行粗能力计划的平衡，使得这个经过产能负荷分析后的主生产计划能真正实现，即主生产计划是可行的；然后执行 MRP 和能力需求计划、车间作业计划及控制。这里的闭环有两个含义：一是包括能力需求计划、车间调度和供应商调度；二是反馈关系，在实施 MRP 时，利用供应商、车间现场人员反馈的真实执行情况来帮助计划的贯彻执行。

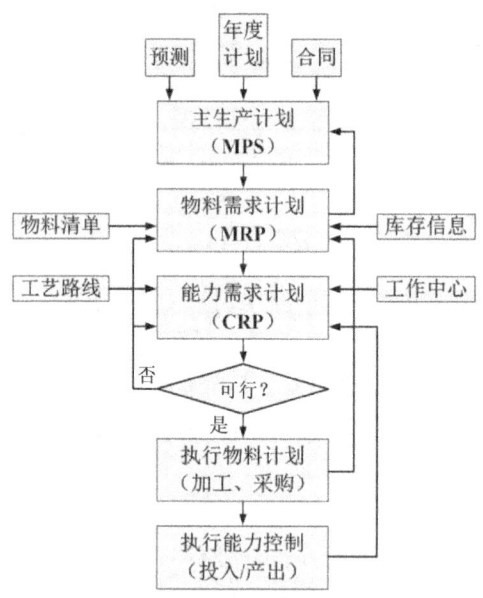

图 2-7 闭环 MRP 原理示意图

闭环 MRP 是一个集计划、执行、反馈为一体的综合性系统，它能对生产中的人力、机器和材料等各项资源进行计划与控制，使生产管理的应变能力有所加强。闭环 MRP 以物料为中心，其组织生产模式体现了为顾客服务、按需定产的宗旨，计划统一且可行，并且借助计算机系统，实现了对生产的闭环控制，比较经济和集约化。但它仅局限在生产中"物"的管理方面。

4．MRP II

20 世纪 70 年代末 80 年代初，MRP 经过发展和扩充，把企业管理中的"财务成本"等关键因素考虑进来，逐步形成了 MRP II 生产管理方式。MRP II 系统指以 MRP 为核心的闭环生产计划与控制系统。它扩大了 MRP 的信息集成范围，使生产、销售、财务、采购、设计活动紧密结合在一起，并且关联数据互相共享互相支持，组成了一个全面生产管理的集成优化模式，即制造资源计划。

虽然 MRP II 是在 MRP 的基础上发展起来的，但与后者相比，它具有更丰富的内容。因为物料需求计划与制造资源计划的英文缩写相同，所以为了避免名词的混淆，将制造资源计划称为 MRP II。MRP II 原理结构图如图 2-8 所示。

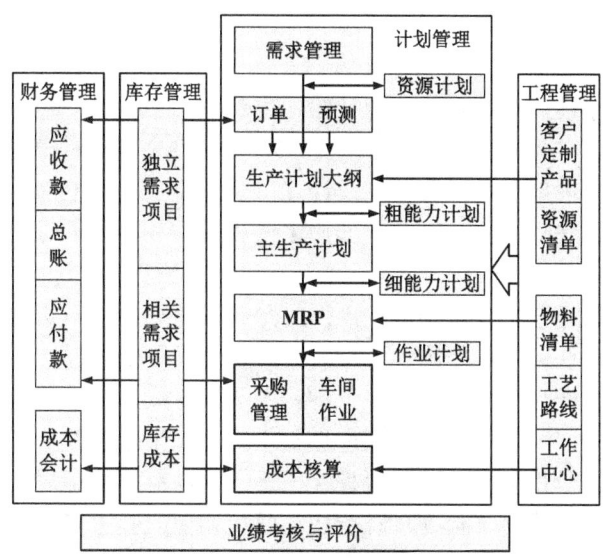

图 2-8 MRP II 原理结构图

MRP II 既实现了企业计划的闭环控制，又实现了企业生产经营活动中"财"与"物"的信息集成；从信息系统的角度来说，MRP II 涉及经营规划、销售与运作计划、主生产计划物料清单与 MRP、能力需求计划、车间作业管理、物料管理（库存管理与采购管理）、产品成本管理、财务管理等主要企业活动，从一定意义上讲，MRP II 系统实现了物流、信息流与资金流在企业管理方面的集成。

MRP II 系统是在 MRP 系统的基础上发展起来的一种更完善、更先进的管理思想与方法。它克服了 MRP 系统的不足之处，在系统中丰富了生产能力平衡计划、生产活动计划、采购与物料管理、产品成本核算及财务管理等功能。由于 MRP II 系统能为企业生产经营提供一个完整而详尽的计划，并且可使企业各部门的活动协调一致，形成一个整体，同时显著提高企业的整体效率和效益，因此 MRP II 成了制造业公认的管理标准系统。

5. ERP 系统

从基本 MRP、闭环 MRP 到 MRP II，这些理论、方法、系统在相应的历史阶段都发挥了极其重要的作用，并对传统制造型企业的发展和壮大影响深远。20 世纪 90 年代，随着市场竞争进一步加剧，企业的竞争空间和竞争范围变得更加广阔。20 世纪 80 年代，主要面向企业内部资源的 MRP II 理论日益显示出其局限性，人们迫切需要一种可以帮助企业有效利用和管理"整体资源"的理论系统，ERP（企业资源计划）随之而生。

ERP 是由美国著名的 IT 咨询公司 Gartner Group Inc 提出的，由于它反映了客观现实的需求，丰富和完善了 MRP II 的基本内涵，因此得到了广泛的认同。与 MRP II 相比，ERP 除加强了 MRP II 的各种功能之外，更加面向全球市场、功能更为强大，管理的企业资源也更多，且支持混合式生产方式，同时管理覆盖面更宽，并涉及企业供应链管理。ERP 从企业全局角度进行经营与生产计划，是制造企业的综合集成经营系统。在 ERP 中，一切企业资源，包括人工、物料、设备、能源、市场、资金、技术、空间、时间等，都被考虑进来。ERP 采用的计算机技术也更加先进，形成了集成化的企业管理软件系统。

二、MRP II 的原理

MRP 是 MRP II 系统微观计划阶段的开始，也是 MRP II 的重要特征。MRP 是主生产计划的进一步展开，也是实现主生产计划的保证和支持。MRP 是一种分时段的优先级计划，它根据主生产计划、物料清单和物料可用量，计算出企业要生产的全部加工件和采购件的需求量；按照产品出厂的优先顺序，计算出全部加工件和采购件的需求时间，并提出建议性的计划订单。

若要对制造系统的复杂生产过程进行控制，则必须随时检查一切必备的物料是否满足需求。个别物料的短缺往往会引起严重的连锁反应，使生产陷于停顿。主生产计划只是针对最终产品的计划，而一个产品可能由成百上千种相关物料组成，一种物料也可能会用在几种产品上，并且不同产品对同一个物料的需求量也不相同。如果把企业所有产品的相关需求件汇总起来，那么这个数量是相当巨大的。而且，由于不同物料的加工周期或采购周期不同，因此需要日期也不同，所以要使每种物料既能在需要日期前配套备齐，并满足装配或交货期的要求，又要在不需要的时期不过量占用库存，还要考虑合理的生产批量甚至安全库存，这是十分困难的。

MRP 要提出每一个加工件和采购件的建议计划，除说明每种物料的需求量之外，还要从生产加工角度说明每一个加工件的开始日期和完成日期；从采购角度说明每一个采购件的订货日期和入库日期。所以，MRP 要把生产作业计划和物资供应计划统一起来。

MRP 以实际主生产计划为基础来测定物料需求的准确时间和数量，并提供未来物料供应计划和生产计划。MRP 根据产品结构的具体特征，将主生产计划分解成零部件的生产进度计划，以及原材料（外购件）的采购进度计划，以确定自制件的投产日期与完工日期、原材料（外购件）的订货采购日期和入库日期。MRP 的逻辑流程如图 2-9 所示。

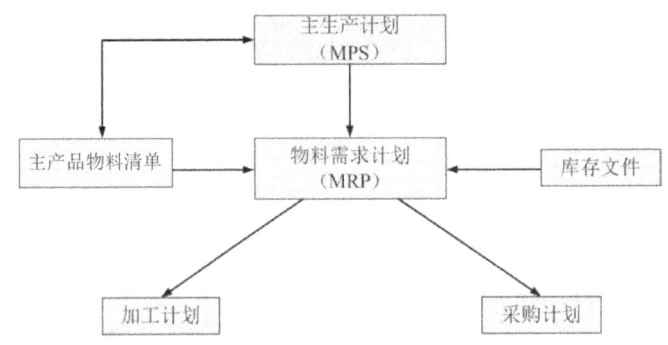

图 2-9 MRP 的逻辑流程

MRP 遵循 JIT 思想，实现适时、适量地生产与采购，并尽量减少生产中的在制品，压缩外购物料的库存量，缩短生产周期，保证按期交货。

1. 物料清单

在 MRP II 系统中，首先要使计算机能够读出企业制造的产品结构和所有涉及的物料，为了便于计算机识别，必须把用图示表达的产品结构转化为某种数据格式。这种以数据格式来描述产品结构的格式文件就是物料清单（Bill of Material，BOM）。由于 BOM 是一份计划工作用的管理文件，而且它与定义产品结构的技术文件基本相似，因此它又被称为产品结构表或产品结构树,或者简称 BOM 表。

在 MRPⅡ 系统中,物料一词是一个广义的概念,它是所有产品、半成品、在制品、原材料、配套件、工装刀/量/夹/具、易耗品等与生产有关的物料的统称。由于这一概念的扩展,使得其能全面反映包含原材料、自制件(零部件)、成品、外购件和服务件(备品备件)等这些更大范围的物料之间的必然联系。

在 MRPⅡ 系统中,BOM 是相当关键的基础数据,它是 MRP 的主要输入数据之一。在介绍 MRPⅡ 工作原理时,总是假设存在一个能正确、完整地表达产品结构的 BOM,它用来描述产品结构,即描述制造产品需要的物料之间的从属关系。

1) BOM 的基本结构

BOM 通常采用一种树形结构来描述,它表明了从产品组件、子件、零件到原材料之间的结构关系(产品生产的顺序),以及每个组装件需要的下属部件的数量。它不仅是一个简单的物料清单,而且提供了主产品的结构层次,以及各层次零部件的品种数量、装配关系和时间关系。

BOM 的每一层都对应一定的级别,最上层是 0 层,即最终产品级;0 层的下一层是 1 层,对应主产品的一级零部件;这样一级一级往下分解,一直分解到最末一级 n 层,n 层一般是最初级的原材料或外购零配件。图 2-10 给出了最终产品 A 的 BOM 结构树。产品 A 由 2 个部件 B 和一个零件 C 装配而成,而部件 B 又由一个外购件 D 和一个零件 C 装配而成。A、B、C、D 的提前期分别是 1、1、3、1 周。产品 A 的结构分为 3 层,A 为 0 层($n=0$),B、C 为 1 层($n=1$),C、D 为 2 层($n=2$)。

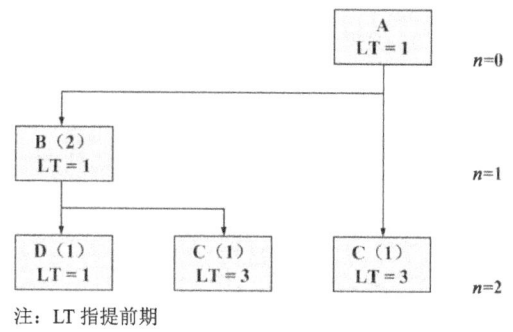

图 2-10 最终产品 A 的 BOM 结构树

由图 2-10 可以看出,每一层的方框内都标有 4 个关键参数,具体如下。

(1)组成 BOM 的物料名称。

(2)组成 BOM 的物料数量,即构成相连上层单位产品需要的物料的数量

(3)相应的提前期。所谓提前期,是指从任务计划到产出经历的时间段。与 MRP 编制有关的提前期主要有生产提前期和订货提前期。生产提前期指从发出加工任务单到产品生产出来的时间;订货提前期指从发出订货到所订货物采购回来入库的时间。

(4)低阶码 LLC。在产品结构中,物料的层次码反映了某项物料相对最终项目的位置。通常把顶层的物料层次码定为 0,与顶层直接相连的层次码定为 1,依次类推。但在产品结构树中,存在同一物料同时出现于不同层次的现象,这种物料称为多层次通用件。在核算某物料的总需求量时,需要全面考虑其在不同层次上、不同产品上的使用情况,以及具体分解到哪里截止、具体计算到哪一层,需要能明确断定。为提高 MRP 工作效率,可采用最低层次码——

低阶码来协助控制，即某物料在所有产品结构树中所处的最低层次。在图 2-10 中，物料 B 处于产品结构树的第 1 层，则物料 B 的低阶码为 1，若还有一个产品中使用了物料 B，且此时物料 B 处于该产品结构树的第 2 层，则物料 B 的低阶码应为 2。每个物料有且仅有一个低阶码，在 MRP 展开运算时，对物料的计算是先辨别低阶码，然后只在最低层上进行合并计算。

2）BOM 的应用扩展

BOM 的用途很多，可用于 MRP 计算、库存物料管理等方面。根据不同的用途，BOM 可分为许多类型：设计 BOM、工艺 BOM、制造 BOM、质量 BOM 等。

设计 BOM 又称为工程 BOM，因为它是由产品工程设计部门根据设计图纸规范上的产品装配图和产品组成明细表产生的，用于描述产品设计结构，并作为其他 BOM，如工艺 BOM、制造 BOM、采购 BOM 等的基础。

工艺 BOM 在设计 BOM 的基础上，表达了产品的制造工艺及零部件的装配方式，据此可以形成产品的工艺目录文件。

制造 BOM 用于表达最终产品的装配，并列举出制造最终产品必需的可选特征。制造 BOM 在工艺 BOM 的基础上，详细描述了产品制造过程的全部因素，包括装置、材料、刀量夹具、工艺路线，以及它们之间的关联关系（如配套关系），可为 MRP 计算提供直接的输入信息。

2. MRP 的工作方法

MRP 是 MRP II 系统的核心部分。MRP 的编制重点包括向上承接主生产计划、进行能力平衡和调整、下达生产与物料作业计划 3 个方面，涉及的工作包括核实主生产计划、编制 MRP、编制能力计划、评估生产与物料作业计划、下达生产与物料作业计划等。在制定 MRP 时，应从其对应期间的主生产计划入手。制定 MRP 的基本工作如下。

1）承接和核实主生产计划

当生产计划大纲决定了企业中每类产品将生产多少、需要多少资源后，由主生产计划按时间段计划最终产品的数量和交货期。主生产计划是生产计划大纲的具体体现。主生产计划是推动 MRP 系统运行的根源，是影响 MRP 运行效率与效果的主要输入，其决定了 MRP 系统实际运作的目标。不合理的主生产计划不仅使生产系统实现不了，而且会打乱企业的固有管理结构。因此核实和承接主生产计划是制定 MRP 的第一关。

2）逐层分解与合并运算零部件的毛需求量

最基本的毛需求量是根据主生产计划进一步考虑产品结构特征来决定的。从 BOM 中得到有关主生产计划中的零部件和原材料的数量及结构关系信息，MRP 正是根据主生产计划和这种结构信息进行各种物料毛需求量的计算的。对于多层次通用件，要严格按照时间规律将它们进行合并处理，不可笼统求个总量，有时还要考虑一些零部件的独立需求预测和外部零部件订货的需求计划。这可以以数据文件形式直接作为 MRP 系统的单独输入文件。每一项物料、每一个运算层次都要严格按时间区段核算出相应的毛需求量。

3）计算零部件的计划产出量和计划投入量

以毛需求量为基础，零部件的计划产出量取决于库存状况和事务规律。库存文件包含各种库存物料的状态数据（现有库存量、计划接收量、已分配量、提前期、订货策略等），每项库存事务处理（入库、出库、报废等）都要改变相应的库存物料的状态，后者在 MRP 计算需求量的过程中被引用和修改，它们互相关联、动态统一。库存物料的计划产出量是基于库存事务规律和产出批量特征并进一步影响计划投入量安排的。

计划投入量是根据计划产出量的要求,在考虑了生产与采购提前期后的对应指标(有时需要考虑损耗情况),它决定了各项物料的最终需求量。这个量是重要的决策依据,包括生产决策或采购决策,都要依据该项物料的来源定夺。

4) 分析零部件的来源,生成加工生产计划和物料采购计划

在辨识了各项物料是本企业内部制造的或外部采购的以后,可以利用计划投入量形成加工生产计划和物料采购计划。由于物料是多种多样的,因此一次 MRP 运算的结果可以形成两份重要的计划执行文件——加工生产计划和物料采购计划。

5) 能力计划的检验和调整

能力计划是对 MRP 中所需的所有资源进行计算和分析。这不仅包括关键资源、关键工作中心、关键供应商、专业技能等,而且包括人力、原材料、资金、运输、仓库等所有的企业要素。能力计划是以 MRP 的输出作为输入,根据计划的零部件需求量和生产基本信息中的工序、工作中心等信息,计算出设备与人力的需求量、各种设备的负荷量,以便判断生产能力是否足够。若发现能力不足,则进行设备负荷调节和人力补充;如果能力实在无法平衡,那么可以再返回至主生产计划,并调整产品的主生产计划。这是一个闭环反馈系统的基本特征。

6) 批准和下达执行作业计划

从主生产计划到 MRP,实际上是属于同一个时间周期的从粗到细的两个不同计划层次,计划产生之后,接下来就是计划的执行。如果某物料需要在企业内部进行加工,那么产生一个生产制造指令,并下达加工单到相应的车间班组进行生产;如果某物料需要采购或托外加工,那么产生一个采购订单或托外加工单。

MRP 包括在逻辑上相关的一系列处理步骤、决策规则及数据记录(这些数据记录也可看作系统的输入)。MRP 要在物料需求与物料库存之间做出平衡。由于 MRP 的运行是基于计算机软件系统自动运行的,因此只要算法正确、设计合理,其运算质量是有可靠保证的。MRP 的关键是现存的数据记录的准确性和新导入的主生产计划的合理性。

3. MRP 的编制

1) MRP 的计算方法

MRP 的核心是计算物料需求量,MRP 在计算物料需求量时涉及的各个量如下。

(1) 毛需求量。
(2) 净需求量。
(3) 已分配量。
(4) 现有库存量。
(5) 可用库存量。
(6) 计划接收量。

其中,毛需求量加上已分配量为总需求量。这里的已分配量是尚保存在仓库中但已被分配出去的物料数量;已分配量应从现有库存量中减去,剩下的才是可分配量。现有库存量加上计划接收量为可达到的库存量。总需求量减去可达到的库存总量就是真正的需求量,即净需求量。以上各因素组成的计算公式为

$$毛需求量 = 相关需求量 + 独立需求量$$

$$相关需求量 = 母件需求量 \times 本级用量因子$$

净需求量＝毛需求量＋已分配量-计划接收量-现有库存量

可用库存量＝现有库存量-安全库存-已分配物料数量

在计算了净需求量之后，需要下达的生产计划和采购计划的数量和时间不一定等于净需求的时间和数量，因为其还要受到批量和提前期的影响。

下面利用表 2-2 中的物料 A 的需求量，举例说明物料需求量的计算方法。

表 2-2 物料 A 的需求量

周次	1	2	3	4	5	6	7	8	9
毛需求量	20	10	0	30	30	10			
已分配量	0								
计划接收量			40						
现有库存量	20	10	50	20	−10	−10			
净需求量					10	10			
计划投入量			10	10					

由表 2-2 可知，物料 A 第 1 周的毛需求量为 20、已分配量为 0，它的原有库存量为 40，现有库存量减至 20；第 2 周的毛需求量为 10，现有库存量为 10；第 3 周的毛需求量为 0，而计划接收量为 40，因此现有库存量增加至 50；第 4 周的毛需求量为 30，现有库存量减至 20；第 5 周的毛需求量为 30，现有库存量因不能满足需要而变为负数，这时产生了净需求量，净需求量为 10；第 6 周毛需求量为 10，当然现有库存量仍为负数，净需求量为 10。由于物料 A 的提前期为 2 周，批量为 10，因此分别在第 3、第 4 周下达计划，计划投入量为 10。对组件 A 下属的零件来说，也可以按以上方法计算各自的下达计划数量和时间。

在 MRP 系统中，当主生产计划、库存状态或产品结构发生变化时，要重新安排物料需求和库存储备计划。在编制计划的过程中，MRP 系统根据各库存物料的总需求量来分配现有库存量，并复查各个已下达的订货时间是否仍有效，以便决定净需求量。为了满足净需求量，MRP 系统为每一个库存物料建立一个计划订货日程表，其中包括即将下达的订货数据，也包括今后订货的数据。计划订货的批量是由使用 MRP 系统的管理人员按规定的批量确定方法计算得到的。MRP 系统输出的关于物料需求和库存储备计划的信息总体，形成了总体的 MRP。

MRP 的编制一般按以下 4 个步骤进行。

（1）根据产品的层次结构，逐层把产品展开为部件与零件，生成 BOM。

（2）根据规定的提前期标准，由产品的出厂期逆序倒排零件的生产进度计划表，再按主生产计划决定零件的毛需求量。

（3）根据毛需求量和该零件的可分配库存量，计算净需求量；再根据批量的选择原则和零件的具体情况，决定该零件的实际投产批量和日期。

（4）对于外购的原材料和零配件，先根据 BOM 按品种规格进行汇总，再分别按它们的采购提前期决定订购的日期与数量。

编制 MRP 时先不考虑生产能力的约束，在排好零件的生产进度计划表后，要按生产进度计划的时间周期，分工种核算各产品的生产负荷，并汇总编制能力需求计划，以便进行能力与负荷的平衡。

如果使用计算机进行上述工作，那么应把主生产计划输入计算机中，把物料清单和库存量分别储存在数据库中，经过计算机计算，便可输出一份完整的 MRP。

2）MRP 的报表运算

实际上，利用横式报表可以进行每个物料的 MRP 的运算。MRP 运算的逻辑关系很简单，其运算过程也用不着复杂的数学模型。这里为表达方便起见，把它的形式做些变换处理，即把报表上部表头部分的项目集中放到左边，形成如表 2-3 所示的形式。它实际上是由 3 部分构成的，即报表左边的限制条件部分，报表右边上部的成品部分，即主生产计划报表（仅摘录计划产出量和计划投入量）及报表右边下部的物料 MRP 报表。通过表 2-3 可以说明 MRP 的报表及运算方法。

（1）表头栏目。

MRP 报表表头栏目各项的说明如下。

① 批量。对采购件而言，批量在 MRP 运算表中是订货批量；对加工件而言，批量在 MRP 运算表中是加工批量，它们均按对应的批量规则来确定。批量决定了计划投入量通常要大于净需求，即计划产出量并不总是等于净需求的。

② 已分配量。已分配量指库存量中仍在库中但已为某订单配套而不可动用的数量。在计算预计可用库存量时，要将已分配量从现有库存量中扣除，然后运算 MRP。

③ 安全库存。安全库存与已分配量不同，它的数量仍包括在预计可用库存量中，只是当库存量低于安全库存时，系统会自动生成一些净需求，以补充安全库存。

④ 低阶码。低阶码是物料出现在系统各种产品中最低的那个层次。在 MRP 运算时，只有到该最低层次时，才把主生产计划中所有产品对该物料形成的需求量汇总起来，并合并计算它们在各时段的需求量。

表 2-3 MRP 运算表

低阶码	提前期	现有库存量	已分配量	安全库存	批量	物料	时段	当期	1	2	3	4	5	6	7	8	9
0	1				1	X	计划产出量										
							计划投入量										
0	2				1	Y	计划产出量										
							计划投入量										
1	2	25			5	A	毛需求										
							计划接收量										
							PAB 初值										
							预计库存量										
							净需求										
							计划产出量										
							计划投入量										
2	2	40	5	10	20	C	毛需求										
							计划接收量										
							PAB 初值										
							预计库存量										
							净需求										
							计划产出量										
							计划投入量										

（2）表体栏目。

MRP 的计划对象是相关需求件，它的毛需求是由上层物料的计划投入量确定的。某时段下层物料的毛需求量是根据上层物料在该时段的计划投入量和上下层数量关系计算得到的。当物料同时有独立需求与相关需求时，把独立需求加到相应时段的毛需求中，同时考虑低阶码对不同层次物料毛需求的汇总，以及不同产品对物料的总毛需求。

由毛需求引发净需求。这里辅助设置 PAB 初值（期初预计可用库存量）以进行净需求的判断和核算。进行净需求核算要考虑安全库存的要求。根据净需求的计算公式、批量和提前期等条件可以推算出 MRP，即产生零部件生产计划和原材料、外购件的采购计划。这个推算过程是从最终产品开始，层层向下，一直推算到采购的原材料和外购件为止的。

其他项目量的计算在前面章节已有介绍，下面说明 MRP 报表的运算过程。

MRP 报表的全部推算过程如下。

① 推算毛需求。考虑相关需求和低阶码，推算计划期全部的毛需求。

$$毛需求＝相关需求＋独立需求$$

② 计算当期预计可用库存量。考虑已分配量，计算计划初始时刻当期预计可用库存量。

$$当期预计可用库存量＝现有库存量-已分配量$$

③ 推算 PAB 初值。考虑毛需求，推算特定时段的预计可用库存量。

$$PAB 初值＝上期末预计可用库存量＋计划接收量-毛需求$$

④ 推算净需求。考虑安全库存，推算特定时段的净需求。

$$当 PAB 初值 \geqslant 安全库存，净需求=0$$

$$当 PAB 初值 \leqslant 安全库存，净需求=安全库存-PAB 初值$$

⑤ 推算计划产出量。考虑批量，推算特定时段的计划产出量。

$$当净需求 \geqslant 0 时，计划产出量=N \times 批量$$

并满足：

$$计划产出量 \geqslant 净需求 > (N-1) \times 批量$$

⑥ 推算预计可用库存量。推算特定时段的预计库存量。

$$预计可用库存量＝计划产出量＋PAB 初值$$

⑦ 递增一个时段，分别重复进行③～⑥运算过程，循环计算至计划期终止。

⑧ 推算计划投入量。考虑提前期，推算计划期全部的计划投入量。

正常的 MRP 报表一般仅反映一种物料，有时也把多个产品和多种物料合并在同一张表，因为它们与反映的物料有直接的关联和数量关系。例如，产品 X 和 Y 与物料 C 是共用关系，而物料 A 与物料 C 是相关需求关系，因此可直接在此合并报表里进行物料 C 的 MRP 推算。只是此报表的逻辑关系较为复杂，需要更多的抽象思维。

3）MRP 报表运算实例

为便于理解和掌握 MRP 报表的运算方法，下面通过同一套示例数据，以分步的形式举例说明 MRP 的运算过程。

以 X、Y 两种产品为例，这两种产品包含的层次子件和需用的数量（括号内数字）及产品结构树如图 2-11 所示。假定这两种产品已经由主生产计划推算出了计划投入量和计划产出量，则其与所含物料的提前期、批量、安全库存、现有库存量、已分配量等均为已知。

在图 2-11 中，A、B 是产品 X 的 1 层子件；C 是 X、Y 两种产品的通用件，但其在两种产品中所处的层次不同（1 和 2，所以低阶码是 2），且需用的数量也不同。各种物料的需求量是由上向下进行分解的，如 X、Y 的需求量是由主生产计划确定的，A、B 的需求量是由 X 确定的，C 的需求量是由 X、Y 确定的。

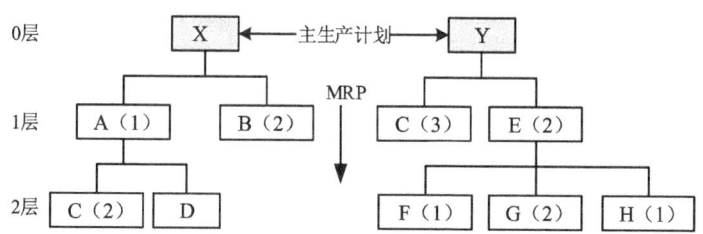

图 2-11　产品结构树

例 2.1 推算毛需求。推算 Y 对 C、E 的投入需求。

下面以产品 Y 中的两个子件 C、E（为了简化运算，暂不考虑其他零部件）为例，推算 Y 对 C、E 形成的毛需求，如表 2-4 所示。

表 2-4　推算 Y 对 C、E 的毛需求

层次码	提前期	物料	时段	当期	1	2	3	4	5	6	7	8	9
0	1	Y	计划产出量			10		20				15	5
			计划投入量		10		20				15	5	
1	1	C	毛需求		30		60				45	15	
1	3	E	毛需求		20		40				30	10	

在时段 1，Y 的计划投入量为 10，引发对 C 的毛需求为 30、对 E 的毛需求为 20。

例 2.2 推算毛需求。推算 X 对 A、B 的投入需求。下面以产品 X 中的两个子件 A、B 为例，推算 X 对 A、B 形成的毛需求，如表 2-5 所示。

表 2-5　推算 X 对 A、B 的毛需求

层次码	提前期	物料	时段	当期	1	2	3	4	5	6	7	8	9
0	1	X	计划产出量		20	15		15		15			10
			计划投入量	20	15		15		15			10	
1	1	B	毛需求		30		30		30			20	
1	2	A	毛需求		15		15		15			10	

在时段 1，X 的计划投入量为 15，引发对 A 的毛需求为 15、对 B 的毛需求为 30。利用前面 A 在计划期各时段毛需求的结果，可循环推算各时段的 PAB 初值（例 2.3）、净需求（例 2.4）、计划产出量（例 2.5）、预计可用库存量（例 2.6）、计划投入量（例 2.7），如表 2-6 所示。这里要考虑 A 的提前期、批量、安全库存、初始库存等对要素投入需求的影响。

例 2.3 推算 PAB 初值。推算 A 的 PAB 初值（考虑毛需求、初始库存、计划接收量），如表 2-6 所示。

例 2.4 推算净需求。推算 A 的净需求（考虑安全库存），如表 2-6 所示。

例 2.5 推算计划产出量。推算 A 的计划产出量（考虑批量），如表 2-6 所示。

例 2.6 推算预计可用库存量。推算 A 的预计库存量，如表 2-6 所示。

表 2-6 推算 A 的 PAB 初值、净需求、计划产出量和预计可用库存量

层次码	提前期	现有库存量	已分配量	安全库存	批量	物料	时段	当期	1	2	3	4	5	6	7	8	9
1	1	5			10	A	毛需求		15		15		15			10	
							计划接收量										
							PAB 初值		−10		−15		−10			−10	
							预计可用库存量	5	0	0	5	5	0	0	0	0	
							净需求		10		15		10			10	
							计划产出量		10		20		10			10	
							计划投入量	10		20		10			10		

在时段 1，A 的现有库存量为 5，计划接收量为 0，不能满足毛需求（15）；PAB 初值为 −10，说明将出现短缺，所以净需求量为 10，故需要引发 1 个批量的计划产出量（1×10=10），以补足短缺，即计划产出量为 10，预计可用库存量为 10+5−15=0；安全库存无需求。

在时段 3，A 的前期可用库存量为 0，不能满足毛需求为 15，系统显示负值 −15（PAB 初值），说明将出现短缺，计算出净需求为 15，故需要引发两个批量的计划产出量（2×10=20），以补足短缺，即计划产出量为 20，预计可用库存量为 20+0−15=5。

例 2.7 推算计划投入量。推算 A 的计划投入量（考虑提前期），如表 2-7 所示。

例 2.8 推算毛需求。推算 A 对 C 的毛需求，如表 2-7 所示。这是在 A 的计划投入量的基础上，考虑 A 对 C 的结构需求。

表 2-7 推算 A 的计划投入量和 A 对 C 的毛需求

层次码	提前期	现有库存量	已分配量	安全库存	批量	物料	时段	当期	1	2	3	4	5	6	7	8	9
1	1	5			10	A	毛需求		15		15		15			10	
							计划产出量		10		20		10			10	
							计划投入量	10		20		10			10		
2	2	40	5	10	20	C	毛需求			40		20			20		

例 2.9 推算毛需求。推算 X、Y 对 C 的总毛需求。下面以产品 X、Y 中的共用子件 C 为例，推算 X、Y 对 C 形成的总毛需求，计算如表 2-8 所示。

表 2-8 推算 X、Y 对 C 的总毛需求

层次码	提前期	物料	时段	当期	1	2	3	4	5	6	7	8	9
0	1	X	计划产出量		20	15		15		15		10	
			计划投入量	20	15		15		15		10		
0	1	Y	计划产出量			10			20			15	5
			计划投入量		10			20			15	5	
2	2	C	X 对 C 的毛需求			40		20		20			
1	1	C	Y 对 C 的毛需求		30			60			45	15	
2	2	C	C 的总毛需求		30	40		80		20	45	15	

在时段 4，将 X 对 C 的毛需求（20）与 Y 对 C 的毛需求（60）合并，生成 C 在时段 4 的总毛需求为 20+60=80。

例 2.10 推算 C 的 PAB 初值、净需求、计划产出量、计划投入量、预计可用库存量。

利用前面 C 的各阶段毛需求的结果，可循环推算其在计划期各时段的 PAB 初值、净需求、计划产出量、计划投入量、预计可用库存量等，如表 2-9 所示。这里也要考虑 C 的提前期、批量、安全库存、初始库存等对其需求的影响。

表 2-9 推算 C 的 PAB 初值、净需求、计划产出量和预计可用库存量

层次码	现有库存量	已分配量	安全库存	批量	物料	时段	当期	1	2	3	4	5	6	7	8	9
1	30	5	10	30	C	毛需求		30	40		80			65	15	
						计划投入量		15									
						PAB 初值		10	-30		-50			-55	20	
						预计可用库存量	25	10	30	30	10	10	10	35	20	
						净需求			40		60			65		
						计划产出量			60		60			90		

计划初始现有库存量为 30，已分配量为 5，所以计算出当期预计可用库存量为 25。

在时段 1，C 的毛需求为 30，而 C 的预计可用库存量为 25，计划接收量为 15，可以满足预计可用库存量（10），也刚好满足安全库存的需要，所以无净需求，也无安排计划产出量的必要。

在时段 2，C 的前期可用库存量（10）不能满足毛需求（40），系统显示负值-30（PAB 初值），说明将出现短缺，合并考虑安全库存（10）的要求，计算出净需求量为 40，故需要引发 2 个批量的计划产出量（2×30=60）以补足短缺，即计划产出量为 60，预计可用库存量为 60+10-40=30。

例 2.11 推算计划投入量。推算 C 的计划投入量（考虑提前期），如表 2-10 所示。

表 2-10 推算 C 的计划投入量

层次码	提前期	现有库存量	已分配量	安全库存	批量	物料	时段	当期	1	2	3	4	5	6	7	8	9
0	1				1	X	计划产出量		20	15		15		15			10
							计划投入量	20	15		15		15			10		
0	2				1	Y	计划产出量			10			20			15	5	
							计划投入量		10			20			15	5		
2	1	30	5	10	30	C	毛需求		30	40		80			65	15	
							计划接收量		15									
							PAB 初值		10	-30		-50			-55	20	
							预计库存量	25	10	30	30	10	10	10	35	20	
							净需求			40		60			65		
							计划产出量			60		60			90		
	2						计划投入量		60		60			90			

按 C 的提前期为 1 个时段倒排计划,只有在时段 1 生成 C 的计划投入量为 60,才能满足其在时段 2 有 60 个产出的需求。至此,完成了物料 C 在计划期内的全部需求计划的数量运算。

第三节　生产调度排产

MRP 的输出主要是采购计划与自制投产计划。自制件的生产计划通常分解到零件层,即给出自制件的零件投产时间、完成时间及完成数量。零件在生产过程中需要进一步确定工艺路线、加工工序的开完工时间、选择工序加工设备等,即按照一定的工艺规划或制造大纲组织生产。

一、工艺规划与车间调度

1. 工艺规划

零件的工艺规划具有一定的柔性,其主要体现在 3 个方面:加工次序柔性、加工柔性和工序柔性。加工次序柔性指零件的几个加工特征之间的次序可以互换,主要原因是被加工零件具有多个加工特征,这些加工特征之间存在加工次序约束,但不是所有的加工特征之间都存在严格的加工次序约束,所以同一个零件存在多种加工次序;加工柔性指零件的同一加工特征可以选用不同的加工工艺,主要原因是各制造特征可能存在多种加工方案,而每种加工方案中包含的加工方法不同;工序柔性指零件的每一道工序都可以在不同的设备上进行加工。

2. 车间调度与排产

在确定工艺规划后,不同的加工设备面临着不同的加工任务序列,由此面临着生产调度排产的问题。调度排产的定义:在一定的约束条件下,按照生产加工工序的先后顺序,把有限的资源在时间上按照一定的顺序分配给若干个任务,以满足或优化一个或多个性能指标。由此可见,调度排产的目的是不仅要对任务进行排序,而且要获得各任务的开始时间和结束时间。通常假设每个任务都按照其最早开工时间开始加工,那么任务的一个排序可以确定一个调度排产方案。

经典的车间调度排产问题可表示为:n 个工件在 m 台机器上加工,一个工件可以有多道加工工序,每道加工工序可在一台或若干台机器上进行加工,但必须按照可行的工艺路线进行加工。车间调度排产问题的基本要素主要有以下 3 种。

(1) 工件和机器信息。调度涉及的工件和机器信息有工件的数量、工件的释放时间、工件中各工序的加工时间、机器的数量、机器和工件的交货期等。

(2) 约束条件。在各类调度中,应满足的限制有加工不可中断约束、机器适配约束、工件加工路径约束等工艺约束,以及原料和机器约束等资源约束。

(3) 调度性能指标。调度中的优化目标有最小化最大完工时间、最小化总延误、最小化能源消耗和最大化瓶颈机器利用率等。

制造企业车间调度排产问题的分类方法有很多,根据工件和机器构成不同,可分为:

（1）单机调度问题。在单机调度问题中，加工系统只有一台机床，待加工的工件有且仅有一道工序，所有工件都在该台机床上进行加工。单机调度问题是最简单的车间调度问题，当生产车间出现瓶颈机床时，可以视为单机调度问题。

（2）并行机调度问题。在并行机调度问题中，加工系统有多台同类型的机床，每个工件只有一道工序，工件可在任意一台机床上进行加工。

（3）开放车间调度问题。在开放车间调度问题，每个工件的工序之间没有先后顺序约束（如产品检测车间等），工件的加工可以从任何一道工序开始，也可以在任何一道工序结束。

（4）流水车间调度问题。在流水车间调度问题中，加工系统有一组功能不同的机床，待加工的工件包含多道工序，每道工序在一台机床上进行加工，所有工件的工艺路线都是相同的。

（5）作业车间调度问题。在作业车间调度问题中，加工系统有一组功能不同的机床，待加工的工件包含多道工序，每道工序在一台机床上进行加工，工件的工艺路线互不相同，每个工件工序之间有先后顺序约束。

此外，基于机器加工环境的车间调度排产问题还有流水车间与并行机混合的柔性流水车间（也称为混合流水车间）、作业车间与并行机混合的柔性作业车间等。鉴于混合流水车间和柔性作业车间的特殊性和典型性，通常将它们称为基本车间调度问题。车间调度是一类非常复杂的组合优化问题，要考虑任务、环境、目标等多方面的要求，通常车间调度问题具有以下特点。

（1）复杂性。车间调度问题要综合考虑加工工艺、加工机器、加工任务及生产环境等多方面的因素，是一个复杂的优化问题。随着车间调度问题规模的增加，求解车间调度问题消耗的时间呈指数级增长，车间调度问题已被证明是 NP-完全问题。

（2）不确定性/动态性。在实际车间调度问题中，有很多随机因素，如工件到达时间的不确定性，以及工件的加工时间随着不同的加工机器也有一定的不确定性。而且，车间生产系统中常发生突发事件，如紧急订单插入、订单取消、原材料紧缺、交货期变更、设备发生故障等。

（3）离散型。车间生产系统是典型的离散系统，其调度问题是离散优化问题。工件的开始加工时间、任务的到达、订单的变更及设备的增添或故障都是离散事件。我们可以利用数学规划、离散系统建模与仿真、排序理论等方法对车间调度问题进行研究。

（4）多约束性。在通常情况下，工件的工艺路线是已知的，并且受到严格的工艺约束，使得各工序在加工顺序上具有先后约束关系。同时，工件的加工机器集是已知的，工件必须按照工序顺序在可以选择的机床上进行加工。

（5）多目标性。车间调度问题往往要考虑加工方和客户方的多个优化目标，如最小化最大完工时间、最小提前/拖期惩罚、最小加工费用、最大化客户满意度、最大化资源利用率等，这些目标之间可能存在冲突，导致难以同时优化多个目标，所以需要综合考虑和权衡。

3. 调度排产应注意的原则

（1）交货期先后原则：交货期越短，交货时间越紧急的产品，越应安排在最早时间进行生产。

（2）客户分类原则：客户有重点客户与一般客户之分，越重要的客户，其排程越受到重视。

（3）产能平衡原则：各生产线的生产应顺畅，半成品生产线与成品生产线的生产速度应相同,并考虑机器负荷,同时不能产生生产瓶颈及出现停线待料事件。

(4) 工艺流程原则:工序越多的产品,其制造时间越长,应重点予以关注。

生产计划排程的目的是为车间生成一个详细的短期生产计划。调度排产计划指明了计划范围内的每一个订单在所需资源上的加工开始时间和结束时间,即给定资源上订单的加工工序。调度排产计划可以通过直观的甘特图来给出。

对于某些生产类型(如 Job Shop),生产计划排程需要对(潜在)瓶颈资源上的任务进行排序和计划;而对另一些生产类型(如成组技术),生产计划排程要能自动地按时段检查资源组的能力,看其是否能够在下一个时间段完成成组加工的一组订单。然后,可以排序这组订单在下一个时间段的加工次序。生产调度排产受到上层零件投产计划的约束,零件投产计划设立了在分散的决策单位中执行生产调度排产的框架。

二、调度排产计划的生成与执行

由车间模型生成的调度排产计划的产生与执行过程,一般可简单地描述为以下 6 个步骤。

1. 建模

车间模型必须详细地捕捉生产流程的特征和相应的物流特征,以便以最小的成本生成可行的计划。由于一个系统的产出率只受潜在瓶颈资源的限制,因此只需对车间现有资源的一部分,即那些可能成为瓶颈的资源,建立一个清晰的模型。

2. 提取需要的数据

生产调度排产使用的数据来自 ERP/MRP 系统的物料需求与零件的计划产出量。由于零件的生产工艺流程可能不在一个车间完成,而可能需要跨多个车间协作完成,因此当需要针对某个车间进行计划调度排产时,需要依据工艺规划与工艺路线,提取 MRP 系统中与本车间相关的任务信息。

3. 车间生产状况设定与配置

除从 MRP 系统等接收相关数据之外,在从进行工序任务到加工设备的安排过程中,需要根据车间的实际设备状况、生产能力、人员班次等信息进行具体排程,因此针对上述信息需要设定相应的配置信息。

4. 生成一个(初始)调度排产计划

在有了模型和数据之后,可以针对给定的生产状况,利用线性规划、启发式算法和基因算法等各种复杂的优化方法来生成调度排产计划。

5. 调度排产计划分析、交互修改与优化

在生成一个详细的、可执行与发布的调度排产计划之前,需要对这个调度排产计划进行分析。如果调度排产计划不可行,那么决策人员可以交互地指定一些计划途径来平衡生产能力(如增加班时或指定不同的加工路径)。当遇到意外状况,如设备故障、临时插单、零件意外报废、工装缺失等情况时,一方面可以通过动态调度算法进行再调度或重新优化,另一方面可以通过人工介入的方式进行调整。当然,针对调度排产计划,还可以结合决策人员的经

验和知识进行交互修改，如基于知识与挖掘的调度算法等。

6. 生产状况核准

当决策人员评估了所有可选方案时，可将选择的体现最佳生产状况的调度排产计划发布至车间并执行。

7. 执行和更新调度排产计划

决策人员选择的调度排产计划被传递给 MRP 系统、MES（制造执行系统）及物流计划模块。

调度排产计划在传递给物流计划模块后，将作为物流计划模块的输入，进一步生成物流转运计划，并启动车间生产物流管控系统，实施相关原材料、在制品、成品、工装、刀量夹具等的配套运送。

当调度排产计划被执行后，要及时更新反馈给 MRP/MES 系统，以便进入下一个调度排产循环周期。

三、基于遗传算法的工艺规划与调度集成算法

零件的多工艺路线决策是工艺规划与调度集成的前提，当具有多条可行工艺路线的多个任务进入调度系统时，根据制造资源负载状况，调度系统需要在考虑设备负载平衡分配的基础上，决策各项工艺任务的最优工艺路线，以及如何将每道工序合理地安排在特定的加工设备上，从而使制造系统中的可用设备都得到高效的利用，并且满足加工任务完成时间最短的要求。这样，由调度系统决策每项任务的最优工艺路线，并将最优工艺路线结果反馈给工艺规划层，使最优工艺路线结果和最优调度结果同时生成。

这里介绍一种基于遗传算法的工艺规划与调度集成算法：通过有效的遗传编码和算子结构，使交叉算子用于变换加工顺序，使变异算子用于改变特定工艺任务的工艺路线，最终找到在当前动态制造资源负载状态下，每项任务中的最优工艺路线，同时生成最优调度结果。

1. 工艺规划与调度集成的数学模型

传统的车间调度一般假定：对于每一项任务，只有一个可行的工艺规划，这表明工艺规划没有考虑生产的柔性。在日益柔性的制造系统中，每一项任务可以有多条可行的工艺路线，而调度则是在不违反制造环境约束的条件下，基于特定的目标，为每一项任务决策出最优工艺路线及产生全部的任务调度结果。这里以任务的加工完成时间最短为调度目标，以制造资源的负载平衡为主要约束来讨论工艺规划与调度集成的问题。为解决该问题，应做出以下假设。

（1）每个设备在同一时刻仅能处理一道工序。
（2）设备的初始状态均为空闲，并且在零时刻，任意任务都是可行的。
（3）同一零件的不同工序不能同时加工。

根据以上假设，建立工艺规划与调度集成的数学模型，具体如下。

定义 1：设有 n 个零件加工任务投放于一个制造系统，这 n 个零件加工任务的集合为 $\{N_1,\cdots,N_i,\cdots,N_n\}$。

定义 2：设任务 N_i 有 L_i 条可行工艺路线，用 R_{J_i} 代表任务 N_i 的可行工艺路线的集合，则 $R_{J_i} = \{R_1, \cdots, R_j, \cdots, R_{J_i}\}$。

定义 3：设任务 N_i 的可行工艺路线 R_{J_i} 有 U_{ij} 道工序，用 $P_{J_{ij}}$ 代表工艺任务 N_i 的可行工艺路线 R_{J_i} 的工序集合，则 $P_{J_{ij}} = \{P_1, \cdots, P_k, \cdots, P_{U_{ij}}\}$。

定义 4：设该制造系统中有 G 个设备，则这 G 个设备的集合为 $\{D_{ev1}, \cdots, D_{evg}, \cdots, D_{evG}\}$。

定义 5：设 (N_i, R_j, P_k, D_{evg}) 表示任务 N_i 的路线 R_j 的工序 P_k 在 D_{evg} 设备上进行加工，该工序的开始加工时间和加工时间分别为 $S(N_i, R_j, P_k, D_{evg})$ 和 $T(N_i, R_j, P_k, D_{evg})$。

定义 6：设 D_i 是 N_i 的交货期限，在一批工艺任务中，如果调度是以最小化加工时间作为任务调度目标的，那么目标函数为

$$\begin{cases} \min E = \max\left[S(N_i, R_j, P_k, D_{evg}) + T(N_i, R_j, P_k, D_{evg})\right] \\ i \in [1, n], \ j \in [1, L_i], \ k = U_{ij}, \ g \in [1, G] \end{cases} \quad (2-7)$$

由于同一任务的不同工序不能同时加工，因此工序顺序约束为

$$\begin{cases} S(N_i, R_j, P_{k+1}, D_{evg_1}) - S(N_i, R_j, P_k, D_{evg_2}) \geqslant T(N_i, R_j, P_k, D_{evg_2}) \\ i \in [1, n], \ j \in [1, L_i], \ k \in [1, U_{ij-1}], \ g_1, \ g_2 \in [1, G] \end{cases} \quad (2-8)$$

每个设备在同一时刻仅能处理一道工序，则资源约束为

$$\begin{cases} S(N_{x_1}, R_{y_1}, P_e, D_{evg}) - S(N_{x_2}, R_{y_2}, P_f, D_{evg}) \geqslant T(P_{x_2}, R_{y_2}, P_f, D_{evg}) \\ x_1, x_2 \in [1, n], y_1 \in [1, L_{x_1}], \ y_2 \in [1, L_{x_2}], \ e \in [1, U_{x_1y_1}], \ f \in [1, U_{x_2y_2}], \ g \in [1, G] \end{cases} \quad (2-9)$$

交货期限约束为

$$\begin{cases} S(N_i, R_j, P_k, D_{evg}) + T(N_i, R_j, P_k, D_{evg_2}) \leqslant D_i \\ i \in [1, n], \ j \in [1, L_i], \ k = U_{ij}, \ g \in [1, G] \end{cases} \quad (2-10)$$

在式（2-7）中，E 为所有任务的最后一道工序的完成时间的最大值，对于不同的调度结果，E 有所不同，而最小化 E 可映射出最优调度结果。由于最优调度结果可映射出每项任务的最优工艺路线，因此最优工艺路线和最优调度结果是同时生成的。

2. 基于遗传算法的模型求解

1）遗传编码方案

为了采用遗传算法解算工艺规划与调度集成的数学模型，首先应对研究对象进行编码，也就是进行加工任务编码和制造设备编码，并根据加工任务编码和制造设备编码形成染色体编码。

加工任务编码：用 (x, y, z, c, t) 表示加工任务的每一道工序，x 为任务编号，y 为任务的工艺路线编号，z 为工序号，c 为加工该工序的设备应具有的加工能力标志（如 $c=1$ 表示具有车削加工能力的设备；$c=2$ 表示具有铣削加工能力的设备；$c=3$ 表示具有磨削加工能力的设备），t 为该工序的加工时间。例如，一个工序的编码(1,3,2,1,3)表示任务 1 的第 3 条可行工艺路线的第 2 道工序需要在具有车削加工能力的设备上进行加工，该工序的加工时间为 3 个时间单

位。加工任务编码是所有工序编码的集合。

制造设备编码：用(g,c,s)进行制造设备编码。其中，g为设备编号，c为设备的制造能力（与加工任务编码中的c相对应），s为设备的当前状态（若设备空闲，则s为0，否则为1）。

染色体编码：采用遗传算法解决工艺规划与调度集成问题的关键点是把问题的解映射成以字符串表示的染色体，即进行染色体编码。

用编码(x,y)代表一个加工任务（这里的x、y与加工工序编码中的x、y对应），同一个编码(x,y)出现在染色体中的不同位置，代表该加工任务的不同工序。设有n个加工任务，其中工序数目最多的工艺路线有m道工序，则染色体编码的长度为$n\times m$，如一个具有3个加工任务、最长工艺路线有4道工序的染色体编码的长度为3×4。例如，(1,1)-(2,3)-(1,1)-(3,2)-(2,3)-(3,2)-(2,3)-(1,1)-(3,2)-(1,1)-(2,3)-(0,0)。这个染色体有4个(1,1)、4个(2,3)和3个(3,2)，其编码包含了加工这3个加工任务的信息及工艺路线规划结果，即选用的是第1个任务的第1条工艺路线、第2个任务的第3条工艺路线和第3个任务的第2条工艺路线，并且先加工第1个任务的第1条工艺路线的第1道工序，然后加工第2个任务的第3条工艺路线的第1道工序，再加工第1个任务的第1条工艺路线的第2道工序，依次类推。

当染色体编码的长度达不到$n\times m$时，给该染色体编码最后补(0,0)，相差几道工序就补几个(0,0)，总之要始终保持染色体编码的长度为$n\times m$。

2）初始种群的生成

在每个加工任务中随机选择一条工艺路线，一共选出n条工艺路线，再从n条工艺路线中随机选出一道工序(x,y,z,c,t)，将(x,y)作为个体的第1个基因，按照同样的方法在其余的工序中选择个体的其他基因。当个体长度达不到$n\times m$时，给该个体最后补(0,0)，使个体长度达到$n\times m$。

3）适应度函数

考虑到调度长度和设备负载平衡方面，取适应度函数：

$$\text{Fitness} = k_1\omega_1 + k_2\omega_2 \tag{2-11}$$

调度中最后一道工序的完成时间为

$$\omega_1 = \max\left[S(N_i,R_j,P_k,D_{evg}) + T(N_i,R_j,P_k,D_{evg})\right] \tag{2-12}$$

每个设备的实际加工时间与所有设备的平均加工时间的差的绝对值之和为

$$\omega_2 = \sum\left(|T_g - T_{ave}|\right) \tag{2-13}$$

在式（2-11）与式（2-13）中：k_1和k_2为权重系数；T_g为编号为g的设备的实际加工时间，T_{ave}为所有设备的平均加工时间。

4）选择

选择阶段分两步，第一步采用轮盘赌法确定种群中的个体，第二步采用最佳个体保存法。设当进化到第T代时，种群中的最优个体为$a^*(T)$，又设$A(T+1)$为新一代种群，若$A(T+1)$中不存在$a^*(T)$，则把$a^*(T)$作为$A(T+1)$中的第$N+1$个个体（其中，N为种群大小）。

5）交叉

经过选择后的个体以一定的交叉概率配对交叉，交叉算子是用于变换加工顺序的。交叉算子如下。

在 2 个父个体（记为 P_1、P_2）中查找除 $(0,0)$ 之外完全相同的基因。例如，在 P_1、P_2 中有完全相同的基因 $(3,2)$，在 P_1 中，基因 $(3,2)$ 的位置不变，作为子个体 O_1 中 $(3,2)$ 的位置，把 P_2 中的基因 $(3,2)$ 置为 $(0,0)$，子个体 O_1 中其余的基因按 P_2 中除 $(3,2)$ 之外的基因顺序编码，可得到子个体 O_1 的染色体编码。同理，可得到子个体 O_2 的染色体编码。当存在以下 2 种情况时，不能进行交叉运算：2 个父个体中没有完全相同的基因；2 个父个体中的所有基因完全相同，只是顺序不同。

6）变异

变异算子是用于改变特定工艺任务的工艺路线的。在个体中随机选择一个基因 (x,y)，并把此个体中的所有基因 (x,y) 变为 (x,y')，这里 $y \neq y'$。变异后的工艺路线的工序数可能与变异前的工艺路线的工序数不同，这时如果变异后的工艺路线的工序数比变异前多，那么在染色体编码中，从第 1 位基因 $(0,0)$ 开始，增加相应个数的基因 (x,y')；如果变异后的工艺路线的工序数比变异前少，那么在染色体编码中，从右向左开始减去相应个数的基因 (x,y')。染色体编码的变异算子如下。

变异前：

$(2,1)-(1,2)-(1,2)-(3,2)-(2,1)-(3,2)-(2,1)-(1,2)-(3,2)-(2,1)-(0,0)-(0,0)$

变异后：

$(2,2)-(1,2)-(1,2)-(3,2)-(2,2)-(3,2)-(2,2)-(1,2)-(3,2)-(0,0)-(0,0)-(0,0)$

四、物料配送需求

物流配送计划是根据生产加工过程中的物料资源的转运需要，计划和调度各种运输设备，规划运输路线，使所需的物料及时、通畅地运达指定位置。而车间生产过程中的在制品、装配工位的零配件等物料资源的流转搬运需求，则来自生产调度排产。

车间的物料搬运转移工作主要遵循调度排产计划中安排的零件加工批量、工序任务时间、加工设备等，以实现车间在制品在工序间的搬运、刀量夹具等辅助装备的搬运，以及装配工序上配套零件的配送等，即主要实现以下几点。

1）仓库与各工位之间

（1）在生产加工前，完成原材料仓库的领料工作，并搬运至首道工序加工设备点。

（2）在生产加工过程中，完成在工序加工时所需刀具、量具、夹具工装等的领用，并搬运至所需工位。

（3）在零件加工过程中，如果有需要，那么完成半成品的出入库工作，实现仓库到工位之间半成品的搬运。

（4）当零件加工完成后，需要完成零件入库工作，实现零件到仓库之间的搬运。

（5）在装配工位时，按照配套清单完成零配件领料工作，实现仓库到装配工位的搬运。

2）各工位之间

各工位之间主要完成在制品在各道工序之间的物流转运，实现在制品从一台设备到另一台设备的转运。

3）各车间之间

当工艺路线需要跨车间执行时，需要完成在制品从一个车间到另一个车间的搬运任务。

因此，若为零件加工车间，则根据生产调度排产结果生成零件由一个车间转移到另一车间的跨车间生产作业计划，同时生成在制品的配送转运需求，以及刀量夹具等装备的资源需求。若为装配车间，则根据装配工艺技术文件中包含的物料装配清单，生成装配工位上需要的物料清单及物料配送需求。车间物料配送需求的生成如图2-12所示。

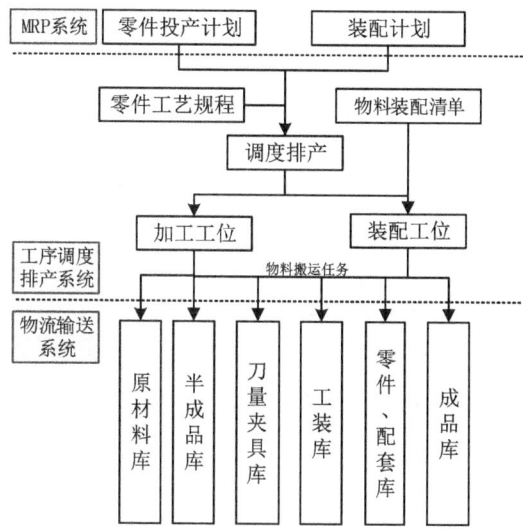

图2-12　车间物料配送需求的生成

第三章

物流系统规划设计

策略级管理控制层通过 MRP 和生产调度排产计划计算生产过程所需的物料配送任务，并将其下达给物流输送系统。本章采用了物流设施分层架构，按照从工厂到车间、从生产线到输送线的层次，系统阐述了物流系统规划设计的主要方法。第一节介绍了工厂布局和物流管理的方法；第二节介绍了车间、仓库和设施布局的方法；第三节讲述了流水线设计，第四节讲述了物流输送系统总体设计。

第一节 工厂布局与物流管理

设施指社会生产服务系统运行所必需的有形固定资产。设施是一个投入—产出生产服务系统的载体。工业设施（工厂）包括土地、建筑物和构筑物、加工用的机器设备、固定的或移动的辅助设备等。服务设施（医院）包括土地、建筑物、设备、公用设施、办公设施等。

在制造业中，设施规划设计主要是确定工厂的生产部门、辅助服务部门和管理部门的位置，合理有效的工厂布局对提高企业的生产效率、缩短产品生命周期、降低成本起着重要的作用。工厂布局是设施规划设计的核心，也是物流系统设计分析的重要环节之一。

工厂布局是物流的配置问题，是影响和决定生产物流的关键因素。良好的工厂布局能使整个生产系统安全、高效地运行，并为工厂获得较好的经济效益创造条件。从物流管理的角度看，工厂布局主要包括工厂选址和工厂平面布局两大问题。

一、工厂选址

所谓工厂选址，是指如何运用科学的方法决定工厂的地理位置，使企业的整体经营运作系统有机结合，以便有效、经济地达到企业的经营目的。工厂选址包括两层含义：第一层含义是选位，即选择什么地区（区域）设厂，选择国内还是国外、城市还是农村、沿海还是内地、南方还是北方等；第二层含义是定址，地区选定后，具体选择在该地区的什么地方，也就是说，在已选定的地区内选定一片土地作为具体位置。选址还要考虑两个方面：一方面是选择一个单一的位置；另一方面是在现有的网络中布新点。

对一个企业来说，工厂选址是建立、组织和管理企业的第一步，也是以后科学运作管理的基石。任何生产运作系统都是由建筑物、设施、设备等物质要素构成的，是生产运作系统的空间实体形态的具体表现，也是为了适应社会对某种产品的需求而形成的。

选址是企业生产运作系统设计的重要组成部分。首先，它是一个永久性的投资，是一个长期责任范畴。工厂一旦建成，如果发现选址决策失误，那么企业的后期运营将非常被动。其次，选址决策经常会影响投资需要、运作成本、税收及运作。选址不好还会导致成本过高、劳动力缺乏、原材料供应不足等问题。对制造业而言，选址会对企业的竞争优势产生重要影响。因此，在进行选址时，必须充分考虑多方面因素的影响，慎重决策。同时，随着经济的发展，现代物流管理对工厂的选址和布局提出了更高的要求，这需要企业从物流的角度在选址方面进行更多的考虑。

二、工厂选址的影响因素

根据选址的两层含义，工厂选址的影响因素可分为两类：选择地区时的影响因素和选择具体位置时的影响因素。在进行选址决策时，应该将这两层含义结合起来进行分析。不同性质的企业，其选址的影响因素的重要性是不同的，对于制造业，其重要因素如下。

1）市场条件

将厂址选择在靠近企业产品和服务的目标市场，有利于接近客户，便于产品迅速投放市场，降低运输成本，减少分销费用，提供便捷服务。由于交货期的竞争及运输费用等压力，制造工厂通过靠近用户来降低成本，不仅可以将产品尽快送达顾客手中，而且可以随时听取顾客的反馈意见，并根据反馈意见改进生产和服务产品。

2）原材料供应条件

制造业分布在原材料基地附近，以降低运费并得到较低的采购价格。虽然科技的进步导致单位产品原料消耗下降，原材料精选导致单位产品原料用量、运费减少，但对于那些对原材料依赖性较强的企业，还是应当尽可能地靠近原材料基地。例如，采掘业、原料用量大或原料可运性较小的制造业。

3）交通运输条件

根据产品及原材料，以及零部件运输量大小和运输条件，应该尽量选择靠近铁路、高速公路、海港或其他交通运输条件较好的地区。对大多数制造企业来说，运输成本占总成本的比重很大（据统计，运输费用至少占产品销售价格的25%）。

4）动力、能源和水的供应条件

对任何一个工厂来说，选址必须保证水、电、气、人力的供应，同时包括对"三废"的处理。对于那些能源消耗较大的生产，动力能源的获得有着举足轻重的影响。选址关系到能否获得价格相对低廉的能源，从而降低生产成本。

5）气候条件

企业在选址时，还要考虑所选位置的气候等自然条件。温度、湿度、气压、风向等因素会给某些产品的质量、库存和员工的工作条件带来不利影响。企业在气候适宜的地方建厂，不仅可以降低通风、采暖、除湿、降温的费用，而且能避免气候原因导致的停工待料、延误交货、无法正常生产而造成的损失。

6）劳动力条件

不同地区的人力资源状况有很大差别，如教育水平、文化素质、劳动技能、工资费用等，这也是企业选址必要考虑的因素。目前，生产全球化的主要原因之一是用低成本竞争的策略来占领市场。美国、日本把许多成熟产品转移到发展中国家进行生产制造，就是出于这种考虑。

7）政策法规条件

在某些国家或地区，对于建厂，政策、法规上有一定的优惠，如我国的经济特区、经济开发区，以及某些低税率国家。这也是当今跨国企业在全球范围内选址时要考虑的重要因素。

8）社会文化及生活条件

企业所选地区如果有良好的住房条件，以及学校、医院、体育娱乐等设施，那么其能够给员工提供良好的居住、购物、教育、交通、娱乐、保健等服务的生活环境，并减少企业与社会的负担，同时提高员工的工作效率。

此外，不同类型的企业对影响选址因素的要求不同。对于某些企业是主要因素，对于另一些企业则可能是次要因素。因此，在企业在选址时应根据企业的实际情况确定要考虑的因素，并分清主次，对主要因素重点考虑。

三、工厂平面布局的分析程序

工厂平面布局是对整个工厂大系统内所有占据空间位置的要素进行总体设计，使之在有限的空间范围内各得其所，并相互协调地实现系统规定的共同目标。

工厂平面布局总的要求是从系统的角度出发，整体优化，使物料运送最顺畅、最简捷，物料运转周期最短，并符合安全生产和工艺流程的要求，从而确保工厂空间被综合、充分、均衡、灵活地应用。进行工厂平面布局的具体分析程序如下。

（1）对生产物流的分析。高效的物流指能够充分符合生产工艺和产量变化要求的物流，它是连续的、均匀的、顺畅的，而不是间断的、波动的、倒流的，符合生产从最初工艺到成品完成的全部生产过程对物流的要求。

（2）与活动范围有关联的分析。在进行布局规划时，除以物流为主体考虑布局之外，还应按照邻近性原则的活动范围的联系程度来进行规划布局。在此阶段，暂不考虑现实情况的制约，仅在理论上得出最合适的活动范围位置关系，以后再根据约束条件加以修正。

（3）绘制物流活动范围关联线图。在分析了物流活动范围相互关系后，以此为依据，将活动范围和工序展示在线图上，并将这些活动范围转换成位置关系，称为活动范围关联线图。

（4）面积设定。完成活动范围关联线图后，必须估算生产经营活动范围的必要面积，并依据可利用的空间进行调整，然后决定列入布局规划方案的面积。

（5）区间相互关系图。区间相互关系图决定了物流和活动范围相互关系，绘制决定活动范围位置的图表，可使各种活动范围所需的面积与可用面积相适应，并取得平衡。

（6）图表的综合和调整。区间相互关系图是为了得到理想的状态而绘制的。然而，在实际操作中会有种种约束，因此，需要添加许多修正条件及实际上的限制条件来调整区间相互关系图，目的是绘制出更加切合实际的布局方案。

（7）对布局的评价。按照上述程序操作，得到几个不同的布局方案。为了选择最优方案，必须对布局方案进行评价。

四、工厂平面布局的物流管理方法

常用的工厂平面布局的物流管理方法有物料流向图法和物料运量图法。

1）物料流向图法

物料流向图法是按照原材料、在制品及其他物资在生产过程中的总方向和运输量，通过绘制物料流向图来布置工厂的车间、设施和生产服务单位的。物料流向图一般要根据物料的流向，再结合企业地形和厂区面积进行绘制。

2）物料运量图法

物料运量图法是根据各生产单位（包括仓库与站场）物料运输量的大小进行工厂平面布局的方法。物料运输量大的单位应尽量靠近布置，使总的运输量最少。为了清楚地表明各生产单位之间的运输量，可绘制物料运输量图和运输量相关线图，以便找出最恰当的合理布置。

第二节 车间、仓库和设施布局

一、车间布局

车间布局是按一定的原则，正确地确定车间内部各组成单位（加工段、班组）及工作地、机床设备之间的相互位置，使它们组成有机整体，从而实现车间的具体功能和任务。车间布局一般分为两部分：一是车间总体布局；二是车间的工作地布局。

车间总体物流管理的目标：物流最短的流动路线、最大的灵活性、最有效的面积利用、最良好的工作环境、最合理的发展余地。

车间总体布局方案应使车间内的建筑物和其他设备的配置满足车间生产过程的要求，同时此方案要尽可能使车间内的物料运输距离最短，并且车间的物流要考虑外部厂区环境和周围环境。车间总体布局方案应充分利用各种便利条件，特别是厂内运输条件，生产过程的流向和运输系统的配置应满足货运路线的要求，保证物料输入和产品输出的方便。这要求规划过程中的物流路径合理，尽可能避免交叉运输、重复往返运输及减少物料流量。因此，可以按生产流程的顺序来布置车间。

一般来说，若车间物流紧凑，则建厂时的土方工程量就小，运输路线、工程管道和道路等的里程较短，基建投资费用也较低。在规划初期，为了节约用地，不仅要提高企业的建筑系数（厂房、建筑物占地面积占全厂总面积的比重），而且要提高单位建筑面积的产量和利用多层建筑物的优点，以便尽可能使车间总体物流紧凑。在车间的区域划分方面，规划人员要尽可能按功能或其他条件把车间划分为不同的功能区域，把相同或相近功能且条件要求相近的生产单位放置在同一个区域，这样既便于管理，又有利于车间的安全和环境保护。

二、仓库布局

仓库是对货物进行储存、保管的重要场所，是物流中心和配送中心的核心仓储要素，也是构成整条供应链和物流网络的重要节点，其在现代城市和企业物流体系中发挥了非常重要的作用。如果因仓库布局不合理而影响了仓储物流的效率，那么不仅会增加仓库的物流成本，而且会使整个供应链和物流网络出现瓶颈，从而增加社会物流成本，同时减弱仓储企业的竞争力。所以在建设仓库之前，必须对其布局进行合理规划。

仓库布局规划是当仓库在供应链中的位置和在物流网络中的地位确定后，根据仓库建成后的主要货物的种类和存货量，以及预测的各种货物的周转率等条件，再通过对基础资料的分析，来确定仓库的类型和面积、仓库内所需的作业区及其面积和作业区在仓库内的布局。在此基础上，再确定仓库运作所需的人员和设备。仓库布局规划主要包括基本规划、详细规划和运作规划，基本规划是对仓库布局的初步设计，其用于确定仓库的总体规模和总体布局；详细规划是对仓库布局的进一步细化，其用于确定各作业区的具体布局、仓库内物流动线布局及仓库的内部布局；运作规划主要确定在具体的物流运作中，针对仓库布局所要采取的拣货、仓储等策略。

仓库布局规划的最终目标：有效地利用空间、设备、人员和能源；最大限度地减少物料搬运，缩短拣货作业流程；力求投资最低；进货、出货、拣货和储存四大主要部分协调配合，仓库各种功能柔性化，为人员和设备提供合理的工作空间。要实现上述目标，就要综合运用运筹学、系统工程、工业工程及数学理论等多种方法，既做到宏观与微观相结合，又将定性分析、定量分析和个人经验结合起来，同时将物流的观点作为仓库布局的出发点，并贯穿区域布局的始终。

三、设施布局

布局设计指将一些物体按一定要求合理放置在指定的空间内。布局问题是一个涉及参数化设计、人工智能、图形学、信息处理、优化、仿真等技术的交叉学术领域，是一个复杂的组合优化问题。

制造系统设施布局设计需要解决两个问题：一是确定布局形式；二是确定设施位置。产品的种类和数量、加工路径、设备和车间空间位置等是制造系统设施布局设计研究的主要内容。它们对应的实体和活动影响着布局分布，这些实体和活动之间的不同排列构成了不同的布局形式。设施布局形式受多方面因素影响，同样，制造系统的各项性能也受设施布局形式的影响。因此，根据具体加工任务为制造系统确定合适的设施布局形式，是制造系统设施布局设计的重要任务。

1. 设施布局形式的分类

在制造系统中，根据产品加工要求和生产现场情况，设施布局有多种形式可供选择。按照不同的分类标准，存在不同的布局形式。常见的设施布局形式如表 3-1 所示。

表 3-1 常见的设施布局形式

分类标准	内容
基于物流路径形式	单行布局、多行布局、环型布局
基于设备位置之间的关系	基本布局和单元布局
按照设备排列形状	线性布局和网状布局

基于物流路径形式，设施布局主要分为单行布局、多行布局和环型布局 3 种，如图 3-1、图 3-2、图 3-3 所示。单行布局是 n 台设备以给定的方向沿一条给定的线排列，属于一维空间分配问题。单行布局包括线型布局、"U"形布局、半圆形布局 3 种形式，如图 3-1（a）、图 3-1（b）、图 3-1（c）所示。

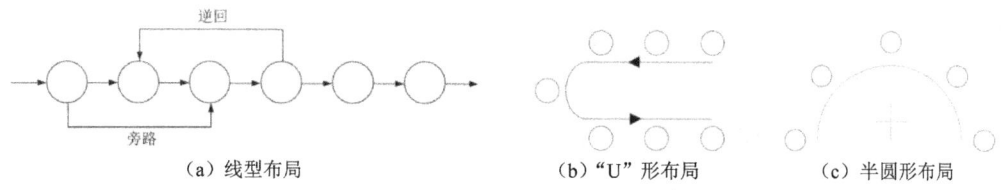

图 3-1 单行布局

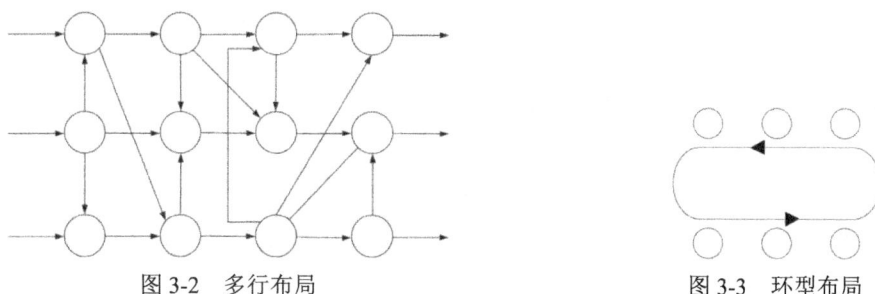

图 3-2 多行布局　　　　　　　图 3-3 环型布局

按照设备排列形状,设施布局分为线性(Linear)布局和网状(Network)布局两种,如图 3-4 和图 3-5 所示。其中,线性布局又分为环型(Loop)布局、"U"形(U-shaped)布局、直线型(Straight-line)布局和蛇型(Serpentine)布局 4 种,如图 3-4(a)、图 3-4(b)、图 3-4(c)、图 3-4(d)所示。

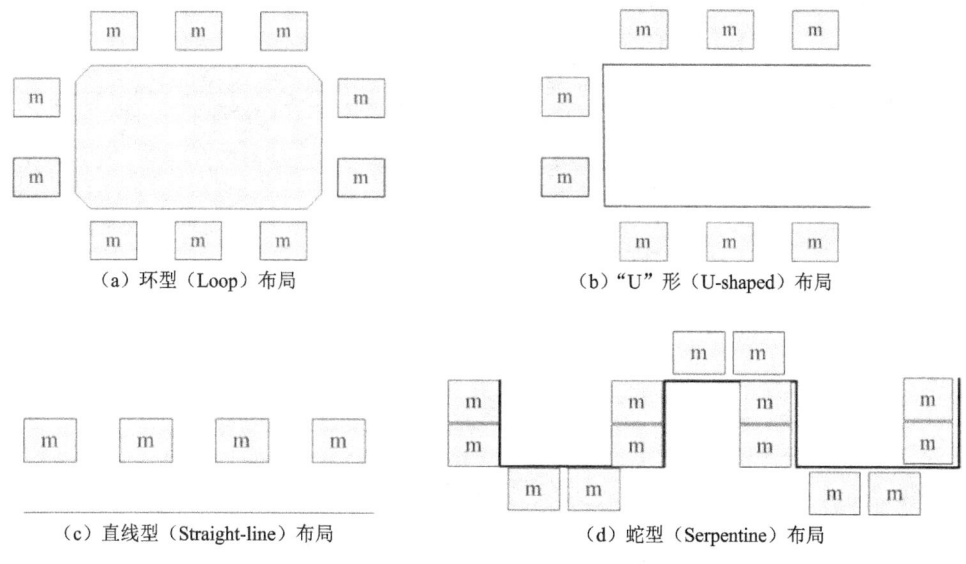

图 3-4 基于设备排列形状的线性布局

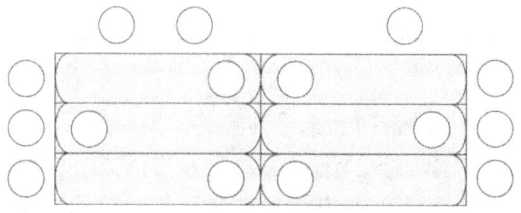

图 3-5 基于设备排列形状的网状布局

基于设备位置之间的关系，设施布局分为基本布局和单元布局。其中，基本布局又细分为工艺专业化布局、固定布局、产品专业化布局和成组布局，如图 1-6、图 1-7、图 1-8 和图 1-9 所示。

2. 制造系统的物料流动形式

工厂的总平面布局、车间布局或制造单元布局，都要考虑物料流、信息流和人员流的流动形式。出入口位置是制造系统在选择物料流动形式时要考虑的重要因素。因建筑物结构的缘故，出入口通常固定在现有或特定的位置上，使得设施内的物料流动顺应这些限制来规划其流动形式。此外，物料流动形式还受到工艺流程、生产线长度、通道的设置、物料传输方式与设备储存要求及发展需要等因素的影响。

物料流动形式：直线型、"L"形、"U"形、环型、"S"形和"W"形，如图 3-6 所示。实际的物料流动形式常常由以上 6 种基本类型组合而成。新建工厂时可以根据工艺流程要求及各作业单元之间的物流关系来选择物流模式，进而确定建筑物的外形及尺寸。

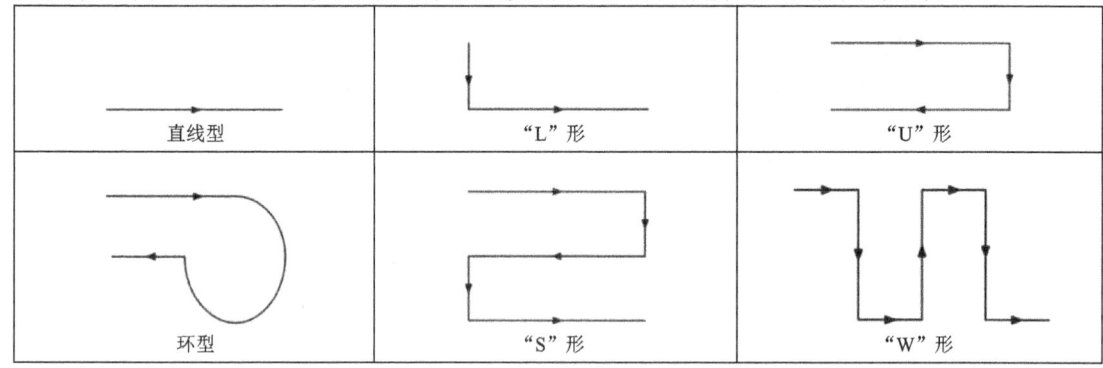

图 3-6　物料流动形式

第三节　流水线设计

一、流水线概述

1）流水线的产生与发展

流水线指生产对象按一定的工艺过程，顺利地通过各工作地，并按统一的节拍完成工序的一种生产组织形式。它适用于进行少品种、大批量生产的企业。流水线是生产对象专业化组织形式的进一步发展，是劳动分工较细、生产效率较高的一种组织形式。在现代化大生产中，以汽车、家电等产业为代表的大批量生产方式是一种主要的生产类型。流水线能够将生产对象高度专业化的生产组织和劳动对象的平行移动方式有机地结合起来，是一种广泛采用的生产组织形式。

现代流水线由亨利·福特（Henry Ford）初创。亨利·福特是美国福特汽车公司的创始人，他于 20 世纪 20 年代创立了汽车工业的流水线生产方式，并由此揭开了现代化大生产的序幕，引起了制造业的根本变革。流水线生产方式是专业分工与作业标准化的完美结合，其创造了不可估量的价值。

福特制的主要内容可以概括为以下两个方面。

（1）实施零件及产品的标准化、设备及工具的专用化和工厂专业化。为了追求高效率和低成本，亨利·福特认为，首先要将生产集中用于唯一且最佳的产品型号，并提出了所谓的"单一产品原则"。福特汽车公司曾连续生产"T"形汽车，并由此奠定了现代流水线的基础。这种"单一产品原则"在当今市场需求日益多样化的环境下也许已不再适用，但在当时的经济条件下适应了美国的国情，福特汽车公司也因此迅速发展起来。

零件标准化是产品标准化的进一步发展，目的在于提高零件的互换性、减少零件总数和扩大生产批量。零件标准化后，便于分别组织专业化工厂或车间进行制造，这样可以采用高度专业化的设备和工具，从而达到高效率的生产。由于工人的作业活动是不断重复的，因此作业和操作也可以实现标准化。

（2）创造流水线生产方式，并建立传送带式的流水线。传送带的广泛应用，使得原材料可在使用机械装置进行搬运的过程中被加工成各种零件。部件装配和汽车总装配也采用移动装配法来完成。生产工序的细分提高了操作熟练程度和劳动生产率。流水作业的速度由传送带的速度限定，借助传送带的应用，使生产过程的各项流水作业能在同一时间进行，并且各种零部件在各流水线的投入和产出互相衔接配合，不至于发生在制品过多或不足的现象，同时能保证总装配线的需要，形成同步化的流水生产体系。

亨利·福特创立的流水线生产方式在工业中得到广泛采用，并且在内容和形式上得到不断创新。20世纪后半期，日本又出现了被称为"准时生产制"（JIT生产方式）的新型流水线生产方式，使制造业的主要生产方式得到了进一步的发展和创新。现在，流水线不仅可用于产品的装配和零件的机械加工，而且在铸造、锻造、热处理、电镀、焊接、油漆及包装等方面，也得到了广泛应用。

流水线在刚开始出现时，采取的是单一对象流水线的形式，之后出现了多对象的可变流水线和成组流水线。流水线生产的组织大大提高了工作地专业化水平，使各工序采用高效率的专用设备和工艺装备成为可能。专用设备和专用工装与机械化运输装置和电气控制装置相结合，使流水线很自然地向自动化方向发展。20世纪50年代以后，开始出现自动化、半自动化的流水线，特别是电子计算机和自控技术的发展，极大地促进了生产过程的自动化，不仅使各种自动生产线成为可能，而且出现了自动化的车间和工厂。

2）流水线生产的特点

流水线作为一种生产工艺，它具备以下主要特点。

（1）工作地专业化程度高，每个工作地只固定完成一道或少数几道工序。

（2）工艺过程具有封闭性，生产对象的某一工艺阶段的全部或大部分工序都在同一条生产线上完成。

（3）工作地呈链式排列，生产对象在工序间只进行单向移动。

（4）生产具有明显的节奏性，生产对象在各工序上按一定的时间间隔投入和产出。

（5）生产过程的连续程度较高，各工序之间生产能力的协调最大限度地减少了工序间的间断、等待时间。

3）流水线生产的类型

由于具体的生产条件不同，因此企业中的流水线形式是多种多样的。通常可将流水线按以下几项标志进行分类。

（1）按生产对象的移动方式，流水线可分为固定流水线和移动流水线。固定流水线指生产对象固定,而生产工人按顺序排列的劳动对象进行移动加工;移动流水线指生产对象发生了移动,而工人、设备、工具的位置相对固定,生产对象经过各工作地进行加工后,变成了半成品或成品,如图 3-7 所示。

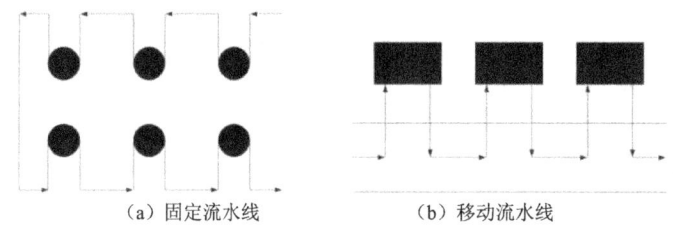

(a)固定流水线　　　　　(b)移动流水线

图 3-7　固定流水线与移动流水线

(2)按生产对象的数目,流水线可分为单一品种流水线和多品种流水线。单一品种流水线指固定地只生产一种产品的流水线;多品种流水线指生产两种或两种以上产品的流水线。根据流送方式不同,多品种流水线还包括多品种可变流水线、多品种混合流水线和成组流水线。

(3)按生产过程的连续程度,流水线可分为连续流水线和间断流水线。连续流水线指生产过程的各道工序具有高度的同期化,生产对象从投入到产出毫无停留地从一道工序转到另一道工序,整个生产过程是连续不间断的;间断流水线指生产对象在各道工序或部分工序上缺乏严密的同期化,生产对象在工序间出现停留等待,整个生产过程是间断的。

(4)按达到的节奏性程度不同,流水线可分为强制节拍流水线、自由节拍流水线和粗略节拍流水线。强制节拍流水线要求严格地按规定的节拍进行加工和装配;自由节拍流水线不要求严格地按节拍生产制品,节拍主要由工人的熟练操作来保证;粗略节拍流水线只要求每经过一个合理的时间间隔生产等量的制品,而每道工序并不按平均节拍进行生产。

(5)按机械程度,流水线可分为手工流水线、机械化流水线和自动化流水线。这 3 种形式的流水线在各工序上的加工操作主要以手工为主。手工流水线是在自动化输送装置的基础上由一系列工人按次序组成的工作站系统;自动化流水线是一个统称,其包括组装流水线、皮带流水线、链板线、插件线等,主要通过自动化系统来操作运行,不需要人工操作;机械化流水线则介于两者之间。

4)组织流水线生产的必要条件

流水线生产方式的主要优点是可以提高劳动生产率,降低生产成本,同时有利于稳定产品质量及简化生产管理。流水线生产方式的主要缺点是灵活性较差,不能方便地适应市场对产品产量和品种变化的要求,同时流水线的建设、改组和调整需要花费较多的人力、物力和财力。因此,组织流水线生产必须具备以下条件。

(1)品种单一且稳定,产量足够大,长期供货,单位劳动量大,保证设备足够负荷。

(2)产品结构和工艺相对稳定(先进性、良好的工艺性和互换性、标准化程度高)。

(3)工艺过程既可划分为简单的工序,又可相互合并。

(4)原材料和协作件标准化、规格化,并且按时供应。

(5)设备始终处于完好状态,严格执行计划预修制度。

(6)工作必须符合质量标准。

(7)厂房及其生产面积适合安装流水线。

5)流水线的设计

流水线的设计包括技术设计和组织设计两个方面。

（1）流水线的技术设计又称为流水线在硬件方面的设计，包括工艺路线、工艺规程的制定，以及专用设备的设计、设备改装设计、物流输送装置的设计及专用工具的设计等。流水线的技术设计任务主要由工程技术人员承担。

（2）流水线的组织设计又称为流水线在软件方面的设计，包括流水线的节拍和生产速度的确定、设备需求量及负荷的计算、工序同期化设计、工人配备、生产对象传送方式设计、流水线平面布局等。流水线的组织设计任务主要由生产组织管理人员负责。

6）流水线生产的优缺点

流水线生产的主要优点是，其生产过程较好地符合了连续性及均衡性的要求，并且生产率高、产品周期短、在制品少，可加速企业的资金周转，降低生产成本，同时简化管理工作。流水线生产的缺点是不够灵活，不能及时地适应市场对产品产量和品种变化的要求，以及技术革新和技术进步的要求；而且一旦流水线上某台设备发生故障，可能会导致整个生产线的停工。另外，由于流水线生产需要长时间重复简单单调的操作，因此容易使工人感到乏味、疲劳。

企业在进行流水线生产时，应充分发挥流水线生产的优越性，使企业的生产能顺利进行，以取得最大的经济效益。

二、单一品种流水线设计

单一品种流水线又称为不变流水线，其只生产一种产品，品种固定不变，且流水线的设备有足够的工作负荷。因此，它一般适用于大量生产。

1）单一品种流水线组织设计的内容

单一品种流水线组织设计的一般内容如下。

（1）确定流水线的节拍。

（2）组织工序同期化及工作地（设备）的需求量。

（3）确定流水线上工人的需求量，并合理配备人数。

（4）选择合理的运输工具。

（5）流水线生产的平面布局。

（6）制定流水线标准计划指示图。

（7）对流水线组织的经济效果进行评价。

2）单一品种流水线组织设计的一般步骤

通过以下步骤说明单一品种流水线组织设计的设计方法。

（1）计算流水线节拍。流水线节拍是按顺序生产两件相同制品之间的时间间隔。它表明了流水线生产率的高低，是流水线最重要的工作参数。流水线节拍的计算公式为

$$R=F/N \tag{3-1}$$

式中，R——流水线节拍，单位为 min/件；

F——计划期内有效工作时间，单位为 min；

N——计划期内的产品产量，单位为件。

这里，$F=F_0 K$，F_0 为计划期内的制度工作时间（min）；K 为时间利用因数。在确定 K 时，要考虑几个因素：设备修理、调整、更换模具的时间与工人休息的时间。一般 K 取 0.90~0.96，两班工作时间 K 取 0.95。除根据生产纲领规定的产品产量之外，还应考虑生产中不可避免的

废品和备品的数量。

例 3.1 某制品流水线计划年销售量为 20 000 件，另需生产备件 1000 件，废品率为 2%，两班制工作，每班 8h，时间利用因数为 95%，求流水线节拍（每年有效工作天数为 254 天）。

解：$F = 254×2×8×60×95\% = 231\ 648\text{min}$

$N = (20\ 000 + 1000) ÷ (1 - 2\%) ≈ 21\ 429$ 件

$R = F/N ≈ 11\text{min/件}$

当流水线上加工的零件小，流水线的节拍只有几秒或几十秒时，零件就要采用成批的方式进行运输。此时，按顺序生产的两批相同制品之间的时间间隔称为节奏，它等于节拍与运输批量的乘积。流水线在采用成批的方式运输制品时，如果批量较大，那么可以简化运输工作，但流水线上的在制品占用量也随之增大。因此，对于劳动量大、制件重量大、价值高的产品，应采用较小的运输批量；反之，则应扩大运输的批量。

（2）进行工序同期化，计算工作地（设备）需求量。流水线的节拍确定以后，根据节拍调节工艺过程的时间与流水线节拍相等或呈整数倍比例关系，这个工作称为工序同期化。工序同期化是组织流水线的必要条件，也是提高设备负荷和劳动生产率，缩短生产周期的重要方法。

进行工序同期化的措施如下。

① 提高设备的生产效率：可以通过改装设备，同时加工几个制件来提高生产效率。

② 改进工艺装备：快速安装卡具、模具，以减少装配零件的辅助时间。

③ 改进工作地布局与操作方法，减少辅助作业时间。

④ 提高工人的工作熟练程度和效率。

⑤ 详细地进行工序的合并与分解：首先将工序分为几部分，然后根据流水线的节拍重新组合工序，以达到同期化的要求，这是装配工序同期化的主要方法。

工序同期化后，当流水线的设备负荷系数为 0.85~1.05 时，一般可组织连续流水线；当流水线的设备负荷系数为 0.75~0.85 时，可组织间断流水线。

工序同期化实质上是一种组合问题，可以使用分支定界法来求解。分支定界法的原理是利用分支定界寻找最新活动节点，首先，求出可行的工步组合方案；然后，一面依靠回溯检查消除明显不良的工作步骤组合方案，一面求出能使装配工序数最少的工作步骤组合方案。

例 3.2 有 10 个基本操作，它们的相互关系如图 3-8 所示。每一个基本操作用一个圆圈表示，圆圈上的数字表示该操作需要的时间。假定流水线的节拍为 10min。

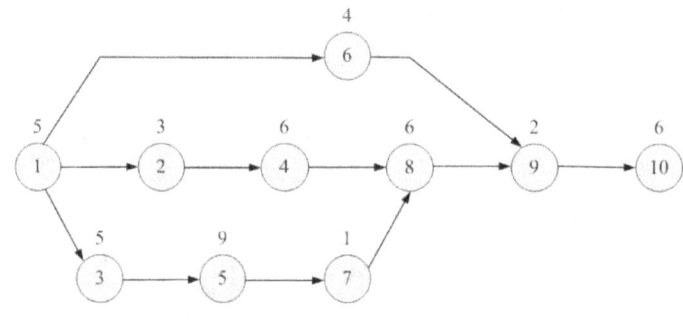

图 3-8 操作关系

解：第一步，分析需要的最多、最少工作地数。由于该流水线有 10 个基本操作，因此最多需要 10 个工作地。所有基本操作的时间总和为 47min，故最少需要 47/10 个工作地，即 5

个工作地。

第二步，工作地 1 先承担基本操作 Q1，然后看剩下的时间还能不能安排别的基本操作，并把所有可能的组合都列举出来。

令工作地 1 先承担基本操作 Q1 需要 5min，还剩 5min，还可以承担基本操作 Q2 或 Q3。

$$起点\begin{cases}工作地1\\(Q1,Q2)\\(Q1,Q3)\end{cases}$$

第三步，从工作地 1 承担的不同基本操作出发，看工作地 2 承担什么基本操作，并把所有可能的组合都列举出来，具体如下。

$$起点\begin{cases}工作地1 & 工作地2\\(Q1,Q2)\begin{cases}(Q3,Q6)\\(Q4,Q6)\end{cases}\\(Q1,Q3)\begin{cases}(Q2,Q4)\\(Q5)\end{cases}\end{cases}$$

第四步：依次类推，得到整个分支图如下。

$$起点\begin{cases}(Q1,Q2)\begin{cases}(Q3,Q6)\begin{cases}(Q4)—(Q5,Q7)—(Q8,Q9)—(Q10)\\(Q5,Q7)—(Q4)—(Q8,Q9)—(Q10)\end{cases}\\(Q4,Q6)—(Q3)—(Q5)—(Q7,Q8)—(Q9,Q10)\end{cases}\\(Q1,Q3)\begin{cases}(Q2,Q4)\begin{cases}(Q5,Q7)—(Q6,Q8)—(Q9,Q10)\\(Q6)—(Q5,Q7)—(Q8,Q9)—(Q10)\end{cases}\\(Q5)—(Q2,Q4,Q7)—(Q6,Q8)—(Q9,Q10)\end{cases}\end{cases}$$

所有可能的组合都列举出来了。由此可见，最少需要 5 个工作地，方案有两种，如图 3-9 和图 3-10 所示（虚线框表示由一个工作地承担的基本操作）。

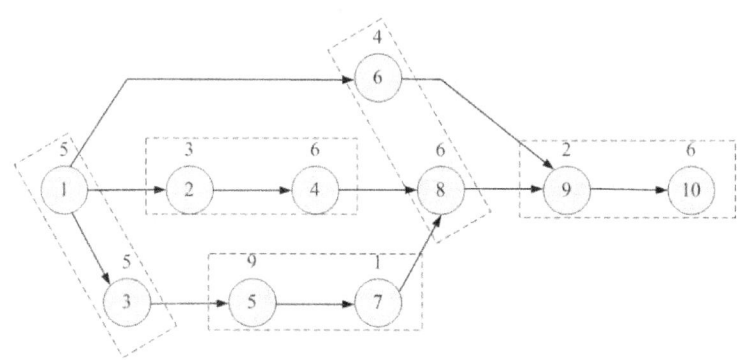

图 3-9　组合方案一

工序同期化后，根据新确定的工序时间计算各工序的设备需要量，即：

$$N_i = T_i / R \tag{3-2}$$

式中，N_i——第 i 道工序所需的工作地数（设备数）；

T_i ——第 i 道工序的单件时间定额,单位为 min,包括工人在传送带上取放制品的时间。

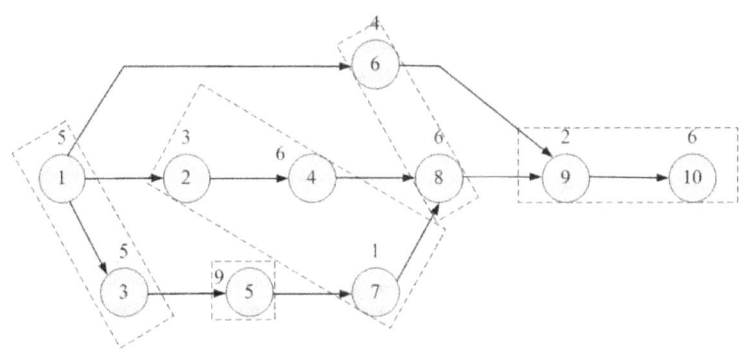

图 3-10 组合方案二

一般情况下,计算出的设备需求量不是整数,因此所取的数为大于计算数的邻近整数。若某设备的负荷较大,则应转移部分工序到其他设备上或通过增加工作时间来减少设备的负荷。

(3) 计算工人需求量,合理配备工人。流水线的工序确定后,计算流水线上的工人需求量。

以使用手工工具为主的流水线工人的需求量可用下式计算:

$$p_i = s_i \times g \times w_i \tag{3-3}$$

式中,p_i ——第 i 道工序工人需求量;
  s_i ——流水线上实际采用的设备数;
  g ——每日工作班次;
  w_i ——每个工作地同时工作的人数。

(4) 流水线平面布局设计。流水线平面布局设计应保证零件的运输路线最短、生产工人操作方便、辅助服务部门工作便利、生产面积利用率高,并考虑流水线之间的相互衔接。为满足这些要求,在进行流水线平面布局设计时,应考虑流水线的形式、流水线内工作地的排列方法等问题。流水线平面布局的类型有直线型、直角型、开口型、环型等,如图 3-11 所示。

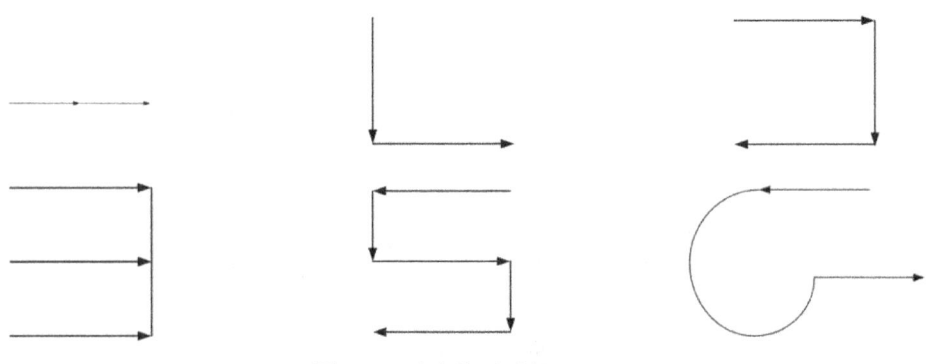

图 3-11 流水线平面布局

流水线内工作地的排列要符合工艺路线,当工序具有两个以上工作地时,应采用同一工序工作地的排列方法。当有两个或两个以上(偶数个)同类工作地时,应采用双列布局,将它们分列在运输路线的两列。当一个工人看管多台设备时,应使工人移动的距离尽可能短。

流水线的位置涉及各流水线间的相互关系，因此应根据加工部件装配要求的顺序进行排列，整体布局要认真考虑物料流向问题，从而缩短路线，减少运输工作量。总之，要注意合理、科学地进行流水线生产过程空间组织。

（5）流水线标准计划指示图表的制定。流水线上每个工作地都按一定的节拍重复进行生产，因此可制订流水线的标准计划指示图表，以表示流水线生产的期量标准、工作制度和工作程序等，并为生产作业计划的编制提供依据。连续流水线的标准计划指示图表比较简单，只需规定整个流水线工作的时间与程序即可。间断流水线的标准计划指示图表比较复杂，需要规定每道工序的工作地、工作的时间与程序。

（6）流水线经济效果指标的评价。流水线的经济效果指标主要有产品产量增加额及增长率、劳动生产率及增长速度、流动资金占用量的节约额、产品成本降低额及降低率、追加投资回收期、年度综合节约额等。除上述数量指标之外，还要考虑一些不可定量的指标，如劳动条件、环境改善等。

企业应根据自身的实际情况进行单一品种流水线设计，而且设计的流水线应符合企业的生产要求，并能给企业带来良好的经济效益。否则，就必须对流水线进行适当的调整、重新设计或直接淘汰。

三、多品种流水线设计

1）多品种可变流水线的组织设计

多品种可变流水线的特征如下。

（1）成批、轮番地生产多种产品；更换产品时，需调整流水线，但调整不大。

（2）每种产品在流水线所有工序上的设备负荷系数应大致相同。

（3）在整个计划期内，成批、轮番地生产多种产品，但在计划期的各段时间内，只生产一种产品。

多品种可变流水线的节拍应分别按每种产品来计算。设用多品种可变流水线加工 A、B、C 3 种零件，其计划年产量分别为 Q_A、Q_B、Q_C；流水线上加工各零件的单件时间定额为 T_A、T_B、T_C。使用代表产品法计算节拍，具体如下。

在流水线生产的产品中，选择一种产量大、劳动量大、工艺过程复杂的产品作为代表产品，并将其他产品按劳动量换算为代表产品的产量，之后以代表产品来计算节拍。

设 A 为代表产品，则换算后的总产量为

$$Q = Q_A + Q_B \alpha_B + Q_C \alpha_C \tag{3-4}$$

式中，$\alpha_B = T_B / T_A$；$\alpha_C = T_C / T_A$

各零件的节拍为

$$R_A = F / Q \tag{3-5}$$

$$R_B = R_A \alpha_B \tag{3-6}$$

$$R_C = R_A \alpha_C \tag{3-7}$$

例 3.3 设用多品种可变流水线加工 A、B、C 3 种零件，其计划月产量分别为 2000 件、1875 件、1857 件；每种产品在流水线上的各工序单件作业时间之和分别为 40min、32min、28min；流水线按两班制生产，每月有效工作时间为 24 000min；用代表产品法计算每种产品的节拍。

解：选 A 为代表产品，用 A 表示计划期总产量，则

$$Q = Q_A + Q_B\alpha_B + Q_C\alpha_C = 2000 + 1875 \times 32/40 + 1857 \times 28/40 \approx 4800 \text{ 件}$$

代表产品 A 的节拍：$R_A = F/Q = 24000/4800 = 5\text{min/件}$
代表产品 B 的节拍：$R_B = 5 \times 32/40 = 4\text{min/件}$
代表产品 C 的节拍：$R_C = 5 \times 28/40 = 3.5\text{min/件}$

2）多品种混合流水线的组织设计

多品种混合流水线的组织设计是将工艺流程、生产作业方法基本相同的若干产品品种，在一条流水线上科学地编排投产顺序，实行有节奏、按比例混合连续流水生产，并以品种、产量、工时、设备负荷全面均衡为前提的生产方式。

多品种混合流水线的特点：成组移动；组内按顺序进行加工；零件转换时不需要设备调整。

（1）确定零件组的节拍，即

$$R_g = F / Q_g \tag{3-8}$$

式中，Q_g ——零件组的数量。

（2）计算流水线上最少工作地数，即

$$S_i = \frac{\sum Q_i T_i}{R_g \sum Q_i} \tag{3-9}$$

（3）零件组的构成及组内排序（生产比例数法）。

例 3.4 设用多品种混合流水线成组地生产 A、B、C 3 种产品，计划产量分别为 3000 件、2000 件、1000 件。

① 确定生产比和构成。

找出 3 种产品的产量的最大公约数，这个最大公约数即零件组的组数，本例为 1000，然后用组数除以各产品产量，得到生产比，即

$$X_A = 3000/1000 = 3$$
$$X_B = 2000/1000 = 2$$
$$X_C = 1000/1000 = 1$$

这样可确定一个零件组有 6 件产品，即 3 个 A 产品，2 个 B 产品，1 个 C 产品。

② 计算生产比例数。

$$M_A = 1/X_A = 1/3$$
$$M_B = 1/X_B = 1/2$$
$$M_C = 1/X_C = 1$$

③ 确定组内产品顺序。

因为 $M_A = 1/3$ 最小，所以选品种 A，记入计算表连锁栏，并在相应位置标记符号"﹡"。根据生产比例数法的步骤，列表逐次计算，以确定投产顺序，结果如表 3-2 所示。

表 3-2 投产顺序

计算过程	产品品种			连锁	备注
	A	B	C		
1	1/3*	1/2	1	A	

续表

计算过程	产品品种			连锁	备注
	A	B	C		
2	2/3	1/2*	1	AB	
3	2/3*	1	1	ABA	
4	1	1*	1	ABAB	B 标号较晚
5	1*		1	ABABA	A 标号较晚
6			1*	ABABAC	

第四节　物流输送系统总体设计

物流输送系统是由若干种输送机/输送车和垂直提升机，通过分流、合流节点等节点元素连接物流源、物流目的地和服务台构成的输送系统。物流输送系统的输送对象主要是托盘、箱包或其他有固定尺寸的单元货物。为了满足货物输送、整理归类、包装和分拣的需要，在物流输送系统中设置分流与合流装置以控制货物的流向，这使得货物在这些节点前的停滞，因此有必要研究物流输送系统的物流控制架构，分析分流、合流节点的工作原理，并讨论它们对通过率的影响。

一、基本概念

1. 物流输送系统的基本元素

物流输送系统是由路段元素连接在距离上彼此分离的节点元素构成的，包括物流源（Q）、路段元素的通过率（λ）、分流元素（V）、合流元素（Z）、物流目的地（S）、服务台（W）及其输入路段元素 λ^E 和输出路段元素 λ^A 等。图 3-12 表示了物流输送系统的基本元素。根据功能需要，物流输送系统由一段一段的线形结构连接各功能节点，并选择合适的输送设备构成，如图 3-13 所示。

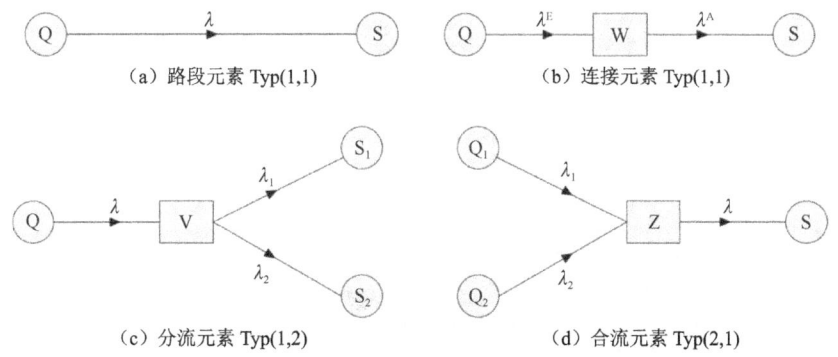

图 3-12　物流输送系统的基本元素

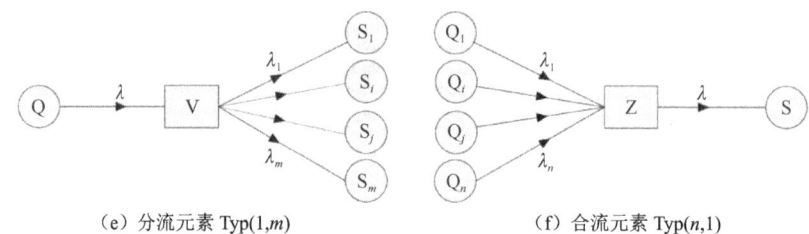

(e) 分流元素 Typ(1,m)　　　　(f) 合流元素 Typ(n,1)

图 3-12　物流输送系统的基本元素（续）

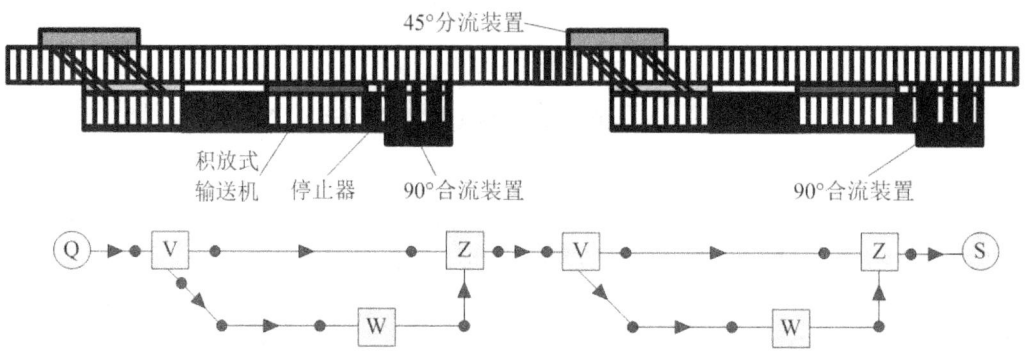

图 3-13　物流输送系统的构成

2. 通过率

如图 3-14 所示，当一个输送单元沿着一条长度为 l 的输送段以速度 v 从物流源（Q）流向物流目的地（S）时，该输送段的通过率 λ 可以用输送单元的输送速度除以距离来表示：

$$\lambda = 3600 \times \frac{v}{s} \tag{3-10}$$

式中，v——输送段的输送速度，单位为 m/s；

s——相邻两个输送单元上相同点间的距离，单位为 m。

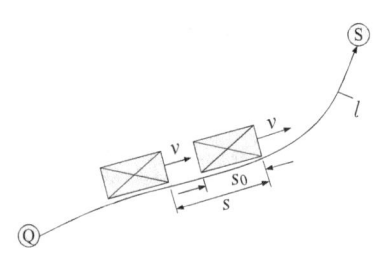

图 3-14　长度为 l 的输送段上的输送单元

距离 s 的大小，会因输送设备、输送单元的不同而不同，如表 3-3 所示。

表 3-3　输送机的极限能效

输送设备	输送单元/TE	单元间隔/(s/m)	速度 v/(m/s)	极限绩效/(LE/h)
辊子输送机	欧洲托盘	1.4	0.3	771
	标准周转箱	0.7	0.5	2571

续表

输送设备	输送单元/TE	单元间隔/(s/m)	速度 v/(m/s)	极限绩效/(LE/h)
链式输送机	欧洲托盘	1.5	0.2	480
	标准周转箱	1.5	0.5	1200
悬挂式输送机	欧洲托盘	2.5	0.2	288
	标准周转箱	1.0	0.4	1440
带式输送机	欧洲托盘	1.5	0.3	720
	标准周转箱	0.7	0.8	4114
"S"形板条输送机	欧洲托盘	2.0	0.2	360
	标准周转箱	0.6	0.4	2400

注：欧洲托盘尺寸：1200mm×800mm×1800mm，标准周转箱尺寸：600mm×400mm×300mm。

由于在输送过程中，输送段的输送速度不可能是一个常数，因此，严格来说，只有在输送段的长度能够忽略启动时的加速过程和到达终点前的制动过程时，才能近似地将输送段的速度视为常数。令 $v=v_{\max}$，$s=s_0$，即当输送段上的货物之间没有间隙时，才能得到输送段的最大通过率：

$$\lambda_{\max} = 3600 \times \frac{v_{\max}}{s_0} \tag{3-11}$$

输送段的通过率与输送段的输送速度成正比，输送段的通过率与货物之间的间隔成反比。针对不同输送段的输送速度 v，通过率与货物之间的间隔 s 及输送段的输送速度 v 的关系如图 3-15 所示。当 $s=2s_0$、平均速度 $\bar{v}=0.9v_{\max}$ 时，通过能力应是输送段在技术上所能允许的最大通过率，可将此称为输送段的极限通过率，即

$$\gamma = 3600 \times \frac{v}{2s_0} \tag{3-12}$$

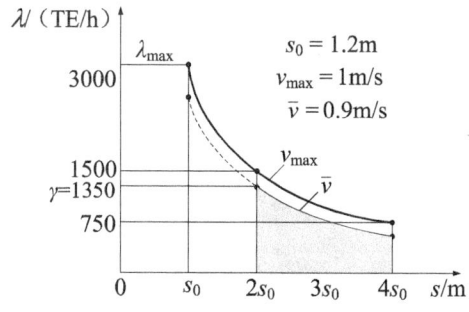

图 3-15 通过率与货物之间的间隔 s 及输送段的输送速度 v 的关系

由于输送段的通过率 λ 不会大于技术上所能允许的极限通过率 γ，因此，输送段的理论通过能力不可能被充分利用。为了对输送段的通过能力进行描述，令

$$\rho = \frac{\lambda}{\gamma} \leq 1 \tag{3-13}$$

式中，ρ 为能力利用系数。

如果已知两个输送单元上相同点间的距离为 s，那么输送段 l 输送的货物单元数为 $z=l/s$。如果输送单元由物流源到物流目的地所需的时间为 t_F，由式（3-1）可得：

$$\lambda = \frac{l/t_F}{l/z} = \frac{1}{t_F/z} = \frac{1}{\tau_E} \tag{3-14}$$

式中，τ_E 称为单元节奏。

实际上，在物流运输系统中，输送单元总是有节奏地被输送的情况是不存在的。在实际应用中，经常分析的是间隔时间 t_n。

3. 输送单元间隔时间

间隔时间 t_n 指相邻两个输送单元到达输送段上同一点（图 3-16 中倒黑三角处）的时间间隔。在一般情况下，由于输送单元的间隔大小呈随机分布，因此间隔时间 t_n 是一个随机数，且 $0 < t_n < \infty$，所以需要用概率密度函数 $f(t)$ 和概率分布函数 $F(t)$ 对间隔时间 t_n 进行描述。

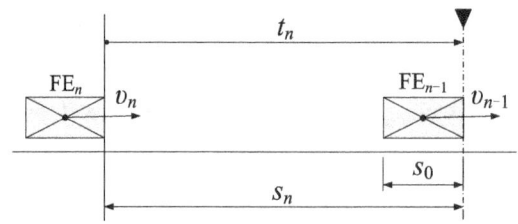

图 3-16　间隔时间的定义

间隔时间 t_n 小于某一时间 t_k 的概率：

$$P(0 < t_n < t_k) = \int_0^{t_k} f(t)\mathrm{d}t = F(t_k) \tag{3-15}$$

间隔时间 t_n 落在某一时间 t_1 和 t_k 间的概率：

$$P(t_1 < t_n < t_k) = F(t_k) - F(t_1) \tag{3-16}$$

在实际应用中，间隔时间 t_i 的数学期望可采用下列计时测量的方法进行计算。如图 3-17 所示，将观察时间等分为 n 段 Δt，在观察点记录输送单元到达时间，按图 3-18 整理在各时间段到达的绝对累计次数 H_i，并计算相对频数 h_i：

$$h_i = \frac{H_i}{\sum_{i=1}^{n} H_i}, \quad 0 \leqslant h_i \leqslant 1 \tag{3-17}$$

当 Δt 足够小时，得到

$$h_i \approx P(t_{i-1} < t \leqslant t_i) = p_i \tag{3-18}$$

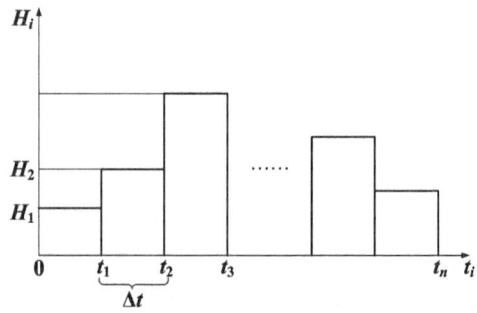

图 3-17　绝对累计次数测量

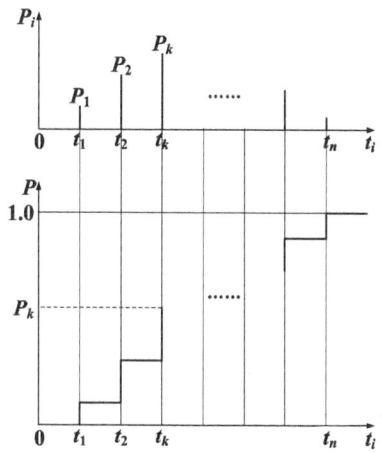

图 3-18 间隔时间的分布

概率密度之和为 $\sum_{i=1}^{n} p_i = 1$。

间隔时间 t_n 小于 t_k 的概率：

$$P(0 \leq t \leq t_k) = \sum_{i=1}^{k} p_i \qquad (3\text{-}19)$$

间隔时间 t_n 的数学期望：

$$E(t) = \sum_{i=1}^{n} t_i \times p_i \qquad (3\text{-}20)$$

二、分流节点及通过率

1. 分流节点的类型

常用的分流节点有有轨输送车和带道岔的悬挂输送机，如图 3-19 所示。

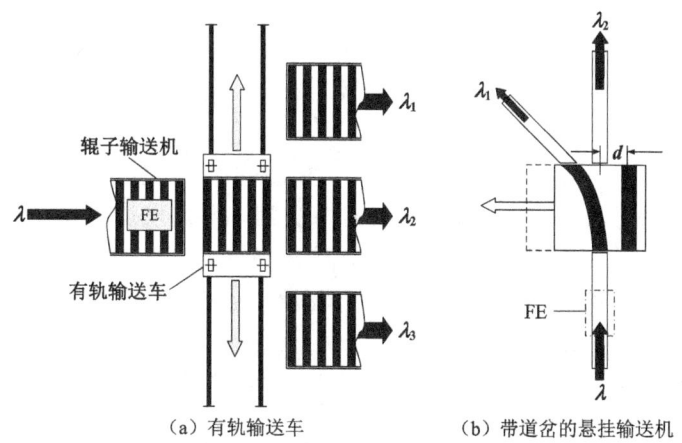

（a）有轨输送车　　（b）带道岔的悬挂输送机

图 3-19　有轨输送车和带道岔的悬挂输送机

此外，还有辊子输送机与链条输送机（或皮带输送机）的复合分流节点，如图 3-20 和图 3-21 所示。分流时，通过电控、气动方式控制，使链条输送机的传送链部分或全部浮出辊子平面，由链条输送机将货物从轨道 A 转向轨道 B，随后链条输送机下降，轨道 A 恢复正常。这种分流装置在工作时，是按货物一件一件进行操作的。为保证货物转向工作准确，轨道 A 上设有停止器，可使一件货物正在分流但没有完全离开轨道 A 时，后续货物仍能停留在轨道 A 上。

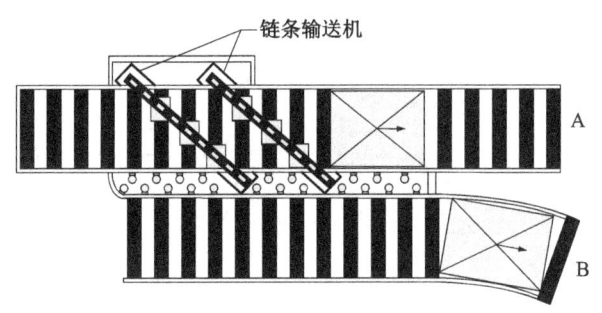

图 3-20 45°复合分流节点

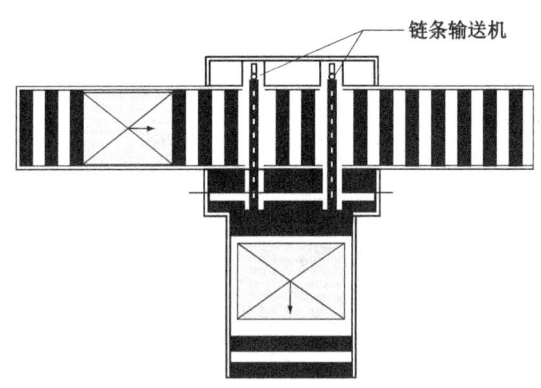

图 3-21 90°复合分流节点

2．分流节点的通过率

根据能否带货分流，分流节点可分为两类：主动分流节点和被动分流节点。主动分流节点（如有轨输送车）有动力驱动，可带货分流；被动分流节点（如悬挂输送机的轨道）也有动力驱动，但不能带货分流。

在图 3-19 中，有轨输送车有 3 个距离不同的出口，因此输送单元到达各出口的时间不相同，但输送单元通过被动分流节点到达两个出口的距离和速度均相同。因此在计算有轨输送车的通过率时，应明确有轨输送车的位置变化。在利用出口 2 时，有轨输送车不移动，输送单元的运动是连续的，而出口 1 和出口 2 正好相反，必须使有轨输送车移动，因此在这两个方向上，输送单元的运动是不连续的。由这 3 种不同的情况，可将分流节点分为以下 3 类。

（1）如果在所有方向的分流运动都是连续的，那么该分流节点称为连续的分流节点，如图 3-20 和图 3-21 所示的复合分流装置。

（2）如果在某些方向的分流运动是连续的，而在其他方向是不连续的，那么该分流节点称为部分连续的分流节点，如图 3-19 所示的有轨输送车。

（3）如果所有方向的分流运动都是不连续的，那么该分流节点称为不连续的分流节点，如图 3-19 所示的悬挂输送机。

下面通过一些简单的例子，来研究连续、不连续和部分连续的分流节点的通过率。

1）两方向的部分连续的分流节点

如图 3-22 所示，该节点在 s_1 方向的分流是连续的，而在 s_2 方向的分流是不连续的。因此这两方向的极限通过率 $\gamma_2 < \gamma_1$，但各通过率之间满足 $\lambda = \lambda_1 + \lambda_2$。

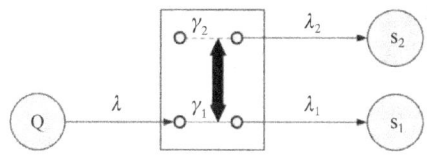

图 3-22 部分连续的分流节点模型

显然，当 λ_1 和 λ_2 变化时，总的通过率 λ 也要变化，其变化可用图 3-23 来解释。由图 3-23 可知，当 λ_2 由 150TE/h 增加到 300TE/h 时，总的通过率 λ 由 450TE/h 下降到 300TE/h，只有在 λ_2 或 λ_1 单独使用时，分流节点的总的通过率 λ 才能在 γ_1 或 γ_2 中取得极值。一般情况为

$$\gamma_2 \leqslant \lambda \leqslant \gamma_1 \tag{3-21}$$

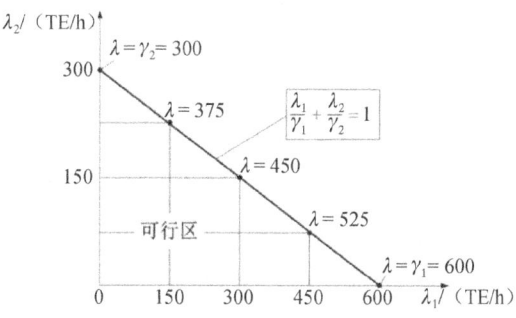

图 3-23 部分连续分流节点模型

由式（3-10），各分支的能力利用系数为

$$\rho_1 = \frac{\lambda_1}{\gamma_1} \tag{3-22}$$

$$\rho_2 = \frac{\lambda_2}{\gamma_2} \tag{3-23}$$

同时

$$\rho_1 + \rho_2 = \rho \leqslant 1 \tag{3-24}$$

通过率应满足表达式：

$$\frac{\lambda_1}{\gamma_1} + \frac{\lambda_2}{\gamma_2} \leqslant 1 \tag{3-25}$$

极限状态为

$$\frac{\lambda_1}{\gamma_1} + \frac{\lambda_2}{\gamma_2} = 1 \tag{3-26}$$

在此状态下，如果方向 1 的能力利用系数为 ρ_1，那么方向 2 的能力利用系数 ρ_2 为

$$\rho_2 = 1 - \rho_1 \tag{3-27}$$

2）两方向非连续的分流节点

若将图 3-19 中的有轨输送车的分流节点进口按如图 3-24（a）所示的位置进行布置，则节点中不存在连续分流的通道，因此极限通过率 γ_1 下降。如果使 $\gamma_1 = \gamma_2$，那么如图 3-24（b）所示的通过率关系图中的三角形的两直角边的长度相等。两方向非连续的分流节点是部分连续的分流节点的一种特例，因此，前面介绍的相关结论同样适合于两方向非连续的分流节点。

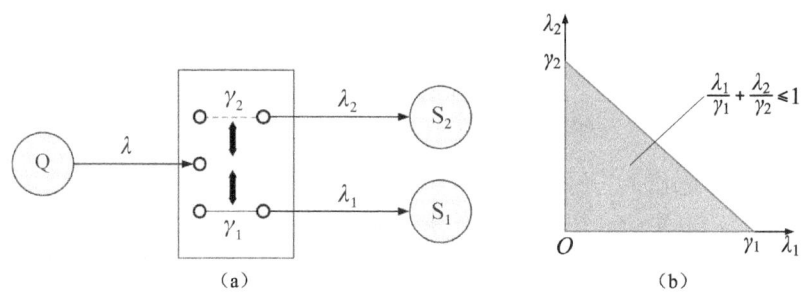

图 3-24 两方向非连续的分流节点

3）分流节点的极限通过率

在部分连续的分流节点的节点中，有轨输送车和输送单元的速度-时间关系如图 3-25 所示。在图 3-25 中，I 点表示信息识别点，K 点表示控制点，各方向的极限通过率与分流节点内有轨输送车的返回行程、控制点 K 的响应时间及有轨输送车的载货状态有关。

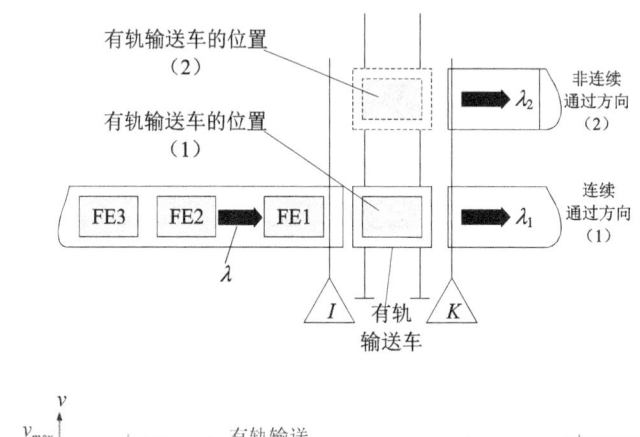

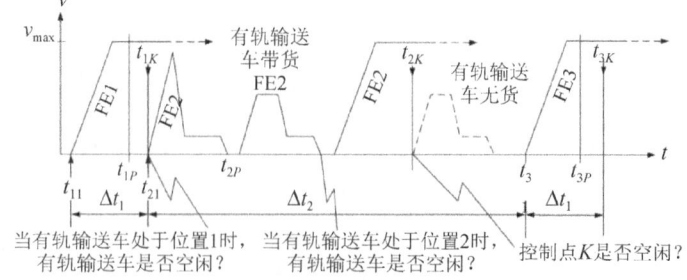

图 3-25 有轨输送车和输送单元的速度-时间关系

当输送单元送往方向 1 时，首先要求输送单元通过 I 点识别，然后加速到 $v_{\max}$，再用一

个不变的速度继续运行。当输送单元通过 K 点后,有轨输送车的状态变为空闲。

当输送单元送往方向 2 时,首先将输送单元送到有轨输送车上,然后有轨输送车带货运行到位置 2。当输送单元通过控制点 K 后,有轨输送车返回位置 1,这样就完成了一个循环。当输送下一个输送单元时,先通过 I 点的识别明确目的地,再启动相应的过程。

因此,在计算分流节点的两个出口的极限通过率 γ_1 和 γ_2 时,必须考虑图 3-25 中的时间间隔 Δt_1 和 Δt_2。其中,Δt_2 是有轨输送车向非连续方向 2 输送货物时,来、回需要的时间,其值明显大于 Δt_1。因此,该分流节点在非连续方向 2 的极限通过率小于或等于在非连续方向 1 的极限通过率,即

$$\gamma_2 \leqslant \gamma_1 \tag{3-28}$$

4) 两方向连续的分流节点

在图 3-19 (b) 中,货物流动的方向是由道岔的位置来确定的。一般情况下,该分流节点在两方向的极限通过率为

$$\gamma_1 = \gamma_2 = \gamma \tag{3-29}$$

为了提高分流节点的极限通过率,必须提前给出道岔的当前位置,使货物在节点前的停留时间不要太长。当道岔的位置发生变化时,需要移动一段距离 d,因此会降低节点总的通过率 λ。若借用式 (3-30) 来表示这种分流节点的通过率,则需要考虑道岔位置变化带来的影响。如果道岔从一个方向移动一段距离 d,且接通另一个方向需要的时间为 t_s,那么道岔开关的动作频率为 v。两方向连续的分流节点的通过率应满足下列关系式:

$$\frac{\lambda_1}{\gamma_1} + \frac{\lambda_2}{\gamma_2} + \frac{v t_s}{3600} \leqslant 1 \tag{3-30}$$

或

$$\rho_1 + \rho_2 + \rho_s \leqslant 1 \tag{3-31}$$

其中,

$$\rho_s = v t_s / 3600 \tag{3-32}$$

ρ_s 是由道岔的开关过程造成的损失。此时,分流节点的可行区为如图 3-26 所示的阴影区。若要提高该节点的极限通过率,则必须减小 ρ_s。如果 $\gamma_1 = \gamma_2 = \gamma$,那么有

$$\frac{\lambda_1 + \lambda_2}{\gamma} + \frac{v t_s}{3600} \leqslant 1 \tag{3-33}$$

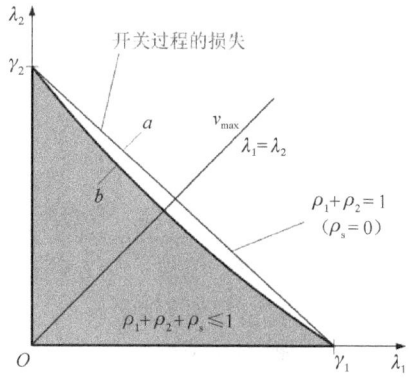

图 3-26 两方向连续的分流节点通过率关系

当 $t_s=0$ 时，$\rho_s=0$，则 $\rho_1+\rho_2=1$，此时分流节点的可行区与图 3-23 类似。该分流节点的方向变化可根据生产要求预先确定，也可根据输送单元要求的输送方向随机确定。当方向随机变化时，如果分流节点方向的选择是一个等概率事件，即没有优先权，那么假设输送单元选择方向 1 的概率为 $P_1=\lambda_1/\lambda$；输送单元选择方向 2 的概率为 $P_2=\lambda_2/\lambda$；如果道岔从方向 1 变到方向 2 的条件概率为 $P_{2/1}$，道岔从方向 2 变到方向 1 的条件概率为 $P_{1/2}$，那么道岔方向变换的概率为

$$P_s = P_1 P_{2/1} + P_2 P_{1/2} \tag{3-34}$$

由于概率间具有非独立性，有

$$P_{1/2} = P_1, \quad P_{2/1} = P_2 \tag{3-35}$$

因此道岔方向变换的概率又可表示为

$$P_s = P_1 P_2 + P_2 P_1 = 2 P_1 P_2 \tag{3-36}$$

用通过率代替 P_1 和 P_2，并带入式（3-36），有

$$P_s = 2\frac{\lambda_1 \lambda_2}{\lambda^2} \tag{3-37}$$

道岔开关的频率为

$$v = v_{1,2} + v_{2,1} = \lambda P_s = 2\frac{\lambda_1 \lambda_2}{\lambda} \tag{3-38}$$

式中，$v_{1,2}$ 是由方向 1 变换到方向 2 的动作频率；$v_{2,1}$ 是由方向 2 变换到方向 1 的动作频率。

道岔的开关时间为

$$t_s = t_{12} + t_{21} \tag{3-39}$$

在式（3-37）中，道岔方向变换的概率与通过率的关系如图 3-27 所示。由图 3-27 可知，当 $\gamma_1 = \gamma_2$ 时，P_s 达到最大值 0.5；当 $\gamma_1 \neq \gamma_2$ 时，P_s 小于 0.5；当 λ_1 或 λ_2 趋于零时，道岔方向变换的概率趋于零。若道岔方向随机变换，则各分流节点通过率之间的关系可用图 3-26 中的曲线 b 下方的可行区来表示。

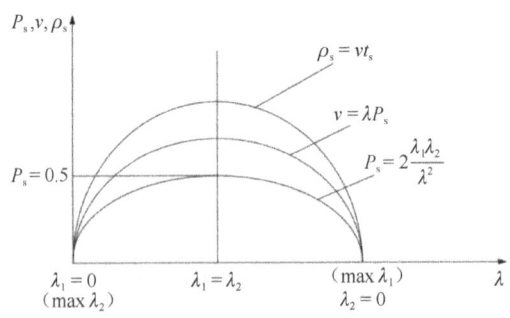

图 3-27 道岔方向变换的概率与通过率的关系

例 3.5 在一条汽车装配流水线上，有一个两方向连续的分流节点，已知 $\lambda=60\text{TE/h}$，$\lambda_1=40\text{TE/h}$，$\lambda_2=20\text{TE/h}$。试求道岔方向变换的频率。

解：由已知条件，可知道岔方向变换的概率 P_s 为

$$P_s = 2\frac{\lambda_1 \lambda_2}{\lambda^2} = \frac{2 \times 40 \times 20}{60^2} = \frac{4}{9}$$

根据式（3-38），道岔方向变换的频率为

$$v = \lambda P_s = \frac{2 \times 40 \times 20}{60} \approx 26.7 \text{TE/h}$$

5) 多方向任意分流的分流节点

对于如图 3-28 所示的可进行多方向任意、连续分流的分流节点，在任何方向 j 都存在下列关系：

$$\rho_j = \frac{\lambda_j}{\gamma_j} \leqslant 1, \quad j=1,2,\cdots,m \tag{3-40}$$

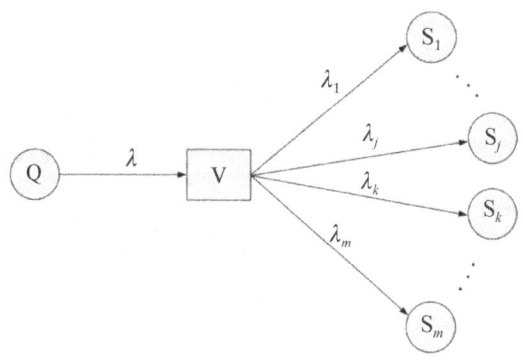

图 3-28　连续分流的分流节点

如果从方向 j 变换到方向 k 的概率为

$$P_{sj,k} = \frac{\lambda_j \lambda_k}{\lambda^2} \tag{3-41}$$

那么开关频率为

$$v_{j,k} = \lambda P_{sj,k} \tag{3-42}$$

各通道的通过率应满足下列表达式：

$$\sum_{j=1}^{m} \frac{\lambda_j}{\gamma_j} + \frac{\sum_{j,k=1}^{m} v_{j,k} t_{sj,k}}{3600} \leqslant 1, \quad j \neq k \tag{3-43}$$

或

$$\sum_{j=1}^{m} \rho_j + \sum_{j,k=1}^{m} \rho_{sj,k} \leqslant 1 \tag{3-44}$$

三、合流节点及通过率

1. 合流节点的类型与通过率

从技术上讲，合流节点与分流节点没有显著差别，它们都是连续和非连续地通过设备组

装而成的,可分为连续、部分连续和非连续 3 种形式,连续和部分连续的合流节点如图 3-29 所示。

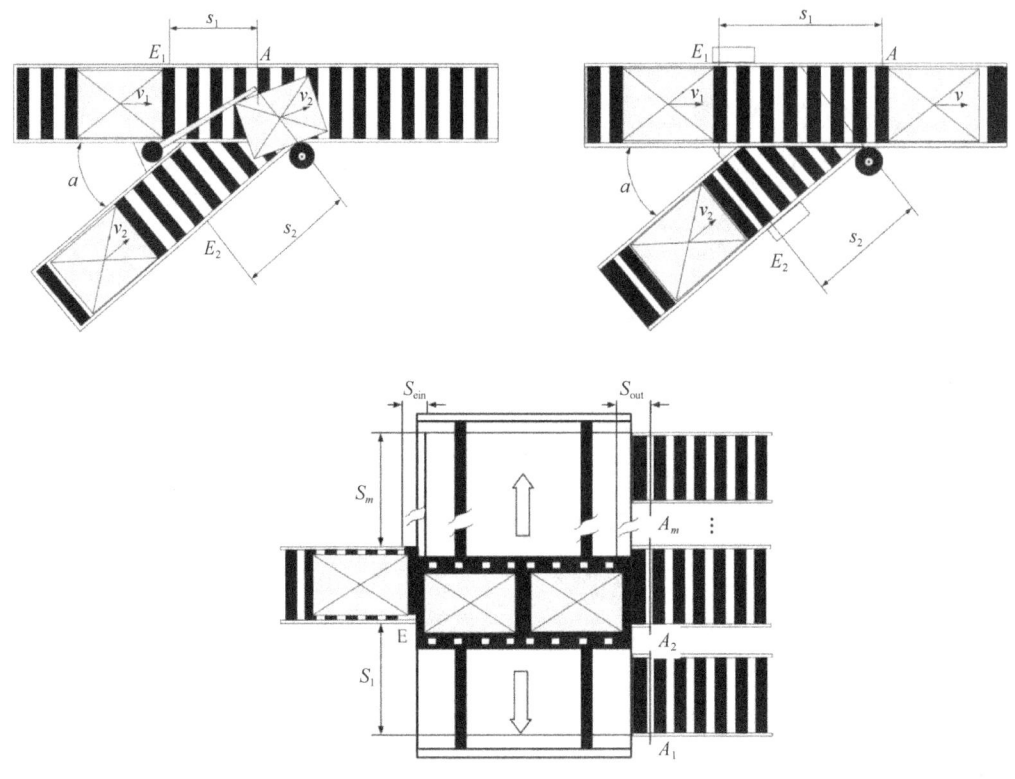

图 3-29 连续和部分连续的合流节点

由于输送单元可能来自 n 个方向中的任何一个(见图 3-30),因此在每个方向都有

$$\frac{\lambda_i}{\gamma_i} = \rho_i \leqslant 1 \tag{3-45}$$

各方向的通过率满足式(3-44):

$$\sum_{i=1}^{n} \frac{\lambda_i}{\gamma_i} + \frac{\sum_{i,j=1}^{n} v_{i,j} t_{\text{si},j}}{3600} \leqslant 1, \quad i \neq j \tag{3-46}$$

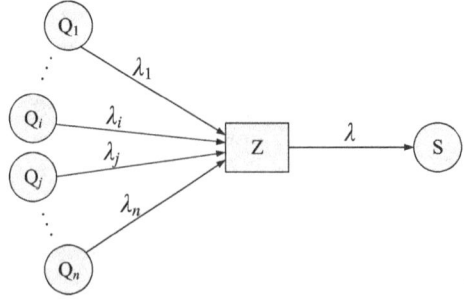

图 3-30 一般的合流节点

式（3-46）与式（3-43）类似，但对于部分连续和非连续情况，如果采用式（3-46）校核通过率，因为在计算分流节点的通过率时，已考虑了相应的道岔变化时间，所以开关时间 t_s 就不要再一次计入了。

合流节点与分流节点的不同在于，分流节点是按输送单元到达的先后顺序，逐件将输送单元送到规定方向的；而合流节点是通过优先权控制不同方向的输送单元通过节点，再合并到一个方向的。如果放行策略合适，那么可减少道岔的运动次数，从而使合流过程中的开关损失减少。

2. 合流过程中的放行策略

1）合流节点的放行策略

假设由物流源 Q_1 和 Q_2 产生的输送单元随机到达合流节点的信息识别点 I，如图 3-31 所示，它们的通过率分别为 λ_1 和 λ_2，而且在统计上是独立的。

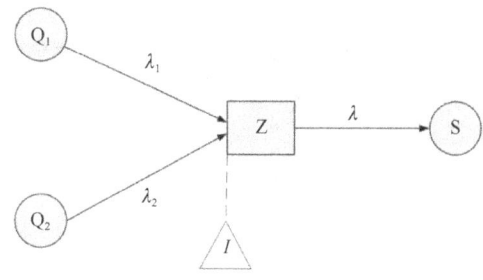

图 3-31　两方向合流的模型

如果 $\lambda_1 = \lambda_2$，那么可根据"先到先服务"策略，仿照"拉链原理"，将 λ_1 和 λ_2 合成 λ。各输送单元的通过率满足：

$$\frac{\lambda_1}{\gamma_1} + \frac{\lambda_2}{\gamma_2} + \frac{\nu t_s}{3600} \leqslant 1 \tag{3-47}$$

其中，

$$\nu = \lambda P_s \tag{3-48}$$

$$P_s = 2\frac{\lambda_1 \lambda_2}{\lambda^2} \tag{3-49}$$

将 λ_1 和 λ_2 中的一个定义为干流 λ_H、另一个定义为支流 λ_N，按照"限制放行"的略，如果信息识别点 I 已检测到一个来自干流 λ_H 的输送单元，那么道岔不必转移，直接等待干流路段上的输送单元将其放行即可。如果干流、支流上的输送单元都没到达信息识别点 I，那么可按输送单元到达信息识别点 I 的时间先后，根据"先到先服务"策略进行道岔转移。按照这种策略，如果干流上输送单元的时间间隔很小，那么支流 λ_N 也会很小，同时支流上会发生严重的堵塞。

按照"绝对优先"策略，干流上的输送单元获得绝对先行的特权。如果道岔处在接通干流的位置上，那么支流路段上的输送单元已到达信息识别点 I，同时干流路段上的输送单元到达 I 点的时间小于道岔换向的时间，而且道岔还停在原来的位置，等待干流路段上的输送单元通过。如果道岔在接通支流的位置上，而且支流上的输送单元到达信息识别点 I 的时间加上道岔换向的时间大于干流路段上的输送单元到达 I 点的时间，那么道岔装置应无条件移到连接干流的位置上。

2）合流节点中输送单元的时间间隔

为了研究上述两种放行策略对通过率的影响，必须研究干流上相邻输送单元通过同一点的时间间隔Δt_m。图 3-32 给出了一部分连续合流节点中输送单元通过合流点的速度-时间关系曲线和有轨输送车的速度-时间关系曲线。

若合流节点不停地工作，则在信息识别时要求合流节点中输送单元静止。合流节点中输送单元的运动表述如下。

输送单元 FE1 在通过信息识别点 I 之后，其速度从零开始加速，然后等速运行；通过控制点 K 后，有轨输送车空闲，直到输送单元 FE2 到达信息识别点 I，$t_{2I} = t_{1K}$；有轨输送车在到达位置 2，并装载输送单元 FE2 后，再返回位置 1。在输送单元 FE2 通过控制点 K 后，输送单元 FE3 到达信息识别点 I，$t_{3I} = t_{2K}$。

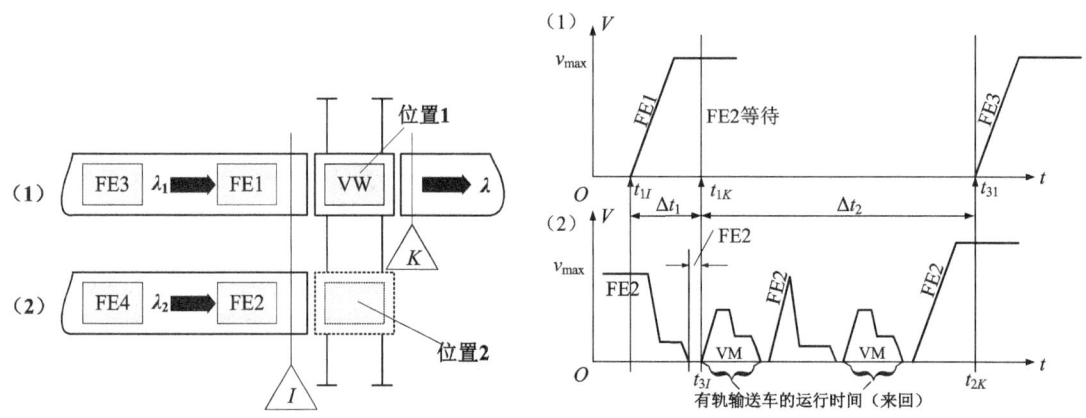

图 3-32　合流节点的运形状态

开始时，有轨输送车停在位置 1，由输送单元 FE1 的通过时间Δt_1，得方向 1 的极限通过率为

$$\gamma_1 = \frac{1}{\Delta t_1} \tag{3-50}$$

方向 2 的极限通过率为

$$\gamma_2 = \frac{1}{\Delta t_2} \tag{3-51}$$

其中，Δt_2 为输送单元 FE2 通过控制节点 2 和 K 的时间。

如果将方向 1 设为主流，那么根据合流中的放行策略要求，主流上相邻输送单元的时间间隔为

$$\Delta t_m \geq \begin{cases} \Delta t_1 & \text{当"限制放行"时} \\ \Delta t_1 + \Delta t_2 & \text{当"绝对优先"时} \end{cases} \tag{3-52}$$

间隔时间Δt_m是每两个输送单元通过同一点的时间间隔，如果干流路段上输送单元的最低节拍τ_E小于Δt_1，那么方向 1 不会出现阻塞，而方向 2 会完全"塞死"，即$\lambda_N = 0$。

3）有优先权时合流节点的通过率

由于处理和等待等多方面的因素，因此干流上输送单元的时间间隔Δt_m不是一个常数。在图 3-31 的基础上，考虑各种随机因素，可得到如图 3-33 所示的时间间隔Δt_1的概率密度函

数 $f(t)$ 和分布函数 $F(t)$。

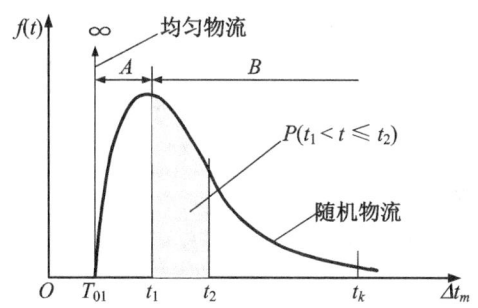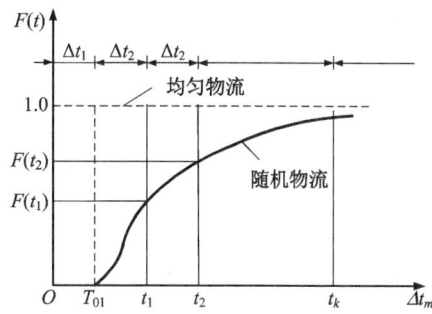

图 3-33　Δt_m 的概率密度函数 $f(t)$ 和分布函数 $F(t)$

概率密度函数 $f(t)$ 中的区域 A 和区域 B 适合于"限制放行"的情况。此时，干流路段上的 $\Delta t_m > t_1 = \Delta t_1 + \Delta t_2$。

$\Delta t_m \geq t_1$ 的概率为

$$P(\Delta t_m > t_1) = 1 - F(t_1) \tag{3-53}$$

在采用"绝对优先"策略时，如果要求支流上至少通过一个输送单元，那么时间间隔 Δt_m 的区间为

$$(\Delta t_1 + \Delta t_2) < \Delta t_m < (\Delta t_1 + 2\Delta t_2) \tag{3-54}$$

概率为

$$P(t_1 < \Delta t_m \leq t_2) = F(t_2) - F(t_1) \tag{3-55}$$

如果要求支流上通过 k 个输送单元，且按"绝对优先"策略运行，那么 Δt_m 在 (t_k, t_{k+1}) 的概率为

$$P_k = F(t_{k+1}) - F(t_k) = \int_{t_k}^{t_{k+1}} f(t) \mathrm{d}t \tag{3-56}$$

其中，$t_k = \Delta t_1 + k\Delta t_2$；$t_{k+1} = \Delta t_1 + (k+1)\Delta t_2$。

在实际应用中也存在这样的问题，在 λ_1 和 λ_2 的大小与放行策略一定的情况下，为了达到要求的通过率 λ，如何定义干流路段和"节奏"，以及怎样考虑 λ_1 和 λ_2 的大小。这类问题可用图 3-34 进行说明。

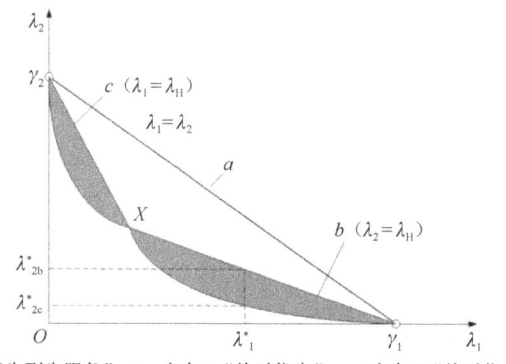

a—"先到先服务"；b—方向 2 "绝对优先"；c—方向 1 "绝对优先"

图 3-34　部分连续和不连续合流节点的通过率关系曲线

曲线 a 表示的情况是 λ_1 和 λ_2 的通行权平等，即当采用"先到先服务"规则时，通过率 λ_1 和 λ_2 的关系。曲线 b 表示的是当流量较小的路段（这里是 λ_2）取得"绝对优先权"时的情况。

如果分流节点在某一方向的通过率（这里是 λ_2）较小，那么 Δt_m 就大，从而使另一个方向有足够大的能力使输送单元通过，这样总的通过率损失就会变得很小。在图 3-34 的阴影区域内，对于 λ_1^*，曲线 b 表示的是干流路段为方向 2（$\lambda_2 = \lambda_H$），支流路段的通过率为 $\lambda_N = \lambda_1 = \lambda_{2b}^*$；曲线 c 表示的是干流路段为方向 1（$\lambda_1 = \lambda_H$），支流路段的通过率为 $\lambda_N = \lambda_2 = \lambda_{2c}^*$。当路段的通过率相同时，支线路段上的通过率会因为放行策略的不同而不同。

在图 3-34 中，在点 X 左右，放行策略决定总的通过率，在 X 左边，若要总的通过率最大，则应使方向 1 成为干流，即 $\lambda_1 = \lambda_H$；在 X 右边，若要总的通过率最大，则应使方向 2 成为干流，即 $\lambda_2 = \lambda_H$。

除上述单功能的分流和合流节点之外，在实际应用中，还有如图 3-35 所示的复合节点，这种复合节点是一种多输入多输出节点。例如，带机器人的有轨输送车可以满足同时进行分流和合流的复合功能。

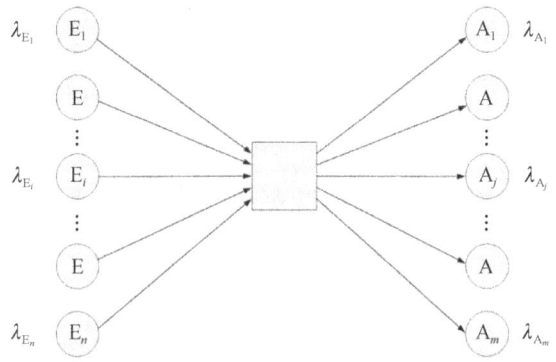

图 3-35 复合节点

对于复合节点，其总的通过率为

$$\lambda = \sum_i \lambda_{E_i} = \sum_j \lambda_{A_j} \tag{3-57}$$

各通道的通过率应满足的关系为

$$\sum_{i=1}^{n}\sum_{j=1}^{m}\frac{\lambda_{ij}}{\gamma_{ij}} + \sum_{i=1}^{n}\sum_{j=1}^{m}\frac{v_{ij}t_{si,j}}{3600} \leqslant 1 \tag{3-58}$$

四、连接元素及通过率

1. 连续型的连接元素及通过率

连续型的连接元素也称为路段元素。通过这种元素，输送单元可以不停地从入口输送到出口。在物流输送系统中，连续型的连接元素有辊子输送机、滑道、滚轮输送机、链条输送机、板条式提升机和悬挂式输送机。连续型垂直提升的"S"形板条式输送机如图 3-36 所示，其常用于托盘和轻型物料的垂直连续运输场合。

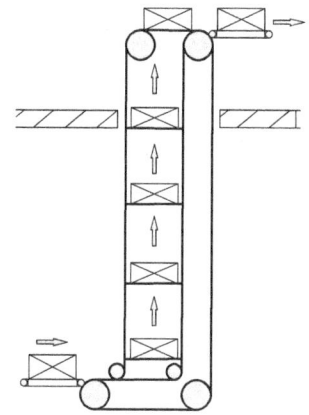

图 3-36　连续型垂直提升的"S"形板条式输送机

设 $s_{\min}$ 为两个相邻输送单元上相同点间的最短距离，v_s 为连接元素的速度，则输送单元的节拍 τ 为

$$\tau = \frac{s_{\min}}{v_s} \tag{3-59}$$

连续型连接元素的极限通过率为

$$\gamma = 3600 \times \frac{v_s}{s_{\min}} \tag{3-60}$$

2. 非连续型的连接元素及通过率

非连续型的连接元素是输送单元的停靠整理点，如图 3-37 所示，输送单元在到达非连续型的连接元素后，按成组运输的要求，整理成 3 个一组的输送单元。在物流输送系统中，非连续型的连接元素有有轨输送车、旋转分配中心、液压升降平台和电梯等。

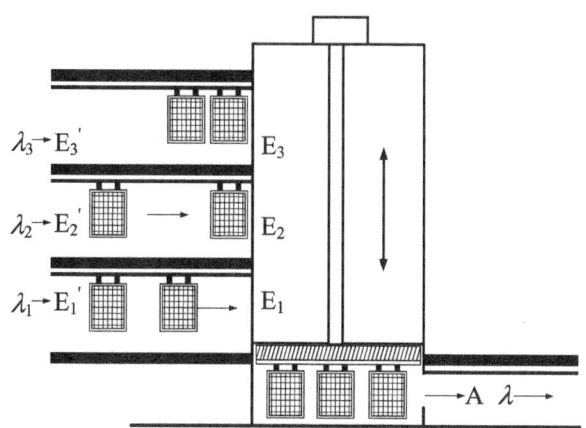

图 3-37　非连续型连接元素的整理功能

输送单元的节拍 τ 与成组状态下的输送单元个数 c 有关，是单元装载时间 $t_L(c)$、2 的倍单元行走时间 $t_w(c)$ 和单元卸载时间 $t_{UL}(c)$ 之和：

$$\tau = t_L(c) + 2t_w(c) + t_{UL}(c) \tag{3-61}$$

如果输送单元在非连续型连接元素中行走的距离为 W，最大速度为 $v_{\max}$，平均的启、制动加速度为 $b_{\max}$，那么

$$t_{\mathrm{w}}(W) = \max\left(2\sqrt{\frac{W}{b_{\max}}}, \frac{W}{v_{\max}} + \frac{v_{\max}}{b_{\max}}\right) \qquad (3\text{-}62)$$

其中，$b_{\max} = 2b^+ b^- / (b^+ + b^-)$。

非连续型连接元素的极限通过率为

$$\gamma(c,W) = 3600 \frac{c}{[t_{\mathrm{L}}(c) + 2t_{\mathrm{w}}(c) + t_{\mathrm{UL}}(c)]} \qquad (3\text{-}63)$$

第四章

连续式物流输送装备

常采用各种连续式输送机配以机械手和输送车进行物料输送,并组成具有一定柔性的物流输送系统。输送机的特点是在工作时可以连续沿同一方向输送散料或重量较轻的单件物品,在装卸时不用停机,因此具有较高的生产率,常用于流水作业生产线上。输送机主要有带式输送机、辊子输送机、链式输送机等。带式输送机又称为传送带,其他类型则称为连续式输送机。本章主要介绍了输送机的工作原理、结构特点及其在制造业物流输送系统中的应用,并重点介绍了链式输送机中的承托式、埋刮板和悬挂式输送机。

第一节 带式输送机

一、概述

带式输送机可分为固定式和移动式两种,如图 4-1 所示。前者是根据物流运输的需要,把输送机固定在一定的位置上;后者带有行走装置,工作位置可以移动变化。

(a) 固定式　　　　　　　　　　(b) 移动式

图 4-1 带式输送机

带式输送机常用于水平面内运送物料,可以有一定的倾斜角,但倾斜角不能大于被运送物料允许的自然坡角。该角度与物料和输送带的摩擦因数、物料静止自然坡角、输送机的装载特性等有关。由于输送带在两支撑滚柱间的下垂,因此带式输送机的实际倾斜角要大于几何图形倾斜角。为了工作可靠、防止物料下滑,带式输送机的倾斜角要比物料对输送带的摩擦角小 7°~10°。部分物料的许用倾斜角如表 4-1 所示。

表 4-1　部分物料的许用倾斜角

运送物料名称	许用倾斜角（α）	运送物料名称	许用倾斜角（α）
粮食	18°	原煤	18°
食盐	20°	块煤	12°
水泥	20°	精选的小块烟煤	22°
干沙	18°	精选的焦炭	17°
湿沙	27°	普通的焦炭	18°
粉状石灰	23°	破碎但未精选的石头	18°
新的木锯屑	27°	洗过和精选的石子	12°
用过的型砂	24°	混有砾石的砂	20°
湿的新型砂	26°	大块矿石	18°
潮湿的煤渣	22°	破碎的矿石	25°

在具有滑板而无滚柱支座的带式输送机中,特别是输送带上有横板的带式输送机中,其倾斜角可以增大;但用横板会使输送带的工作条件变坏,因为横板是固定在输送带上的,会使输送带的强度下降。

固定式带式输送机的一般输送距离达几十米,当分段设置时,总长度有时可达几百米。运送大量物料的带式输送机的生产率为 500~1000 t/h,最高时的生产率可达每小时几千吨。

二、主要部件

带式输送机的主要部件包括输送带、支撑装置、驱动装置、制动装置、张紧装置、装卸装置等。其中,输送带既是承载货物的构件,又是传递牵引力的牵引构件,依靠带与滚筒之间的摩擦力平稳地驱动,把货物输送到卸载地点。

1. 输送带

输送带不仅要运送货物,而且要传递牵引力,因此要求强度高、耐磨性好、挠性强、伸长率小,并便于安装修理。

普通橡胶带的应用范围最广,它用棉织物或化纤物的胶布层作带芯材料,用橡胶作覆盖材料,适合在工作环境温度为-15℃~+40℃、物料温度不超过 50℃ 的情况下工作。国产通用橡胶带带宽有 500mm、650mm、800mm、1000mm、1200mm 和 1400mm 等 6 种规格;帆布层数为 3~12 层。

橡胶带可采用机械接头或硫化接头。机械接头是用一排钢制卡子连接输送带的两端,因为对胶带损伤较大,接头处的强度仅为胶带强度的 35%~40%,且带芯外露易受腐蚀,所以只适用于输送距离短、物料无腐蚀性、检修时间短的场合。硫化接头是将接头部位的胶布层和覆盖层切割成对称的阶梯,再涂以粘胶加热而成。

普通橡胶带的优点是成槽性好、伸长率小,同时对驱动滚筒的摩擦因数较大,强度和允许带速适用于一般通用带式输送机。

塑料带输送机是用塑料带代替橡胶带的带式输送机。塑料带有多层芯和整芯两种。多层芯塑料带和普通橡胶带相似，强度为 560N/cm² （每层）；整芯塑料带以维尼纶-棉混纺织物为整体带芯，并用聚氯乙烯塑料作覆盖物，工艺简单、生产率高、成本低、质量好。带宽为 800mm 的普通整芯塑料带的强度为 3360N/cm²，强力型整芯塑料带的强度可达 5000N/cm²。塑料带宜用塑化接头连接，即将整芯拆散，再相互打结，然后上下覆盖塑料片，最后加压加热而成。塑化接头的强度为带芯强度的 75%～80%。

2．支撑装置

支撑装置的作用是支撑输送带及输送带上物料，并减少输送带的下垂，使其能够稳定运行。

1）普通支撑装置

带式输送机一般采用支撑滚柱作为输送带的支座，如图 4-2 所示。

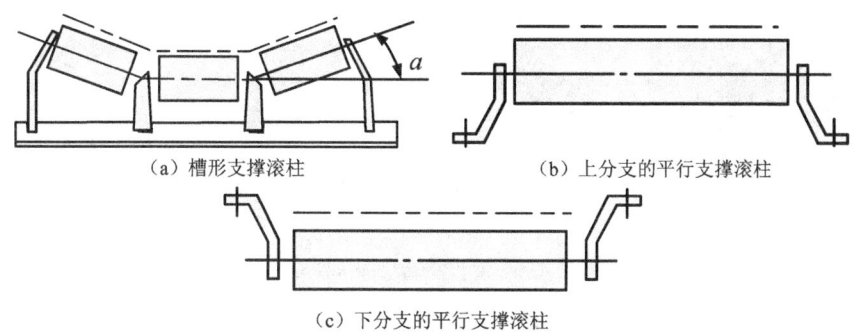

图 4-2　带式输送机的支撑滚柱形式

槽形支撑滚柱用于输送带的承载分支，直形支撑滚柱用于无载分支。在运送成件物品的输送机中，两分支的支撑滚柱都是直形的。有时，在运送成件物品的输送机中，不用支撑滚柱，而用木制或金属滑板，输送带的承载分支在板上滑动，如图 4-3 所示。

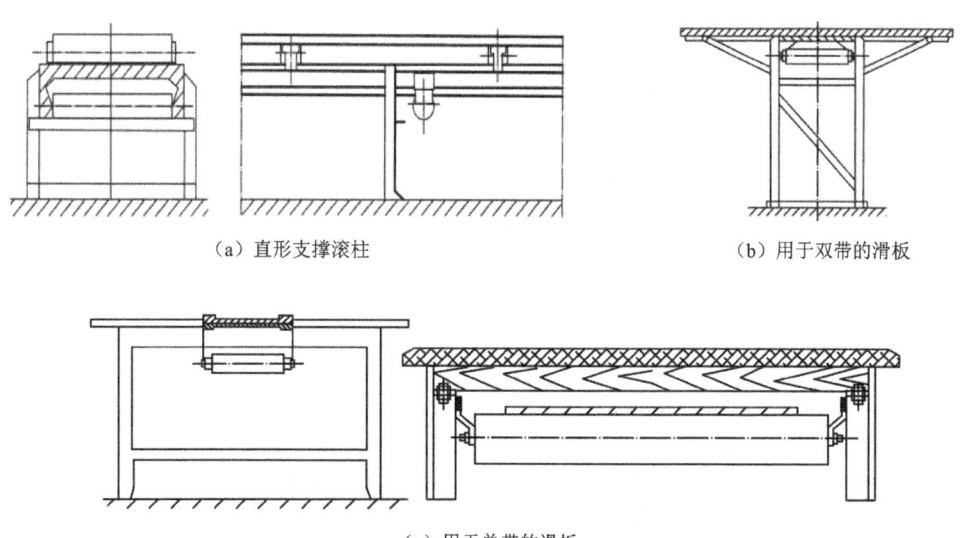

图 4-3　带式输送机的滑板支撑

承载分支的支撑滚柱大多是槽形的，由装在轴上的 2 个、3 个或 5 个滚柱制成，各轴间的相互位置成一定的角度。滚柱支撑在刚性的支架上，支架装在横梁上。无载分支的支撑滚柱是平直形的，由 1 个滚柱制成，滚柱装在轴上，轴支撑在下部支架上。支架是铸造或冲压而成的部件，轴可在上面自由地转动。为了减轻支撑滚柱的重量，滚柱和支撑滚柱的轴常用空心钢管制成。

滚柱间距离要适当，间距太小会增加输送带磨损和功率的消耗；间距太大会使输送带过分下垂。当物料堆积密度大于 1.6 t/m³ 且带宽大于 800mm 时，上滚柱间距取 1.1m。若运件货每件超过 20kg，则滚柱间距应小于物件运送方向长度的一半；下分支没有货载，不承受重量，滚柱间距可取 3m；装料处滚柱间距一般取上滚柱间距的 1/2～1/3。

2）特殊支撑装置

在带式输送机的受料处，为了减少物料对输送带的冲击，可采用缓冲滚柱。缓冲滚柱有橡胶圈式和弹簧板式，如图 4-4 所示。

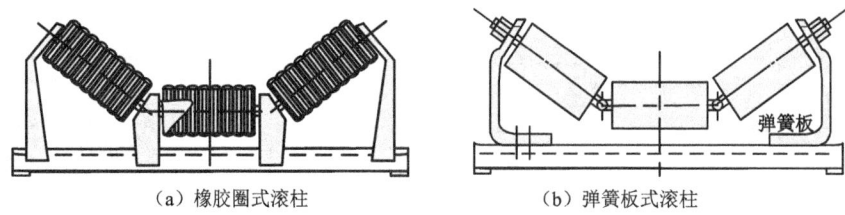

（a）橡胶圈式滚柱　　　　　（b）弹簧板式滚柱

图 4-4　带式输送机缓冲滚柱

为防止输送带结合不准确和某些跑偏因素的影响，当输送带从滚柱上滑下时，应在带式输送机上设置调心滚柱，以调整输送带的横向位置，使其保持正常运行，如图 4-5 所示。

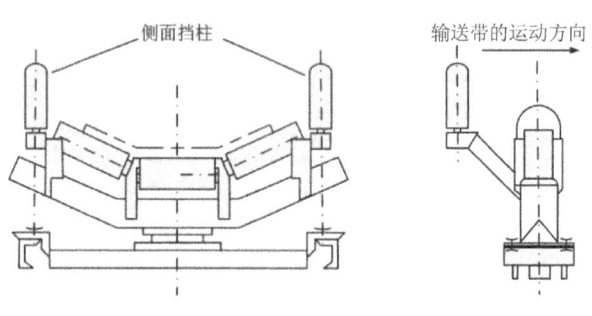

图 4-5　挡柱式调心滚柱

最简单的调心方法是将三节槽形滚柱组的两个侧滚柱，朝胶带运行方向前倾一定的角度（一般为 2°～3°），如图 4-6 所示。

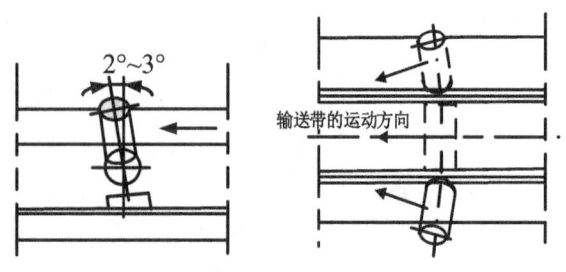

图 4-6　侧滚柱前倾的调心滚柱

从图 4-6 中可以看出，当输送带运行时，两侧滚柱产生一推力将输送带推向中心；当输送带走正时，两边的推力相互抵消；当输送带偏向某一侧时，该侧滚柱的接触长度增加，回复力也比另一侧大，输送带在两侧力差的作用下向中间移动。为使调心可靠，应将所有上滚柱的两侧滚柱前倾同一角度。这种方法虽然简单，但阻力会增加约 10%。

3．驱动装置

驱动装置的功能是驱动输送带运动，实现货物运送。驱动装置主要包括动力部分、传动部分（减速器和联轴器）、驱动滚筒等。

通用固定式、功率较小的带式输送机大多采用单滚筒驱动，即电动机通过减速器和联轴器带动一个驱动滚筒运转。功率较大的带式输送机可配以液力偶合器使启动平稳。对于移动式带式输送机，为减轻输送机装备质量，驱动装置多采用皮带、链条或开式齿轮进行传动，还可以采用摆线针轮减速器或电动滚筒进行传动。

电动滚筒把电动机和驱动装置都装在驱动滚筒内部，因此结构紧凑、质量轻、便于布置、操作安全，如图 4-7 所示。

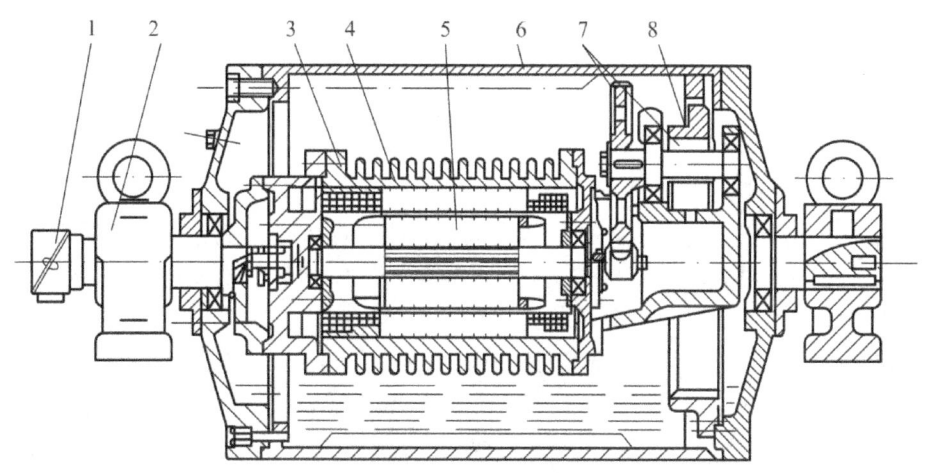

1—接线盒；2—轴承座；3—电动机外壳；4—电动机定子；5—电动机转子；
6—滚筒外壳；7—正齿轮；8—内齿圈

图 4-7 电动滚筒的结构

将减速器的内齿轮与滚筒外壳固定连接。当电动机转动时，通过 1 套齿轮机构传动内齿轮，并驱动滚筒外壳旋转，从而带动输送带。驱动滚筒有光面和胶面两种。在电动机功率不大、环境湿度小的情况下，采用摩擦因数小的光面滚筒；当环境潮湿、电动机功率较大且容易打滑时，采用摩擦因数较大的胶面滚筒。

在运送黏性物料时，驱动装置还装有清带装置，以便卸载后清除输送带上黏附的物料，如图 4-8 所示。

驱动滚筒的长度比宽度大 100~200mm，滚筒直径 D 可用下式进行计算：

$$D = ki \tag{4-1}$$

式中，D——滚筒直径，单位为 mm；

i——输送带衬层数（3~12 层）；

k——驱动滚筒取 125～150mm，非驱动滚筒取 100～125mm。

滚筒直径应为符合标准规定的整数，如 250mm、320mm、400mm、500mm、630mm、800mm、1000mm、1250mm 等。

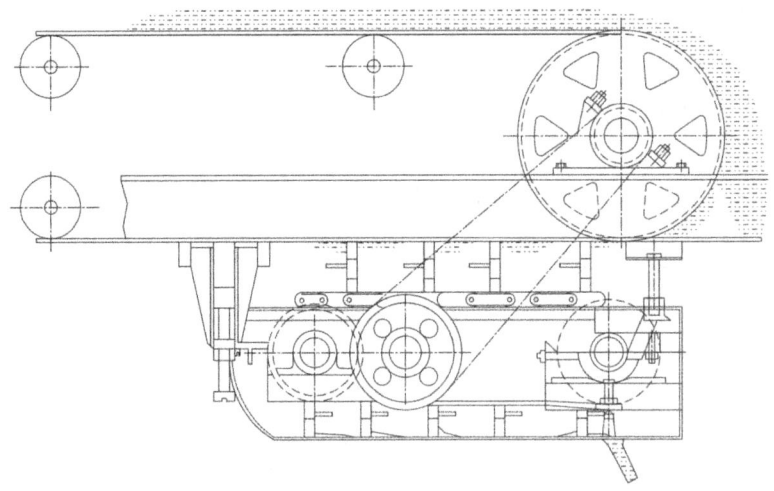

图 4-8 驱动装置上的清带装置（用活动刮刀清理黏附的物料）

4．制动装置

在倾斜一定角度布置的带式输送机中，为防止满载停机时，输送带在物料作用下发生反向运动，从而引起物料倒流下落，应在驱动装置处设置制动装置或停止装置。这些装置通常有滚柱逆止器、带式逆止器、电磁瓦块式或液压电磁制动器。

滚柱逆止器如图 4-9 所示。当输送机正常工作时（滚柱逆止器的星轮逆时针方向旋转），滚柱处在星轮与外壳间隙的最宽处，不妨碍星轮的运转。如果星轮发生反转，那么滚柱楔入星轮与固定外壳间隙的窄处，因此星轮和输送机被制动。这种制动器的制动平稳可靠，并已系列化，同时可按减速器选配，最大制动力矩达 48500N·m。在向上输送的带式输送机中，滚柱逆止器的使用比较普遍。

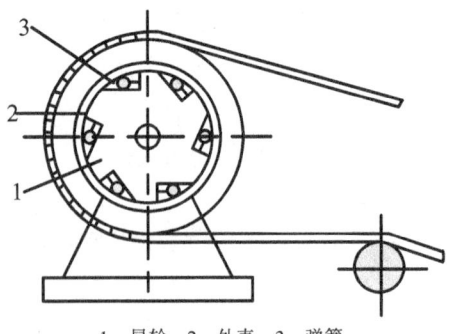

1—星轮；2—外壳；3—弹簧

图 4-9 滚柱逆止器

带式逆止器如图 4-10 所示。当输送机正常工作时，输送带拖动逆止带离开滚筒，如果输送带反转,那么输送带通过将逆止带楔入输送带和滚筒之间来起制动作用。带式逆止器结构简单、造价便宜,在输送机倾角小于或等于18°的情况下,制动可靠;其缺点是必须先倒转一段才能制动,因此会造成输送机尾部物料堆积,而且头部驱动滚筒直径越大,倒转距离越长,所以功率较大的带式输送机不宜采用带式逆止器。同时,带式逆止器也不宜用于向下输送的带式输送机,因为上分支胶带的运行方向和制动时输送带下滑的方向相同,带式逆止器不能起制动作用,所以须采用电磁瓦块式制动器。

电磁瓦块式或液压电磁制动器在用于带式输送机时,常因发热或其他因素失灵,因此只在向下输送时才采用。

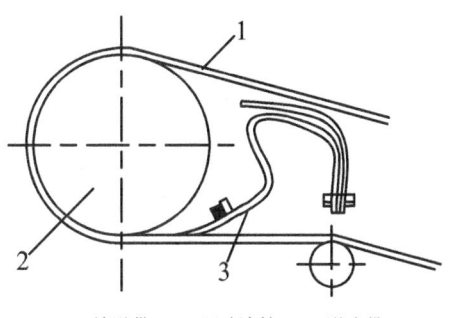

1—输送带;2—驱动滚筒;3—逆止带

图 4-10 带式逆止器

5. 张紧装置

张紧装置的作用:一是保证输送带有必要的张力,且与滚筒有必要的摩擦力,避免打滑;二是限制输送带在各支撑滚柱间的垂度,使其在允许范围内。张紧装置的主要结构形式有螺旋式、小车重锤式、垂直重锤式3种。

小车重锤式张紧装置是把张紧滚筒装置在一个可在尾架上移动的小车上,再由重锤通过滑轮拉紧小车,如图4-11所示。它的结构比较简单,可保持恒定的张紧力,张紧力的大小取决于重锤的质量。小车重锤式张紧装置的外形尺寸大、占地面积大,适用于长度、功率较大的输送机,尤其是用于倾斜输送机。

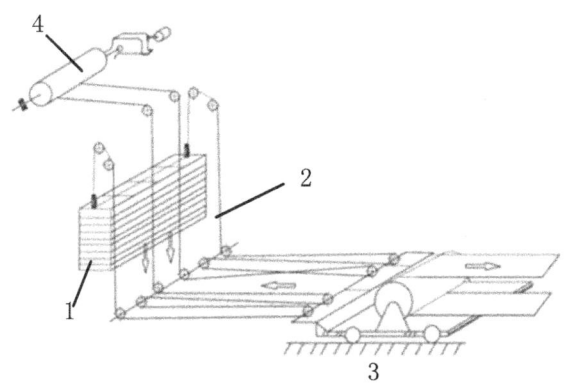

1—重锤;2—滑轮组;3—小车;4—绞车

图 4-11 小车重锤式张紧装置

垂直重锤式张紧装置用于用小车重锤式布置有困难的场合，如图 4-12 所示。垂直重锤式张紧装置的优点是可利用输送机走廊下面的空间位置，并布置在下分支胶带张力最小的地方，因此可减轻重锤的质量。垂直重锤式张紧装置的缺点是要增加改向滚筒的数目及输送带弯曲次数，而且物料容易掉入输送带与张紧滚筒之间，从而损坏输送带，并且检修也不方便。

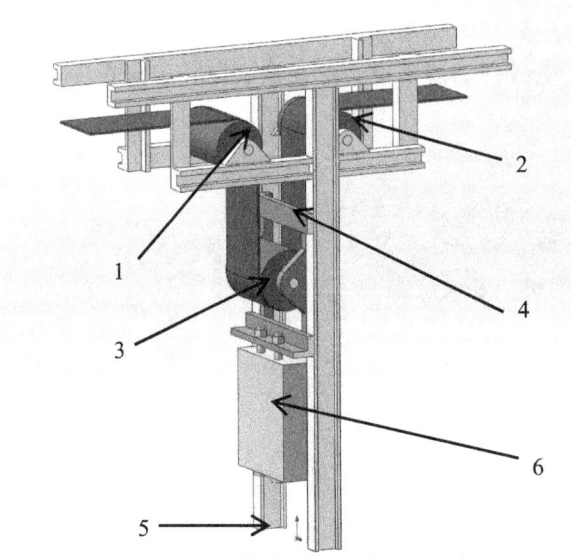

1、2—导向滚筒；3—张紧滚筒；4—滑架；5—导轨；6—重锤

图 4-12　垂直重锤式张紧装置

螺旋式张紧装置利用人力旋转螺杆，使带有螺母的滑架及装在其上的张紧滚筒可沿输送机纵向移动，以调节输送带的张力，如图 4-13 所示。螺旋式张紧装置的结构简单，但在工作过程中，其张紧力的大小不易掌握，很难保持恒定，因此多用于长度小于 80m、功率较小的输送机。

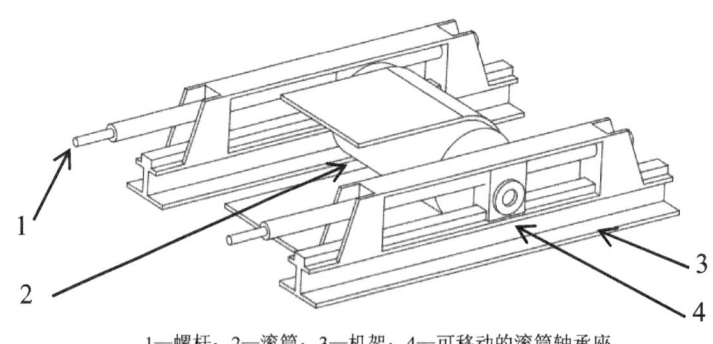

1—螺杆；2—滚筒；3—机架；4—可移动的滚筒轴承座

图 4-13　螺旋式张紧装置

6. 装卸装置

1）装载装置

装载装置的主要作用是供给必要数量的物料，以及控制物料的方向、均匀装载、减少冲

击。因此，物料进入的方向应和输送带的运动方向一致，并且物料落在输送带上的切向速度应接近输送带的速度。所以，装料槽的后壁应具有适当的倾斜度，通常比物料对槽壁的摩擦角大 5°～10°，装料槽的宽度可取带宽的 2/3。成件物品可用导板装载或直接放在输送机上；散料可采用装料槽或漏斗进行输送。装载装置简图如图 4-14 所示。

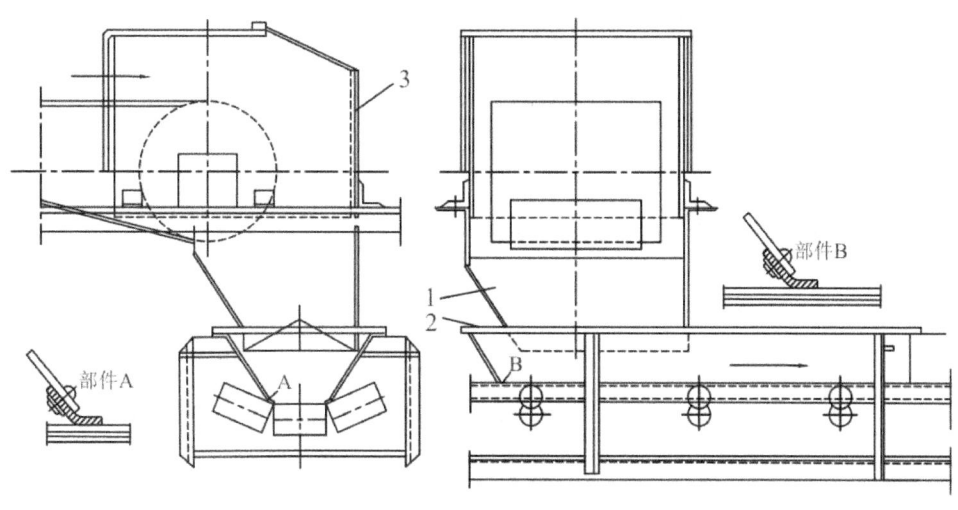

1—漏斗；2—导向槽；3—导板

图 4-14 装载装置简图

2) 卸载装置

带式输送机的卸载装置包括端部滚筒、横向犁形抛出器和卸载小车等。卸载装置可在机端卸料，也可在中部卸料，前者的物料直接从滚筒处抛出，后者的物料可采用卸载挡板或卸载小车卸载。平直挡板或犁形（"V"形）挡板适用于平直滚柱，既可用来卸载件货，又可用来卸载散货，如图 4-15 所示。卸载挡板虽然结构简单，但对输送带的磨损较大，并且会增加运动阻力，因此，在远距离输送，特别是输送块度大、磨损大的物料时，不宜采用。

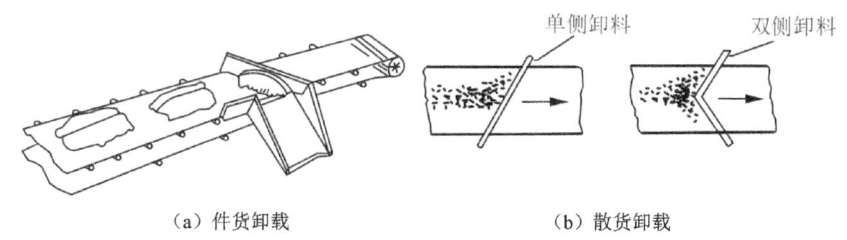

(a) 件货卸载　　　　(b) 散货卸载

图 4-15 挡板卸载

卸料小车由车架、导料装置和两个滚筒组成，如图 4-16 所示。在水平区段内，卸料小车可沿导轨纵向移动，特别适合输送距离长的带式输送机中途卸载散货。卸料小车工作时，物料从卸料小车的上滚筒抛出，经导向槽从一侧或两侧卸下。

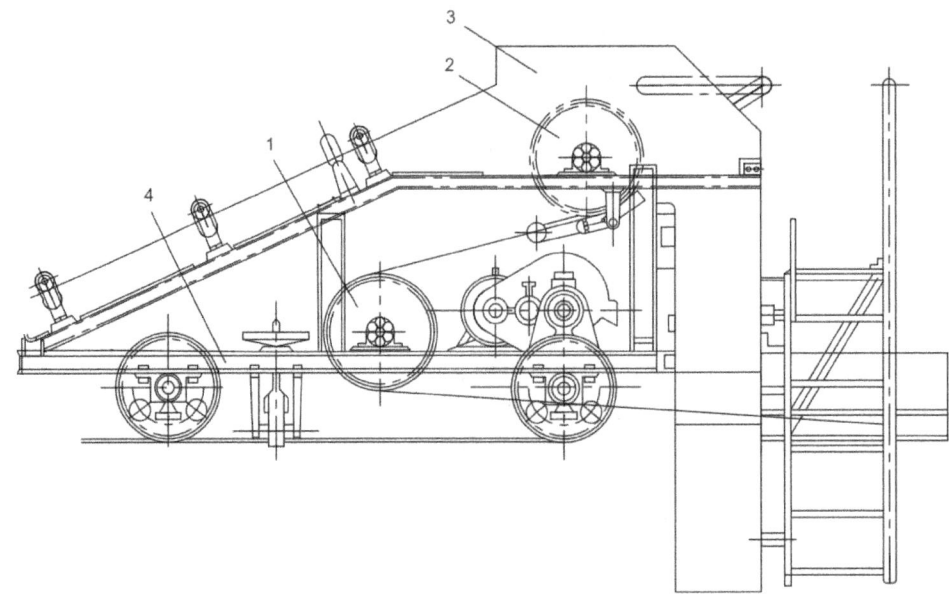

1、2—导向滚筒；3—导料装置；4—车架

图 4-16 卸料小车

三、驱动特点

1. 驱动条件

带式输送机靠摩擦驱动工作，驱动滚筒通过摩擦将周向力传递给输送带。驱动滚筒的周向力为

$$W_0 = S_I - S_O \tag{4-2}$$

根据理论力学柔体摩擦理论，若要输送带与驱动滚筒之间不打滑，则必须满足以下公式：

$$S_I \leqslant S_O e^{\mu\alpha} \tag{4-3}$$

将式（4-3）代入式（4-2），得

$$W_0 \leqslant S_O(e^{\mu\alpha} - 1) \tag{4-4}$$

$$\text{或 } W_0 \leqslant S_I \frac{e^{\mu\alpha} - 1}{e^{\mu\alpha}} \tag{4-5}$$

式中，W_0——驱动滚筒上的周向力；

S_I——输送带绕入分支张力；

S_O——输送带绕出分支张力；

μ——输送带与滚筒间的摩擦因数；

α——输送带对滚筒的包角。

$e^{\mu\alpha}$ 值推荐如表 4-2 所示，计算时可选取。

表 4-2　$e^{\mu\alpha}$ 值推荐

滚筒表面及大气条件	摩擦因数 μ	包角 α 及对应的 $e^{\mu\alpha}$ 值						
		180°	210°	240°	300°	360°	400°	480°
钢、铁滚筒，露天	0.10	1.37	1.44	1.52	1.69	1.87	2.02	2.32
木材、橡胶筒面，露天	0.15	1.60	1.73	1.87	2.19	2.57	2.87	3.51
钢、铁滚筒，湿空气	0.20	1.87	2.08	2.31	2.85	3.51	4.04	5.34
钢、铁滚筒，干空气	0.30	2.56	3.00	3.51	4.81	6.59	8.17	12.35
木材表面滚筒，干空气	0.35	3.00	3.61	4.33	6.25	9.02	11.62	18.78
橡胶表面滚筒，干空气	0.40	3.51	4.33	5.34	8.12	12.35	16.41	28.56

2. 防滑措施

由上述公式可知，为满足驱动滚筒上周向力的要求，防止打滑，可采取以下措施。

（1）输送带要有足够的张力。只要增大初张力，S_I、S_0 均能得到增加，$S_0 e^{\mu\alpha}$ 也有较大增加，满足式（4-3）的张力关系；但受输送带强度的限制，张力不宜过大。

（2）输送带与驱动滚筒之间有较大的摩擦因数。这要求除在驱动滚筒表面包以木材或橡胶来增大摩擦因数之外，还要求驱动装置能在较好的使用条件下工作，如保持干燥、防止雨水和油污等落入摩擦表面，以防降低摩擦因数。

（3）输送带与驱动滚筒之间要增大包角，可采用装加改向滚柱的方法来增加输送带对滚筒的包角 α，如图 4-17 所示。

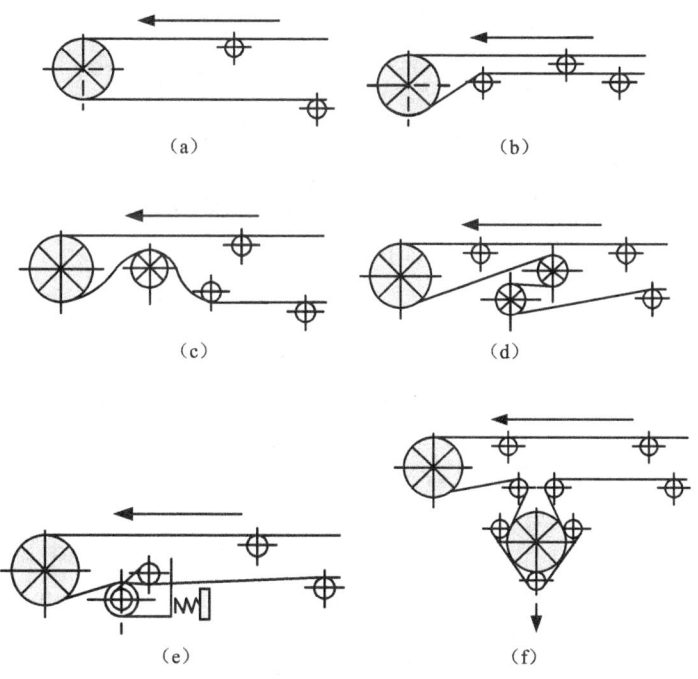

图 4-17　利用改向滚柱增大包角

在图 4-17（a）中，包角为 180°；在图 4-17（b）中，加装改向滚柱后的包角增大到 210°～230°；图 4-17（c）中安装了两个驱动滚筒，包角可增大到 350°；在图 4-17（d）中，包角可增大到 480°。如果还需要增大周向力，那么可以用加压滚柱压紧输送带的方法来实现，如

图 4-17（e）和图 4-17（f）所示。

需要指出的是，图 4-17（a）和图 4-17（b）两种驱动方式用得较多，其余几种用得较少，因为后者增加了驱动装置结构的复杂性。

第二节　辊子输送机

一、概述

辊子输送机由辊子、驱动装置、机架等部件组成。辊子输送机如图 4-18 所示。辊子输送机可以沿水平或较小的倾斜角输送具有平直底部的成件物品，如板、棒、管、型材、托盘、箱类容器，以及具有平底或直棱的各种工件。辊子输送机在机械制造业中有着悠久的应用历史。生产机械化、自动化程度的不断提高，尤其是连续流水线的大量应用，为辊子输送机的广泛应用和发展创造了有利条件。与其他输送成件物品的运输设备相比，现代辊子输送机除具有结构简单、运转可靠、维护方便、经济、节能等传统特点之外，突出的优点是与生产工艺过程具有良好的相容性与配套性，以及功能的多样性，具体表现在以下几个方面。

图 4-18　辊子输送机

（1）布置灵活，容易分段和连接，可以根据需要，由直线、圆弧、水平、倾斜、分支、合流等区段，以及辅助装置组成开式、闭式、平面、立体等各种形式的输送线路。

（2）功能多样，可以按重力式、动力式、积放式等多种输送方式输送或积存物品；可以在输送过程中升降、移动、翻转物品；可以结合辅助装置，按直角、平行、上下等方式实现物品在辊子输送机之间或辊子输送机与其他输送设备之间的转运。

（3）便于和工艺设备衔接配套，而且衔接方式简易紧凑，有时可以直接作为工艺设备的物料输入段和输出段。辊子输送机之间的空隙部位可用于布置各种装置和设备。

（4）物品输送平稳，停靠精确，既便于对输送过程中的物品进行加工、装配、试验、分拣、包装等工艺操作，又便于对输送过程进行自动控制。由于辊子输送机在输送成件物品时具有明显的优点，因此它不仅可以连接生产工艺过程，而且可以直接参与生产工艺过程。因此，在冶金、机械、电子、化工、轻工、家电、食品、纺织、邮电等行业和部门的物流输送中，尤其在各种加工、装配、包装、储运、分配等流水线中得到了广泛的应用。

二、分类及组成特点

1. 结构形式

常用的动力式辊子输送机的结构形式、特点及应用如表4-3所示。

表4-3 常用的动力式辊子输送机的结构形式、特点及应用

结构形式		结构简图	特点及应用
按传动元件分类	链传动	 （a）单链传送  （b）双链传送	动力式辊子输送机具有驱动装置，辊子转动呈主动状态，可严格控制物品的运行状态，并按规定的速度精确、平稳、可靠地输送物品，便于实现输送过程的自动控制；按传动方式分为链传动、带传动、齿轮传动；承载能力大，通用性好，布置方便，对环境适应性强，可在经常接触油、水，以及在温度较高的地方工作；在多尘环境中工作时，链条容易磨损；高速运行时噪声较大。 链传动分为单链传动和双链传动：单链传动结构布置紧凑，适用于轻载、低速、持续运行的场合；双链传动适用于载荷较大，速度较高，启、制动比较频繁的场合。
	带传动	 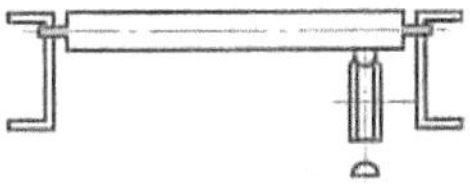 平带传动 架带传送	带传动：运转平稳，噪声小，对环境污染少；允许高速运行，但不适宜在接触油污的地方工作。带传动分平带传动、V带传动、O带传动，平带传动承载能力最强，V带传动次之，O带传动最小。V带传动和O带传动均适用于辊子输送机圆弧段。O带传动布置最为灵活。
	齿轮传动	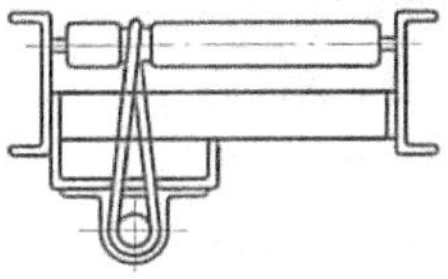	齿轮传动：承载能力强、传动精度高、使用寿命长、对环境适应性强，适用于重载、运动精度要求高、启制动频繁、经常逆转的场合
按输送中心线形状分类	直线段	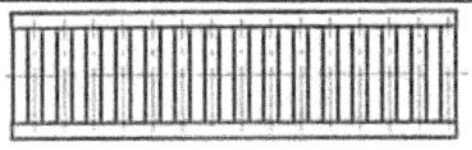	辊子输送机的直线段的一般采用圆柱形辊子输送机、轮形辊子输送机，通常作单列布置，物件宽度特别大时可作双列布局
	弧线段		圆柱形、圆锥形、轮形辊子输送机均可作辊子输送机圆弧段，并且以圆锥形辊子输送机和轮形辊子输送机的效果最佳，可避免物品在圆弧段上运行时产生滑动和错位，以保持正常的运行方位。采用圆柱形辊子输送机作为辊子输送机圆弧段比较经济，为改善物品错位和滑动，可采用双列布局

2. 转运及辅助装置

在比较复杂的辊子输送机线路系统中，当相邻区段的辊子输送机呈垂直、平行、上下、交会等布置形式时，物品一般需要通过辅助装置进行转运。下面就各种典型的转运所常用的辅助装置及其特点和应用进行有关介绍。

1) 垂直转运

(1) 万向球台（见图4-19）。万向球台台面设有可以各向转动的滚球，物品依靠人力推动，可在台面上进行任意方向的移动和转动。万向球台适用于转运质量轻、输送量少的平底物品。

(2) 转台（见图4-20）。转台台面设有圆柱形长辊，物品进入转台后，随转台进行90°旋

转，输出物品转运前后的座向一致，宽度不变。转台分为机动和手动两种，分别与动力式辊子输送机和无动力式辊子输送机配套使用。

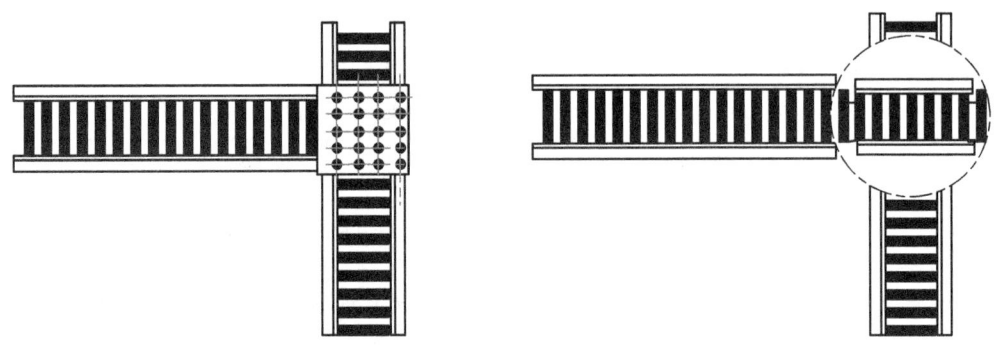

图 4-19　万向球台　　　　　　　图 4-20　转台

2）平行转运

转运小车（见图 4-21）。转运小车的轨道与辊子输送机成直角布局，转运小车沿轨道运行，可以在多台平行布局的辊子输送机之间转运物品。按台面辊子和行走机构的驱动方式，轨运小车分为手动和机动两种，分别与无动力式辊子输送机和动力式辊子输送机配套使用，其台面辊子形式与配套的辊子输送机一致。

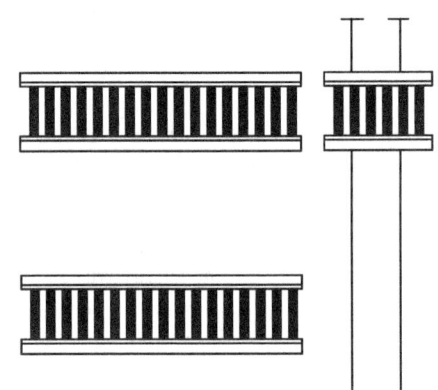

图 4-21　转运小车

3）上下转运

（1）升降输送机。升降输送机具有输入、提升和输出机构，适用于布置在不同楼层的辊子输送机之间的转运。

（2）升降段（见图 4-22）。升降段是辊子输送机线路中可以升降的区段，适用于高差较小的两层辊子输送机之间的转运。

图 4-22　升降段

4）岔道转运

岔道转运装置布置在辊子输送机线路的分支交会处，分为固定式和活动式两种。

（1）固定式岔道（见图4-23）。固定式岔道结构简单、布置紧凑，可以连续通过物品，但物品通过岔道时存在滑动和错位现象，因此多用于轻载。固定式岔道按其作用方式分为手动和机动两种，分别与无动力式辊子输送机和动力式辊子输送机配套使用。在机动固定式岔道中，经常用转向器帮助物品转向，用通行控制器控制岔道合流处物品的流向。

（2）活动式岔道（见图4-24）。活动式岔道可以改善物品在通过岔道时发生的滑动和错位现象，因结构比较复杂，因此多用于重载。

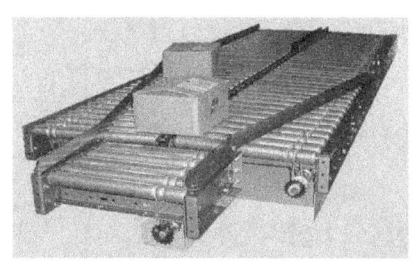

图4-23 固定式岔道　　　图4-24 活动式岔道

3. 分流与合流装置

为满足货物储存、整理归类、包装和分拣的需要，辊子输送机应配备分流与合流装置。

1）90°分流装置

90°分流装置（见图4-25）有多种形式，最简单的是采用如图4-25（a）所示的长短辊子配合的形式。如图4-25（b）所示的装置是辊子输送机与链条输送机结合的方式，分流时，通过电控、气动方式控制，使链条输送机的传送链部分或全部浮出辊子平面，由链条输送机将货物从轨道A转向轨道B或由轨道B转向轨道A，随后链条输送机下降，轨道A恢复正常。链条分流装置在工作时是按货物一件一件进行操作的。为保证货物转向工作准确，在轨道A上设有止挡器，防止当一件货物正在转向且没有完全离开轨道A时，后续货物仍停留在轨道A上。

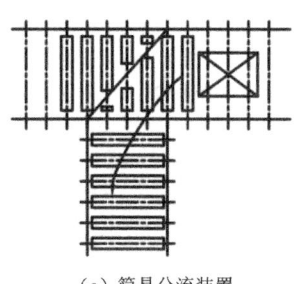
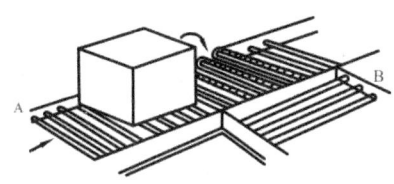

（a）简易分流装置　　　　　　　（b）链条传动分流装置

图4-25 90°分流装置

2）30°与45°分流装置

简单的30°与45°分流装置是采用如图4-26（a）所示的长短辊子配合的形式。若采用如图4-26（b）所示的齿形皮带分流装置，则其通过率一般可达3500件/时。齿形皮带分流装置是辊子输送机与齿形皮带机的结合,采用齿形皮带是为了提高转向所需的摩擦力。齿形皮带机可通过气动元件上升或下降,并使货物由主道转到岔道。

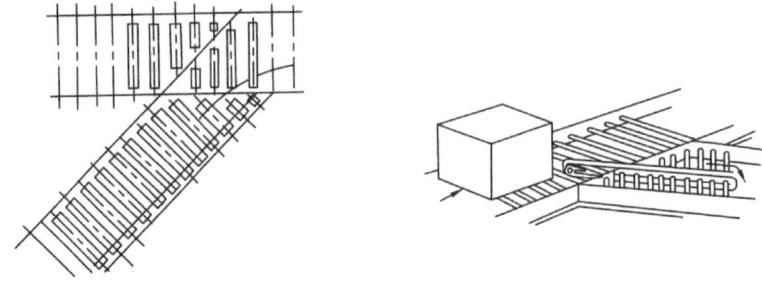

（a）简单的分流装置　　　　　（b）齿形皮带分流装置

图 4-26　30°与 45°分流装置

3）旋转分配中心与轨道小车

通过旋转分配中心（见图 4-27）可实现多条输送线上输送货物之间的交换。显然,旋转分配中心的直径越大,其能连接的输送线也就越多。对于不需要经常连接的平面布局的平行辊道,它们之间货物的交换可采用轨道小车。由于旋转分配中心属于间歇性工作装置,因此对于规模较大的仓库,很容易形成运力瓶颈,从而影响仓库系统的运行。

图 4-27　旋转分配中心

4）合流装置

与分流装置相比,合流装置的设计要简单一些,但需要注意主道速度与岔道速度匹配的问题。

5）分流岔路的极限速度

当物品的速度为 V 时,为使物体转向,所需向心力为 $\dfrac{mv^2}{R}$,而转向所需的向心力是由货物与辊子间的摩擦力提供的。假设货物的质量有一半落在分流道上,货物与辊子间的摩擦系数为 μ,则有 $\dfrac{G\mu}{2}=\dfrac{mv^2}{R}$,因此分流岔路的极限速度 $v_{max}=\sqrt{\dfrac{G\mu R}{2m}}=\sqrt{\dfrac{g\mu R}{2}}$。如果 $R=0.3\mathrm{m}$,$\mu=0.5$,那么 $v_{max}=0.85\mathrm{m/s}$。

三、辊子输送机的传动方式

辊子输送机的传动方式有许多种，常见的有皮带传动、链条传动和电动滚筒传动等。为保证货物在辊子上移动时的平稳性，应保证至少有3～4个辊子同时支承一件货物，即辊子的间距应小于货物支承面长的1/4～1/3。

1. 皮带传动

皮带传动辊子输送机是以辊子床作为承载面、传动带作为驱动构件的输送机。在辊子底部布置一条皮带，皮带下面设有托辊，皮带可在驱动机构的带动下前后运动。当托辊顶起皮带时，皮带与辊子接触，并靠摩擦力带动辊子转动；当把托辊放下时，皮带脱开辊子，辊子就失去了驱动力。因此，通过有选择地控制托辊的顶起和放下，可使一部分辊子转动，另一部分辊子不转动，从而实现货物在辊道上的积存，起到缓冲的作用。

2. 链条传动

链条传动辊子输送机是以辊子床作为承载面的，成件货物直接放在辊道表面，由链条和链轮驱动辊子转动。链条传动辊子输送机适合在环境恶劣的场合下工作，尤其适合输送重型或大件的货物。常用的链条传动方式有辊子对辊子型和连续链型两种。

1）辊子对辊子型

辊子对辊子型链条传动指每个辊子轴上装有两个链轮，单环链交错地沿输送机方向连接一对辊子。首先由电机、减速器和链条传动装置驱动第一个辊子，然后由第一个辊子通过单环链驱动第二个辊子，这样依次传递，最后使全部辊子成为驱动辊子（见图4-28）。

2）连续链型

连续链型链条传动是由一条连续的环链驱动的链传动辊子输送机，如图4-29所示。每个辊子车上都装有一个链轮，并用一根通过张紧轮或压紧轮的链条驱动所有辊子。这种结构形式适合输送中等质量的载荷。

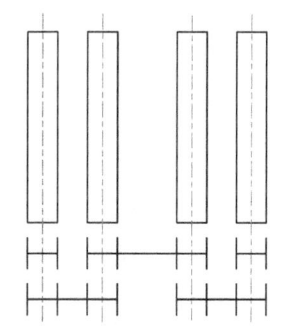

图4-28　辊子对辊子型链条传动

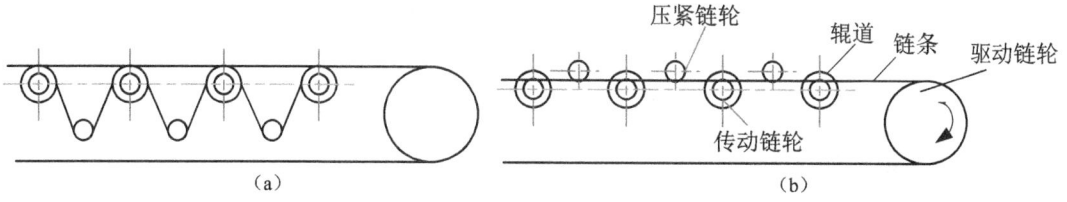

图4-29　连续链型链条传动辊子输送机

3. 电动滚筒传动

电动滚筒传动辊子输送机的每一个辊子都是一个电动滚筒，而且每个电动滚筒都配备有一套驱动系统，并各自单独驱动。由于价格较高，因此在实际使用时，一般每隔几个无动力的辊子，才安装一个电动滚筒。电动滚筒传动式辊子输送机简捷、安全、更换维修方便，并且容易实现货物的积存，一般用于频繁启动和制动的场合。

四、重力式输送机

重力式输送机是无动力式输送机的主要形式。重力式输送机无驱动装置，辊子转动呈被动状态，物品靠人力、重力或外部推拉装置移动。按布局方式，重力式输送机分水平布局和倾斜布局两种。

水平布局：靠人力推拉移动物品，可用于物品重量小、输送距离短、工作不频繁的场合。

倾斜布局：靠物品重力进行重力式输送，结构简单，经济实用，不易控制物品运行状态，物品之间易发生撞击，因此不宜输送易碎物品，适用于工序间短距离输送及重力式高架仓库的输送。

重力式输送机在输送货物时，货物靠自身重力沿辊道斜面滑移。重力式输送机的成本较低，并且易于安装、便于扩充或进行配置上的变更。理论上讲，重力式输送机在使用时需要两个倾斜角：一个倾斜角作为负载的激活用；另一个倾斜角用于维持负载的滑动。但实际上，在一架输送机上不可能有两个倾斜角，因此在较陡的激活角度与不陡的滑动角度之间，取一折中角度。这样，在两个地方会出现问题：其一，倾斜角是以较轻的负载设计的，但可能放有较重的负载；其二，第一个负载激活后，滚轮的摩擦力因旋转而变小，使得第二个负载的滑动速度变快而追撞前一个负载，且追撞之后，这两个负载结合，犹如一较重的负载，从而加快滑行速度。这两种情况会导致负载滑行至重力式输送机尾端，造成撞击停止器而损坏或伤及作业人员。解决这个问题可使用速度控制器，但其有重量范围的限制，且增加了成本。除上述问题之外，重力式输送机应是优先考虑的经济方式。

1. 重力式滚轮输送机

滚轮可看作离散缩短了的辊子。重力式滚轮输送机（见图4-30）又称为"溜冰鞋滑轮"，主要特点是重量轻、易于搬动，并且组装、拆装快速容易。滚轮的转动惯量较低，适合于较轻物品的输送。

1）应用范围

对于表面较软的物品，如布袋，滚轮较滚筒具有较佳的输送性。对于表面较软的物品，可选择排成一列的方式进行输送，如此物品会循迹滑动。若物品底部有挖空的容器及篮子，则不适合使用重力式滚轮输送机输送。为使物品输送平顺，在任何时候，物品至少要有5个滚轮支承（分布在3支轴上），如图4-31所示；在转弯段部分，每个滚轮为独立转动，如图4-32所示。

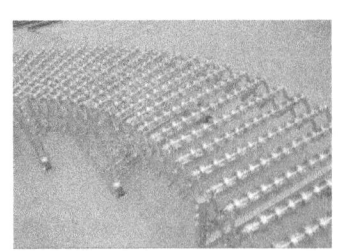

图4-30 重力式滚轮输送机

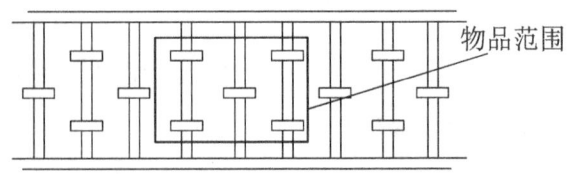

图4-31 物品至少要有5个滚轮支承

2）部件材质选择

重力式滚轮输送机的骨架有钢与铝两种材质可供选用。铝骨架用于负载较轻且可移动装设的情况，与钢骨架相比，其负载能力较小。滚轮的材质有钢质、铝质、塑料之分：钢质滚轮的负载能力为 11～23kg；铝质滚轮的负载能力为 4.5～18kg；塑料滚轮的负载能力为 10kg 以下。

图 4-32 转弯段部分

3）尺寸规格

大部分制造厂商提供的输送机的内缘宽度为 300mm、500mm、600mm，标准的长度为 1.5m、2m、3m。每单位长度的滚轮数由经验决定。一般而言，对于较小的物品，需要更多的滚轮，由于每一排滚轮数及交错排列的不同，滚轮排列由多种形式组成。常用的标准重力式滚轮输送机的骨架由两根 60mm×25mm 的型钢组合而成。

骨架的强度与负载的大小及支承架的距离有关。大部分制造厂商会提供骨架容许的变形量。如果计算结果超过骨架容许的变形量，那么可考虑增加支承架或使用不同的支承方式。

输送机的倾斜度与输送物品的重量及表面条件有关。对于纸箱，平均的倾斜度是每 3m 高 7.5cm。如果物品较坚实，那么需要的倾斜度较小，而表面较软的物品则需要较大的倾斜度。经验及测试是决定最后倾斜度的可靠方法，一般而言，如果没有减速装置，那么输送机最大长度为 12～15m。

2. 重力式滚筒输送机

重力式滚筒式输送机（见图 4-33）的特点是滚筒、轴、轴承、骨架、支承架等组件的组合非常多样，可满足不同的应用需求。在选择组合方式时，应考虑输送物品的特性、安装环境及设备成本等条件。输送物品的特性会影响输送的稳定性，一般至少需要 3 支滚筒同时接触物品，柔性物品则需要 4 支以上的滚筒。

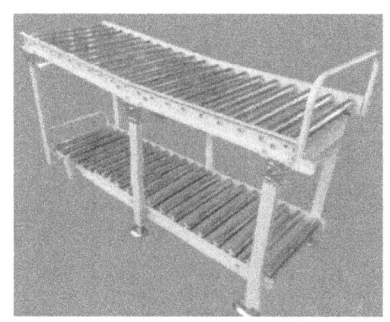 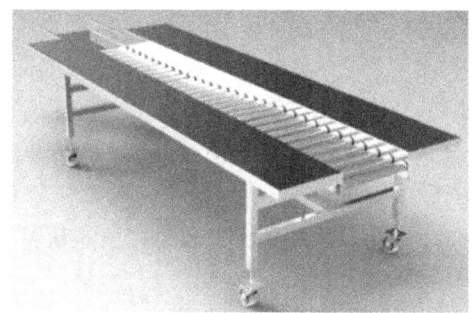

图 4-33 重力式滚筒输送机

1）应用范围

重力式滚筒输送机的应用范围较重力式滚轮输送机更广（见表 4-4）。一般不适用于滚轮的负载，如塑料篮、容器、桶形物等均适用于重力式滚筒输送机。虽然重力式滚筒输送机中的一些模块的骨架及滚筒使用铝质材料来减轻重量，但其还是较滚轮输送机重，因此并不适用于常移动或拆装的场合。

表 4-4 重力式输送机的应用

输送物品	建议形式	布置说明	倾斜角度
布袋	滚轮	间距较密	5°～20°
薄纸箱	滚轮	50～66 轮/m，宽 0.45m	5°～15°
硬纸箱	滚轮或滚筒	53～60 轮/m，宽 0.45m	2°～12°
木箱	滚轮或滚筒	33 轮/m，宽 0.3m	2°～8°

在重力式滚筒输送机的应用中，使用开放式或钢质遮蔽盖可避免增加轴承的摩擦力。虽然轴承的应用温度高达 170℃，但使用钢质遮蔽盖的轴承的使用温度不能超过 100℃，因为遮蔽盖会变形。在 0℃~65℃ 的范围之外时，应考虑润滑问题。在较高温度的使用场合，输送带上负载的间隔要加大，并且要快速移动，以减少滚筒吸收的热量，而且最好有滚筒散热装置。

滚筒的负载能力是由轴承的负载能力及滚筒的宽度决定的。轴承的负载能力不仅由经验公式及实验测试而定，而且以滚筒宽度较窄的输送机来决定，当滚筒宽度增加时，轴承的变形使滚筒的负载能力下降。重力式滚筒输送机的负载能力与选用的组件有很大关系。大部分制造厂商会提供输送机负载能力分布表，并依据滚筒、骨架、支承架的组合方式来确定负载。

2）产品选用设计

（1）滚筒设计形式。依据环境及负载的不同需求，滚筒有开放式、遮蔽式、含油脂式 3 种设计形式。开放式设计适用于一般室内场合；遮蔽式设计适用于灰尘较高或室外场合；较重负载及不方便润滑保修的场合比较适合采用含油脂式设计。

（2）滚筒组装方式。滚筒根据加工形状的不同有直压式、卷曲式及成型式 3 种组装方式，如图 4-34 所示。在骨架轨道上的滚筒既可高于又可低于骨架，完全视应用的需求而定。如果滚筒低于骨架轨道，那么骨架轨道可当导轨用，无须另装安全栏。但是如果使用较宽的负载，那么负载会因与骨架干涉而无法使用。相对地，滚筒高于骨架的方式需另装安全栏，其在应用上较具弹性。

（3）骨架形式。普遍的骨架形式有槽钢、"L"形钢或铝型材。

（4）功能组件。

① 鱼骨形滚筒组件（见图 4-35）：由于鱼骨形滚筒组件具有自动对正中心的循迹性，因此这种组件能使负载在输送机的中心线上移动，最适合装在需要对正的封箱机之前。

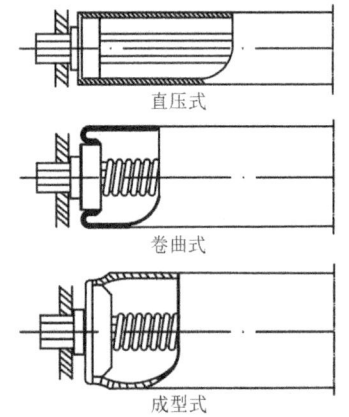

图 4-34 轴承与滚筒组装方式

② 分歧接合组件：如图 4-36（a）所示，分歧接合模块可连接转弯或直送模块。

③ 合流组件：有转弯合流及直送合流两种，如图 4-36（b）、图 4-36（c）所示。

图 4-35　鱼骨形滚筒组件

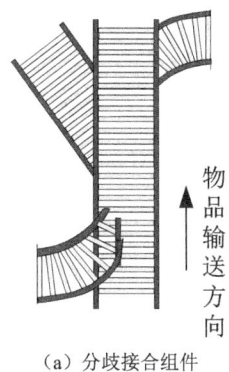
(a) 分歧接合组件

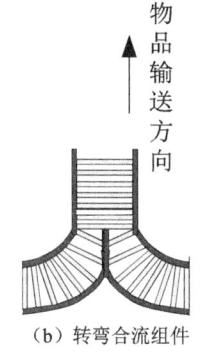
(b) 转弯合流组件

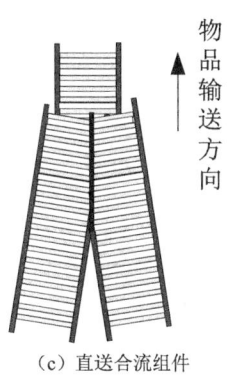
(c) 直送合流组件

图 4-36　分歧合流组件

3. 重力式滚珠输送机

重力式滚珠输送机（见图 4-37）是在一机台上装有可任意方向转动的万向滚珠，用于表面较硬物品（如铜、木材或钢板）的移送。重力式滚珠输送机在使用时不需要润滑，并且不能在灰尘多的环境中使用。重力式滚珠输送机在输送作业时，滚珠在滚动时会在物品表面留下滚痕。

图 4-37　重力式滚珠输送机

重力式滚珠输送机的应用范围有所局限，底部较软的物品，如湿的纸箱、栈板、桶状物及篮子等，都不适合使用重力式滚珠输送机来传送。使用重力式滚珠输送机移动物品所需的力量大小与物品的质量、物品表面的硬度有关，表面越硬的物品越容易移动，其所需驱动力通常为 5%～15% 负载的质量。由于重力式滚珠输送机传送物品的距离较短，因此其通常也被称为重力式滚珠输送台。

第三节　链式输送机

一、概述

链式输送机是连续式装卸机械的又一种主要形式。它用绕过若干链轮的无端链条作挠性的牵引构件，由驱动链轮通过轮齿与链节的啮合将圆周牵引力传递给链条，并在链条上固接着一定的工作构件上输送货物。

链式输送机的主要功能元件是输送链，输送链既有传递动力的功能，又有承载能力。由于输送链链条的结构千变万化，因此链式输送机适用于众多的工作环境，可满足众多的使用要求，具体可归纳为以下几点。

1. 输送物品的多样性

链式输送机几乎可以输送所有类型的物品。例如，散料，如面粉、水泥、灰粉、煤炭和矿石等；小件物品，如电子元器件、机械零件、罐装和瓶装物品等；大件货物，如整件家电、各种整机（如自行车、摩托车、汽车等）、各种箱装件货等。以物品质量来说，小到几克的电子元器件，大到10t以上的件货，均可用链式输送机来输送。

2. 在苛刻环境中的适应性

链式输送机几乎可以在各种苛刻环境中正常工作，如低温、高温、多粉尘、有毒介质、有腐蚀介质，以及粗暴装载等各种工况。因此，在低温的冷库、高温的烘干线、粗暴装载的林场、多粉尘的水泥厂及设备涂装线上，均可以使用链式输送机。

3. 输送物品流向的任意性

链式输送机不仅可以实现水平、垂直和倾斜输送，而且可以根据工场环境条件，不需要多机组合，即可进行起伏迂回的输送；不仅可以实现直线输送，而且可以进行环形输送，使输送物品的流向具有最大的任意性。

4. 工作时运载准确及具有稳定性

链式输送机是通过驱动链轮与链条啮合来使链条实现运行的，因此，它不像带传动那样存在弹性滑动，能保证链式输送机准确的输送速度和进行稳定、精确的同步输送。因此，在自动化生产过程中，常利用链式输送机的这一特点来控制流水线的节拍。

5. 寿命长、效率高

输送机的寿命与效率取决于输送元件。链式输送机的输送元件是输送链条，输送链条的组成元件虽然会采用各种不同性能的材料来制造，但其主要还是采用金属材料。即使采用多种材料制成的链条，其在设计与制造时也要求达到整体与部件性能的和谐与合理，因此与其他输送元件相比，输送链条具有强度高、寿命长的特点。再加上链条与链轮是啮合传动的，链条铰链内部的摩擦阻力较小，因此链式输送机具有寿命长、效率高的特点。

二、链式输送机的组成

尽管链式输送机的品种繁多，而且有些链式输送机的结构还比较复杂，但其主要由以下几部分组成。

1. 原动机

原动机是输送机的动力来源，一般采用交流电动机，视需要可以采用普通的交流异步电动机或交流调速电动机。可调速电动机既有变极式的、在小范围内能有级调速的电动机，又有能无级调速的变频、滑差交流电动机。若采用可调速电动机，虽然电动机本身成本较高，但驱动装置的结构比较简单。

2. 驱动装置

通过驱动装置将电动机与输送机头轴连接起来，驱动装置的组成取决于其要实现的功能。驱动装置通常要实现的功能如下。

1）降低速度

由于驱动电机的转速相对输送链条的运行速度要高得多，因此链式输送机必须有减速机构。减速机构通常有带传动、链传动、齿轮传动、蜗杆传动和履带驱动机构等。

2）机械调速

如果输送链条的运行速度需要在一定范围内变动，那么可通过电动机调速来实现。由于单纯用电动机调速会产生电机转速低、输出转矩小的问题，因此在驱动装置中设置机械调速装置，如机械无级变速机与变速箱等。

3）安全保护

链式输送机在工作过程中有安全保护与紧急制动的功能。安全保护设备与制动设备大都设置在驱动装置的高速运行部分。

3. 线体

链式输送机的线体是直接实现输送功能的关键部件，主要由输送链条、附件、链轮、头轴、尾轴、轨道、支架等部分组成。

设计线体时一定要注意输送链条与传动链条的区别，尽管两者在结构上可能很相似，甚至完全一样（如短节距精密滚子链既可作传动用又可作输送用），但在功能上仍然是有区分的。输送链需要具备承载物品及在轨道上运行的功能，因此正确分析输送链的受力情况及力流（物料重力传送到输送的支承轨道上所流经的路程）分布是很重要的。设计线体时应遵循力流路线最短与力流路线经过的各零件尽可能等强度的原则。

4. 张紧装置

张紧装置用来拉紧尾轴，作用如下。

（1）张紧装置可保持输送链条在一定的张紧状态下运行，并消除因链条松弛而使链式输送机在运行时出现跳动、振动和异常噪声等现象。

（2）当输送链条因磨损而伸长时，可通过张紧装置补偿来保持链条的预紧度。张紧装置有重锤张紧与弹簧张紧两种。张紧装置应安装在链式输送机线路中张力最小的部位。

5. 电控装置

对单台链式输送机来说，电控装置的主要功能是控制驱动装置，使链条按要求的规律运行。但对于由输送机组成的自动生产线，如积放式悬挂输送线、带移行器等转向装置的承托式链条输送线，电控装置的功能就要广泛多了。除控制输送机速度之外，电控装置还需完成双（多）机驱动的同步、信号采集、信号传递、故障诊断等使链条输送线满足生产工艺要求的各种功能。

三、链式输送机的种类

根据承载构件的结构形式，链式输送机可分为承托式输送机、刮板式输送机、埋刮板输送机、悬挂式输送机、升降式输送机、曳引小车。

1. 承托式输送机

承托式输送机的整个机组架设在地面上，输送物品放置在输送链条上，并以操作者适应的高度运行，可沿线体进行多工位操作。承托式输送机有链条式和链板（板片）式两种。

最简单的链条式输送机由两根套筒滚子链条组成，如图 4-38 所示。链条由驱动链轮牵引，链条下面有导轨，导轨支撑着链节上的套筒滚子，货物直接压在链条上，并随着链条的运动而向前移动。特殊链条示意图如图 4-39 所示，采用特殊形状的板片制成，可用来安装各种附件，如托板等。

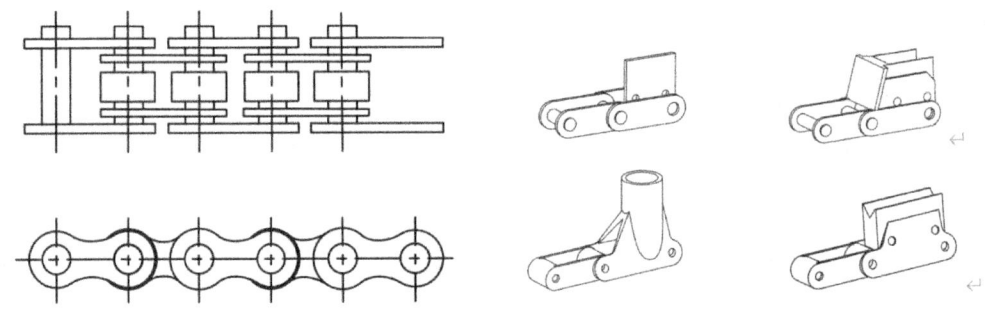

图 4-38 输送链条示意图　　图 4-39 特殊链条示意图

用链条和托板组成的链板式输送机是一种广泛使用的连续输送机。如果链条滚子的支撑力方向垂直于链条的回转平面，那么可以制成水平回转的链板式输送机，如图 4-40 所示。

如果托板铰接在链条上，那么可以侧向倾翻，制成自动分选机，如图 4-41 所示。在需要把货物卸出的地点将托板倾翻，可使货物滑到相应的输送分选溜槽内。

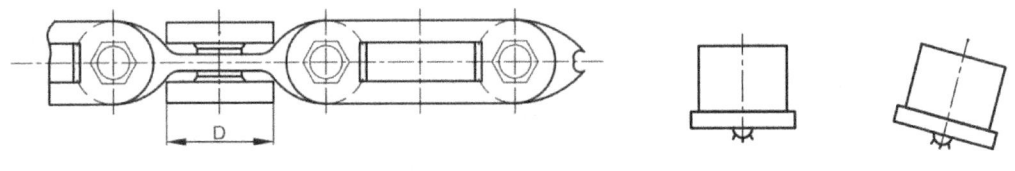

图 4-40 可回转链板示意图　　图 4-41 可侧翻链板

链板式输送机的结构如图 4-42 所示。它与带式输送机相似，主要区别：带式输送机用输送带牵引和承载货物，靠摩擦驱动传递牵引力；链板输送机用链条牵引，用固定在链条上的板片承载货物，靠啮合驱动传递牵引力。

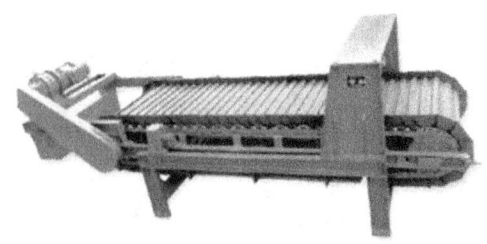

图 4-42 链板式输送机的结构

链板式输送机主要用于部分工厂、仓库或内河港口输送件货。与带式输送机相比，链板式输送机的优点是板片上能承载较重的件货，而且链条挠性好、强度高，可采用较小直径的链轮，以及传递较大的牵引力；缺点是整备质量、磨损、消耗功率都比带式输送机大，而且链板式输送机和其他啮合驱动的输送机或提升机一样，在链条运动过程中会产生动载荷，因此工作速度会受到限制。

2. 刮板式输送机

刮板式输送机是利用相隔一定间距且固定在牵引链条上的刮板，沿敞开的导槽刮运散货的机械，具有较高的自动化程度，被输送的块状、粒状或粉末状物料放置在料槽内，通过输送链条刮送。刮板式输送机的工作分支可采用上分支或下分支：前者供料比较方便，可在任何位置将物料供入敞开的导槽内；后者卸料比较方便，可打开槽底任意一个洞孔的闸门让物料从不同位置流出。当需要向两个方向输送物料时，上下分支可同时作为工作分支，如图4-43所示。

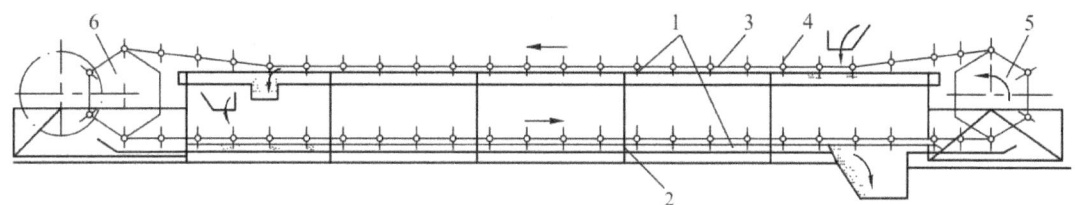

1—导槽；2—机架；3—链条；4—刮板；5—驱动链轮；6—张紧链轮

图 4-43　刮板式输送机

刮板式输送机适合在水平方向或小倾角方向上输送煤炭、砂子、谷物等颗粒状和块状物料。刮板式输送机的优点是结构简单牢固，对被输送物料的块度适应性强，改变输送机的输送长度较方便，可在任何位置装载或卸载物料；缺点是由于物料与料槽、刮板与料槽的摩擦，因此料槽与刮板的磨损较快，输送阻力和功率消耗较大，所以常用于生产率不大的短距离输送，在港口可用于散货堆场或装车作业。

3. 埋刮板输送机

埋刮板输送机是由刮板式输送机发展而来的一种链式输送机，结构如图4-44所示。埋刮板输送机的工作原理与刮板式输送机不同，在其机槽中，物料不是一堆一堆地被各刮板刮运并向前输送的，而是以充满机槽整个断面或大部分断面的连续物料流形式进行输送的。埋刮板输送机工作时，与链条固接的刮板全埋在物料中，刮板链条可沿封闭的机槽运动，也可在水平和垂直方向输送粉粒状物料；物料可由加料口供入机槽，也可在机槽的开口处由运动着的刮板从料堆中取料。因此，埋刮板输送机在港口不仅可用于散发输送，而且常用作散货卸船机。

4. 悬挂式输送机

悬挂式输送机的整个机组是架设在空中的，输送的物品利用吊具与滑架在空间立体范围内运行。悬挂式输送机（见图4-45）是由链条相连的一系列悬挂货箱组成的。悬挂式输送机广泛用于成批大量生产的企业，作为车间内部流水线或车间与车间之间的机械化连续运输设备，用于运输毛坯、半成品和其他包装好的物品。普通的悬挂式输送机可以实现水平运输或垂直运输、转弯等，悬挂在厂房屋架或楼板梁下，节省占地面积。悬挂式输送机可实现较长距离的输送，从几十米到几百米，甚至几千米，速度范围可以从每分钟零点几米到五十多米。悬挂式输送机的功率消耗较低。

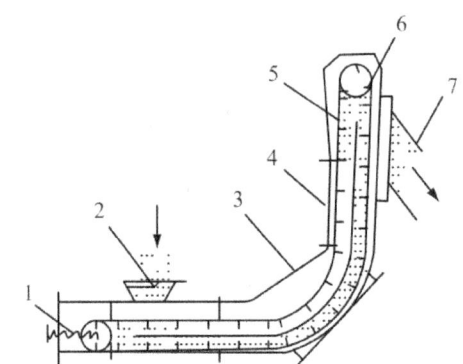

1—张紧装置；2—加料口；3—弯道；4—机壳；5—刮板链条；6—驱动链轮；7—卸料口

图 4-44　埋刮板输送机

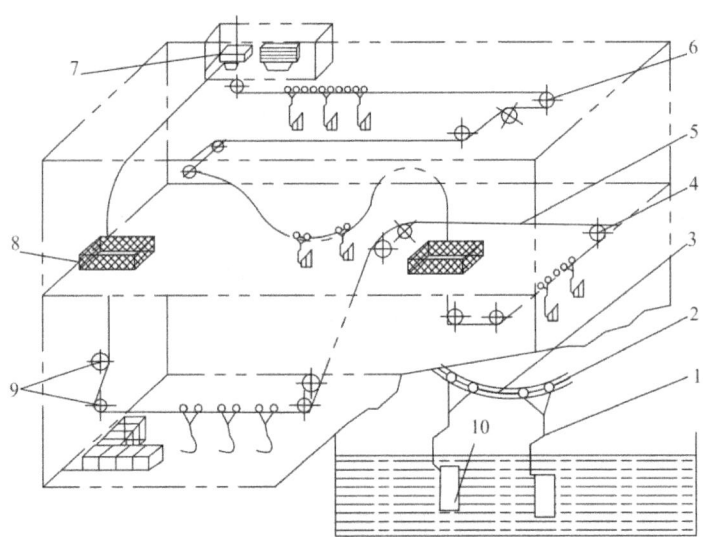

1—吊具；2—滑架；3—牵引构件；4—改向链轮；5—架空轨道；6—张紧装置；
7—驱动装置；8—保护栅栏；9—空中改向轮；10—加工工件

图 4-45　悬挂式输送机

普通的悬挂式输送机一般由牵引链、小车、驱动装置、张紧装置、回转装置、轨道、安全装置等组成。

1）牵引链

牵引链是传递动力的重要构件。组装后的牵引链，节距误差小、易装拆和耐磨；具有良好的双向挠性，便于水平和垂直转向；有多种技术规格可供选择，以适应不同牵引力和不同使用场合的要求。

常用牵引链有可拆链和双铰接链。当载荷较重时，牵引件采用可拆链；当载荷较轻时，牵引件采用双铰接链。双铰接链除传递动力之外，还能吊挂工件，并能在封闭轨内依靠走轮和导轮自动导向。双铰接链一般用于输送质量小于 50kg，且要求垂直弯曲角度大、布线紧凑等场合，因此其在电子、轻工、食品等行业中得到了广泛应用。

2) 小车

小车不仅要承受物件、吊具及牵引链的重力，而且在垂直弯曲段处要承受链条张力，同时保证链条按轨道的线路运行。小车按承载能力及用途分为链支承小车、链负载小车及链重载小车，如图 4-46 所示。国内生产的小车均为无轮缘可分式，链支承小车不能吊挂物件。当两个链负载（或重载）小车之间的距离太大时，要在它们中间增设一个链支承小车，以改善物件在水平回转时的通过性。小车间距 T_c 一般为 6~10 个链片节距。链负载小车用于直接吊挂物件，小车的间距由被输送物件的大小及其在线路上的通过性决定。当吊挂物件超过链负载小车单车允许的荷载时，应选用链重载小车。链重载小车通常是 2 个或 4 个合用，以承受物件的重力，但在两个链重载小车之间要增加均衡梁。

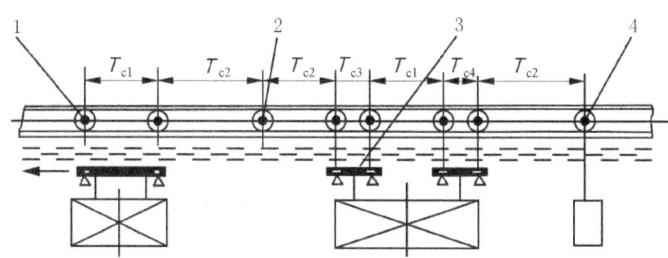

1—链重载小车；2—链支承小车；3—均衡梁；4—链负载小车

图 4-46 小车应用示例

在布置小车时，除考虑满足输送量之外，还要考虑整个线路上荷载的均匀性，即把各类小车间隔开，轻、重物件间隔布置。

小车的间距 T_c 必须是链条节距 p 的偶数倍，即

$$T_c = ip$$

式中，i——自然偶数（2、4、6…）；

p——链条节距，单位为 mm。

小车允许的工作环境温度为 -20℃~+200℃，通常采用钙基润滑脂或膨润土润滑脂进行润滑；若小车的工作环境温度超过 200℃，则必须向制造厂商提出特殊订货要求。当输送机要通过酸、碱或其他腐蚀性介质的区段时，应采用防护罩或气幕、水幕，以保护小车、链条及轨道不受腐蚀。

3) 驱动装置

根据牵引链运动速度的特征，驱动装置分为恒速、无级变速和有级变速 3 种。无级变速常采用电磁调速电动机、直径可调的带轮或普通电动机加变频器来实现；有级变速一般采用更换带轮的大小或多速电动机来实现。

驱动装置按其结构形式分为角驱动（或称为链轮驱动）及直线驱动（或称为履带驱动）两种。对于一台输送机，按其驱动装置的数量又可分为单机驱动和多机驱动。

4) 张紧装置

张紧装置的作用是保证链条有一定的张紧度，以补偿因磨损、温度变化而引起的伸缩。

张紧装置应设置在张力较小的线路上,一般设置在驱动装置绕出点的前方。张紧装置按其张紧机构分为螺杆式、弹簧-螺杆式、重锤式(杠杆或滑轮组)及气动-液压式。

5)回转装置

在通用型悬挂式输送机中,回转装置是输送链进行水平转向的部件,分为光轮回转和滚子组回转两种。

6)轨道

轨道是一个封闭的空间回路,既是牵引链的导向构件,又是工件的承载构件。通用型输送机常采用工字钢轨,封闭轨型输送机则采用异形封闭型钢,材料为 16Mn 或普通碳素钢。轨道由直轨、水平转向轨、上拱和下挠弯轨、伸缩接头等组成。

7)安全装置

在上下坡段,为防止因链条突然断裂而产生严重事故,应装设捕捉器,将速滑的小车挡住,并通过行程开关将电源切断。当输送机架空通过人行道或生产区上方时,必须设置安全网。

5. 升降式输送机

在现代化大生产中,物流系统已从平面布局向三维立体化布局发展。不同高度或不同空间层的输送线之间的物料传送主要靠升降式输送机,又称为垂直升降机。垂直升降机在输送链上配置有众多的料斗、托盘或托架,主要用来在垂直方向提升物料。对于多层仓库内件货和托盘货物的垂直运输,可采用与辊子输送机和承托式链式输送机相配合的垂直升降机,如图 4-47 所示。

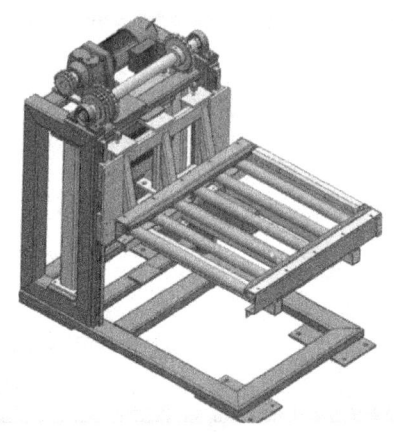

图 4-47 多层辊子输送机间的垂直升降机

在提升过程中,载货台保持水平;在回程过程中,载货台由水平位置变成垂直位置;在回程结束时,载货台又恢复到水平位置,从而减少垂直升降机的占地面积。垂直升降机根据进货口和出货口的不同分为"S"形和"C"形(见图 4-48)。"S"形垂直升降机的进货口与出货口在不同方向,而"C"形垂直升降机的进货口与出货口在同一方向。"C"形垂直升降机的出货口和载货台的回程交叉,容易发生事故,而"S"形垂直升降机的出货口作业不受载货台回程的影响。

垂直升降机工作时,每一个载货台载运一件货物。为保证货物准确送到载货台上的规定位置,且不发生跌落危险,一般在垂直升降机入口处的前端装有光电传感器和限位开关进行自动控制。垂直升降机的工作能力除与提升速度有关之外，还取决于载货台的长度和提升货物的高度。垂直升降机的提升速度大多在 1 m/s 之内，每小时能运送 3000 件货物。除上述介绍的几种机型之外，还有秋千式垂直升降机和念珠式垂直升降机，如图 4-49 和图 4-50 所示。采用秋千式垂直升降机不仅可以解决垂直运输问题，而且可以解决水平运输问题；采用念珠式垂直升降机可以解决圆桶状货物的垂直提升问题。

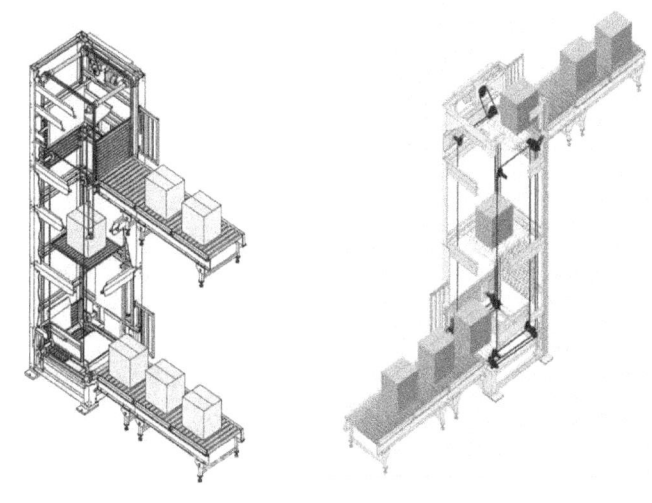

图 4-48 "C"形和"S"形垂直升降机

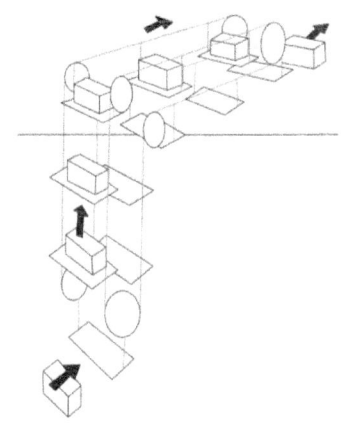
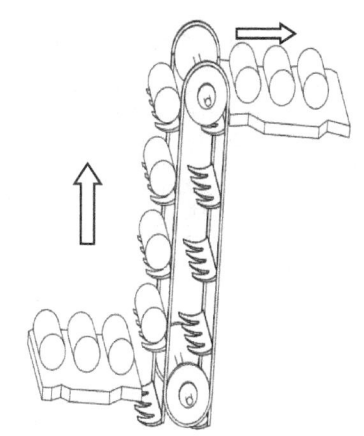

图 4-49 秋千式垂直升降机　　　　图 4-50 念珠式垂直升降机

6. 曳引小车

曳引小车（见图 4-51）是现代无人搬运车系统的原型，也是工厂或仓库用来输送货物的连续输送设备。曳引小车具有闭合的地链轨道，以及输送机的基本结构部分：牵引链、驱动装置、回转装置、张紧装置、道岔、停止器、传感器及各种保护装置。曳引小车前部的销杆可方便地脱离和插入牵引链的引导装置中，然后通过埋在地沟槽中的输送链驱动小车。曳引小车的特点是维持其运行所需的人力较少，不占用地面以上的空间，同时与牵引链没有固定连接，因此灵活性大；缺点是地沟槽的防污措施难以解决，必须同时启动整个系统，而不能单独启动其中的一条运输线路；对地面的平整度要求较高。一般来说，链条的节距大约为100mm，高度为75mm，宽度为55mm，破断拉力约为12.7kN。

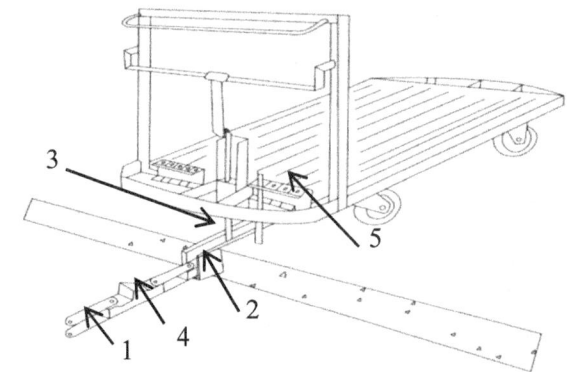

1—输送链；2—导向槽；3—金属棒；4—引导装置；5—路径选择开关触发器

图 4-51　曳引小车系统

图 4-51 所示的是曳引小车的传统形式，根据需要，曳引小车也可采用如图 4-52 所示的形式，图中的标记 f 指的是链条的引导装置。

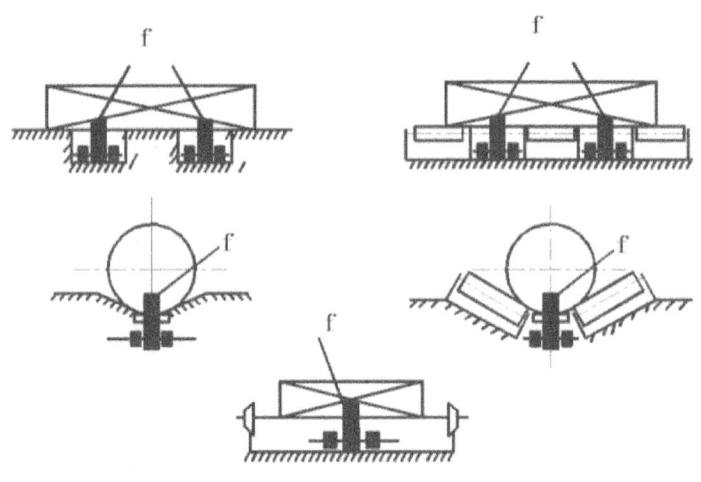

图 4-52　曳引小车的其他形式

曳引小车在道岔上的路径选择可通过插在曳引小车前部两侧的销杆（地址器）触发地面上的路径选择开关（见图 4-53）来完成认址，然后启动道岔上链条的驱动装置，使曳引小车进入道岔停车。销杆插在曳引小车上的位置与预设的路径选择开关的位置一致。在曳引小车卸货之后，可用人力将其拖到干道再继续运行。如果曳引系统中有很多曳引小车，那么可在销杆上打上条码，由计算机识别后，再将曳引小车导入不同的道岔停车。该系统中曳引小车的运行速度与该系统中有无路径选择密切相关。当系统中无路径选择要求时，曳引小车的运行速度为 45 m/min；当系统中有路径选择要求时，曳引小车的运行速度为 30 m/min。曳引小车的路径规划图如图 4-54 所示。

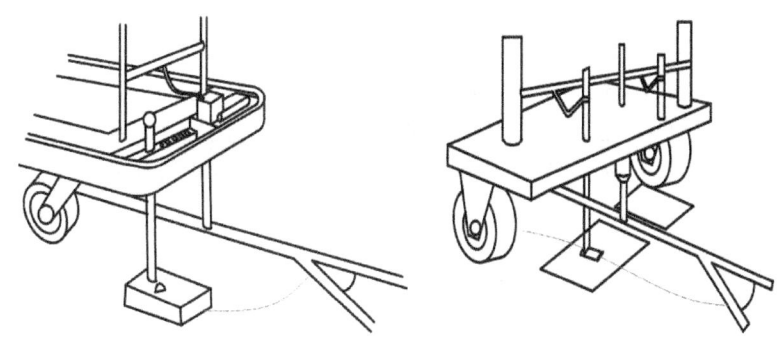

图 4-53 曳引小车的路径选择开关

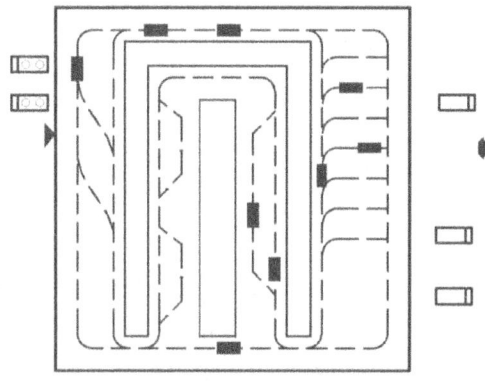

图 4-54 曳引小车的路径规划图

四、承托式输送机

承托式输送机（见图 4-55）主要用于地面输送，货物的重量由链条承托后传给机架。承托式输送机可用于输送单元负载货物，如栈板、塑料箱，也可利用承载托板（装配线上称为工位板）输送其他形状物。根据输送链条添装附件的变化，承托式输送机可产生非常多的不同应用形式（滑动式、推杆式、滚动式、推板式、推块式……），而其在物流中的使用以滑动式及滚动式为主。

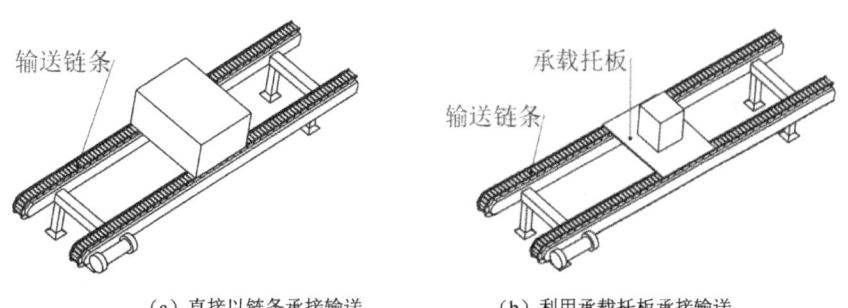

（a）直接以链条承接输送　　（b）利用承载托板承接输送

图 4-55 承托式输送机

1. 滑动式输送机

滑动式输送机直接以链条承载货物（见图4-56），且链条两边的板片直接在支承轨道上滑行。由于链条在承载货物重量后会与滑行轨道产生较大的摩擦阻力，因此滑行轨道必须使用低摩擦系数且耐磨的材料。滑动式输送机适用于较轻的荷重及较短距离的输送。滑动式输送机的输送链条构造简单、维护容易、成本低廉，但噪声大，动力损耗高且不耐较重的荷重，故已逐渐被滚动式输送机取代。

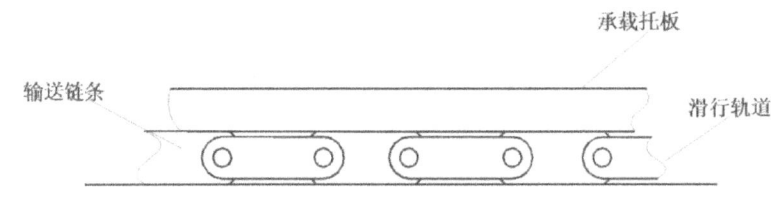

图4-56 滑动式输送机输送方式

2. 滚动式输送机

滚动式输送机又分为拖链输送机和差速链输送机。

1）拖链输送机

（1）强制拖链输送机。强制拖链输送机在输送货物或承载物时，靠链条侧板上的突出件带着运动。链条驱动的承载物与链条间无相对运动，二者同速。强制拖链输送机是地面输送的一种形式，多用于车间内部。热处理车间的拖链输送机如图4-57所示，图4-57的右边是拖链输送机的驱动及张紧装置。

图4-57 热处理车间的拖链输送机

（2）积放式拖链输送机。积放式拖链输送机是在承载链条侧板的突起件上再加装一较高的承载滚子来承载货物，在链条带动下，滚子在轨道上滚动滑行（见图4-58），货物则通过承载托板压在承载滚子上。由于积放式拖链输送机的下滚子与轨道是滚动接触的，摩擦阻力小，因此动力损耗低且可承载较重的荷重。积放式拖链输送机荷重能力与支架强度、链条大小及滚子尺寸、材质均有关，而滚子一般为钢制，但有些场合为了降低噪声，采用耐磨的工程塑料。

积放式拖链输送机在正常输送时，承载滚子与承载托板间的静摩擦力带动承载托板和链条同速运动；在一般输送情况下，货物在承载托板上，承载托板与承载滚子间因荷重产生摩擦力而随链条向前输送。积放式拖链输送机在输送堆积时（如前方停止器升起），承载托板停止，承载滚子与承载托板间产生相对滚动，承载托板与承载滚子间产生打滑现象，造成承载滚子空转，链条继续向前移动，如此便可实现区段积放，而无须停止输送机。

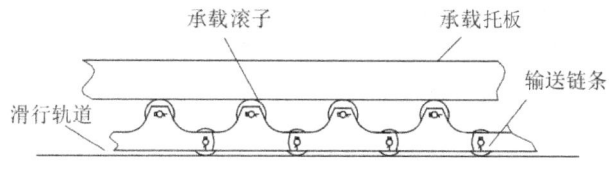

图 4-58　积放式拖链输送方式

2）差速链输送机

与积放式拖链输送机相比，差速链输送机（见图 4-59）在结构上取消了链条侧板的凸起部及承载滚子，而把滑行滚子的直径加大，输送时，物件放在承载托板上，承载托板直接放在链条带动的滚轮（滑行滚子）上。差速链输送机在正常输送时，滚轮既随链条一同平移，又有向前进方向的自转。在静摩擦力作用下，承载托板与滚轮接触点处无相对滑移，因此承载托板的速度是链条速度的两倍。差速链输送机在输送堆积时（如前方停止器升起），承载托板停止，滚子与承载托板间产生相对滚动，链条可继续向前移动。与积放式拖链输送机一样，差速链输送机也可按停止器的指令实现区段积放，而无须停止输送机。

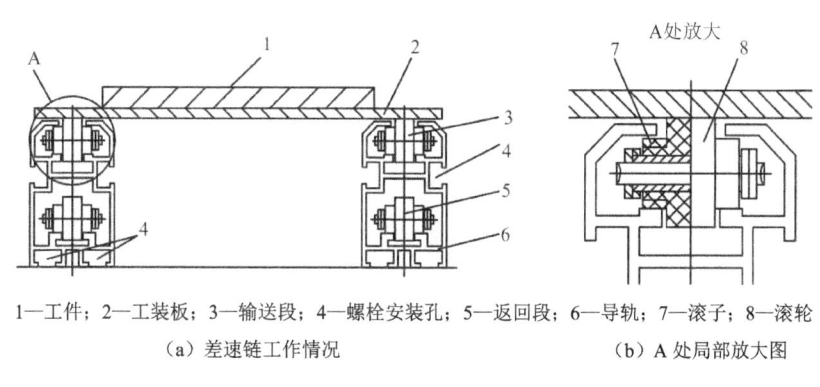

1—工件；2—工装板；3—输送段；4—螺栓安装孔；5—返回段；6—导轨；7—滚子；8—滚轮
（a）差速链工作情况　　　　　（b）A 处局部放大图

图 4-59　差速链输送机

差速链输送机在输送时，被驱动的工件与链条间有相对运动，二者不同速。通常工件的速度是链条速度的两倍。差速链输送机多用于计算机和电器生产线。积放式拖链输送机和差速链输送机都称为地面积放式链条输送机。地面积放式链条输送机的特点：连续式运转，链条必须有轨道支承；除输送方形规则物之外，其他货品必须以承载托板输送；以承载托板输送时，必须加装承载托板的回收装置；输送速度慢，一般输送速度小于 0.5m/s。

五、埋刮板输送机

埋刮板输送机主要由封闭断面的机槽（机壳）、刮板链条、驱动装置及张紧装置等组成。机槽分为两个部分：一部分为工作分支；另一部分为非工作分支，通常采用矩形断面。机槽的头部设有驱动链轮，由电动机和传动装置带动；机槽的尾部设有张紧链轮和螺旋式张紧装置。机槽还开有加料口和卸料口。刮板链条既是牵引构件,又是承载构件,通常由不同形式的刮板和链条焊接而成。链条可用套筒滚子链或叉形片式链,如图 4-60 所示。

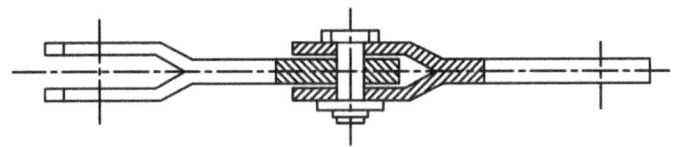

图 4-60 叉形片式链

叉型片式链的特殊形式关节可以防止物料颗粒进入链条板片中。刮板的形状有很多,根据其形状可分为"T"、"U"、"O"、"H"和"L"形等,其中"U"形刮板使用最普遍。各种形状的刮板如图 4-61 所示。

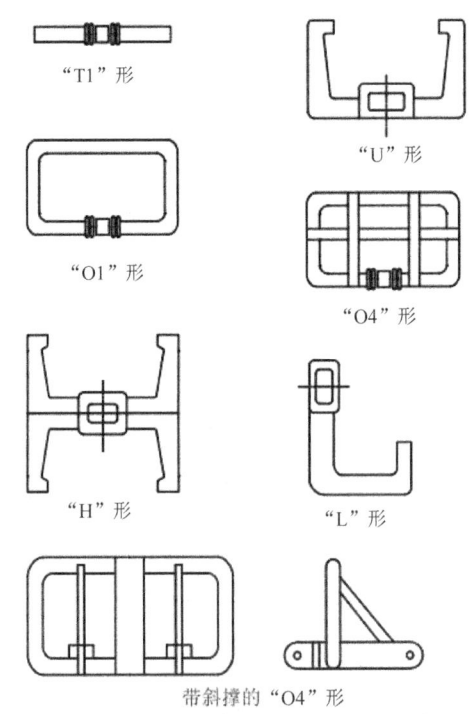

图 4-61 各种形状的刮板

"U"形刮板可用于水平、倾斜和垂直方向输送,而"T"形、"L"形刮板适用于水平方向输送。在选用刮板输送一般物料时,可选用结构简单的刮板。黏性物料一般也选用形状简单的刮板,以便减少物料在刮板上的黏附,同时便于卸料和清扫。物料的悬浮性及流动性越大、机槽越大,选用的刮板的结构形式越复杂(如"H"形和"O"形);在大机槽中,当输送大容重物料时,为增加刮板的刚性,可采用带斜撑的"O4"形刮板。"U"形刮板有外向和内向两种布局方式,如图 4-62 所示。外向刮板链条较为平稳,有利于卸料,但输送机头部和尾部尺寸较大。

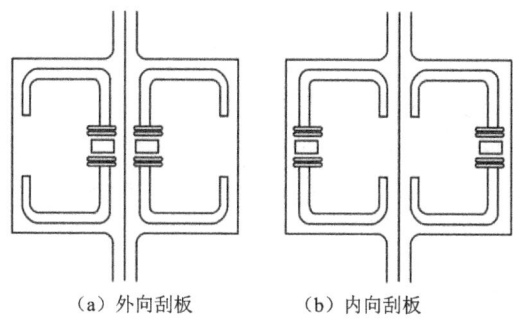

(a) 外向刮板　　(b) 内向刮板

图 4-62 "U"形刮板布局形式

1. 工作原理

料层受力图如图 4-63 所示。刮板以上的料层受到内摩擦力和外摩擦力的作用，内摩擦力带动物料层运动，其值为

$$F_0 = f_0 B h a \gamma \quad (4\text{-}6)$$

式中，f_0——物料内摩擦系数；
　　　B——机槽宽度，单位为 m；
　　　h——料层高度，单位为 m；
　　　a——刮板间距，单位为 m；
　　　γ——物料容重，单位为 N/m³。

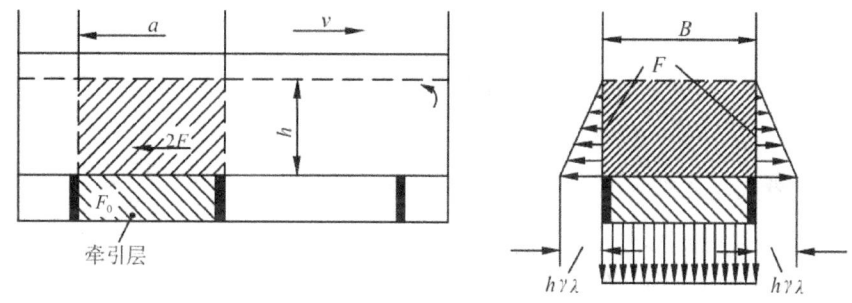

图 4-63 料层受力图

外摩擦力指物料与机槽之间的摩擦力，它阻碍物料运动，其值为

$$F = f a h^2 \gamma \lambda \quad (4\text{-}7)$$

式中，f——物料对机槽的外摩擦因数；
　　　λ——物料的侧压系数，与内摩擦角 ρ 有关。

若要料层运动，则必须满足 $F_0 \geqslant F$，即

$$f_0 B h a \gamma \geqslant f a h^2 \gamma \lambda \quad (4\text{-}8)$$

$$h \leqslant \frac{f_0}{f \lambda} \cdot B \quad (4\text{-}9)$$

由于 $f_0/f\lambda$ 仅取决于机槽和被运物料的性质，因此对于一定的物料和机槽，不论向机槽中供入多少物料，它都只能运送高度为 $B f_0/f\lambda$ 的物料层。利用水平刮板的这一特点，可以将其作

为散粒物料的定量器。

在垂直输送时机槽内的物料不仅受到刮板向上的推力和下部不断供入的物料对上部物料的支撑作用，而且物料的侧压力会引起运动物料对周围的物料产生向上的内摩擦力。此外，物料还有起拱的特性，有利于随刮板运动。当以上作用能够克服物料与槽壁间的外摩擦力及物料自身的重力作用时，物料形成连续整体的料流，并随刮板链条向上输送。由于刮板链条在运动中有振动，料拱会时而破坏时而形成，因此物料在输送过程中相对链条滞后，影响生产率。

2. 应用

埋刮板输送机的构造简单、体积小、质量较轻、密封性好，在输送易扬尘的物料时，可防止环境污染。埋刮板输送机的输送线路布置灵活，安装维修比较方便，可多点加料、多点卸料；它的机槽具有足够的刚度，一般不必另加支架；当用于港口卸船时，可采用吊装式垂直输送的结构。

埋刮板输送机的缺点是链条埋在物料层中，工作条件恶劣，因此磨损严重，机槽也易磨损，而且不宜输送黏性、磨磋性很大和易结块的、怕碎的物料。此外，埋刮板输送机的输送速度和生产率较低，且功率消耗较大。

通用型埋刮板输送机可用于化工、冶金等领域，如输送线路为水平或小倾角倾斜的 MS 型；垂直或大倾角倾斜的 MC 型；从水平到垂直再转到水平的 MZ 型等，均为小型产品，机槽宽度为 160～400mm，容积生产率为 11～124 m^3/h。

六、悬挂式输送机

目前，悬挂式输送机多达上百种。根据输送物件的方法，悬挂式输送机可分为牵引式悬挂输送机和推式悬挂输送机两大类。

1. 牵引式悬挂输送机

牵引式悬挂输送机为单层轨道，牵引构件直接与承载吊具相连并牵引其运行。常见的牵引式悬挂输送机有通用型悬挂输送机和轻型悬挂输送机两种形式。

1）通用型悬挂输送机

通用型悬挂输送机（或称为普通悬挂输送机）采用工字钢轨道截面，其牵引构件由冲压易拆链或模锻易拆链和滑架组成，承载吊具与牵引链上的滑架直接相连。通用型悬挂输送机的结构如图 4-64 所示。

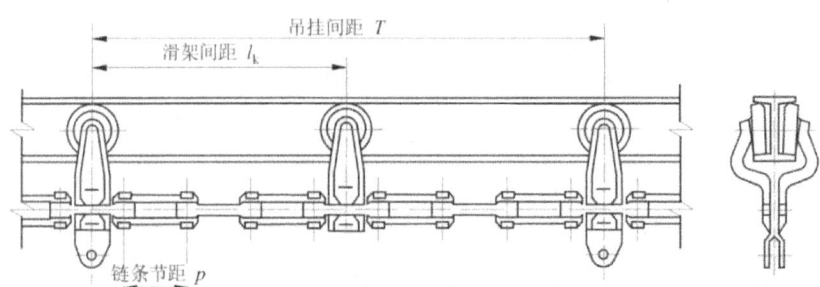

图 4-64 通用型悬挂输送机的结构

2）轻型悬挂输送机

轻型悬挂输送机（或称为封闭轨悬挂输送机）采用封闭轨轨道截面，其牵引构件为双向均带有滚轮的双铰接链，承载吊具通过各种形式的吊杆与双铰接链连接。轻型悬挂输送机的结构如图4-65所示。

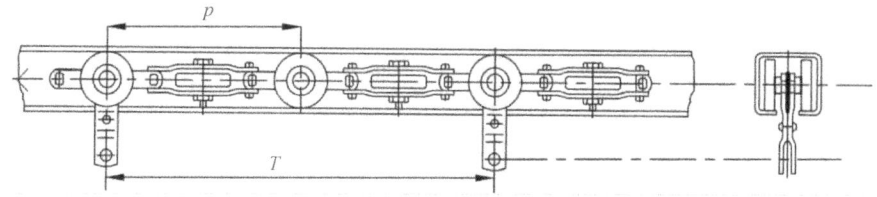

图4-65　轻型悬挂输送机的结构

除以上两种牵引式悬挂输送机之外，钢丝绳悬挂输送机（见图4-66）因其结构简单、造价低廉，目前尚有厂家生产。

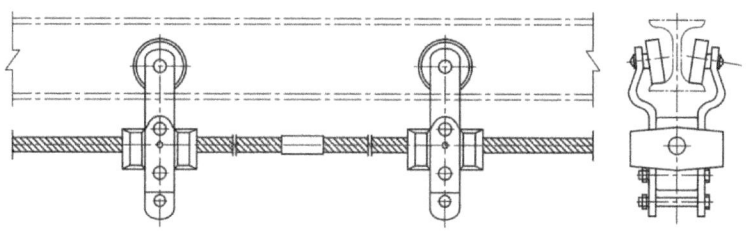

图4-66　钢丝绳悬挂输送机的结构

3）优缺点

牵引式悬挂输送机的优点如下。

（1）牵引式悬挂输送机主要用于衔接工序繁多、生产节拍紧凑、工艺方法相对稳定的生产过程。

（2）牵引式悬挂输送机具有良好的空间性，能在水平面和垂直面内任意回转；根据工艺流程需要经过合理的布线设计，可以穿越几米乃至几十米的楼房，线路长度为1500～2000m，从而将单一的、独立的专业化生产环节配套成线，并将工件按预定的路线运往指定工位，达到搬运物件和生产的目的。

（3）牵引式悬挂输送机的适应性强，可使物件连续不断地运经高温烘道、有害气体区、酸洗磷化池、电泳槽、喷漆室、结冻间等，完成人工难以完成的高难作业任务，从而改善工人的劳动条件。

（4）牵引式悬挂输送机的布局对地面设备和工艺操作影响甚小，同时由于其本身就是一个"活动仓库"，因此可取消各工位间的储存场地，从而提高生产作业面积的经济合理性。

（5）自动生产线采用，不仅可以提高生产效率、保证产品质量、缩短生产周期、减少劳动人员，而且可以强化企业管理水平。

（6）牵引式悬挂输送机的调速范围广，为0.3～25m/min，并可以根据需要实现无级调速和间歇运行，以及双线的同步运行。

（7）牵引式悬挂输送机的运送成品物件的范围广，运载物最大重量可达 2000kg，物件长度为 4～5m。

（8）牵引式悬挂输送机的适用于较大的工作温度范围，整机环境温度为-20℃～+45℃，牵引构件和轨道的工作温度为-20℃～+180℃。

（9）牵引式悬挂输送机的动力消耗小（单位牵引力为 150～300N/t），维护费用低，便于管理，使用安全。

牵引式悬挂输送机的缺点是较难实现装卸过程自动化。连续运行的输送机系统的装卸工作必须在线路上进行，轻便的物件可以由人工装卸，较重的物件可以由专用的机械手或专用的装卸设备进行装卸。

2．推式悬挂输送机

推式悬挂输送机为双层轨道，上层牵引轨道上的牵引构件并不与下层承载轨道上携带承载吊具的承载小车相连，而是由牵引构件上的推杆或四轮推钩推动承载小车运行。具有积放功能的推式悬挂输送机称为积放式悬挂输送机。

1）积放功能

通用型积放式悬挂输送机采用工字钢和双槽钢轨道截面，其牵引构件由模锻易拆链、滑架和推杆组成，承载吊具与具有积放功能的承载小车铰接。通用型积放式悬挂输送机的结构如图 4-67 所示。

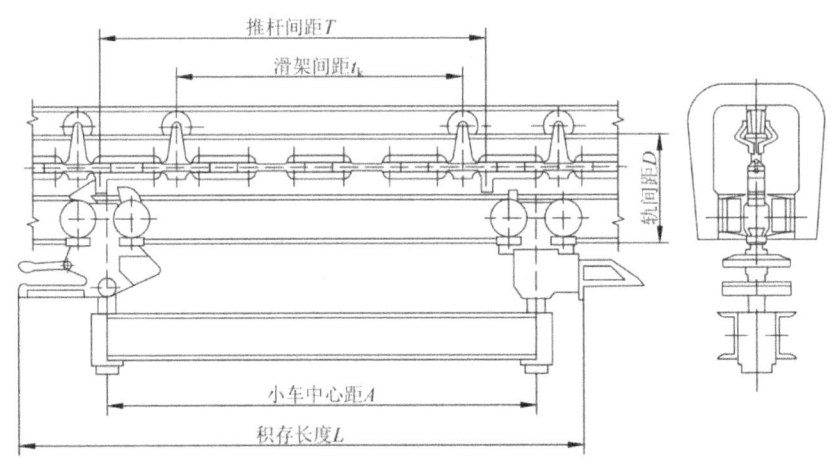

图 4-67　通用型积放式悬挂输送机的结构

通用型积放式悬挂输送机的牵引链在运行时，牵引链推杆与前小车的升降爪啮合，推动承载小车沿承载轨道运行。当某一辆承载小车运行到停止器处时，常闭式停止器的停止板将升降爪压下，使承载小车因脱离与牵引链推杆的啮合而停止。当后面的第二辆承载小车到来时，其前小车上的前铲沿着前面承载小车的尾板斜面被逐渐抬起，并借助杠杆的作用迫使第二辆承载小车的升降爪落下，第二辆承载小车因脱离与牵引链推杆的啮合而随之停止。这样，后续来的承载小车便一辆接一辆地积存起来了（见图 4-68）。

当停止器按指令打开时，停止板缩回，前小车上的升降爪因前铲的重力杠杆作用而抬起,牵引链推杆与升降爪啮合并将第一辆承载小车带走。由于前面的承载小车的尾板离去,后面第二辆承载小车的前铲落下,因此升降爪抬起与牵引链推杆啮合,从而将第二辆承载小车带走。这样,处于积存状态的承载小车便一辆接一辆地被释放,然后重新进入运行状态(见图4-69)。

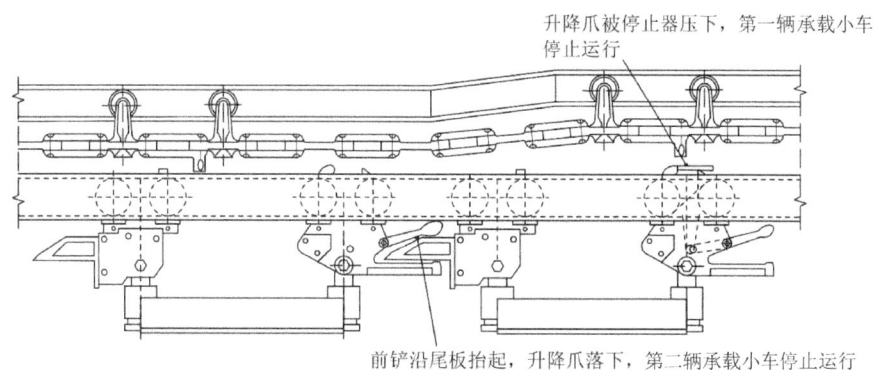

图4-68　承载小车的积存

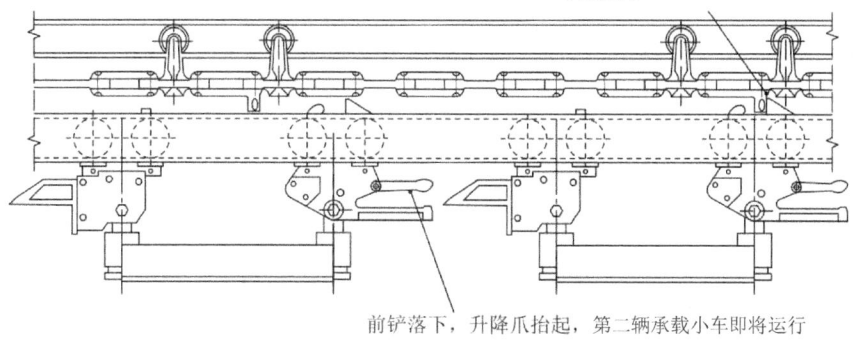

图4-69　承载小车的释放

2)优点

积放式悬挂输送机除具备通用型悬挂输送机的优点之外,还具备以下优点。

(1)承载小车可以根据需要在线路上的任何位置随时自动停止,并能按指令随时启动和投入运行。也就是说,承载小车可以随机地进行积存和释放。

(2)当线路上有一辆承载小车停止时,后续来的承载小车会依次自动停止,并逐一积存。

(3)承载小车积存时为密集型停靠,这大大缩短了输送线路的积存距离,提高了线路的有效利用率。

(4)生产工位前均可设置小车储存段,不仅使输送机系统生产具有弹性缓冲作用,而且可预测生产中的问题,发现生产中的薄弱环节,从而自动地进行补偿和调整。

(5)道岔传递采用了科学的抬压轨方式或侧推方式,有效地避免了小车换轨时可能出现的侧向干涉和前后干涉。

(6)承载小车的运行速度快(0.3~18m/min),系统中运行的承载小车数量少、牵引力小,输送机动力消耗小。

（7）先进的系统设计理论，没有主副线和主副推杆之分，可以很方便地实现区域性布线和快慢链传递。

（8）电气控制采用抗干扰性强的可编程控制器（PLC），其容量大、编程方便、控制可靠、寿命长、易扩展。

（9）寄送系统采用磁编码或条形码，自动化程度高、带址数量大。

（10）输送机系统不仅可以连续输送，而且具有自动认址、自动寄送、转线、停止、定位、分拣、统计、积存、升降、装卸、推进、旋转等功能。

第五章

有轨输送车

与连续式物流输送装备沿给定线路连续输送散粒物料或成件物品不同,物流输送车在输送物料时具有更加灵活的运行路线。根据驱动方式、控制方式和导引方式的差异,物流输送车大致可分为有人操纵的人工输送车、轨道导向的有轨输送车(Rail Guided Vehicle,RGV)和无人驾驶的自动导引车(Automated Guided Vehicle,AGV)。本章在介绍有轨输送车基本概念的基础上,重点讲解了电动单轨车(Electric Mono-rail System,EMS)、有轨巷道式堆垛机和有轨穿梭车的基本原理、组成结构和控制方法。

第一节 概　　述

有轨输送车是带有固定承载平台的轨道运输车辆。通过有轨输送车,可实现一条(或多条)输送线与多条输送线的连接,并完成货物分流和分拣工作。有轨输送车是非连续分流装置的重要组成部分。有轨输送车多安装在货架仓库中货物出入库台的前面,其将入库货物送到各巷道一端的出入库台或从各出入库台接收货物并送到出库口。有轨输送车的行走速度可达 2.0m/s,承载能力可达 2000kg。

有轨输送车由轨道、车身、驱动装置、控制装置和助卸装置组成,可通过双轨或单轨运行,如图 5-1 所示。通过有轨输送车的转轨装置(见图 5-2),其不需要转动车体,便可方便地完成转轨工作,或者由转向装置(见图 5-2),通过行走轮的转动,实现弯道行驶。有轨输送车运行时需要的能源和控制信息均可通过轨道来传送。助卸装置可通过辊子式输送机、链式输送机或可伸缩的带式输送机完成货物的移载工作。采用有轨输送车进行分流和分拣的缺点是,其必须在轨道上运行,因此会对安装场所的交通造成妨碍。

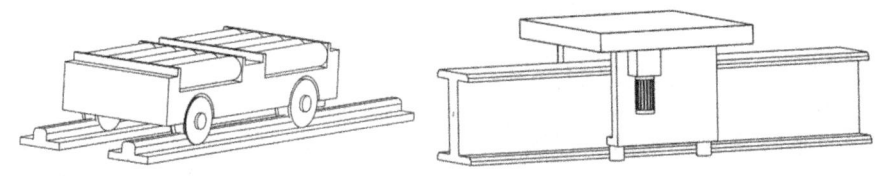

图 5-1　有轨输送车的组成

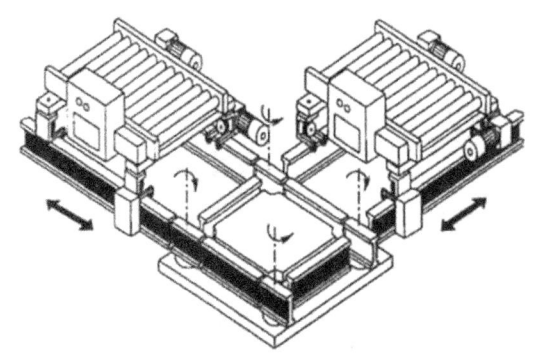
图 5-2　有轨输送车的转轨装置

图 5-3　有轨输送车的转向装置

第二节　电动单轨车

一、概述

电动单轨车又称为电轨小车，其形似于电动葫芦和积放式悬挂输送机，在功能上介于两者之间，是一种新型的全自动物料储运系统。电动单轨车系统由电动自行小车、轨道和滑触线构成，较复杂的系统还可以有道岔或升降机。电动自行小车的运行和升降都是通过集电装置和安装在轨道上的滑线，完全由预先设定的自动控制系统进行操纵的。轨道的形式多种多样，既有类似于电动葫芦轨道的特制工字钢，也有类似于积放式悬挂输送机轨道的双槽钢。由于电动单轨车具有机动性、可靠性、安装简便性、技术先进性等特点，因此在汽车生产线上得到了广泛应用，如图 5-4 所示。

图 5.4　电动单轨车

电动单轨车的功能特点如下。

（1）分散驱动。动力由集中驱动变为每个输送单元（小车）的分别驱动。

（2）动作控制。控制系统可以对每个物料输送单元进行实时控制；运料小车可以根据需要在工位进行升降、行走、摇摆等各种动作。

（3）立体输送。既可实现空间位移、水平位移，又可实现不同高度的位移输送。

（4）立体网络物料线路。由轨道、平移道岔、转盘、升降机组合，可以形成一个物料输送的立体交叉网络。

(5) 地面小车、悬挂小车可倒置安装，作为地面生产线的电动自行小车使用。

(6) 积木式组装。电动自行小车的轨道、道岔等功能系统是成熟部件，控制方法也是成熟方法，可以任意组合，减少了设计、加工、安装的工作量，并且投产周期短。

(7) 多种控制方式。采用集中控制、分散控制或集散控制方式，载物车按设定程序工作，设定工位地址停车、定点工作、固定寻址；适用于涂装线、装配线、电镀线。

(8) 随机物料供应系统。工位要车随机提出申请，小车随机编写要车工位特征地址，然后直达要车工位，供货后返回。电动单轨车车具有随机认址、随机写址功能，工位要车可以手动申请或由总控室自动监控各工位物料库存情况，然后自动申请要车，并可与管理计算机联网；适用于烟草、内燃机等行业的部件产品仓储输送线。

(9) 分拣系统。根据承载货物种类的不同，载物车携带不同的特征地址码，地面设立读址站，以确定小车的运送方向和地点；适用于邮电分拣线、内燃机检测线、质量检测线、纺织系统的输送线。

二、组成结构

电动单轨车系统一般采用铝合金硬质轨道型材，轨道上装有滑触线，滑触线包括动力线轨、信号线轨、控制线轨等若干根电线轨。载物车的集电器由线轨供电驱动小车运行及电动葫芦升降。输送线上各工位点处，导电线轨上均设置有断口套，通过计算机控制部分导电线轨的供电或失电来完成工艺动作。全部工艺线路上的各载物车的运行节拍及工位动作均可由指令控制，以达到工艺要求。

1. 载物车

载物车由主载物车、副载物车、承载梁、环链电动葫芦、积放装置等构成。主载物车和副载物车的结构如图 5-5 所示。标准车型由一台主载物车和一台副载物车构成，如图 5-6 所示。工件较长时可采用非标准车型，即由一台主载物车和两台副载物车构成，或者由一台主载物车加多台副载物车构成，如图 5-7 所示。

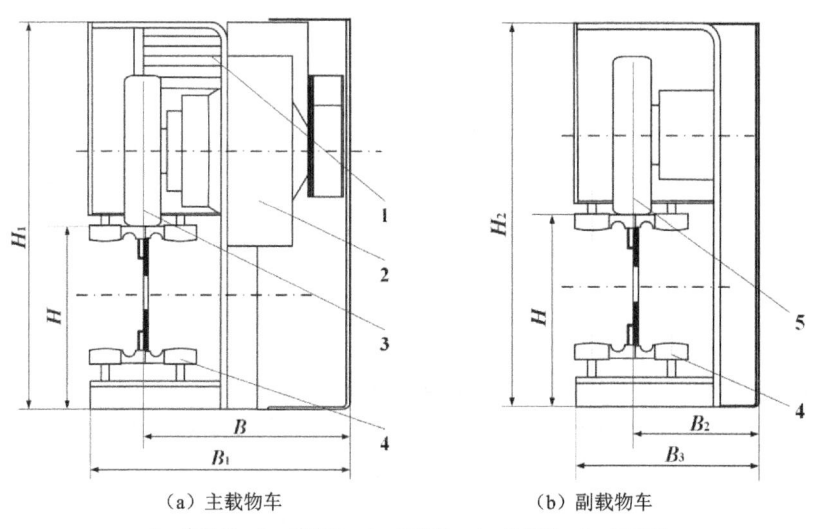

(a) 主载物车　　　(b) 副载物车

1—电动机；2—减速器；3—驱动轮；4—导向轮；5—行走轮

图 5-5　主载物车和副载物车的结构

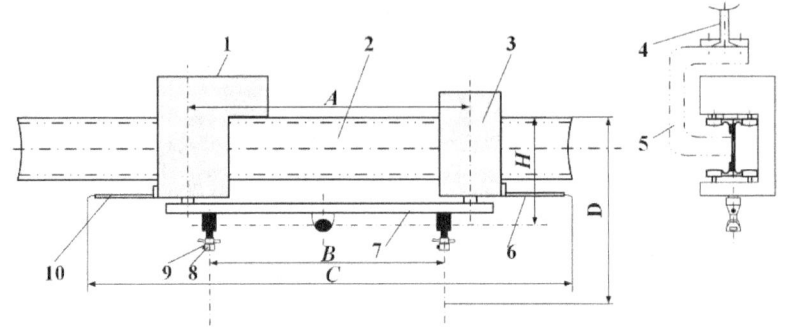

1—主载物车；2—轨道；3—副载物车；4—副梁；5—轨道吊板；6—后积放装置；
7—承载梁；8—环链电动葫芦；9—葫芦限位装置；10—前积放装置

图 5-6 两车组合型

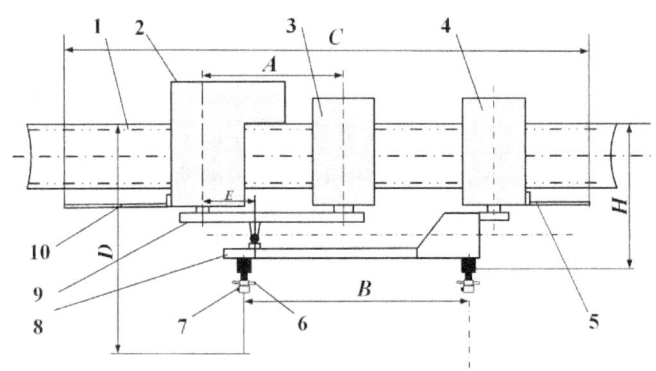

1—轨道；2—主载物车；3—副载物车Ⅰ；4—副载物车Ⅱ；5—后积放装置；6—环链电动葫芦；
7—葫芦限位装置；8—三车型承载梁Ⅱ；9—三车型承载梁Ⅰ；10—前积放装置

图 5-7 三车组合型

2. 轨道

轨道分直轨和弯轨两种，标准直轨的长度为 3.5m，弯轨的弯曲半径有 1000mm、1500mm、2000mm。轨道通过吊板与副梁连接。

3. 道岔

道岔有"V"形和"I"形两种，驱动方式分电动和气动。"V"形道岔按用途可分为合流道岔和分流道岔，同时分为左出、左入和右出、右入，如图 5-8 所示。"I"形道岔的用途是在两条轨道间转移载物车，其具体结构如图 5-9 所示。

4. 升降站

升降站相当于电梯，将载物车从一条输送线升降到另一条输送线。升降站有单立柱式和双立柱门式两种。单立柱式升降站如图 5-10 所示。升降站的升降高度一般为 6m，若升降站的升降高度超过 6m，则其属非标结构，应另行设计。

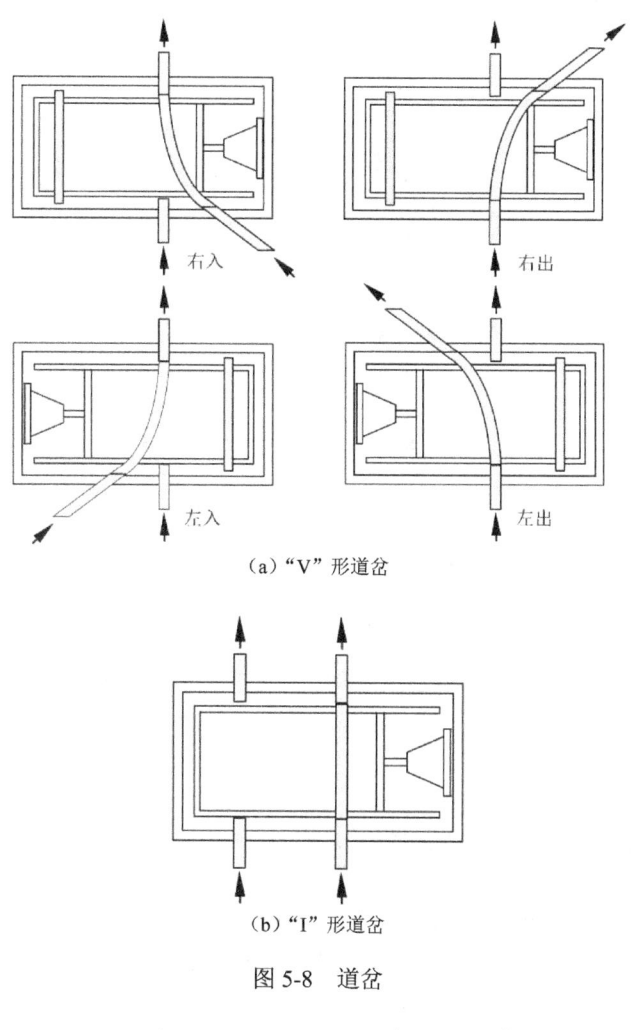

(a) "V"形道岔

(b) "I"形道岔

图 5-8 道岔

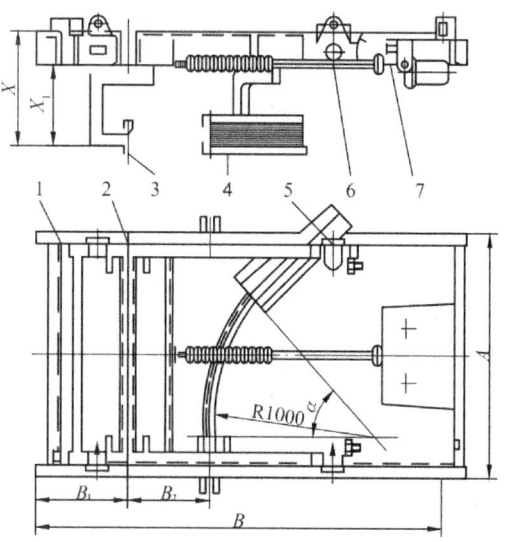

1—固定框架；2—活动框架；3—活动直轨；4—活动弯；5—承载轮；6—导向轮；7—电动推杆

图 5-9 "I"形道岔结构

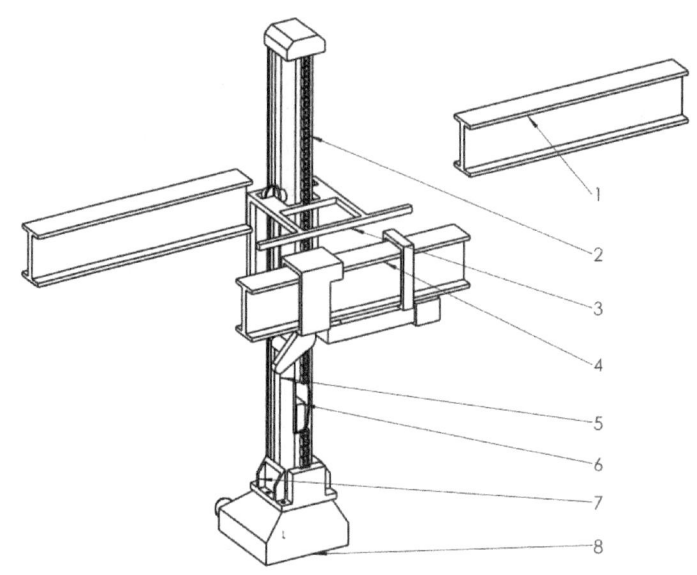

1—固定轨道（带安全停车装置）；2—立柱；3—垂直运动滑车；4—移动轨道；5—滑车轨道；
6—配重；7—滑车超载安全装置；8—滑车驱动传动总成

图 5-10　单立柱式升降站

5．电气控制

（1）电动单轨车电气控制系统的主机采用可编程控制器，可根据不同环境和工艺要求设计硬件和软件，以适应工作要求。目前，电动单轨车多采用西门子生产的行程开关、按钮、交流接触器、继电器、电磁阀及日本立石公司生产的各类传感器。

（2）电动单轨车电气控制系统由中央控制室集中控制。中央控制室设有操纵台、控制柜和显示屏等，能直接控制和监视生产现场。生产现场的各工位设有按钮站，便于就地调整和处理故障，当手动控制时，按钮站可作为工作操纵台。这种控制方式的载物车上不带任何电气元件，因此维护方便，特别适用于油漆涂装线之类的恶劣生产环境。

（3）电动单轨车电气控制系统也可采用分散控制形式。分散控制由总控制台、随车电控箱和地面操作站组成，由可编程控制器实现随车电控箱与地面操作站的有机联系，完成对电气控制系统的自动控制。这种控制形式适应性强、布置灵活、控制系统简单，适用于装配、焊装等生产环境。

（4）电动单轨车电气控制系统可采用供电母线（导电线轨）作为异型截面的滑触导线，其耐磨阻燃性好，安全可靠。供电母线通常为 6~9 芯线，通过程序控制，可实现行走机构和升降机构的变速运动。

（5）电动单轨车电气控制系统可实现彩色工况显示、物件称重计量及打印各类生产报表等辅助功能，以便进行现代生产管理。

6．集电装置和动力滑触线

动力滑触线安装在承载轨上方，相当于积放式悬挂输送机牵引链轨的位置。启、停工位的采用 7 芯滑触线，如图 5-11 所示。其中，3 芯线用于为运行电动机供电，3 芯线为环链电动葫芦电动机的电源，1 芯线为控制电源线。启、停工位的滑触线与运行段滑触线之间断开。

滑触线使用 380V 三相交流电。集电装置安装于前小车上方，为浮动连接，由前小车带动它在滑触线上平稳运行。通过集电装置，可从滑触线获得电控箱的动力电源和控制电源。

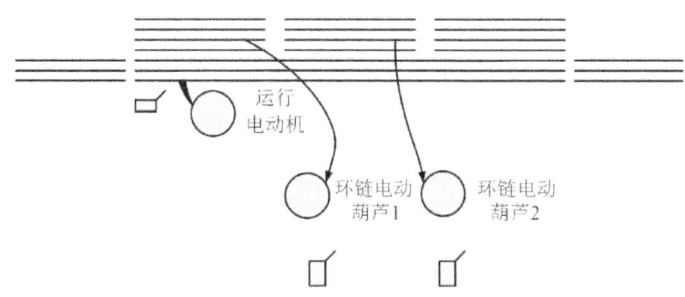

图 5-11　启、停工位的 7 芯滑触线

三、系统设计

1. 应用范围和选型

1）应用范围

电动单轨车具有电动葫芦和积放式悬挂输送机的一些特点，但由于电动单轨车独有的特点，因此其应用范围与两者有所不同，一般适用于以下情况。

（1）电动单轨车与电动葫芦的共同点是适用于点到点之间的运送；不同点是电动单轨车能实现自动控制和集中控制，因此适用于高生产率的输送。

（2）电动单轨车与积放式悬挂输送机的相同之处是，它们都是机电一体化的现代技术物流输送系统，是集仓储、运输、装卸、工艺操作四大物流环节为一体的柔性生产系统；但电动单轨车更适用于有频繁升降要求的工艺操作区域，并且有准确的停止和定位功能；积放式悬挂输送机只适合在水平轨道上运行，当要求其在高差轨道上运行时，通常用升降机连接。

2）选型

（1）根据载荷质量进行选型。载荷质量包括物料（或工件）和吊具的质量。当载荷质量为 100～1500kg 时，适合选择铝合金压制成型轨道；当载荷质量大于 2000kg 时，适合选择特制的工字钢轨。

（2）根据使用要求，当系统线路简单、小车数量少时，可选择不带升降机的系统；当线路长或复杂、小车数量较多时，可选择带升降机的系统；当线路复杂，对道岔、线路积存和发送有较高要求，或者考虑与已有的积放式悬挂输送机具有相同的维修部件时，可考虑选择双槽钢轨道。

2. 线路布局

根据工艺流程、工作点位置、输送频率要求（或生产节拍要求）及各工位的动作要求和动作时间确定输送线路。一般可按以下几种形式来布置线路。

（1）单程式布局（见图 5-12）：适用于生产率不高的两点式输送，在线路上只允许有 1 台电动单轨车往返工作。

（2）循环式回路布局（见图 5-13）：适用于生产率较高的两点式输送，在线路上可布置 2 台以上的电动单轨车同时循环运行工作。

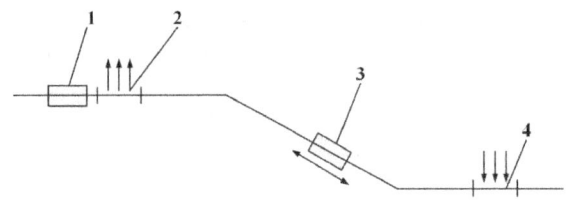

1—备用或检修工位；2—卸料工位；3—电动单轨车；4—装料工位

图 5-12 单程式布局

（3）带有道岔的线路（见图 5-14）：适用于应将工件分类进行作业或储存，以及通过道岔进入检修段的线路。

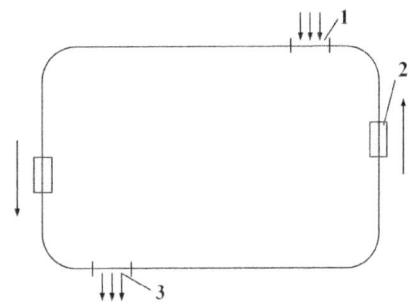 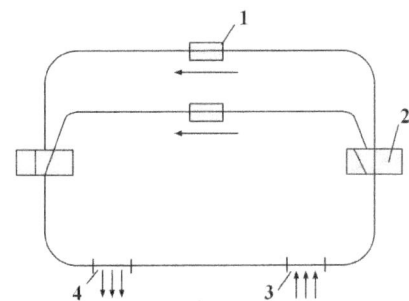

1—装料工位；2—电动单轨车；3—卸料工位　　1—电动单轨车；2—道岔；3—装料工位；4—卸料工位

图 5-13 循环式回路布局　　　　　　　　图 5-14 带有道岔的线路

（4）带有升降机的线路（见图 5-15）：当两个不同标高层的输送线路连成一个系统时，可通过升降机连接。

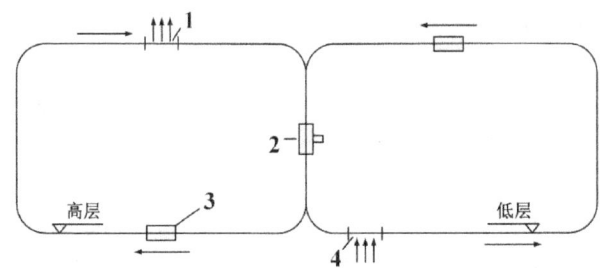

1—卸料工位；2—升降机；3—电动单轨车；4—装料工位

图 5-15 带有升降机的线路

3. 车组及其运行速度的确定

1）车组的确定

车组由一台主载物车和若干台副载物车组合而成。主载物车上带有前进驱动源和集电器，副载物车为从动小车，用于提高载物车的运载能力和构成积放长度。一般最简单的车组必须有一台主载物车和一台副载物车，主、副载物车通过均衡梁连接。根据运载物的纵向长度要求，车组可由一台主载物车和若干台副载物车组成，其组合方式均为拖曳式。

2）车组运行速度的确定

国产载物车的运行速度为 10~30m/min，当有特殊要求时，最高可达 60m/min，最低为 5m/min。通常根据生产节拍、输送行程长短、工位数量、空程路径和工作时间来确定车组的运行速度，其确定原则如下。

（1）当无过高节拍要求、行程少、工位较多时，采用单速，其为常规速度。

（2）当有较高节拍要求、空程（无工位路径）长时，可采用双速或高速。

（3）当要求较高重复定位精度时，可采用双速或低速。

（4）当悬吊物运行惯性较大，且吊具设计无防摆措施时，不宜采用高速。

车组运行速度为

$$v = \frac{l_1 + l_2}{m - \sum_{i=1}^{n} T_i} \tag{5-1}$$

式中，l_1——车组工作运行长度，单位为 m；

l_2——空程返回路径长度，单位为 m；

m——生产节拍，单位为 min；

$\sum_{i=1}^{n} T_i$——各工位工作时间加途经道岔工作时间的总和，单位为 min。

确定的车组运行速度应符合上述原则并大于计算值。如果确定的车组运行速度不能满足计算值，那么应采取多台小车运送。

3）在线小车数量的计算

在线小车数量的计算公式：

$$k = \frac{\sum_{i=1}^{n} T_i + l/v}{m} + (1 \sim 2) \tag{5-2}$$

式中，l——路径全长，单位为 m；

v——车速，单位为 m/min。

4．电气控制系统设计

电气控制系统可以是简单的，也可以是复杂的；可以用小车随行电控箱，也可以用中央控制室或上述两者的结合；可以用继电器、可编程控制器、微型计算机或主计算机，也可以在同一控制系统中采用上述结构的结合体。各种控制都各有特点，具体如下。

（1）继电器控制：维护简单，操作方便，造价低。

（2）可编程控制器控制：维护较简单，结构紧凑，能实现全自动控制，安全可靠。

（3）微型计算机（单板机）控制：使用、维护较复杂，能实现全自动控制。

根据生产率的高低和用户的要求，电气控制系统可进行专门设计。电气控制系统设计的总原则：如果系统中电动单轨车的数量较少，那么尽可能使用小车随行电控箱进行控制；如果系统中有许多电动单轨车，那么应把小车随行电控箱的控制信息减到最低程度，并且尽量把系统集中到中央控制室中进行集中控制。

第三节　有轨巷道式堆垛机

一、概述

1. 堆垛机的发展

早期的堆垛机是在桥式起重机的起重小车上悬挂一个门架（立柱），再利用货叉在立柱上的上下运动及立柱的旋转运动来搬运货物，通常称为桥式堆垛机（见图 5-16）。1960 年左右，美国出现了有轨巷道式堆垛机。这种堆垛机在地面导轨上行走，利用上部导轨防止倾倒；或者在上部导轨上行走，利用地面导轨防止倾倒。后来，随着计算机控制技术和自动化立体仓库的发展，堆垛机的应用越来越广泛，其技术性能越来越好，高度也在不断增加，到目前为止，堆垛机的高度可达 40m。事实上，如果不受仓库建筑和费用的约束，那么堆垛机的高度可以不受限制。

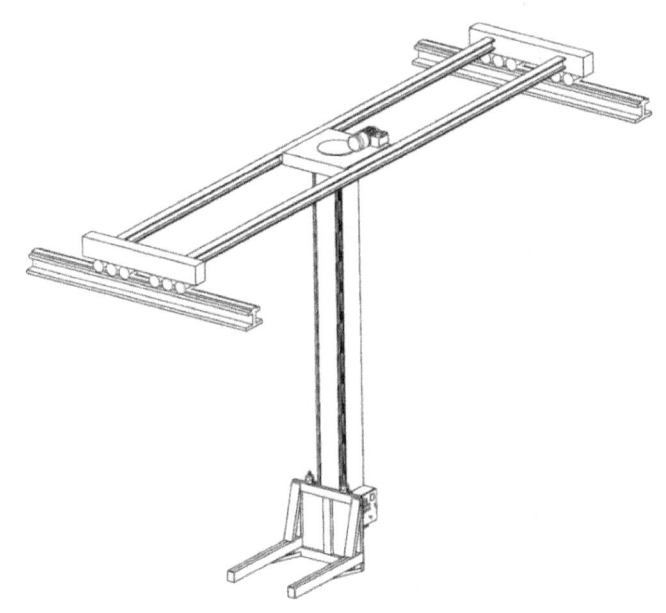

图 5-16　桥式堆垛机

随着自动化立体仓库的发展，有轨巷道式堆垛机逐渐替代了桥式堆垛机，原因如下。

（1）与有轨巷道式堆垛机相比，桥式堆垛机自重很大，必须用比较坚固的建筑结构来支持。

（2）为使桥式堆垛机的大梁通过，仓库顶部与货架之间要有很大的净空。

（3）桥式堆垛机的通道宽度大，作业范围受大梁跨度的限制。

由于桥式堆垛机对一些重、长物料的堆垛可以发挥特长，因此在钢材（盘料、钢带、钢卷、棒材、型钢、管材）仓库里，还多使用这种堆垛机（见图 5-17）。桥式堆垛机可以搬运长达 20m、重达 20t 的货物。

图 5-17 桥式堆垛机在钢材仓库的应用

与无轨巷道式堆垛机（见图 5-18）相比，有轨巷道式堆垛机在结构上有很大不同。有轨巷道式堆垛机采用钢轮在钢轨上运行，而无轨巷道式堆垛机则采用轮胎，因此在轮压不同时会产生不同的变形量；有轨巷道式堆垛机采用立柱，无轨巷道式堆垛机采用多级门架，当门架伸出时，由于门架间的间隙，因此货叉的水平和垂直位移会随门架升降高度的变化而变化。上述种种因素都会对无轨巷道式堆垛机的货叉在垂直和水平方向上的定位精度产生影响。

图 5-18 无轨巷道式堆垛机

2．有轨巷道式堆垛机的特点

有轨巷道式堆垛机的主要用途是在高层货架的巷道内来回运行，将位于巷道口入库台上的货物存入货位或将货位内的货物取出送到巷道口的出库台。有轨巷道式堆垛机的主要特点如下。

（1）整机结构高而窄。由于采用有轨巷道式堆垛机的高架仓库的货架很高，而货架巷道非常狭窄，因此有轨巷道式堆垛机的宽度一般与搬运的单元货物的宽度相等。因此，与叉车、桥式堆垛机相比，有轨巷道式堆垛机可大大提高仓库的容积利用率。

以 5000 托盘位为例，表 5-2 给出了当仓库宽度相同时，叉车、有轨巷道式堆垛机和无轨巷道式堆垛机的仓库规划数据；表 5-3 给出了当仓储容积相同时，与叉车、有轨巷道式堆垛机和桥式堆垛机的设备参数相关的仓库参数；图 5-19 形象地给出了在存储空间相同的情况下，当应用叉车、桥式堆垛机和有轨巷道式堆垛机等 3 种不同的作业设备时，仓库容积利用率的对比。

表 5-2　仓库规划数据

序号	规划数据 (5000 托盘位)	堆垛设备		
		叉车	有轨巷道式堆垛机	无轨巷道式堆垛机
1	巷道宽/m	3.4	1.83	2.62
2	巷道数	4	6	5
3	货架长/m	195	58	117
4	堆码层数	3	7	4
5	堆码高度/m	4.3	10.3	5.8
6	库房高度/m	4.8	11.3	6.4
7	托盘位	5010	5010	5010
8	存储面积/m²	4680	1508	3042

表 5-3　与设备参数有关的仓库参数比较

仓库参数	堆垛设备		
	叉车	桥式堆垛机	有轨巷道式堆垛机
仓储容积/m³	4100	4100	4100
仓储能力比较/%	100	150	265
仓储托盘数	424	636	1120
有效利用的容积/m³	825	1238	2180
容积利用率/%	20	30	53

(a) 叉车

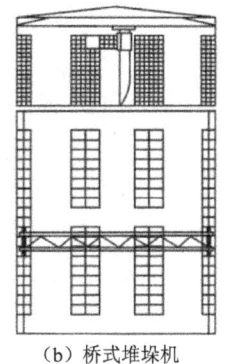
(b) 桥式堆垛机

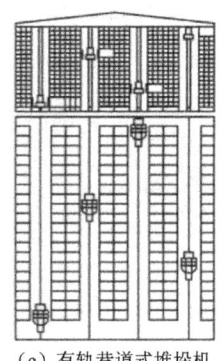
(c) 有轨巷道式堆垛机

图 5-19　不同作业设备对托盘仓库仓储参数的影响

（2）结构的刚度和精度要求高。有轨巷道式堆垛机的金属结构设计除应满足强度要求之外，结构的静刚度、动刚度是一项非常重要的指标。在制动时，机架顶端水平位移一般要求不超过 20mm，结构振动衰减时间要短。载货台在立柱上升降导轨的垂直度误差一般要求小于 3mm。

（3）取物装置复杂。有轨巷道式堆垛机配备特殊的取物装置，常用的有伸缩货叉（见图 5-20）、伸缩平板（见图 5-21）和可对物料箱或特殊形状货物进行作业的机械手；工作时也对两侧货架进行存取货物作业。

（4）有轨巷道式堆垛机的电力拖动系统能满足快速、平稳和准确 3 方面的要求，即有轨巷道式堆垛机的工作速度快，启、制动快，作业周期短；平稳性好，启、制动平稳，可防止货物单元在载货台上发生滑移或装在托盘上的货物发生倒塌，并减少结构的动载荷；具有较高的停车准确性，能保证载货台停在指定的货位，停车精度一般为5～10mm。因此，有轨巷道式堆垛机可用作自动存取仓储系统。

（5）安全要求高，特别是有升降司机室的堆垛机。

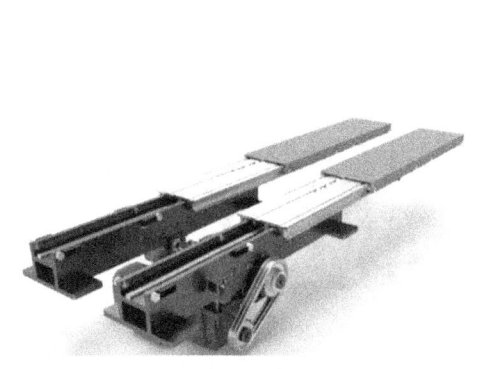

图5-20 伸缩货叉

图5-21 伸缩平板

3. 有轨巷道式堆垛机的类型

有轨巷道式堆垛机可按支承方式、结构形式和作业方式等进行分类。

1）按支承方式分类

有轨巷道式堆垛机按支承方式可分为悬挂式堆垛机和地面支承式堆垛机。

（1）悬挂式堆垛机。悬挂式堆垛机悬挂在巷道上方的轨道下翼缘上，运行机构安装在堆垛机门架的上部，在地面上也铺设有导轨，使门架下部的导轮以一定的间隙夹持在导轨的两侧，从而防止堆垛机在运行时产生摆动和倾斜。悬挂式堆垛机的载货台（包括伸缩货叉、司机室）沿门架上下升降的动作是由安装在门架上部的升降装置来实现的。另外，悬挂式堆垛机的集电装置也安装在门架的上部，通过电缆将电力输入到司机室电气控制系统中。

悬挂式堆垛机的优点：在设计门架（金属结构）时，可不考虑横向的弯曲强度；钢结构自重较轻；加、减速时的惯性和摆动小；稳定静止所需的时间短。悬挂式堆垛机的缺点：运行、升降等驱动机构安装在堆垛机的上部，因此保养、检查与修理必须在高空中进行，既不方便又不安全，而且仓库的屋顶或货架要承担堆垛机的全部移动荷重，增加了屋顶结构和货架的重量。

（2）地面支承式堆垛机。地面支承式堆垛机的运行轨道铺设在地面上，其用下部的车轮进行支承和驱动，上部导轮用来防止堆垛机倾倒或摆动，在遥控时可兼作信号电缆吊架的导轨。与悬挂式堆垛机相比，地面支承式堆垛机的金属结构的立柱主要考虑轨道平面内的弯曲强度，因此需要加大立柱在行走方向截面的惯性矩；由于驱动装置均装在下横梁上，因此容易保养维修；用于自动控制的传感器等也可安装在地面上，因此使用方便。

2）按结构形式分类

有轨巷道式堆垛机按其结构形式可分为单立柱堆垛机（见图5-22）和双立柱堆垛机（见图5-23）。

（1）单立柱堆垛机（见图5-24）的金属结构由一根立柱和下横梁组成。单立柱堆垛机的自重轻，但刚性较差，一般用在起重量为2t以下、堆码高度为15～25m的仓库。单立柱堆垛机的行走速度最高可达 160m/min，载货台的升降速度最高可达 60m/min，货叉伸缩速度最高可达 48m/min。

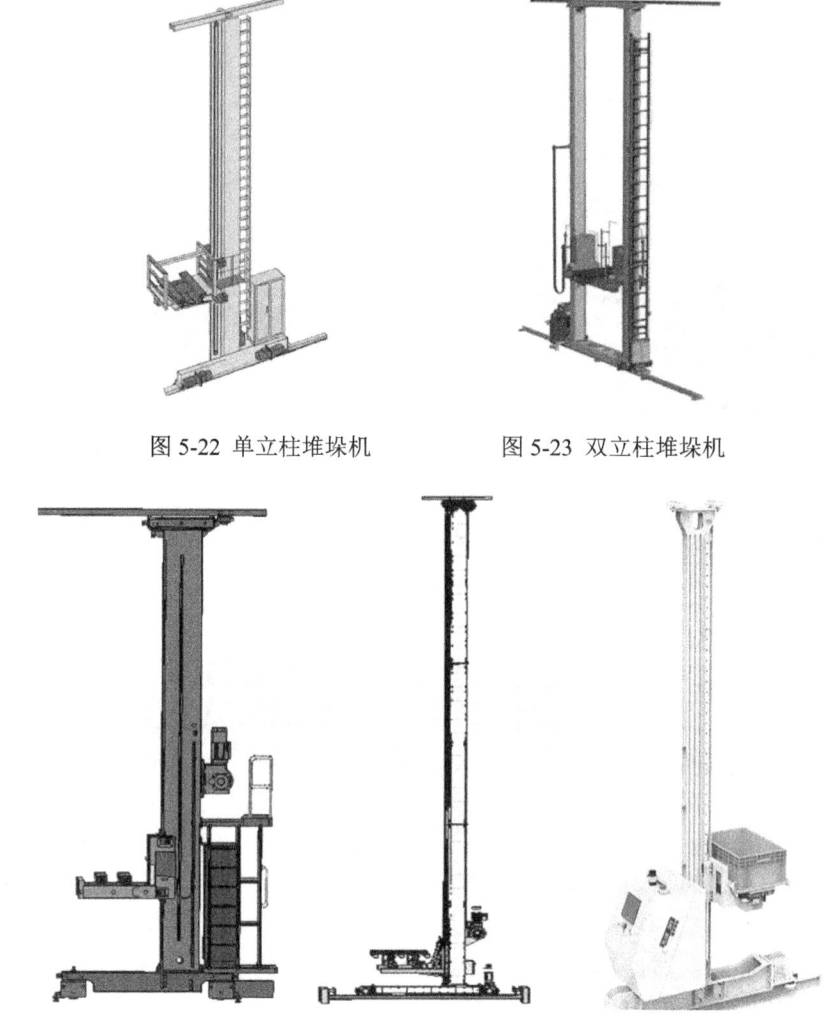

图 5-22 单立柱堆垛机　　图 5-23 双立柱堆垛机

图 5-24 各种形式的单立柱堆垛机

（2）双立柱堆垛机的金属结构由两根立柱和上下横梁组成，如图 5-25 所示。双立柱堆垛机的刚性好、运行速度快，同时能快速启、制动，但其自重较大，起重量可达 5t，适用于各种起升高度的仓库，也能用于长、大件货物的作业。

3）按作业方式分类

有轨巷道式堆垛机按作业方式可分为单元式堆垛机、拣选式堆垛机和拣选-单元混合式堆垛机。

（1）单元式堆垛机是对托盘（或货箱）单元进行出入库作业的堆垛机。

（2）拣选式堆垛机是由操作人员向（或从）货格内的托盘（或货箱）中存入（或取出）少量货物，并进行出入库作业的堆垛机。这种堆垛机的特点是没有货叉。

（3）拣选-单元混合式堆垛机是具有单元式与拣选式堆垛机综合功能的堆垛机，其载货台上既有货叉装置，又有司机室，可满足两种作业方式的要求。

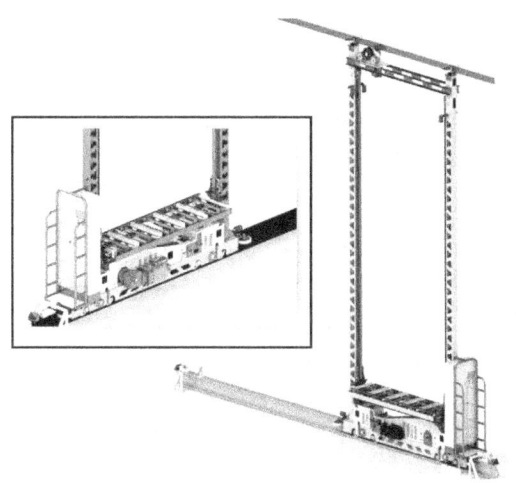

图 5-25 双立柱堆垛机

4．有轨巷道式堆垛机的性能参数

有轨巷道式堆垛机的性能参数包括起重量和载荷参数、尺寸参数、速度参数、工作性能参数和工作级别等。

1）起重量和载荷参数

(1) 额定起重量 G_n 是有轨巷道式堆垛机的主要性能参数，是有轨巷道式堆垛机允许起升的货物和托盘（或货箱）的质量的总和。

(2) 总起重量 G_t 是被起升的货物、托盘（或货箱）、货叉、司机室、载货台、固定在载货台上的属具（包括动滑轮组、起重钢丝绳及其他零部件）及人的质量的总和。

(3) 有轨巷道式堆垛机总重量 G_o 是堆垛机各部分质量的总和（包括机上电源装置、信号传输装置、控制柜、平衡重块和润滑剂）。

(4) 有轨巷道式堆垛机设计重量 G_k 是整机总质量减去润滑剂的质量。

(5) 轮压 P_0 是一个车轮传递到轨道或地面上的最大垂直载荷，按工况不同，分为工作轮压和非工作轮压。

2）速度参数

有轨巷道式堆垛机的速度参数主要有水平运行速度、升降速度和货叉伸缩速度。

有轨巷道式堆垛机的水平运行速度一般为三级变速，正常运行时用高速，接近目的地前切换成中速，到位前再切换成低速，然后用制动器停止。一般来讲，有轨巷道式堆垛机的水平运行速度和加、减速度越大，其作业周期越短。但随着水平运行速度和加、减速度的增大，有轨巷道式堆垛机的结构部分承受的动负荷会显著增加，同时驱动装置的投资也会增加，所以水平运行速度和加、减速度的提高受到一定的限制。当有轨巷道式堆垛机的结构高度很大时，过大的加、减速度引起立柱的横向振动，使定位时间增加；过大的加、减速度还容易使货物倒塌，因此其水平运行速度一般为 80m/min 左右。在国外，有些堆垛机的水平运行速度为 120m/min，最高可达 180m/min。载人的有轨巷道式堆垛机的加、减速度一般为 0.3~0.5m/s²；要求货物不散落（或箱式托盘货物等）的有轨巷道式堆垛机，其加、减速度应为 1m/s² 以下。为保证停车精度小于或等于±5mm，应设置一挡慢速，即爬行速度，一般为 4~6m/min，爬行行程因堆垛机总重量的不同而不同，为 0.3~0.6m。对于自动控制的有轨巷道式堆垛机，为了在近距离运行时（如小于 6 个货格的距离）缩短慢速爬行时间，在工作速度和慢速之间还应加一挡中速。

有轨巷道式堆垛机升降机构的升降速度一般为 15~25m/min，最高可达 45m/min，但不管选取多大的升降速度，都应备有一挡慢速，一般为 3~5m/min。升降机构的定位精度小于或等于±3mm，能使升降机构平稳准确地停在规定位置，以便存取货物。

根据平均单作业周期与速度的关系，在货架尺寸确定后，可用以下式子来确定各种速度。

（1）最优水平运行速度的确定：

$$V_x \approx 0.5\sqrt{L \cdot a_x} \tag{5-3}$$

式中，V_x——堆垛机的水平运行速度，单位为 m/s；

a_x——堆垛机的行走加、减速度，单位为 m/s²；

L——堆垛机工作货架的长度，单位为 m。

如果选用的水平运行速度超过这个数值，那么作业周期要缩短；如果选用的运行速度明显小于这个数值，那么作业周期要大大增加。当 $L=60$m 时，若 $a_x=0.5$m/s²，则最优行走速度 $V_x \approx 160$m/min。

（2）最优升降速度的确定：

$$V_y \approx \frac{H}{L} \cdot V_x \tag{5-4}$$

式中，V_y——堆垛机升降机构的升降速度，单位为 m/s；

H——堆垛机工作货架高度，单位为 m。

（3）最优货叉伸缩速度的确定：

$$V_Z \approx 0.5\sqrt{B \cdot a_Z} \tag{5-5}$$

式中，V_Z——货叉的伸缩速度，单位为 m/s；

a_Z——货架伸缩的加、减速度，单位为 m/s²；

B——货架宽度，单位为 m。

二、系统组成

有轨巷道式堆垛机由升降机构、运行机构、载货台及取物装置、机架等构成，如图 5-26 所示。

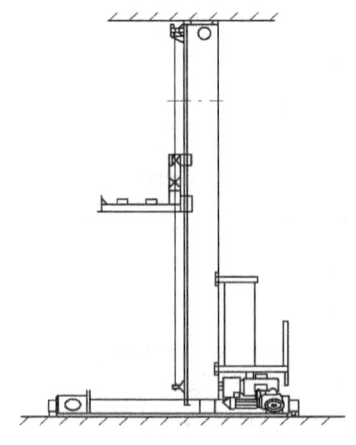

图 5-26　单立柱有轨巷道式堆垛机

1. 升降机构

升降机构（见图 5-27）是使载货台垂直运动的机构，一般由电动机、制动器、减速机、滚筒或滚轮，以及柔性件组成。常用的柔性件有钢丝绳和起重链两种。除一般的齿轮减速机之外，由于需要比较大的减速比，因此升降机构采用蜗轮蜗杆减速机和行星减速机的也不少。起重链传动装置多数装在上部，常配有平衡重块，以减小提升功率。为了使起升降机构结构紧凑，常使用带制动器的电机。

2. 运行机构

运行机构是有轨巷道式堆垛机水平运行的驱动装置，一般由电动机、联轴器、制动器、减速箱和行走车轮组成。按所在位置的不同，运行机构可分为地面运行式、上部运行式、中间运行式。其中，地面运行式运行机构的使用最广泛。地面运行式运行机构一般有两个或四个车轮，沿敷设在地面上的单轨运行。在有轨巷道式堆垛机的顶部有两组水平轮，沿着固定在屋架下弦上的轨道导向。如果有轨巷道式堆垛机车轮与金属结构通过垂直小轴铰接，那么有轨巷道式堆垛机可以走弯道，从一个巷道转移到另一个巷道，上部运行的有轨巷道式堆垛机悬挂在巷道上方的工字钢下翼缘上运行，下部同样有水平轨导向。行走轮有带轮缘和无轮缘两种，当堆垛机货叉作业时，带轮缘的车轮会对车轮产生啃轨力。因此，为防止啃轨现象，多采用无轮缘车轮，并在下横梁底部安装侧面导向轮，如图 5-28 所示。

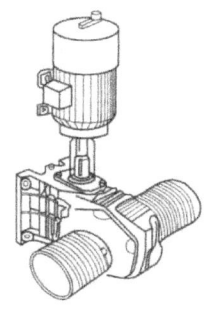
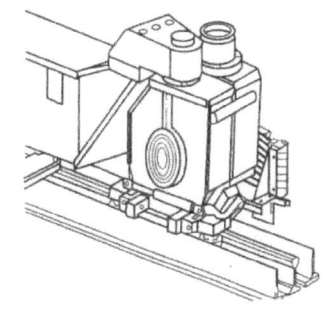

图 5-27　升降机构　　　　　5-28　运行机构

3. 载货台及取物装置

载货台由支承取物装置的水平结构和安装升降导轮的垂直吊架组成，其通过钢丝绳或链条与升降机构连接，并沿立柱导轨上下运动。载货台上装有取物装置、断绳安全装置、升降动滑轮、升降定滑轮、认址装置及探测器等。有司机室的堆垛机，其司机室一般装在载货台上，并随载货台进行升降。对于只需要拣选货物的拣选式堆垛机，载货台上不设取物装置，仅在平台上放置盛货容器并配备方便容器移动的滚珠平台或辊子平台等。平台的形式较多，如图 5-29 所示。

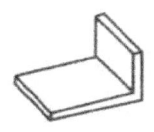 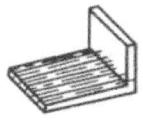  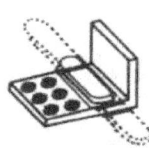 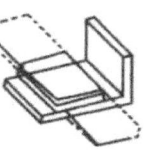 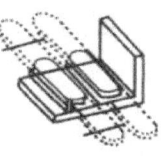

（a）普通平台　　（b）辊子平台　　（c）滚珠平台　　（d）复合平台　　（e）货叉平台　　（f）宽度可调货叉平台

图 5-29　平台的形式

1）伸缩货叉

伸缩货叉是堆垛机存取货物的执行机构，其装设在堆垛机载货台上。货叉可以横向伸缩，以便向两侧货格送入（或取出）货物。根据叉子的数量，货叉可分为单叉货叉、双叉货叉和多叉货叉，常见的是前两种，多叉货叉常用于特长货物的堆垛。

一般采用三级直线差动式伸缩货叉，其由上叉、中叉、下叉（固定叉）及起导向作用的滚针轴承等组成，可以减少巷道的宽度，使巷道具有足够的伸缩行程。伸缩货叉的工作原理如图 5-30 所示，包括伸叉、微起升（或微下降）、收叉 3 个动作。货叉伸出（或收回）时，其速度为双挡变速。货叉的伸缩速度一般为 15m/min 以下，最高可达 30m/min，在伸缩速度超过 10m/min 时，需配备慢速挡，以便在启动和制动时用。伸缩货叉的结构形式主要有两种：齿轮-齿条方式和链轮-链条方式，如图 5-31 所示。下叉安装在载货台上，中叉可在齿轮-齿条或链轮-链条的驱动下，从下叉的中点向左或向右移动大约自身长度的一半，上叉可从中叉的中点向左或向右伸出比自身长度的一半稍长的长度；上叉由两根滚子链或钢丝绳驱动，链条或钢丝绳的一端固定在下叉或载货台上，另一端固定在上叉上。

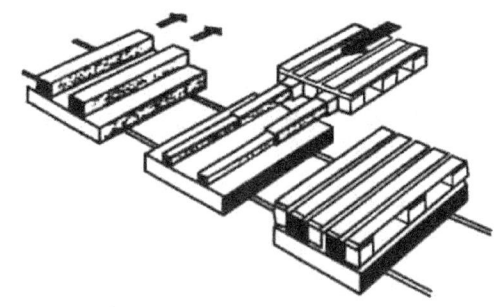

图 5-30 伸缩货叉的工作原理

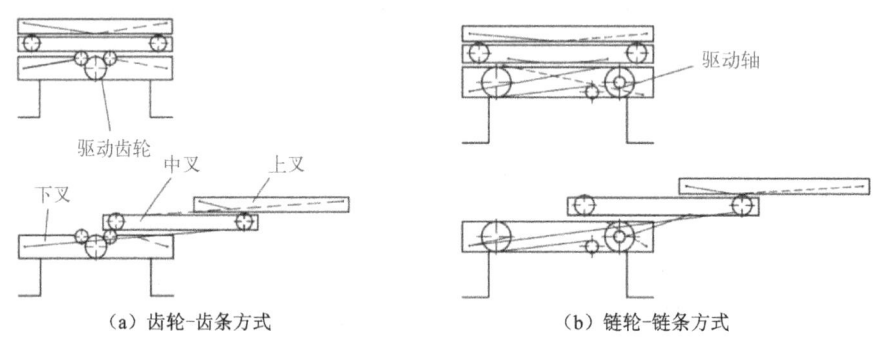

（a）齿轮-齿条方式 （b）链轮-链条方式

图 5-31 伸缩货叉的结构形式

伸缩货叉的工作原理基本相同，都是由电动机通过限力矩联轴器、减速机、链轮和链条带动货叉传动齿轮或链轮使上叉或中叉进行伸缩运动的。限力矩联轴器可防止货叉伸出时发生卡住或遇障碍物而损坏电动机。

伸缩货叉的强度和刚度计算是设计时要考虑的关键问题。图 5-32 和图 5-33 分别给出了伸缩货叉的结构简图和受力计算简图。根据材料力学的相关理论，可以容易地完成这些计算或校核。设计计算伸缩货叉的基本步骤如下。

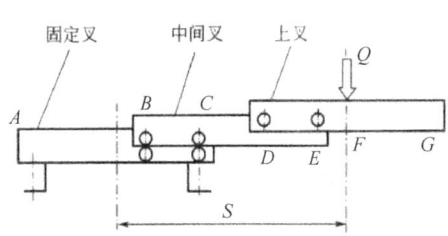
图 5-32 伸缩货叉的结构简图

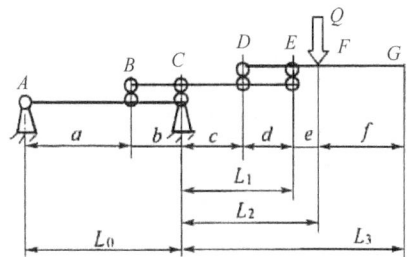
图 5-33 伸缩货叉受力计算简图

（1）根据工作环境和条件，确定伸缩货叉的基本尺寸参数、结构形式和受力情况。

（2）按许用强度条件确定伸缩货叉各部分截面尺寸和材料性能。

（3）计算伸缩货叉在工作极限位置的叉端挠度。如果挠度不能满足应用要求，那么应调整设计参数，并从第（2）步开始继续计算，直至满足设计要求为止。

2）取货机械手

伸缩货叉一般用于以标准托盘存取的集装化单元货物和货物体积、重量较大的场合。当存取周转箱和形状特殊的货物时，可使用可换装的直角坐标型机械手，通过夹持、吸盘和顶升推拉等方式存取货物，如图 5-34 和图 5-35 所示。取货机械手一般安装在载货台上，其通过视频传感器或条码阅读器进行货物识别和定位。

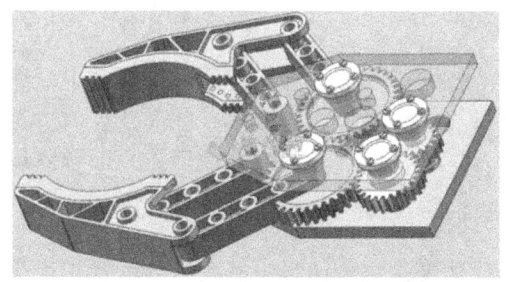
图 5-34 夹持式机械手

图 5-35 吸盘式机械手

4．机架

机架由立柱和上下横梁连接而成，是堆垛机的承载构件。机架有单立柱和双立柱两大类。

单立柱结构的机架只有一根立柱和一根下横梁，其重量较轻，制造工时和消耗材料少，而且在堆垛机运行时，司机的视野比双立柱结构的机架好，但其刚度较差，一般适用于高度不高、荷重较轻的堆垛机。

双立柱结构的机架由两根立柱和上下横梁组成一个长方形框架，其强度和刚性都比较好，适用于起重量较大或起升高度较高的堆垛机。

立柱是载货台垂直升降的支承构件，在立柱两侧装有导轨，可使载货台沿导轨上下运行；立柱上还装有上下极限位置开关、上下自动认址装置和传感器等。

上横梁通常由工字钢、型钢或钢板焊接而成。横梁两侧装有定滑轮，升降机构的钢丝绳通过定滑轮与载货台上的动滑轮连接。

下横梁装有行走驱动装置、主从动车轮和认址装置，电气控制柜一般也固定在下横梁上。在下横梁的两端还装有缓冲器，可防止有轨巷道式堆垛机在巷道两端因失控而产生很大的碰撞力。

三、安全保护装置与措施

由于有轨巷道式堆垛机是在又高又窄的巷道内快速运行的，因此对它的安全必须特别重视。除一般起重机常备的安全保护装置与措施（如各机构的终端限位保护及电动机过热和过电流保护、控制电路的零位保护等）之外，还应结合实际需要增加以下保护措施。

1. 运行保护

（1）在水平运行和升降方向距终端开关一定距离处设强迫减速开关，以确保及时减速。

（2）伸缩货叉只有在堆垛机运行机构和升降机构不工作时才能启动。反过来，如果伸缩货叉已离开中央位置，那么堆垛机运行机构便不能启动，而升降机构只能以慢速工作。

2. 钢丝绳过载和松弛保护

升降机构的钢丝绳过载装置是控制堆垛机载货台受载情况的保护装置，其作用是当载货台承受载荷超过最大或最小允许值时，通过钢丝绳的拉力大小，调节装置中的弹簧以产生不同行程，从而切断升降机构电机回路电源，使装置及时停止运转。

3. 钢丝绳断绳保护

对于司机室随载货台升降的堆垛机，必须装设断绳保护装置。断绳保护装置由螺杆、压缩弹簧、左右安全钳及连杆机构等组成，其工作原理是在载货台滑轮组的"U"形板联结座下安装螺杆和压缩弹簧，当钢丝绳受到载货台和货物重量的作用力时，压缩弹簧处于压缩状态；当钢丝绳断裂时，滑轮组立即失去载货台和货物的重力作用，同时压缩弹簧释放，使连杆机构动作，并把安全钳中的楔块向上推动。由于楔块的斜面作用，因此断绳保护装置夹紧在升降导轨上，从而保证载货台在断绳时不致坠落。

4. 下降超速保护

不论什么原因，一旦载货台下降发生超速现象，下降超速保护装置立刻将载货台夹住。

5. 其他安全保护装置与措施

对于自动控制的堆垛机，还需增设以下案例保护装置与措施。

（1）货格虚实探测装置。在入库作业中，伸缩货叉在将货物单元送入货格之前，先用一个机械的或光电的探测装置检查一下该货格内有无货物。如果无货物，那么伸出货叉将货物存入货格；如果已有货物，那么报警并停止后续的运作。

（2）空出库检测。在出库作业中，伸缩货叉在伸进货格完成取货动作之后，若在货位上检测不到有货物存在，则报警。

（3）伸叉受堵保护。当货叉伸出受堵时，伸缩机构传动系统中装设的安全离合器打滑进行保护。若延续一定时间后，货叉尚未伸到头，则报警。

（4）货物位置和外形检测。如果货物单元在载货台上的位置偏差超过一定限度，或者倒塌变形，那么检测装置报警，堆垛机不能继续工作。

（5）堆垛机停准后才能伸货叉。

（6）货叉在货格内进行微升降时，用检测开关限制微升降行程或限制其动作时间，防止因货叉微升降过度而造成货物、机构或货架损坏。

（7）对系统中的关键检测器件，如货位探测开关、货叉原位开关等采用软件自检措施，以及时发现并更换失灵器件。

（8）堆垛机启动前发出声光警告。

四、电气控制系统

1．控制方式

1）手动控制方式

手动控制是堆垛机最基本的控制方式。这种控制方式是由操作人员在司机室用手柄或按钮来操作行走、升降、货叉伸缩等运作。寻址、变速、对准等全部靠操作人员来完成。用该方式控制设备简单、经济，但司机劳动强度较大，作业效率较低，适用于出入库频率不高、规模不大的仓库。

2）半自动控制方式

半自动控制是手动控制的改进，不同型号的半自动控制有轨巷道式堆垛机，其自动化程度各不相同。半自动控制有轨巷道式堆垛机的基本功能：机构配置的检测装置自动发出该机构的停车信号，可显著提高堆垛机的作业效率，减轻操作人员的劳动强度；除自动停准功能之外，有的堆垛机还有自动换速、自动认址、自动完成伸缩货叉存取货物的功能。这种控制方式的控制设备除手动操纵器之外，一般还设有简单的继电器逻辑控制装置。半自动控制方式具有经济实用、便于维修等优点，适用于出入库比较频繁、规模不大的仓库。

3）全自动控制方式

全自动控制方式的主要特点是堆垛机上不需要操作人员。在堆垛机便于地面操作的部位装有设定器，操作人员站在巷道口的地面，通过堆垛机的机上设定器来设定出入库作业方式和地址等数据。堆垛机上装有自动认址装置和运动逻辑控制装置。在操作人员设定完成并按下启动按钮后，堆垛机开始进行自动运行、升降、寻址、停准及叉取货物等运作，从而实现堆垛机的自动操作。

堆垛机的机上控制装置可以使用电子式或继电器式的专用或通用顺序控制装置，也可以使用单板微型计算机。堆垛机的机上设定器可以采用数字按钮、选择开关、拨码开关及读卡器等。读卡器可使用专用卡片，在专用卡片上穿有相应货格的地址的信息孔，可通过专用读卡器进行地址设定。全自动控制方式具有操作简单、作业效率高等优点，适用于出入库频率高、堆垛机台数不多且未配置输送机的中小规模（货位一般不超过 2000 个）仓库。

4) 远距离集中控制方式

出入库作业的控制装置和地址设定器安装在地面集中控制室内。操作人员通过地址设定器设定出入库地址和作业方式，并输入到地面或机上的控制装置（多为计算机）中，然后经过计算和判断，发出堆垛机运行的控制命令，实现堆垛机的远距离集中控制。由于地面控制装置远离巷道和堆垛机，因此需要配备堆垛机和地面集中控制室的信息传送系统，常用的传输方法有电缆传输和感应传输两种。远距离集中控制适用于出入库频繁、规模较大，以及有多台堆垛机和输送机，且仓库容量（货格数在 2000 个以上）较大的仓库，特别是低温、黑暗等特殊环境的仓库。远距离集中控制可以节省人力，改善劳动条件，提高仓库作业效率，但初始投资和维护费用较高。

2. 自动认址和定位

全自动控制的堆垛机必须具有自动认址系统。自动认址系统分为数字式和非数字式两大类，数字式认址系统又分为相对数字认址系统和绝对数字认址系统。堆垛机的停位控制既可通过光电开关、磁电式接近开关或机械行程开关检测的位置信号来实现，又可通过在地址编码上附加停位码的方法来实现。

1) 相对数字认址系统

相对数字认址系统的实质是用计数的方法来表示堆垛机实际走过的路程。首先把货物沿巷道纵向按列编成数序，再把它们沿垂直方向按层编成数序。这样，每个货格就有一个列号和一个层号了。当操作人员输入货格地址时，计数器先记下目的地址的列数和层数，再从中减去堆垛机在接受这个作业命令时所处位置的列数和层数，其差值分别代表堆垛机从目前所处位置走到目的地址需沿巷道纵向经过的列数和沿垂直方向经过的层数。堆垛机在沿巷道运行时，每经过一个货列就记一个数，记够了一定的数（离目的地的距离）就减速，到达了目的地就停止。在货台升降时，也用同样的方法认址。由于相对数字认址系统检测装置和地址运算程序都比较简单，因此得到了广泛的应用，但其缺点是在检测元件失灵或外来干扰时容易计数错误，以至于走错地址。

2) 绝对数字认址系统

在绝对数字认址系统中，每一个货位的列数和层数都用编码表示。沿巷道纵向每一列货位前均有一块标号牌，用二进制码标出列数；沿垂直方向在堆垛机立柱上对应每一层货格的高度也均有一块标号牌，用二进制码标出层数。堆垛机运行时用相应的检测装置对标号牌进行读数，以检测堆垛机所在的实际地址，然后送入地址运算程序并与目的地址进行比较。当其差值为一定数值时，进行减速；当其差值为零时，发出机构停止的信号。绝对数字认址系统的可靠性高、不易出错，但其设备复杂，且比较昂贵，因此应用较少。

3) 非数字式认址系统

非数字式认址系统只检测是否已到达预定的目的地址，而不检测实际到了什么地址或离目的地还有多远。采用非数字式认址系统时，在每个货格前装一个发号元件（如干簧管），当堆垛机来到目的地址前时，磁场使堆垛机上的检测元件动作，堆垛机便能确认已到的目的地址。由于非数字式认址系统需要大量的发号元件，而且难以发出提前减速的信号，因此使用较少,但这种认址系统的可靠性高,且较少发生认址错误,特别适用于认址数不多的场合。

4) 常用认址编码系统介绍

(1) 双排条形码认址编码系统:双排条形码编码认址系统示意图如图 5-36 所示。这种编码系统将条形码原理应用于自动化仓库地址识别中,具有编码简单、识读迅速、信息量大、可靠性高、成本低廉等优点。双排条形码认址编码系统的编码方法:上排条形码固定不变,用于校验;下排条形码是立体仓库的地址编码,而且仅出现在上排有条形码的地方。当条形码读入计算机后,求取两排条形码的逻辑积作为货位编码。

显然,这种编码系统使得信息检测过程与条形码的宽窄无关,因此不必逐一对条形码的宽度进行测量和比较,所以其具有最大的在非匀速运动条件下的阅读适应性,同时编码和译码过程也十分简单。

双排条形码认址编码系统的编码是由两个传感器的逻辑积构成的,因此它可根据地址域扩大的需要,随意扩大信息容量,实现绝对编码。

为保证停位精度,在每组地址旁增加一个停位码。停位码是一组加宽的且上下错位的条形码(见图 5-36)。错位形成的编码由两个传感器的状态组成,如 10、11 和 01,11 是准确停位点,10 和 01 为前、后越位信息。在增加停位码后,就可以准确地控制堆垛机的停位精度了。在使用双排条形码认址编码系统时,保证两个传感器阅读的同步性十分重要,应尽可能做到两个传感器同步垂直扫过条形码。微小的倾斜造成的误读可在软件设计中加以纠正。

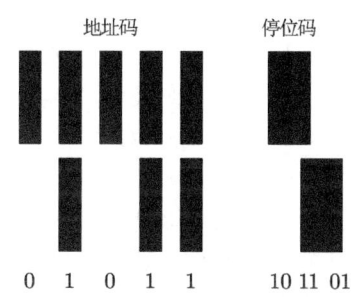

图 5-36 双排条形码认址编码系统示意图

(2) 循环校验认址编码系统:在现有的认址检测系统中,往往通过增加校验码的方法来提高认址可靠性,这必然会增加系统的复杂性和成本。可以证明,在认址检测系统中,传感器的数量与有效地址编码的数量存在以下关系:

$$2^n = m + c + l \tag{5-6}$$

式中,n——传感器数量;
m——用于标识地址的有效地址编码数;
c——识别前后越位的编码数,通常为 2;
l——传感器工作在非认定地址的编码数。

循环校验是通过在整个地址域中周期性地重复使用有效地址编码来进行地址校验的,目的是以尽可能少的传感器来获得足够高的可靠性。如果地址域总数为 K,那么在整个地址域中,重复使用的有效地址编码数量为 $T=K/m$。

循环校验的编码原理如图 5-37 所示。水平轴为地址编码轴,当 $A_1 \leq A_j \leq A_m$ 时,A_j 为第一编码组,地址编码各不相同;当 $A_m \leq A_j \leq A_{2m}$ 时,A_j 为第二编码组,它完全重复第一编码组,

且 $A_{m+1}=A_1, A_{m+2}=A_2, \cdots, A_{2m}=A_m$。从第二编码组至第 T 编码组，均重复使用第一编码组对应的编码。

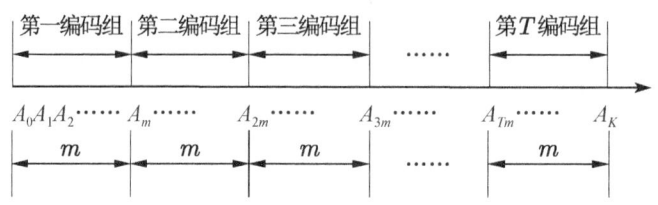

图 5-37 循环校验的编码原理

认址过程是以累加计数寻址、以循环地址编码来进行校验的。对目的地址来说，由于干扰信号引起的 $1 \sim (m-1)$ 次连续或非连续的计数错误（漏计或多计）可以被校验出来，因此只有当校验计数（漏计的数减多计的数）为 m 的整数倍时，才会发生校验错误。这里称 m 的整数倍 Dm 为校验盲点。显然，m 越大，校验盲点越少。实际上，在一次寻址过程中，出现多次计数错误的概率非常小，因此，m 的选取不必刻意求大，以免造成系统的复杂化。

分析计算证明：当 $m=5$ 时，寻址可靠度已接近 100%；当 $m>5$ 时，系统可靠性的提高已十分有限，但系统的复杂程度和成本却大大提高。因此，认址检测系统既可靠又简单的方案是 $n=3$，$m=5$。

3. 电力拖动系统

有轨巷道式堆垛机（极个别除外）采用变速的电力拖动系统。电力拖动系统的常用调速方式有以下几种：可控硅供电直流调速、交流变极电机调速、交流双电机调速、可控硅交流定子调压调速、涡流制动器调速、交流变频调速等。

1）可控硅供电直流调速

可控硅供电直流调速采用可控硅整流装置给直流电机电枢供电，控制器通过触发电路来改变可控硅控制极上的触发角，从而改变整流装置输出直流电压的高低，达到无级调速的目的。但这种方式控制精度不高，可靠性也比较差。

2）交流变极电机调速

交流变极电机调速采用鼠笼式变极电动机，通过变换极对数的方法来改变电机转速。但由于制造方面的难度，一台电机无法得到较大的调速范围，因此只适用于调速范围较小的机构。

3）交流双电机调速

交流双电机调速又称为子母电机调速，其采用大、小两个交流电机拖动，可分别获得两种工作速度，即将输出功率不同的两个定速电机通过离合器与减速器，以一定的速比串联起来，并在小电机内装有制动器。交流双电机调速常用于堆垛机的水平运动驱动机构。

4）可控硅交流定子调压调速

可控硅交流定子调压调速通过改变双向可控硅控制极上的触发角来改变可控硅输出的交流电压的有效值，从而改变电机转速。可控硅交流定子调压调速仅适用于调速精度要求不高的场合。

5）涡流制动器调速

涡流制动器调速的原理是通过改变涡流制动器的励磁电流来调节涡流制动力矩，从而间接地调节电机转速。

6)交流变频调速

交流变频调速采用定速电机和变频器来达到调速的目的,其通过变频器来改变供电频率,从而调节电机转速。由于它的调速范围大、控制简单、工作可靠,因此在堆垛机中应用较广泛。

4. 信息传输

在自动仓储系统中,中心控制室与堆垛机一般相距较远,因此相互之间进行可靠的信息传输是系统实现正常功能的前提。常用的信息传输方式有以下两种。

1)有线传输方式

有线传输方式是用橡皮绝缘电缆将地面控制设备与堆垛机直接相连,一般采用可伸缩的悬挂式电缆。有线传输方式因为有专用的传输线路,所以不易受外来干扰的影响,具有较高的可靠性。

2)无线传输方式

堆垛机与地面控制设备之间无导线连接,而是通过电磁波或红外光等媒介传递信息。

无线射频(Radio Frequency,RF)技术以无线信道作为传输媒介,其建网迅速、通信灵活,可以为用户提供快捷、方便、实时的网络连接,现已成为当前自动仓储系统中无线信息传输的首选方案。随着对 RF 技术构成的无线计算机局域网络需求的不断增长,美国电子电工工程协会(IEEE)于 1997 年 6 月正式公布了计算机无线网络通信标准——IEEE802.11 标准。随着该标准的制定和推行,无线局域网的产品将更加丰富,不同产品的兼容性也将得到加强。

目前,全球无线 RF 扩频技术主要有码分多址 CDMA 的直序扩频(Direct Sequence Spread Spectrum,DSSS)技术和跳频扩频(Frequency Hopping Spread Spectrum,FHSS)技术。IEEE802.11 标准对这两种技术均予以支持。从技术角度而言,DSSS 技术与 FHSS 技术各有优势;就频带利用来说,DSSS 技术采用主动占有的方式,FHSS 技术则是跳换频率去适应;就目前各自的技术特点而言,在极限速率的规定方面,DSSS 技术的极限速率为 10Mbit/s 以上,而 FHSS 技术的极限速率只能支持 3Mbit/s 左右;在抗干扰方面,FHSS 技术优于 DSSS 技术。对于大型仓储管理系统,其对传输速率的要求要高于对抗干扰性的要求,同时对于无线信号的抗干扰因素,DSSS 技术完全可以满足要求。

第四节 有轨穿梭车

一、概述

在现代自动化物流仓储系统中,能实现自行调度、自动取送货物的独立的移动设备,统称为智能搬运设备。目前,在工业实践中应用的智能搬运设备主要包括有轨穿梭车和堆垛机两种。

有轨穿梭车一般由蓄电池提供能源,其车身装有一个或两个可以升降的载货台,并装有 8 个(或更多)车轮,其中 4 个车轮为主动轮。取货时,有轨穿梭车先开到所要提取货物的托盘底下,再升起载货台并顶起托盘,使托盘离开有轨穿梭车轨道,然后带货运行到通道口,最后将货物交给堆垛机或叉车、分配小车运走,如图 5-38 所示。

图 5-38 有轨穿梭车动作示意图

有轨穿梭车是有轨制导车辆,如图 5-39 所示。有轨穿梭车是一种轨道托盘搬运小车,其由一个运行机构和一台链式或辊式输送机组成,主要负责把货物分送到指定位置。有轨穿梭车按轨道形式可分为单轨穿梭车和双轨穿梭车两种,市面上以双轨穿梭车为主,但单轨轻质穿梭车将成为发展趋势;按运行形式可分为环线型和直线型两种,常见的有轨穿梭车一般为直线型,其基本功能有单个货位存放、多个货位连续存放、单个货位拾取、多个货位连续拾取、指定数量拾取、面转换、倒货、电池警报等。有轨穿梭车是立体化仓库的搬运工和执行者,也是实现自动化立体仓库中货物精准运输不可或缺的设备。有轨穿梭车是成本优化的自动化运输工具,配合密集式货架进行使用,使仓库容量和运输效率可根据需要进行调整,以满足各行业的需求。除仓储运输系统之外,有轨穿梭车还有着更广阔的运用领域,其实现了低成本的长距离运输,也使传统型货架渐渐退出了历史舞台,同时大大减少了大型设备(如堆垛机)的使用,使轻质小型设备能达到同样的运送效果,因此受到了广大企业的青睐。有轨穿梭车不仅适用于自动化立体仓库,而且适用于非规则的仓库建筑及可移动仓库。

图 5-39 有轨穿梭车

二、特点和分类

1)特点

在当前的物流设备中,大量使用有轨穿梭车的原因是传统货架无法跟随飞速发展的经济水平。空间利用率是衡量一个立体仓库优良程度的标准之一,使用密集型货架可以快速提升空间利用率,并大大减少作业的等待时间。多台有轨穿梭车共同作业可将货物在极短的时间内送达指定位置,而密集型货架只有配合有轨穿梭车的使用才能发挥作用。两者配合的另一大优点是安全性的提升。有轨穿梭车属于全自动物流设备,在使用过程中无须叉车驶入巷道,减少了工人工作量与安全隐患。有轨穿梭车的体积较小,运行形式可根据情况进行设定,而且其速度快且灵巧;用有轨穿梭车代替堆垛机的使用减少了货架之间的碰撞,安全性得到了显著的提升。

2) 分类

有轨穿梭车按其功能分为两类:装配型和运输型。装配型有轨穿梭车适用于加工装配车间,其在汽车行业较为常见。由于汽车行业需要组装的部件的体积与重量较大,因此不适合人工装配,而需要对装配车间进行自动化物流设计。其中,根据不同的部件尺寸与结构形式,设计出具有针对性的有轨穿梭车,然后利用有轨穿梭车的运行完成与其他部件的安装,形成流水线作业,并提高装配效率,减轻工人的工作量,同时提高人工作业的安全性。运输型有轨穿梭车主要用于货物的运输、分拣、出库等,其是多数自动化立体仓库中正在使用的有轨穿梭车,适用于各个行业,尤其在酒类、药品、烟草等行业运用极为广泛。

有轨穿梭车按其运行方式分为两类:环形轨道式和直线往复式,如图 5-40 和图 5-41 所示。环形轨道式有轨穿梭车的成本相对较高,其内部结构也复杂些,但其工作效率较高,可多车同时工作,但在轨道的选用上使用锅合金材质,因此成本较高。直线往复式有轨穿梭车的运行方式较为简单,一条轨道一般使用一到两台有轨穿梭车进行作业,并且使用钢轨作为轨道,其成本较环形轨道式有轨穿梭车要低些。

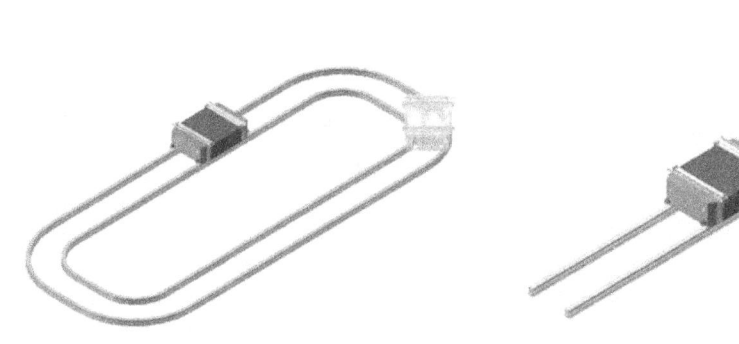

图 5-40　环形轨道式　　　　　　　图 5-41　直线往复式

三、布局和控制系统

根据使用需求,有轨穿梭车的车体采用箱型结构,其材质选用高强度的钢体。这种结构设计会造成车体内部空间狭小;根据功能需求,有轨穿梭车车体内外需要进行合理布局,如图 5-42 所示。有轨穿梭车的主要组成部件包括车身、4 个行走轮、链条传动机构、行走电机、传感器及防撞装置等。电气控制柜内一般配有 PLC 及其输入、输出模块,以及接触器、继电器等各种低压电气控制设备。另外,根据实际需要,有的有轨穿梭车还配有条形码定位器、用于以太网通信的模块与网桥、红外通信设备、条形码扫描仪等。

有轨穿梭车的控制系统总体框图如图 5-43 所示。为了方便介绍,将整个控制系统分为 8 个部分,分别为控制器部分、传感器部分、电机部分、电源部分、蓄电池电量检测部分、声光报警部分、无线模块部分、手机终端部分等。其中,控制器部分是整个控制系统的核心,控制器为 PLC,通过预先编制的软件程序及各类传感器、继电器、驱动器、编码器等的协同工作，来控制车体的运行，完成车体的各个动作。传感器部分主要包括光电传感器、限位传感器、温度传感器，各传感器可以准确地采集车体在行驶和工作过程中的状态信息，并及时传送给控制器，从而做出相应动作。电机部分包括行走电机、行走电机驱动器、光电编码器、举升电机及举升电机驱动器。电机部分为有轨穿梭车前后往复行走及举升货物提供动力。电源部分主要为 PLC、电机及驱动器、各传感器及无线模块提供电能。蓄电池电量检测部分主要对当前蓄电池电量进行检测，以确定当前电量能否完成当前工作及是否需要充电，同时在手机终端可以进行电量百分比显示。声光报警部分安装在车体上，主要对车体运行状态进行直观的显示，并根据显示的状态信息确定下一步该如何操作。无线模块部分主要是为了完成手机终端和 PLC 之间的通信。手机终端部分主要是通过事先编好的手机 App 软件来控制有轨穿梭车的运行及在手机端显示有轨穿梭车的运行状态信息。当然，整个控制系统还要有断路器、熔断器、稳压器等低压电气元件。另外，还可以根据实际需要在车体上安装称重传感器、RFID 射频设备、条形码扫描仪等。

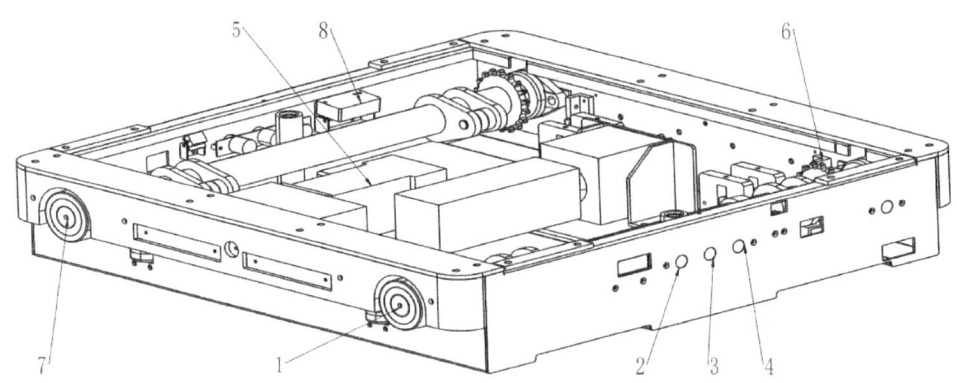

1—有轨穿梭车前轮；2—开机键；3—声光报警器；4—关机键；5—举升电机；6—行走装置；7—有轨穿梭车后轮；8—举升装置

图 5-42 有轨穿梭车布局图

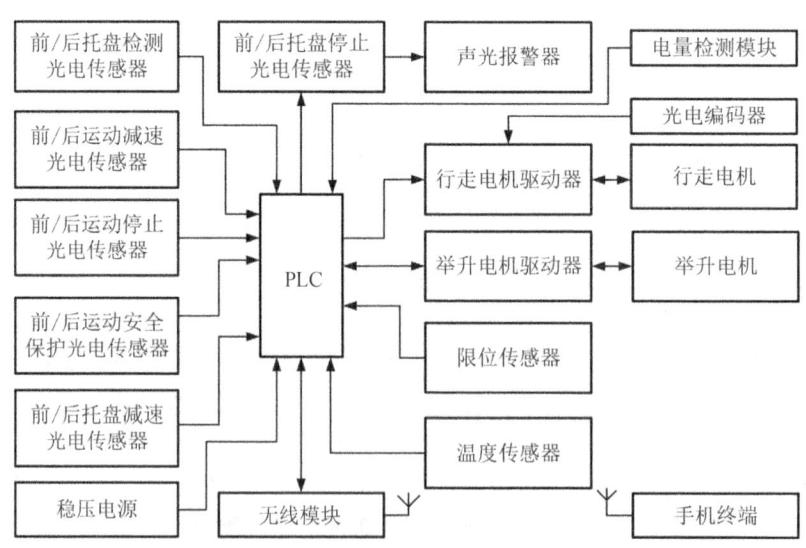

图 5-43 有轨穿梭车的控制系统总体框图

四、操作方式和工作原理

对于密集仓储系统中使用的双向有轨穿梭车，其车体通过在与其配套的立体货架上进行往复式行走来完成货品、物料等在货架上的搬运工作。根据密集仓储系统的工作要求，有轨穿梭车能够以手动或自动的方式实现货品、物料在货架上的位置改变。

手动方式主要是操作者通过操控手机终端以点动的方式完成前进、后退、举升、下降、停止等动作指令。这些基本的动作指令只存在于有轨穿梭车的调试阶段或作为展示车体工作工程的一种方式。自动方式是车体根据预先设定好的操作指令，由手机终端发出，经过无线模块，从 PLC 的 RS232 接口传至 PLC。这样，有轨穿梭车会按照已经编好的程序自动完成货物的搬运。下面以货物单次入库为例，介绍有轨穿梭车的操作和工作原理。

（1）按下有轨穿梭车的开机键，同时运行手机 App 软件，将手机终端和有轨穿梭车置于无线网络中，并通过无线模块进行通信；可用手机进行车号选择，并与有轨穿梭车进行通信互接。

（2）有轨穿梭车运行，PLC 进行自检并完成初始化，同时在手机终端反馈车体的运行状态。若存在通信或车体故障，则车体的声光报警器进行声光报警，同时手机终端显示故障名称；若无通信或车体故障，则等待下一步命令。

（3）通过车体前后的光电传感器判断有轨穿梭车是否位于起始位置，同时在货架的起始位置处安装防止有轨穿梭车运动出货架的挡板。

（4）通过有轨穿梭车上方的两个光电传感器来检测车体上方有无货品，若无货物，则有轨穿梭车报警，然后有轨穿梭车返回初始位置；若有货物，则举升电机运转，并带动举升机械机构托起货物托盘；当顶升结束后，等待下一步命令。

（5）操作者控制有轨穿梭车的运动，通过行走电机上安装的光电编码器将电机运行的参数传送给 PLC；PLC 通过计算及车体前端的光电传感器来判断有轨穿梭车的行驶距离，并实时反馈给手机终端；当操作者控制有轨穿梭车行驶至指定位置后，有轨穿梭车停止行驶，等待下一步命令。

（6）操作者在控制有轨穿梭车放置货物时，手机终端向有轨穿梭车发送信号，PLC 输出端给举升电机驱动器发送使能信号，举升电机动作，并带动举升机械机构放置货物。

（7）完成入库动作。

第六章

自动导引车

与连续式物流输送装备和有轨物流输送车相比，自动导引车（Automated Guided Vehicle，AGV）是一种工业用轮式移动机器人，在自动化程度、智能化水平、路径设置柔性及系统可重构性方面，其明显优于前两种输送设备。本章主要介绍了 AGV 的基本概念和技术组成，并分析讨论了 AGV 的导引定位、运动控制和车载供电等关键技术。

第一节 概 述

AGV 是装备有自动导引系统，并可按设定的路线自动行驶或牵引载货台至指定地点，实现物料的自动装卸和搬运，还可与其他物流设备自动对接，实现全过程自动化的工业用轮式移动机器人。AGV 的显著特点是无人驾驶，其可通过自动导引系统自主地沿预定路径将物料运送到目的地。在自动化程度、智能化水平、路径设置柔性及系统可重构性方面，AGV 明显优于连续式物流输送装备、有轨物流输送车等传统物流输送装备。

不同国家对 AGV 都有自己的定义。美国物流协会的定义：AGV 是装备有电磁或光学自动导引装置，能够沿规定的导引路径行驶，具有小车编程与停车选择装置、安全保护及各种移载功能的工业运输车辆。按照日本 JISD6801 的定义：AGV 是以电池为动力源的一种自动操纵的工业车辆。

AGV 是集智能化、信息感知、自动控制和无线通信为一体的，其综合计算机、信息处理、自动控制、网络通信、机械设计、工程管理等多学科交叉技术，是物流自动化技术研究、应用的热点之一，也是自动化搬运、无人化仓储，以及智能制造、柔性装配的核心物流输送设备。在现代化物流系统中，AGV 易与计算机控制的全自动化生产系统有机结合，且占有极为重要的地位，其还在电子行业、化工行业、造纸业及港口运输业中得以广泛应用，也是未来需要进一步研究和开发的、代表人工智能最新水平的关键性装备。

一、AGV 的发展历史

20 世纪 50 年代初期，美国 Barrett Electronics 公司研究开发了世界上第一个自动引导车系统（AGVS）。1954 年，该系统在哥伦比亚的 Mercury Motor Freight 公司投入运行。AGVS 的 AGV 采用埋线电磁感应路径引导方式和真空电子管元件控制器，是无人驾驶的车辆牵引系统。1961 年，Webb 公司将 AGV 应用于犹他州的 Ogden 军械仓库的物资搬运后，Barrett Electronics 公司开发的产品才有了市场。

在这个时期，AGVS 主要用于仓库内的物品运输，其目的是为了提高仓库运输的自动化水平。但是，又有许多因素影响 AGV 产品的开发，如控制器体积大及控制能力有限；首先应用 AGV 的国家工会组织意识到 AGVS 对劳动力市场的冲击与威胁，因此常常破坏它。所以，AGV 生产商仅为市场提供标准化的产品，而不愿意开发客户需要的特殊产品，因此制约了 AGV 产品的技术进步。

20 世纪 60 年代和 70 年代，控制器首先晶体管化，后来又采用集成电路，使控制器的体积缩小、计算能力增强。但是，这种车载电子控制器的性能很难满足十分复杂的工业化物流系统的要求。因此，在美国，仅有限的物流系统采用 AGV，AGV 产品技术进步仍然很慢。与此相反，AGV 产品技术在欧洲发展很快，其主要原因如下。

（1）欧洲的相关公司对托盘的尺寸与结构进行了标准化。
（2）欧洲的产业工人不认为自动化装备的应用会对其就业产生冲击。
（3）欧洲的相关公司具有较长远的项目投资意识。
（4）对安全性有较高要求的工作现场，自动化装备是理想的设计方案。

因此，有利于 AGV 产品应用的市场条件是 AGV 产品技术发展的直接因素。另外，AGVS 在制造业的加工生产过程和产品装配线中的成功应用，同样是推动 AGV 产品技术发展的重要原因。具有典型代表意义的 AGV 的成功开发与应用是 Volvo 汽车装配厂的车身装配线的建立。

1974 年，在瑞典卡尔马市的 Volvo 汽车装配厂与 Schindler-Digitron 公司合作，设计开发了大型低成本的 AGV，并由多台可独立运行的 AGV 组成了移动式车身装配线。这种技术方案彻底改变了车辆牵引型系统的 AGVS 组态模式。这样，每台 AGV 都可以作为工厂物流管理与装配过程中可独立控制的单元，AGVS 成为真正的柔性装配系统（Flexible Assembly System，FAS）。

1978 年，美国芝加哥的 Keebler 物流中心从欧洲引进技术，首次应用了由计算机直接控制的 AGV 物流系统。

1981 年，美国艾奥瓦州的 John Deere 公司将 AGVS 与自动化仓储系统（Automated Storage / Retrieval System，AS/RS）结合，实现了全部加工生产单元之间的零部件供应、运输和存储的自动化管理。

1984 年，美国 General Motors 公司建立了第一个基于 AGVS 的汽车柔性装配线，并成为 AGV 的最大用户。同时，它也带动了 AGV 在其他领域的广泛应用。

在前述 AGVS 中，大多数系统采用的引导技术仍然是电磁感应方式，也被称为埋线电磁感应方法。

目前，国外已有 NDC Automation、Mentor AGVS、HK System、CSE Technology、Munck Automation Technology、Egemin Automation、Rocla、DS Automation 等 AGV 制造销售商。其中，德国的 NDC Automation 公司开发的激光引导技术在 20 世纪后期最为成功。据资料介绍，在已经投入使用的自由路径导航的 AGVS 中，采用 NDC 技术的大约占 70%，共有 7000 多台，还有 50 多个物流装备制造企业已采用 NDC 制造标准生产 AGV 产品。为了进一步扩大

AGV 的应用范围，NDC Automation 公司还开发了 Teach-In 编程技术，即使不具有高级语言编程知识的操作者也能方便地进行运行程序的编制调整，并且该公司最新生产的 AGV 具有故障自诊断功能，对于常规性故障，其可通过一般的通信网络进行远程诊断和故障排除。

我国开始研究 AGV 的时间较晚。20 世纪 70 年代末，北京起重运输机械研究所研制了三轮式 AGV。20 世纪 80 年代后期，北京机械工业自动化研究所为第二汽车制造厂研制了用于立体仓库的 AGV；沈阳自动化研究所为金杯汽车公司研制了用于汽车发动机装配的 AGV。20 世纪 90 年代，清华大学国家 CIMS 工程中心从国外引进的 AGV 成功应用于 EIMS 的实验研究。随后清华大学计算机技术应用系研制了用于邮政中心的 AGV；昆明船舶设备研究所研制了激光导引式 AGV；吉林工业大学为汽车装配线研制了视觉导向 AGV 等。

此外，南京航空航天大学在 1994 年与香港理工大学合作开发了基于光反射导引方式的实验 AGVS。在项目研发中，从法国引进了基于电磁感应导引技术的 AGV 平台，经过二次开发应用于柔性制造系统（FMS）的物流系统中。此后，南京航空航天大学持续开展了系统深入的理论研究与技术攻关之路，在各类国家级、省部级项目的资助下，以及在 AGV 的感知、导引、控制、规划、调度和供电等方面的理论和实践工作中积累了不少研究成果，最终拥有已授权的国家发明专利 20 余项，在国内外高水平期刊上发表论文 80 余篇，荣获省部级科技进步奖多项。

近年来，中国人口红利有所下降，人工成本不断上升，AGV 市场的价值逐渐被挖掘。从市场需求量来讲，我国工业机器人的市场规模不断增长，其已成为世界上增长最快的市场。从 2010 年开始，我国工业机器人需求量激增，2014 年，AGV 市场新增量为 3150 台，同比增长 29%；2015 年，AGV 市场新增量为 4300 台，同比增长 36%；2018 年，AGV 新增量为 1.5 万台，其中包含 AGV、AGC（Automated Guided Cart），以及电商仓储 AGV、户外重载 AGV，如图 6-1 所示。

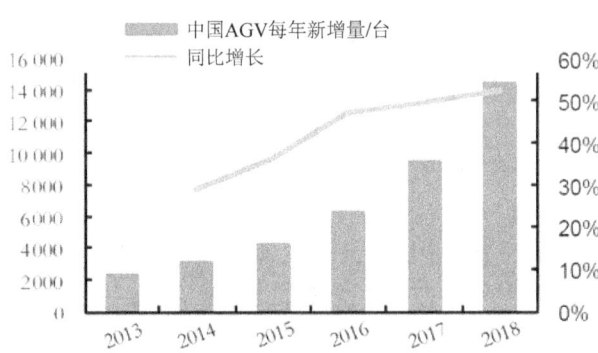

图 6-1　2013～2018 年中国 AGV 每年新增量及增速

在市场规模方面，根据新战略机器人产业研究所的数据，2016 年，中国 AGV 市场规模已达 12 亿元，如图 6-2 所示。2015 年，在中国 AGV（含 AGC）的新增量中，AGV 和 AGC 的占比分别为 51%、45%。2018 年，AGV（含 AGC）的新增量为 1.5 万台，以 AGV 的平均单价 40 万，AGC 的平均单价为 10 万，激光叉车的平均单价为 80 万来计算，则 2018 年 AGV 市场规模约为 42.15 亿元，是 2016 年 AGV 市场规模的 3.5 倍。

由此可见，未来中国 AGV 市场还将继续呈现出蓬勃发展的态势，AGV 应用领域将不断拓宽，AGV 种类更加繁多，功能越来越强，自动化和智能化水平显著提高。

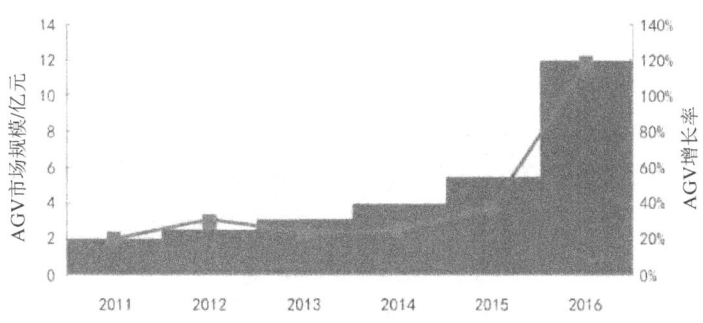

图 6-2　2011～2016 年中国 AGV 市场规模

二、AGV 的应用领域

AGV 最早是在北欧发展起来的,其在国外的发展应用已有几十年的历史。AGV 的运行速度可达每分钟几百米,其运输能力可以从几千克到几十吨。AGV 是一种非常有发展前途的物流输送设备,由于它具有自动化程度高、智能化水平高、路径设置柔性、系统可重构性高等众多优点,并且易与计算机控制的全自动化生产系统有机结合,因此其已成为柔性制造系统、计算机集成制造系统(Computer Integrated Manufacturing System,CIMS)和 AS/RS 中的关键性物流传输设备。此外,AGV 还在电子行业、化工行业、造纸业及港口运输业中得以广泛应用。

1. 首先应用于仓储业

世界上首台 AGV 于 1954 年在美国 Mercury Motor Freight 公司的仓库投入运营,用于出入库的自动搬运。目前,世界上大约有几十万台 AGV 用于仓储业的自动运输。目前,中国的电商仓储物流行业发展迅速,其对 AGV 的需求将持续增长。2017 年,中国智能仓储市场规模为 735 亿元,同比增长 41.5%;2013～2017 年,中国智能仓储市场规模年均复合增长率为 22.8%。受益于智能仓储的需求释放,同时下游消费升级推动服务品质提升,因此订单履行效率高效与否成为仓储行业的痛点。近年来,仓储 AGV 发展迅速,资本大量涌入,大大小小的企业如雨后春笋般涌现。在众多仓储 AGV 企业中,大部分企业以"货到人"拣选方式为支撑,以仓储 AGV 为载体,通过与交叉带分拣机、AGV 叉车、工业机械臂等多种机器人配合,并依靠各自的导航控制算法、机器人调度系统、仓储管理系统等核心技术支撑,来完成各种拣选、搬运和配送的解决方案,如图 6-3 所示。

(a) 电商仓库中的 AGV　　(b) "货到人"拣选方式

图 6-3　仓储 AGV 应用

（c）高架仓库中的 AGV

图 6-3　仓储 AGV 应用（续）

2. 重点用于制造业

AGV 产生于美国，大力发展于欧洲，日本为后起之秀。20 世纪 70 年代中期，在欧洲共装备了 520 个 AGV 系统，共有 4800 台 AGV；1985 年，AGV 发展到 10000 台左右，为世界之首。AGV 的应用领域有汽车行业、柔性制造系统（FMS）、柔性装配系统（FAS）。20 世纪 80 年代初期，欧洲的 AGV 技术又转移至美国。1981 年，John Deere 公司将 AGV 连接到 AS/RS 中，用于制造过程中的物料输送和跟踪。

AGV 在汽车行业中的应用较为普遍，数量也较大，如图 6-4 所示。例如，通用、丰田、大众等知名汽车制造厂的制造和装配线上都普遍应用了 AGV。1987 年，仅通用公司就拥有 3000 多台 AGV；1974 年，瑞典的 Volvo 轿车装配厂为了改善运输系统的灵活性，采用了基于 AGVS 的自动轿车装配线，结果装配时间减少了 20%，装配故障减少了 39%，投资回收时间缩短了 57%，劳动力节约了 5%。

图 6-4　AGV 在汽车行业中的应用

AGV 在制造业中主要用于物料分发、加工制造和装配。其中，AGV 重点用于加工制造和装配过程中的物料搬运，而用于物料分发的比例相对较少。在制造业中，用 AGV 搬运物料具有高效、准确、灵活的特点，并且可以组成柔性的物料搬运系统，使得路径可以随工艺流程进行调整，从而一条生产线适用于不同产品的制造，增强了企业的竞争力。

除了用于物流的自动化传输，AGV 还可以作为一种智能化移动装配平台。在发动机制造业中，AGV 作为一种移动装配平台，用于发动机总装线上，其替代传统连续式固定装配线或地轨式装配台车的方式，进行发动机的支承、移动和装配，如图 6-5 所示。

在飞机制造业中，国外开始尝试将 AGV 用于装配生产线。在 F-35 的生产过程中，6 台 AGV 往返于加工前机身和机翼部件的各种自动化机床之间，执行钻孔、铣削和蒙皮对接操作。德国的 CLAAS 公司已研制出用于大型装备搬运的多运动方向型重载 AGV。其中，针对大型飞机部件（机身和机翼）的 MC-Drive TP 200 型 AGV 的单车负载能力可达 16t，其采用 4 个独立驱动的 Mecanum 轮构成主动悬架承载平台，并配备集成举升移载装置，不仅可通过光学导引检测人工路标来实现 AGV 在生产线上的自动运行与定位，而且可将两台 AGV 合并成一个更大的大型运载平台，以实现机身部段的整体搬运，如图 6-6 所示。

图 6-5 传统汽车总装生产线

图 6-6 用于大型飞机部件搬运的重载 AGV

3. 广泛应用于其他行业

邮局、图书馆、港口码头、机场等场合的物品搬运具有作业量变化大、动态性强、作业流程需要经常调整及搬运作业过程单一等特点，AGV 的并行作业、自动化、智能化和柔性化的特性能够很好地满足上述场合的搬运要求。20 世纪 80 年代，瑞典、日本相继在邮政行业使用了 AGV 进行邮件的搬运。中国于 1990 年在上海邮政枢纽开始使用 AGV 来完成邮件的搬运，如图 6-7 所示。

在中国，上海振华重工研制了用于全自动化港口集装箱自动搬运的重载 AGV，其采用多轮驱动/转向的汽车悬架底盘，最大载重可达 60t，最小转弯半径（转向桥中心）为 8.8 m，并通过磁钉定位系统、惯性测量单元、车轮转速编码器和车轮转向角编码器进行自动导引，如图 6-8 所示。该重载 AGV 已成功用于厦门远海自动化码头、青岛港前湾自动化码头和洋山深水港自动化码头等，这充分展现了中国在室外重载 AGV 研究与应用领域取得的重大科技成果。

图 6-7　邮件分发 AGV　　　　　　图 6-8　上海振华重工的港口重载 AGV

另外，AGV 还可用于医院、食堂、宾馆及办公大楼，如图 6-9 所示。在搬运某些特殊物品时，由于受到安全、卫生、环保等要求的约束，因此 AGV 具有更突出的优越性，如烟草、医药、食品、化工等行业，如图 6-10 所示。

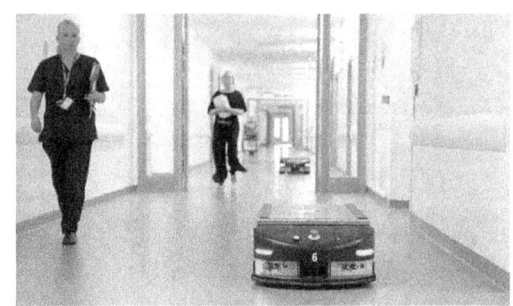

(a) 医院用 AGV　　　　　　　　　　(b) 送餐用 AGV

图 6-9　服务业用 AGV

(a) 叉车式 AGV　　　　　　　　　　(b) 辊道式 AGV

图 6-10　AGV 的其他应用

三、AGV 的分类

从不同角度，AGV 有不同的分类方法。

1. 导引方式

根据导引方式，AGV 可分为固定路径导引和自由路径导引，固定路径导引又分为线路导引和栅格导引。常见的线路导引有电磁感应导引、磁条导引、反光带导引、色带导引等；典型的栅格导引有二维码导引和 RFID 标签导引。自由路径导引一般有激光反射板导引、惯性导航、激光同步定位与建图（Simultaneous Localization And Mapping，SLAM）导航和视觉 SLAM 导航等。

2. 底盘构型

根据底盘构型，AGV 可分为差速驱动、差速转向拖动、舵轮转向式、舵轮转向驱动式、Ackermann 式、Mecanum 轮式、全方位轮式。

3. 移动能力

根据移动能力，AGV 的分类如下。

（1）单向型 AGV：应用最早的一种 AGV 车型。它通过舵轮转向来改变 AGV 的前进方向，且只能沿一个方向移动，一般在较小的 AGVS 中及执行不太复杂的任务时普遍选用。单向型 AGV 的优点是价格低、控制简单、维护方便。当载重量较小时，多选用一个转向驱动舵轮+两个被动定向轮的三轮式底盘构型 AGV，其适合在简易恶劣的路面上移动。

（2）双向型 AGV：可沿前进和后退两个方向移动，最典型的是两轮差速驱动的底盘构型 AGV。两个驱动轮分别通过两台电机独立驱动，AGV 通过两个驱动轮的速度差进行转向，并可进行零转弯半径的原地自转。双向型 AGV 是应用最多、最普遍的 AGV 车型，其结构简单，但控制起来比舵轮转向式 AGV 复杂。

（3）全方位型 AGV：在不改变 AGV 姿态的前提下，仅通过改变车轮的运行状态或构型配置即可控制 AGV 沿平面任意方向运行的一种 AGV 车型。全方位型 AGV 是移动性最强的 AGV 车型，其可完成前进、后退、侧行、自转、斜行乃至平面内任意复杂的运动轨迹。

（4）列车型 AGV：由牵引车和拖车通过铰接组成，两者之间可沿铰接轴相对转动，牵引车为运载物料的拖车提供牵引力。列车型 AGV 的优点是载重大、效率高，常用于生产批量大、输送距离远的场合。然而，列车型 AGV 只能单方向运行，由于未采用轨道导向，因此多节拖车的运动轨迹受到 AGV 运行速度、工作负载和地面摩擦系数等因素的影响，并且其转弯半径较大，可能存在"甩尾"现象。

4. 移载方式

根据移载方式，AGV 可分为被动装卸方式和主动装卸方式。典型的被动装卸方式有辊道输送台、链式输送台和带式输送台等；常见的主动装卸方式有升降式、推挽式、货叉式和机器臂式等。

5. 任务载量

根据任务载量，AGV 可分为单载量和多载量。在一次物料配送任务的执行过程中，单载量 AGV 只有一个装载点和一个卸载点，而多载量 AGV 可能有多个装载点或卸载点，而且其常采用列车型 AGV，并通过多节拖车来运载不同装卸点的物料。

6．充电方式

根据充电方式，AGV 分为自动充电、人工充电和快速更换 3 种方式，自动充电又分为接触式充电和非接触式充电（又称为感应充电或无线充电）。

四、AGV 的参数

1．承载量、牵引质量

承载量指单载量 AGV（如辊道式 AGV、升降式 AGV 和自动导引叉车）在正常使用时可搬运货物的最大质量。牵引质量指 AGV 牵引车在平坦道路上行驶时所能牵引的最大质量，牵引质量中不包括被牵引的拖车质量。

2．车体尺寸

车体尺寸指 AGV 的长、宽、高等外形尺寸。车体尺寸应该适应搬运物品的尺寸、通道宽度及移载操作的要求。

3．运行速度

运行速度指 AGV 在正常行驶时的速度范围及速度调节方式（如电子式无级调速或机械式有级调速）。运行速度是确定 AGV 作业周期或搬运效率的重要参数，其必须与制造系统的生产节拍相适应。

4．导引精度

导引精度指 AGV 导引系统测量 AGV 在全局坐标下的位置姿态（位姿）精度，或者相对预定运行路径的位姿偏差精度。导引精度是影响 AGV 运行精度的重要因素。

5．运行精度

运行精度指 AGV 跟踪预定运行路径的位姿偏差，其不仅与导引系统的测量精度有关，而且与 AGV 的运动控制精度和机械执行精度有关。

6．停位精度

停位精度指一次定位的认址精度，即 AGV 到达目标工位处停止的位姿精度。停位精度是确定移载方式的重要参数，自动移载要求 AGV 具有较高的停位精度。

7．最小转弯半径

最小转弯半径指容许 AGV 在运行过程中转弯的弯道最小曲率半径。它是确定 AGV 转弯运行所需空间的重要参数。舵轮转向式和 Ackermann 式 AGV 都受到最小转弯半径的约束，而差速驱动式和 Mecanum 轮式 AGV 可零半径转弯。

8. 续航时间

续航时间指 AGV 在某一满载空载比的条件下处于连续工作状态时，车载电池组所能持续提供 AGV 运行电能的时间。

9. 工作电压

工作电压指 AGV 处于工作状态时，车载电池组的供电电压。

10. 电机功率

电机功率指 AGV 上驱动电机和转向电机的总功率。

第二节 系统组成

为实现自动或自主运行，AGV 必须具有完善的感知能力，以获取自身运行状态和周围环境信息；具备先进的导引能力，以寻找一条从当前位置到目标位置的无碰优化路径；具备精确的控制能力，以按照预定路径产生理想的运动形式；具备可靠的执行能力，以实现 AGV 的自主移动。这涉及传感、导引、控制、驱动、软件、通信、机械等多学科交叉技术。

下面以南京航空航天大学研制的一款多目视觉导引全向移动 AGV 为例，介绍 AGV 单车系统（相对于多台 AGV 组成的 AGV 多车系统而言）的基本组成，其主要包括底盘单元、导引单元、控制单元、驱动单元、安全保护装置、人机操控装置、无线通信装置、电源装置、装载装置等，如图 6-11 所示。

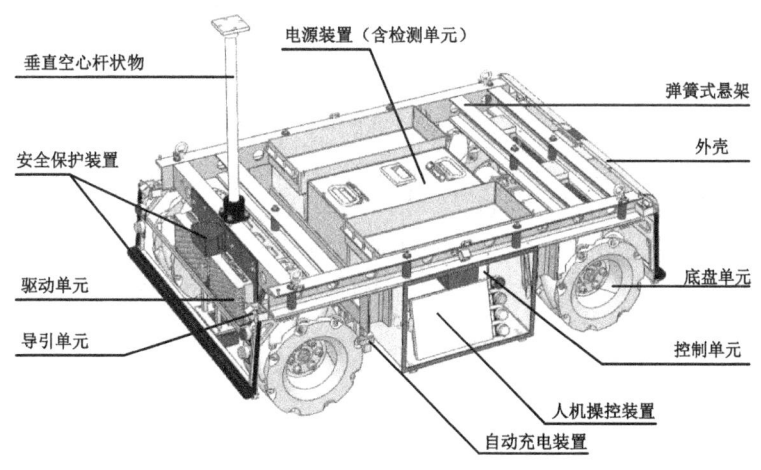

图 6-11 AGV 的组成

1. 底盘单元

底盘单元是安装传感、导引、控制、驱动、电源等电子电气装置的基础结构件，包括车架、悬架、驱动轮和壳体等。车架是底盘重要的主承力框架，一般采用钢构件焊接而成，并通过对称式结构均匀承受载荷，满足 AGV 的载荷强度和刚度要求，如图 6-12 所示。壳体包在车体外围,一般由 1~3mm 厚的钢板或铝合金板制成。

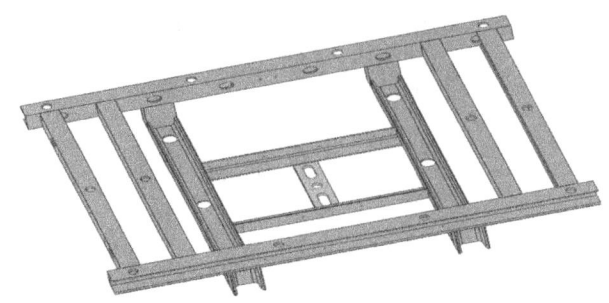

图 6-12　AGV 车架

悬架可采用螺旋弹簧转臂式结构,通过正交减速器将电机与驱动轮相连,再将左右两个驱动轮的正交减速器同轴装配,构成驱动轴组件;驱动轴组件通过左右两摆臂再与车架铰接相连,可绕主承力框架进行一定角度的摆动;螺旋减震弹簧一端通过铰接与主承力框架相连,另一端也通过铰接与驱动轴相连,如图 6-13 所示。

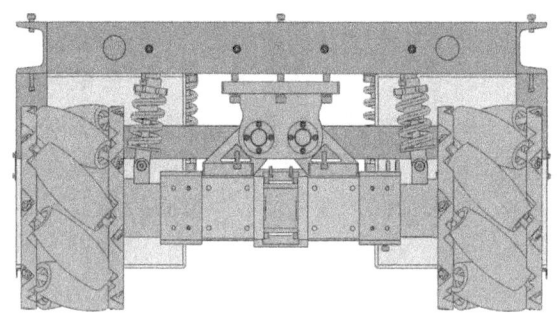

图 6-13　AGV 悬架

驱动轮可采用常规车轮或 Mecanum 轮(见图 6-13)。Mecanum 轮在刚性轮毂的圆周上分布有一圈被动辊子,除可绕驱动轴主动旋转进行车体驱动之外,被动辊子还具有沿驱动轴灵活侧移的能力。因此,图 6-11 中的 AGV 采用 4 个电机独立驱动 4 个 Mecanum 轮,这是一种可实现前后直行、左右侧移、原地旋转或沿平面内任意轨迹运动的全方向移动 AGV。

在布置 AGV 底盘时,一般将重量较大的部件放置在车体的下部,以降低重心、提高稳定性,如蓄电池、减速器等。防撞用的安全保护装置,如安全触边和激光/红外/超声波避障传感器等一般安装在车体的前后(见图 6-11)。

2. 导引单元

AGV 的导引单元之所以能在工业领域稳定运行,很大程度上是因为成功采用了具有先验知识的结构化环境,同时其操作过程适应了自动化要求的策略。通过结构化环境可获得用于支持 AGV 导引环境的基础设施。根据 AGV 在导引过程中采用的运行路径形式,AGV 的导引方式可分为固定路径导引和自由路径导引两大类。如果导引标识是一条连续的信息媒介,那么该导引方式称为线路导引。图 6-11 中的 AGV 采用电荷耦合器件(Charge Coupled Device,CCD)摄像机来识别地面的色带,并进行跟踪导引。

图 6-11 中采用的视觉导引单元包括 5 个车载摄像机，其布局如图 6-14 所示。其中，CCD1、CCD2 向前倾斜 45°并安装在车身前方；CCD3、CCD4 向后倾斜 45°并安装在车身后方；CCD5 垂直地面并安装在车身中间位置。AGV 车体四周的 4 个摄像机（CCD1～CCD4）用于识别目标路径两侧的导引标线，AGV 车体中央的摄像机（CCD5）用于识别目标路径中间的定位标识。

视觉导引单元包括车载摄像机、视频切换器和数字信号处理器（Digital Signal Processor，DSP），如图 6-15 所示。视频切换器是一种 4 路视频输入、1 路视频输出的 4 选 1 选择开关。车载摄像机 CCD1～CCD4 分别连接视频切换器的 4 个视频输入端口，AGV 车载控制器（采用 ARM 微控制器平台）通过输出 IO 扩展板控制视频切换器的选择开关，并从车载摄像机

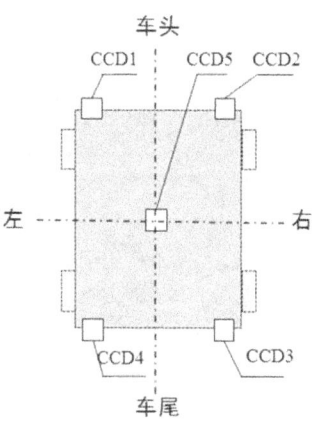

图 6-14 导引单元传感器布局

CCD1～CCD4 的 4 路视频输入中选择一路，由视频切换器的视频输出端口传递到 DSP。车载摄像机 CCD5 的视频信号直接输出到 DSP。DSP 通过串口 RS232 与 AGV 车载控制器进行通信，并将 AGV 相对于导引标线的位姿偏差发送给 ARM 车载控制器，由 ARM 车载控制器完成 AGV 跟踪导引标线的运动控制。

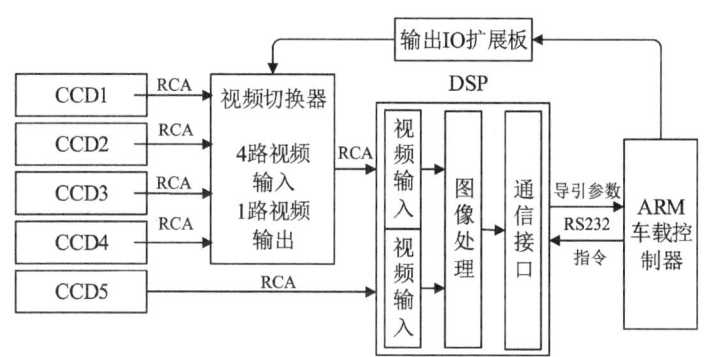

图 6-15 视觉导引单元

3. 控制单元

AGV 控制单元主要完成单台 AGV 的运行或操作相关的控制任务，包括沿指定路线运行的运动控制、视频切换器的选择控制、开关按钮/避障传感器/碰撞传感器/电量传感器的输入检测、AGV 运动控制模式切换、避障控制、充电控制、装卸控制、驻车控制、灯光控制等功能，如图 6-16 所示。

AGV 的运动控制模式分为手动、半自动和全自动 3 种。在手动控制模式下，AGV 不需要在地面设置导引标线，可直接根据设置的运动类型（纵向运动/横向运动/旋转运动）、运动方向（前进/后退/左移/右移/左转/右转）和速度等级（高/中/低）进行无导引运动。在半自动控制模式下，根据 AGV 控制面板上的开关按钮设置的运动类型、运动方向和速度等级，针对 DSP 检测的 AGV 相对导引标线的路径偏差，通过 ARM 车载控制器实时调节并协同控制 4 个 Mecanum 轮的驱动电机的速度，从而消除 AGV 的路径偏差，并保持其沿导引标线精确移动。

在全自动控制模式下，根据上位机的软件指令，既可控制 AGV 进行无导引运动，也可控制 AGV 沿导引标线进行跟踪运动。

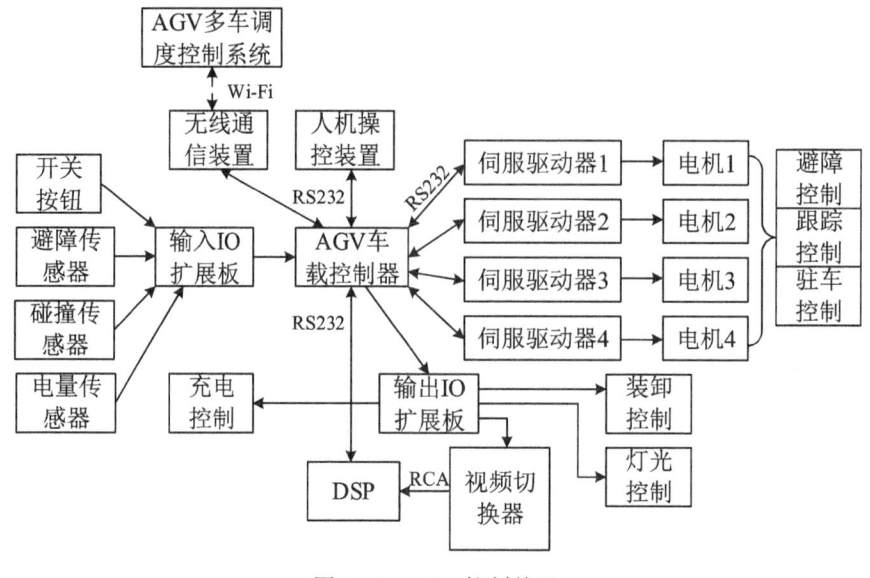

图 6-16　AGV 控制单元

4. 驱动单元

驱动单元是一种用于驱动 AGV 运行并具有速度/位置控制和制动能力的伺服驱动系统，它包括电机、电机驱动器、制动器、减速器和驱动轮等。图 6-11 中的 AGV 具有 4 组完全相同的驱动单元，包括 Mecanum 轮、传动驱动机构、直流伺服电机、伺服驱动器，通过伺服驱动器控制直流伺服电机，以独立驱动每个 Mecanum 轮，完成电流-速度-位置的全闭环伺服控制，并实现 AGV 的前后直行、左右侧移、原地旋转等全方向移动。

5. 安全保护装置

为了确保 AGV 在运行过程中的自身安全，特别是现场人员及各类设备的安全，AGV 一般采取多级软硬件的安全保护措施。安全保护的内容有很多，如充电保护、运行状态报警、装卸机构保护、防碰撞保护等。安全保护的方式可分为软保护和硬保护两种，软保护指用电路控制的方法进行系统或装置的保护；硬保护指用以机械为主的方式进行最可靠的直接保护。根据 AGV 的工作特性，对障碍物的避让和防撞是其安全保护装置最具特点的重要功能。

图 6-11 中的 AGV 前后安装有激光、红外或超声波等非接触式避障传感器及障碍物接触式缓冲器（安全触边），并且 AGV 上安装有明显的声光报警装置，以提醒周围的操作人员，一旦发生故障，AGV 自动停车并进行声光报警，同时通过无线通信装置上报 AGV 调度控制系统。

为了确保运行环境中操作人员和设备的安全，障碍物接触式缓冲器设置在 AGV 车身的各个运行方向上。障碍物接触式缓冲器的材质的弹性和柔软性较好，当发生碰撞事故时，不会对与之发生碰撞的操作人员、设备及其自身造成较大伤害，并能及时使 AGV 停车；当碰撞事故处理完毕后，其还能自动恢复自身功能。障碍物接触式缓冲器是一种强制停车安全装置，它的触发条件是与其他物体相接触，并发生一定的变形，从而触动有关限位装置，最后强行使 AGV 断电停车。显然，这种装置的作用受路面的光滑平整度、整车及载货重量、运行速度、限位装置的灵敏度等因素的影响，其安全保护措施是终端安全保护。

非接触式避障传感器是障碍物接触式缓冲器的辅助装置，其一般先于障碍物接触式缓冲器发生避障作用。非接触式避障传感器是一种多级的接近检测装置，其可采用激光、红外线或超声波等方式在预定距离内检测障碍物。在一定距离范围内，非接触式避障传感器会使 AGV 降速行驶；在更近的距离范围内，它还会使 AGV 停车；当障碍物消失后，AGV 将自动恢复正常行驶状态，如图 6-17 所示。

图 6-11 中的 AGV 的安全保护装置采用三级障碍物检测与安全防护措施。AGV 四周分别安装有红外避障传感器和安全触边。红外避障传感器可在由一定发射角形成的扇形扫描区域内检测障碍物的距离，当障碍物入侵到第一安全防护边界时，AGV 开始减速并通过声光报警装置发出警告；当障碍物入侵到第二安全防护边界时，

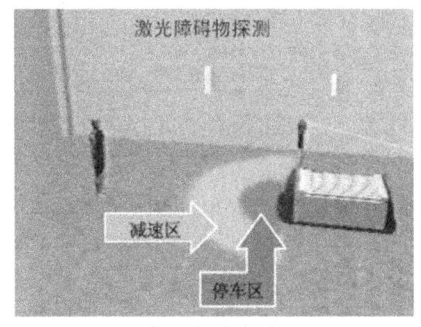

图 6-17 非接触式避障传感器

AGV 停止运动，并继续通过声光报警装置发出警告。此外，安全触边是对避障传感器障碍物探测能力的冗余安全备份，当避障传感器没有发现障碍物入侵第二安全防护边界，而安全触边却检测到碰撞发生时，AGV 立即停止运动，并通过声光报警装置发出警告，同时向 AGV 调度控制系统报告运行异常情况。

6．人机操控装置

人机操控装置用于操作人员就地（非远程）通过按钮（包括启动、急停等操作按钮）、开关向 AGV 发送控制指令，并通过 LED 液晶屏显示 AGV 的运行状态，以及显示剩余电量、当前任务、当前位置等状态数据。用户可通过人机操控装置来修改 AGV 的运行参数及切换不同的工作模式。

7．无线通信装置

操作人员除可利用人机操控装置就地向 AGV 发送控制指令之外，还可通过无线通信装置远程控制 AGV。无线通信装置主要实现 AGV 调度控制系统和 AGV 的双向数据收发，进而完成调度控制指令下发和 AGV 状态数据上报。

无线通信可分为连续和分散两种方式。连续通信方式允许 AGV 随时随地与 AGV 调度控制系统进行数据收发，如采用无线射频或无线局域网的方式。特别是利用 IEEE 802.11 标准组成无线局域网，其可利用 TCP/IP 协议保证数据链路层和传输控制层数据的正确收发，有利于保证无线通信过程的稳定可靠。分散通信方式只允许 AGV 在预定地点（通信点）与 AGV 调度控制系统进行数据收发，如在 AGV 的停泊站点，通过感应或红外线通信方式来实现 AGV 与其他物流输送设备的移载任务通信。分散通信方式的缺点是，当 AGV 在两个通信点之间发生故障时，其无法与 AGV 调度控制系统取得联系。

8．电源装置

电源装置包括为 AGV 运行提供电能的动力电池组、电量检测传感器、充电装置等。图 6-11 中的 AGV 的电源装置分为两部分：48V 电源为控制系统供电；48V 的电压通过 DC-

DC 直流调压模块分别提供 5V、12V、24V 的电源。其中，5V 电源为 ARM 车载控制器、输出 IO 扩展板、电量传感器和 DSP 供电，12V 电源为模拟摄像机供电，24V 电源为 ARM 车载控制器、蜂鸣器、避障传感器、碰撞传感器、电量检测传感器、继电器输出控制板和晶体管输出控制板供电；48V 电源直接为伺服驱动器供电，并通过 DC-DC 直流调压模块将电压降至 24V，再用 24V 电源为 LED 液晶屏、无线通信装置和变色车灯供电。

当电量检测传感器检测到车载电池组的电能下降到安全裕度以下时，AGV 在完成当前作业任务后，ARM 车载控制器将 AGV 的状态调整为充电任务状态，然后 AGV 停止接收作业任务，并自动运行到充电工位。充电操作分自动、人工和快速更换 3 种方式。自动充电是 AGV 在完成与充电站的自动对接后，通知充电站开始充电，并在充电过程中不断检测车载电池组的容量；当车载电池组充满电后，AGV 通知充电站关闭充电电源；在充电过程结束后，AGV 自动退出与充电站的对接状态，并返回正常工作状态。快速更换常采用可抽拉式的电池组，并通过人工方式进行快速更换。显然，这种方式可减少 AGV 的离线充电时间，能更充分地发挥 AGV 的工作效率。尤其在 AGV 非常繁忙的工作状态下，完成相同的工作可显著减少 AGV 的数量。

9. 装载装置

装载装置主要完成 AGV 与其他物流输送设备之间的物料交换，其分为装卸和移载两种形式。如果以高度方向上的升降运动为主，如叉车的货叉运动，那么称为装卸；如果以水平方向上的输送运动为主，如辊子输送台的滚筒输送，那么称为移载。然而，一般情况下也可不做严格区分，统称为移载。常见的 AGV 移载方式可分为被动移载和主动移载两种。

采用被动移载方式的 AGV 不具有完整的装卸功能，而是采用辅助装卸方式，即配合地面物料站的装卸装置进行自动装卸。常见的辅助装卸装置有辊道输送台和链式输送台，如图 6-18 所示。当 AGV 采用辊道输送台时，要求与 AGV 对接的地面物料站必须也带有动力辊道。当 AGV 停靠在地面物料站旁边时，AGV 与地面物料站的辊道进行对接，再同步动作以实现托盘移载。当执行装载任务时，AGV 的辊道先动作，随后地面物料站的辊道转动，托盘移载至 AGV 的辊道上；当执行卸载任务时，地面物料站的辊道先动作，随后 AGV 的辊道转动，托盘移载至地面物料站的辊道上。为保证 AGV 与地面物料站之间的协同动作，系统要求托盘标准一致、输送台高度相同、辊道移载速度吻合。

（a）辊道输送台　　　　　　　　　（b）链条输送台

图 6-18　采用被动移载方式的 AGV

采用主动移载方式的 AGV 具有完整的装卸功能，因此无须地面物料站的动作配合。常见的主动移载方式有升降式、推挽式、货叉式和机器臂式，如图 6-19 所示。升降输送台具有高度调节机构，如常见的剪刀叉式升降机构。地面物料站采用通过式货架，且位于 AGV 的运行路径上。托盘底面具有定位槽，当将托盘放在通过式货架上时，依靠两边与通过式货架两侧的 V 形槽进行定位。当执行装载任务时，AGV 在进入通过式货架前，先将升降输送台调到低位，再进入通过式货架，并在托盘正下方停车；然后，AGV 将升降输送台调到高位再启动，升降输送台上的定位销在托盘底面的定位槽中滑动，直到与定位槽末端的槽壁接触，随后开始牵引托盘离开通过式货架；最后，AGV 离开通过式货架，托盘从通过式货架移载到 AGV 的升降输送台。当执行卸载任务时，AGV 在进入通过式货架前，先将升降输送台调到高位，再进入通过式货架，并在定位点停车；然后，AGV 将升降输送台调到低位，升降输送台上的托盘依靠其两边与通过式货架两侧的"V"形槽导向滑入货架中，完成托盘从 AGV 到地面物料站的移载；最后，AGV 启动，离开通过式货架。主动移载方式常用于 AGV 少、装卸工位多的物流输送系统。

（a）升降式

（b）推挽式

（c）货叉式

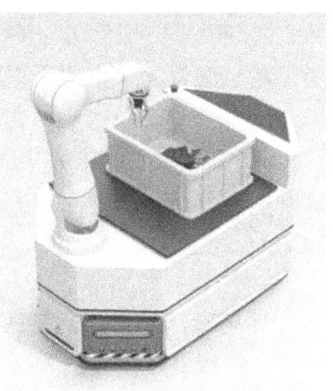
（d）机械臂式

图 6-19 采用主动移载方式的 AGV

为保证能够顺利移载，AGV 必须精确停车才能与地面物料站进行自动对接。当采用手工方式拣选货物时，对 AGV 的停车精度要求较低，只要定位误差不大于 ±10mm 即可；当采用自动托盘进行移载，特别是要与工业机器人对接时，则要求 AGV 精确停位，定位误差一般要小于 ±0.1mm。另外，采用机械臂抓取工件的主动移载式 AGV 本质上是一种移动机械臂，其灵活性好，能完成精细抓取操作，是一种很有发展前途的复合输送移载装置。

第三节 感知和导引

为实现自动或自主移动，AGV 必须具有完善的感知能力，以获取自身运行状态和周围环境信息，并识别周围环境中预先布置的导引标识或自然存在的环境特征，再通过导引标识跟踪或自主路径规划，寻找一条从当前位置到目标位置的无碰优化路径。因此，下面主要介绍 AGV 感知和导引技术。

一、AGV 感知

传感技术将具有某种物理表现形式的信息转变为计算机能够处理的电信号，这是机器人感知自身运行状态和周围环境信息的主要手段。根据感受对象的不同，传感器可分为本体感受式传感器（如测量电机速度、轮子负载和电池电压等）和外部测量式传感器（如测量距离和姿态等）。根据工作模式，传感器又分为被动传感器（如 CCD 摄像机）、限位传感器和主动传感器（如光电编码器、超声波传感器和激光测距仪等）。

AGV 常用的传感器：在电机内部或轮轴上测量角速度和位置的旋转编码器；测量相对惯性空间旋转角度或角速度的陀螺仪；测量相对地磁场方向偏转角度的磁罗盘；测量绝对位置的全球定位系统（GPS）；检测物体距离的超声传感器和激光测距仪；面向目标识别、定位与导航、特定目标跟踪、运动估计、视觉伺服和三维环境感知的多用途视觉传感器（如 CCD 摄像机）。

传感器的选择主要考虑 AGV 的使用环境、环境信息的类型及获取方式。不同传感器具有不同的检测能力和性能指标，如动态范围、分辨率、线性度、带宽、灵敏度、准确度和精确度等。为了提供准确完整的信息，多传感器测量系统成为 AGV 的首选，其通过多种不同类型或多个同类型的传感器来获取时间或空间上冗余与互补的信息，并根据一致性原则进行融合，形成对外部环境特征的统一表示，从而提高了传感器系统的探测精度和稳健性，增强了 AGV 的环境感知能力。因此，多源信息融合是 AGV 感知技术的一个研究热点。

二、AGV 导引

移动机器人导航指在具有障碍物的环境中，按时间最优、路径最短或能耗最低等约束条件，实现从当前位置到目标位置的无碰运动。美国麻省理工学院的 Hugh Durrant-Whyte 认为，移动机器人导航应该解决 3 个问题："我在哪里（Where am I）""我要去哪里（Where am I going）""怎么去（How should I go there）"。其中，第一个问题是定位问题，可通过传感器检测到的环境信息来获取移动机器人在空间中的位置和方向；第二个问题是任务规划问题，可通过任务规划确定移动机器人的目标位置；第三个问题是路径规划和控制问题，可通过处理传感器获取的信息并建立局部或全局环境模型，来寻找一条从当前位置到目标位置的无碰优化路径。

作为一种工业用轮式移动机器人，AGV 之所以能在工业领域稳定运行，很大程度上是因为其导引单元成功采用了具有先验知识的结构化环境，并在操作过程适应了自动化要求的策略。通过结构化环境可获得支持 AGV 导引的环境基础设施，如通过交流电流的感应电缆、产生磁场的磁条/磁钉、与地面形成对比的色带、反射激光束的反射板等。

根据 AGV 在导引过程中采用的运行路径形式，AGV 导引方式可分为固定路径导引和自由路径导引两大类。固定路径导引是在 AGV 的运行路径上设置用于导引的信息媒介或标识。如果导引标识是一条连续的信息媒介，那么该导引方式称为线路导引，如电磁感应导引、磁条导引、反光条导引、色带导引等。如果将线路导引中每条连续的线分割为不连续的线段（由标识点发射），那么可得到所谓的栅格导引，如磁钉导引、RFID 标签导引和二维码导引。如果 AGV 导引不限于固定路径，即 AGV 可自由偏离系统预先定义的导引路径，甚至 AGV 可在线自主规划其运行路径，那么该导引方式称为自由路径导引，如激光反射板导引、惯性导引等。

1. 电磁感应导引

电磁感应导引是最早出现的一种 AGV 导引方式。在部署 AGV 系统时，在 AGV 的运行路径经过的地面上开挖一条宽 5mm、深约 15mm 的沟槽，并在沟槽中铺设导引线。在导引线中通以低频（≤15kHz）、低压（≤40V）和小电流（≤300mA）的交流电。根据电磁感应定律，导引线的周围将产生环形交变磁场，且离导引线越近，磁场强度越大，如图 6-20 所示。

AGV 上安装有位于导引线两侧的两个电磁传感器（感应线圈）。当电磁场通过感应线圈时，会在感应线圈两端输出感应电压，感应电压的大小与磁场强度成正比。如果导引线位于两个电磁传感器的中间位置，两个感应线圈输出的感应电压大小相同，那么 AGV 不改变方向仍保持直线行驶。如果导引线偏离两个电磁传感器的中间位置，那么一侧的感应电压高，另一侧的感应电压低，两侧感应电压之差形成引导 AGV 转向的电信号。感应电压差的正负表示 AGV 的左右转向，感应电压差的大小决定转向控制量的大小。

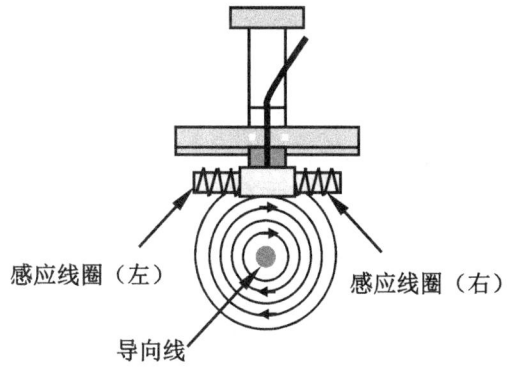

图 6-20 电磁感应导引

电磁感应导引又分为单频制和多频制两种方式，单频制是在所有运行路径的导引线内通以一种频率的电流，而多频制则是在不同运行路径的导引线内通以不同频率的电流，并通过不同频率的电流来识别不同的运行路段，这有利于采用频率选择法完成 AGV 的路径选择控制。当 AGV 运行到多条路段的交叉路口时，先根据目标路段的电流频率进行导引信号的选择，再跟踪相应频率的电磁信号进入目标路段。当采用多频制导引方式时，相邻路段需要有不同的频率,因此至少要有两种以上的电流频率。这种方法简单实用,调试完毕后可靠耐用。

如果采用单频制导引方式,那么 AGV 的路径选择控制可采用路径开关选择法。该方法通常将导引线路分成几个部分,然后通过路径选择开关的断开与闭合,并确定导引回路的组合。虽然 AGV 的导引线路可能有多种回路组合,但当 AGV 运行到交叉路口时,只有一个导引回路接通,其余都不通。因此,通过路径控制开关的选择,只需使用一种频率的导引电流,即可决定 AGV 通过交叉路口后的下一段运行路径。在 AGV 目标路段的选择过程中,路径开关是由地面工作站控制器进行控制的。与频率选择法相比,路径开关选择法的布线复杂,成本较高,而且可靠性低,维护工作量大。

电磁感应导引具有整洁、安全、易控制、停位精度高等优点,但铺设导引线的工作量大且难以改变运行路径,而且容易受周围铁磁体的干扰。另外,在选择导引电源的参数时,应考虑两个问题:一是抗干扰性;二是灵敏度。目前,导引电源采用正弦波振荡器,其低频有利于抗干扰。

2. 磁条导引

与电磁感应导引不同,磁条导引无须在 AGV 的运行路径经过的地面上开挖沟槽,而是直接将磁条粘贴在地面上。磁条导引的原理与电磁感应导引的原理类似,也是利用磁传感器检测地面上铺设的磁条,从而计算 AGV 偏离预定运行路径的侧向距离偏差,如图 6-21(a)所示。

磁传感器安装在 AGV 车体前方的底部,距离磁条表面 10~30mm,磁条宽度为 30~50mm,磁条厚度为 1mm。图 6-21(a)中的磁传感器具有 7 个磁信号采样点,能够检测出磁条上方 100Gs 以下的微弱磁场,且每一个采样点都有一路开关量信号对应输出,当采样点采集到磁场信号时,该路信号输出低电平;当采样点没有采集到磁场信号时,该路信号输出高电平。

当 AGV 在预定路径上运行时,磁传感器内部垂直于磁条上方的连续 1~3 个采样点会输出信号,如图 6-21(b)所示。根据输出磁信号的采样点位置,可判断磁条相对于 AGV 磁传感器的偏离程度。当 AGV 的行驶轨迹与运行路径一致时,由于此时磁传感器正好处于磁条的上方,磁传感器正中间附近的采样点测得的磁感应强度最大,因此输出低电平信号。AGV 的车载控制器通过 I/O 输入电路检测这些开关量信号,并判断 AGV 当前位于运行路径上方,车载控制器无须进行纠偏控制,AGV 保持原行驶轨迹运行。当 AGV 的行驶轨迹偏离运行路径时,输出磁信号的采样点位置不再处于磁传感器中间,此时触发车载控制器进行纠偏控制。

需要注意的是,图 6-21(a)中的磁传感器输出的侧向偏差信号是离散的开关量信号。磁传感器的量程和精度取决于其内置的采样点的数量与相邻采样点的间距,提高采样点数量可增大磁传感器的量程;减小相邻采样点的间距可提高磁传感器的精度。

如前所述,电磁感应导引是通过频率选择法或路径开关选择法来完成路径选择控制的,而磁条导引可借助站点识别技术。该技术利用 N 极和 S 极的磁块地标编组来实现站点编码,如图 6-22 所示。为了防止磁条与磁块地标编组之间的磁信号相互干扰,磁块地标编组布置在距离磁条一定侧向距离的区域,并分别采用两个磁传感器(导引传感器和地标传感器)读取导引偏差和站点编码。当 AGV 运行到多条路段的交叉路口时,根据交叉路口的站点编码和下一段目标路径，AGV 可自主决定跟踪左侧或右侧的磁信号。

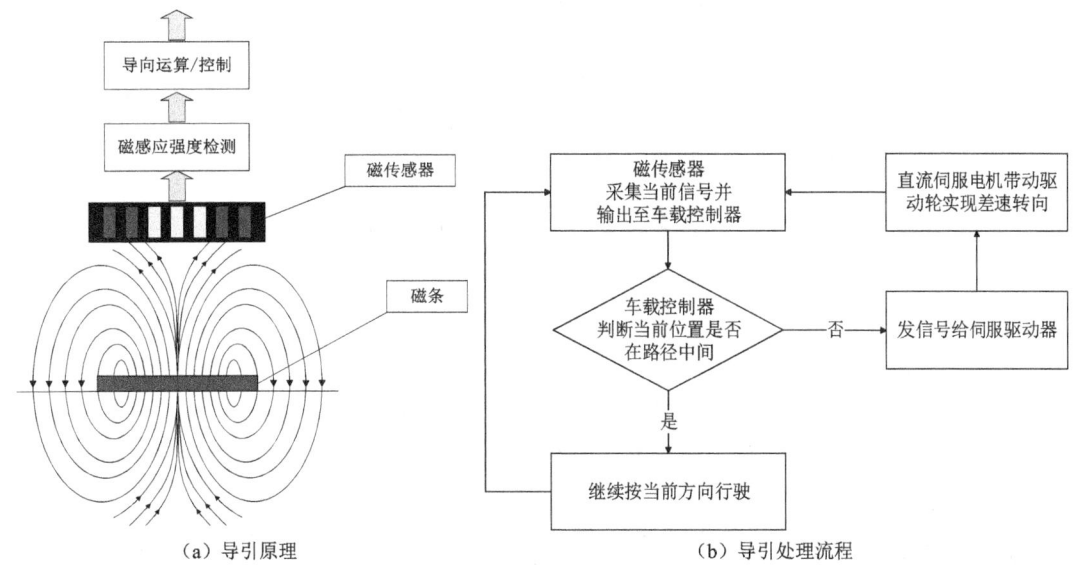

(a) 导引原理　　　　　　　　　　　(b) 导引处理流程

图 6-21　磁条导引

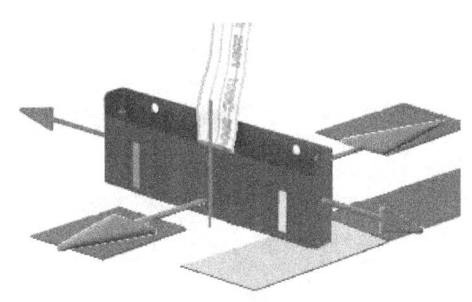

图 6-22　磁块地标编组

由于无须在地面上开挖沟槽，因此磁条导引铺设导引线的工作量大大减少；由于是将磁条粘贴在地面上的，因此磁条导引改变运行路径相对容易。然而，磁条位于地表，容易因遭受 AGV 或其他车辆的碾压而损坏，所以可靠性不高，且容易受周围铁磁体的干扰。

3. 反光条导引

反光条导引是将具有光反射功能的金属带（如铝带）沿 AGV 预定的运行路径粘贴在地面上，或者在地面上喷涂可反光的荧光漆带等。AGV 上安装有某种发射光源和一对光检测传感器，如图 6-23 所示。AGV 的发射光源发出的光线照射到金属带上，通过金属带的反射使光检测传感器接收到反射光。如果 AGV 偏离了预定路径，那么两光敏元件检测到的光强信号不同；然后经过光电转换电路，将光信号转化为电信号；再将两侧的电信号进行放大、比较，并将电信号偏差值反馈给伺服驱动单元，以控制 AGV 朝预定路径转向，从而消除光检测传感器测量的路径偏差。这种导引方式可能会受到周围光线的影响，一般通过在光检测传感器上增加滤光镜来减小周围光线的干扰，以提高反光条导引的精度。

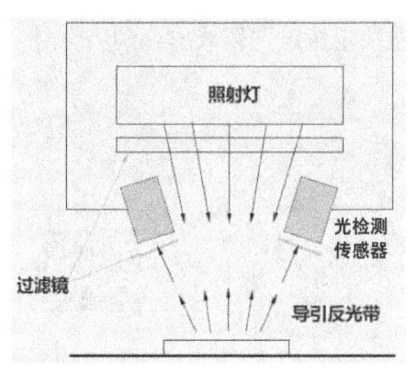

图 6-23 反光条导引

另一种抗光干扰的方法是,在地面喷涂的漆带中添加荧光粉,AGV 的紫外光源通过旋转棱镜不断扫描地面的预定路径,激发漆带中的荧光粉发射出光谱独特的导引光线,并通过光检测传感器接收导引光线。漆带中心的光信号强度最大,向两侧光信号强度开始减弱,因此可根据光信号强度的差值进行 AGV 的转向控制,以保证导引跟踪的路径准确。

与电磁感应导引相比,反光条导引由于无须在地面上开挖沟槽,因此具有路径设置、更改和扩展简单方便,且无须耗费能源激发电磁感应磁场的优点。然而,反光条位于地表,容易因受到 AGV 或其他车辆的碾压而损坏,所以可靠性不高,且容易受周围光线的干扰。

4. 激光反射板导引

与上述 3 种导引方式相比,激光反射板导引并不涉及在 AGV 运行路径上安装导引标识,而是在墙壁或货架上安装激光反射板,并预先在全局坐标系中标定激光反射板的精确位置。在 AGV 顶部安装一个可以一定频率 360°旋转扫描的激光雷达,激光雷达发射的激光在到达激光发射板后会进行反射,并返回 AGV 激光雷达的接收装置,如图 6-24 所示。

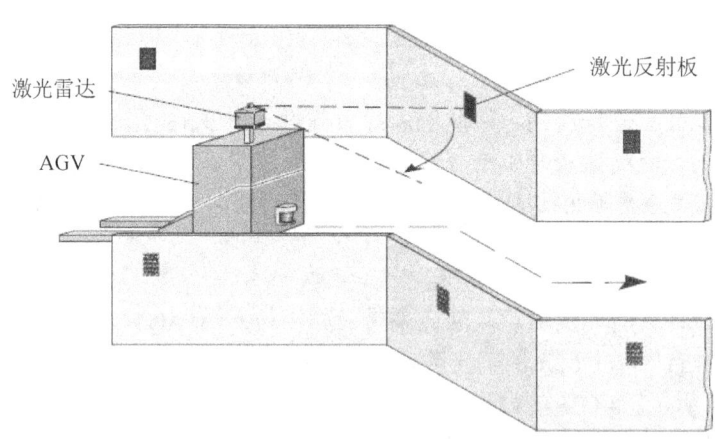

图 6-24 激光反射板导引

由于激光的传播速度远高于激光雷达的旋转扫描速度,因此激光雷达可识别不同位置的激光反射板反射的激光,并测量出每个激光反射板与 AGV 前进方向之间的夹角,如图 6-25 所示。如果 AGV 可检测到 3 个或 3 个以上的不同激光反射板(位置已知),那么基于三角测距原理,可确定 AGV 当前的位置和方向。假设点 P_1、P_2 和 P_3 为不共线的 3 个激光反射板,

其坐标分别为 (x_1, y_1)、(x_2, y_2) 和 (x_3, y_3)。点 P 为 AGV 的位置，其坐标为 (x, y)。

点 P 位于通过点 P_1 和 P_2 的圆上，圆心为点 M_1，坐标为 (x_{M1}, y_{M1})，半径为 R_1，圆心角为 $\Phi_{12} = \varphi_2 - \varphi_1$；并且，点 P 位于通过点 P_2 和 P_3 的圆上，圆心为点 M_2，坐标为 (x_{M2}, y_{M2})，半径为 R_2，圆心角为 $\Phi_{23} = \varphi_2 - \varphi_1$。假设两个圆心的距离为 L，则这些夹角、圆心角和距离在

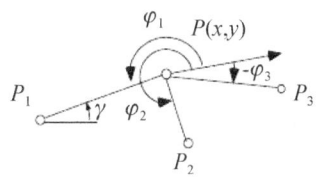

图 6-25 AGV 与激光反射板的位置关系

测量坐标系进行旋转变换时具有旋转不变性。因此，AGV 坐标系中点 P 的坐标为

$$\begin{cases} x = \dfrac{R_1^2 - R_2^2 + L^2}{2L} \\ y = \sqrt{R_1^2 - x^2} \end{cases} \quad (6\text{-}1)$$

通过坐标变换，将点 P 的坐标从 AGV 坐标系变换到全局坐标系，从而获得 AGV 的全局位置。最后，根据目标位置，通过离线或在线路径规划来确定 AGV 的运行路径，而无须在地面上采用物理地标来预先标识 AGV 的运行路径。因此，激光反射板导引可采用计算机内存储的虚拟运行路径或在线规划路径，其是一种 AGV 的运行不限于固定路径的自由路径导引方法。

5．惯性导引

惯性导引是通过陀螺仪和加速度计来测量 AGV 在惯性坐标系的角加速度和线加速度的，将角加速度和线加速度对时间积分，获得 AGV 的速度和里程，并进行坐标变换，获得 AGV 在全局坐标系中的速度和偏航角，再通过航迹推算来获得 AGV 的全局位置，最后根据目标位置，通过离线或在线路径规划来确定 AGV 的运行路径。

与激光反射板导引相比，惯性导引也无须在地面上采用物理地标来预先标识 AGV 的运行路径，是一种自由路径导引方法。然而，由于航迹推算是通过累计来获得位置和方向信息的，因此在短期内导航精度较高，但导航误差随时间延续不断增大，且车轮与地面存在打滑现象，会产生更大的误差积累，所以需要采用其他定位技术周期性地纠正位置误差，如在 AGV 的运行路径上每隔一段距离设置位置已知的地标。这种每隔一段距离在路面下嵌入磁钉，或者在路面上布置 RFID 标签或二维码标签的方式，可视为对线路导引中连续导引线的离散化。这种离散的标识点导引又称为栅格导引。如果栅格导引中离散的标识点从一维扩展至二维，那么 AGV 在运行路径方面的灵活性比线路导引更高，如用于"货到人"拣选方式的仓储 AGV［见图 6-3（a）］。

三、视觉导引

基于视觉的 AGV 导航具有多种方式，根据摄像机安装的位置可分为在环境空间安装固定摄像机的全局视觉导航方式和在 AGV 上安装车载摄像机的局部视觉导航方式，后者根据视觉地标的设置属性又可分为基于图像匹配的自然地标视觉导航和基于图像识别的人工标线视觉导航。自然地标视觉导航可分为人工导引建图与自动建图（同时定位和建图）两种方式。在人工导引示教阶段，AGV 运行路径上的图像经过摄像机采样并提取图像中的视觉特征，如

尺度不变特征变换（Scale-Invariant Feature Transform，SIFT）、加速稳健特征（Speeded Up Robust Features，SURF）和 ORB（Oriented fast and Rotated Brief）特征。通过特征提取形成导航地图的自然特征，并存储为一组有序的图像特征地图。在 AGV 自主导航阶段，通过摄像机提取 AGV 运行路径上的图像特征，并与图像特征地图中的已有特征进行特征匹配，同时对匹配成功的两幅图片进行配准计算，从而确定 AGV 的当前位置。该方法不要求设置任何物理路径，在理论上具有最佳的柔性。然而，自然特征的采集、提取和匹配受到环境光照、摄像机参数、视点位置、描述方法等多种因素的影响，因此 AGV 的定位精度和可靠性还需要进一步提高，详细研究内容可参考本书第七章。

1. 色带视觉导引原理

与电磁感应导引类似，属于线路导引的人工标线视觉导引是工业领域应用相对成熟的方法。色带视觉导引是在 AGV 运行路径经过的地面上铺设与地面反差较大的色带，以作为 AGV 导引的人工标线。同时，在 AGV 上安装用于识别色带的车载摄像机，其安装方式包括垂直安装和倾斜安装两种。在垂直安装时，由于摄像机进光角度垂直于地面，在摄像机视野内，垂直于地面照射的光源种类较少，因此垂直安装在一定程度上可减少外界光源对视觉导引的干扰。然而，该方式极易产生高光现象，且大大缩小了视野范围，限制了 AGV 的导航预测能力。在倾斜安装时，AGV 的视野范围较大，可获取丰富的导引地标信息，有利于提高 AGV 的导航预测能力和系统运行可靠性，如图 6-26 所示。然而，该方式极易受到外界光源的干扰，并且在不同位置时，AGV 的视野中可能产生随机的高光和阴影区域。

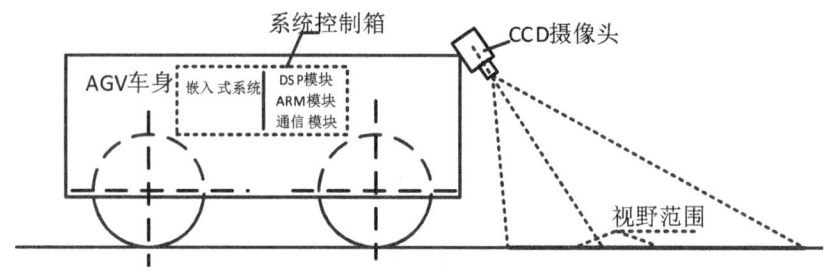

图 6-26 色带视觉导引示意图

色带视觉导引是利用摄像机系统动态地获取色带图像的，其通过一系列图像处理与视觉测量算法来计算路面导引路径与 AGV 控制中心（AGV 车身中心坐标）的相对位姿，包括 AGV 车身与导引路径之间的相对角度偏差 e_θ 和侧向距离偏差 e_d，如图 6-27 所示。在图 6-27 中，xOy 为世界坐标系，$X_{AGV}CY_{AGV}$ 为 AGV 坐标系，C 表示 AGV 的控制中心。色带视觉导引的优点是无须考虑图像的景深，只需识别地面色带的二维图像，因此极大地提高了图像处理的实时性。

色带视觉导引涉及的视觉识别算法主要包括图像预处理和轮廓中心线提取，如图 6-28 所示。其中，图像预处理包括畸变校正、图像滤波、光照补偿及图像分割等，有效的图像预处理是精确提取路径轮廓的前提。轮廓中心线提取主要包括直线拟合、曲线拟合及位姿测量等。

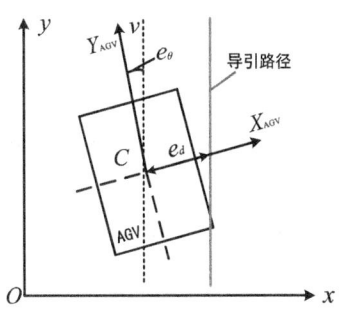

图 6-27　AGV 相对位姿测量示意图

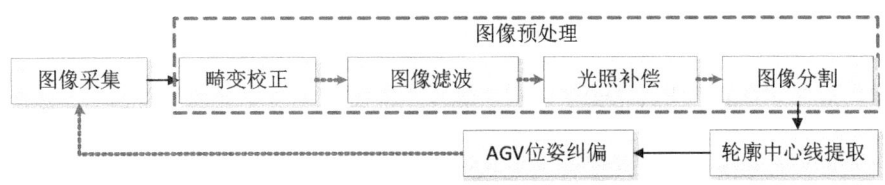

图 6-28　色带视觉导引基本流程

（1）畸变校正。当摄像机倾斜安装时，视觉导引系统主要存在两种畸变现象，一种是广角相机的筒形畸变，属于径向畸变，指图像中像素点由理想位置沿着镜头透镜半径方向发生正负偏移，从而产生像素点在几何位置上的误差，致使图像失真的现象，如图 6-29 所示。径向畸变主要是由镜头表面部分在径向曲率的变化存在缺陷造成的，像素点的径向负向位移即筒形畸变。图像的筒形畸变使光轴径向半径较大位置的点出现拥挤现象，且成像比例减小，即距离光心越远，径向偏移量越大，从而产生的畸变程度越大。另一种是由摄像机的倾斜安装产生的梯形畸变，如图 6-30 所示。图像的畸变会导致被识别目标的几何尺寸发生变化，从而影响目标测量的精度。为精确提取导引路径，图像的畸变校正是必要步骤，可采用联合矫正方式，根据 Tsai 提出的畸变模型进行失真畸变校正。

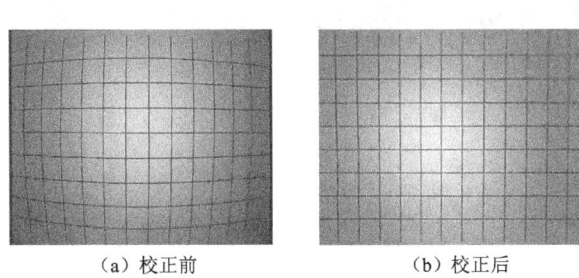

图 6-29　径向畸变

图 6-30　梯形畸变

（2）光照补偿及图像分割。图像分割的目的是将图像中的目标与背景区分开。图像分割是实现目标检测的关键步骤，分割的效果直接影响目标识别的准确性。常用的图像分割算法有迭代最优阈值、最大类间方差（Otsu）、固定单阈值及固定多阈值等。由于摄像机在倾斜安装时极易受到外界光源的干扰，因此 AGV 的视野内存在不可控光照变化情况，可能会使每一帧图像中包含不同情况的光照条件，所以目标呈现不同的特性，无法直接使用传统的阈值分割算法，必须深入研究不同光照条件下的图像表现的特性，同时采取有效的解决方法，以达到较好的分割效果，为后续路径识别提供较好的条件。

（3）轮廓中心线提取。色带视觉导引通过识别地面色带作为 AGV 的导引路径。该识别对象为结构型目标，一般识别过程包括图像边缘检测、轮廓中心线提取、直线拟合及曲线拟合等。常用的边缘识别方法包括 Canny 算子、Sobel 算子、联通区域检测等。常用的直线拟合、曲线拟合算法有最小二乘法、Hough 变换及基于曲率角的曲线拟合等算法。

2. 复杂光照下的图像预处理

下面以南京航空航天大学研制的一款 AGV 视觉导引系统为例，讲述在复杂光照条件下地面色带的图像预处理过程。该视觉导引系统以水磨石地面上设置的蓝色色带为导引路径。在 AGV 运行过程中，车载摄像机在采集导引路径图像时需依靠视觉照明系统提供光照条件。

1）复杂光照下的色带图像

在 AGV 运行环境中，不同地点的光照条件可能不断发生变化，并可能存在地面反光、强光照、暗阴影及光照突变等各种复杂光照干扰现象，它们会严重影响车载摄像机采集的导引路径图像的质量。例如，在不同地点、时间和照明光源（包括车载 LED 光源、室内白炽灯和自然光）的环境中，车载摄像机采集的导引路径图像呈现不同的效果，如图 6-31 所示。导引路径图像按照光照情况可以分为两类：一类是因光照不足出现的图像局部亮度值低，细节模糊无法辨认，如图 6-31（d）所示的暗阴影区域；另一类是物体表面发生反光，出现高光现象，导致图像原始信息丢失且难以提取，如图 6-31（c）所示的高亮光区域。

(a) 车载 LED（22:00）

(b) 车载 LED+室内白炽灯（22:00）

(c) 车载 LED+白炽灯+自然光（10:00）

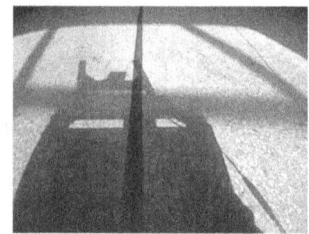
(d) 车载 LED+白炽灯+自然光（12:00）

(e) 车载 LED+白炽灯+自然光（15:00）

图 6-31 复杂光照条件下的导引路径图像

本节所指的复杂光照条件指由高亮光与暗阴影的随机出现导致的图像照度及其区域分布的不规则动态变化。随着不同地点、时间的复杂光照的动态变化，地面背景与导引路径的颜色特征也发生显著变化，从而路径识别算法的精确性和可靠性受到很大影响。为了保证视觉导引系统的稳定性，有必要对复杂光照条件下的地面色带提取问题进行深入研究。

2）色带识别算法

为了消除复杂光照动态变化对导引路径图像质量的影响，下面讲述一种光照自适应的色带识别算法，如图 6-32 所示。针对作为导引路径的地面蓝色色带，AGV 采用彩色模拟 CCD 摄像机获取逐行倒相（Phase Alternating Line，PAL）制式的模拟信号，经视频解码器解码，输出 8 位 YCbCr 格式的彩色图像到 DSP，图像分辨率为 640 像素×480 像素。

首先，研究光照照度与图像亮度分量的关系，并通过统计复杂光照条件下的导引路径图像的色彩分布，建立光照色彩模型。其次，根据光照色彩模型确定图像亮度分量 $Y(x,y)$ 的两个阈值 T_1 和 T_2，并据此将导引路径图像划分为低照度区域、高亮光区域和正常照度区域。再次，将低照度区域的图像从 YCbCr 色彩空间转换到 RGB 色彩空间，根据光照色彩模型选取标准照度对应的图像亮度分量，并进行图像增强，再将其转换到 YCbCr 色彩空间；在高亮光区域，根据光照色彩模型对蓝色色度与红色色度的分量进行差分运算，从而获得差分色度图像。最后，采用 Otsu 阈值分割算法，分别提取低照度区域和高亮光区域的导引路径；采用固定单阈值分割方法，提取正常照度区域的导引路径，实现具有光照适应性的图像分区阈值分割方法，同时兼顾处理方法的时间复杂度。

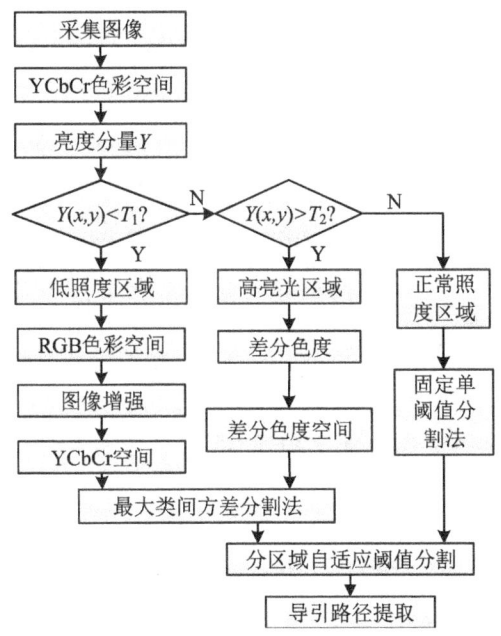

图 6-32　光照自适应的色带识别算法流程

3）光照色彩模型

根据照明光学的基本原理，视觉传感器的相对照度与图像亮度分量的关系仅与增益项和曝光时间有关。对于某一选定的 CCD 摄像机，其增益项和曝光时间是固定的，因此视觉传感器的相对照度与图像亮度分量存在一定线性关系。秦莉等通过标定系统测得场景点实际照度与视觉传感器上相对照度之间的关系，即

$$E = \frac{a}{tg_v}Y + b \qquad (6-2)$$

式中，E 为相对照度；Y 为图像亮度分量；t 为曝光时间；g_v 为模拟电路前端增益放大器的增益；a 和 b 为标定系数，其值取决于发光表面与摄像机之间的距离。在实际应用中，摄像机一般是固定安装的，其到地面的距离保持不变，a 和 b 均可看成固定值。

为了验证上述理论，采用彩色模拟 CCD 摄像头，通过采集不同照度条件下的色带图像，利用照度计测量光心位置实际照度值 E，并计算图像对应光心位置处的亮度分量 Y。亮度分量与照度的关系曲线如图 6-33 所示。在实验过程中，照度条件为 0~1100lx，由图 6-33 可知，当图像亮度分量为 50~255 时，其对应的照度条件为 0~900lx，在此区间内，图像亮度分量与摄像机视野内的照度存在近似线性相关关系。因此，可利用图像亮度分量对图像照度进行评定，并研究图像色彩随图像亮度分量变化而呈现不同特性，而无须考虑成像系统中复杂的反射系数等。

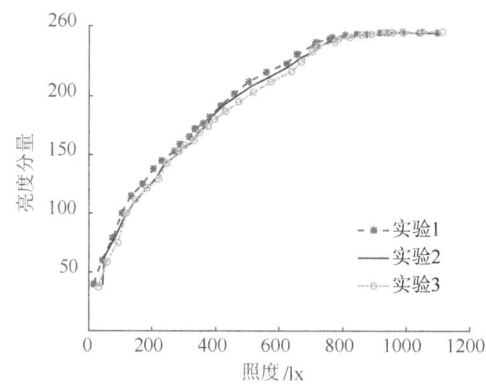

图 6-33　亮度分量与照度的关系曲线

在车载摄像机采集的 YCbCr 格式的导引路径图像中，蓝色色带与地面背景的蓝色色度分量（Cb）差异较大，且 Cb 对光照有一定的聚类特性，易于路径提取，因此可直接在 YCbCr 色彩空间对路径图像进行识别。为了研究复杂光照条件下图像的色彩特性，采集不同光照条件下的路径图像 300 幅，在 YCbCr 色彩空间，针对每一幅图像的地面背景和导引路径部分，选取光照不均匀区域的像素点，分别统计其色度分量 Cb 和 Cr 与亮度分量 Y 的相关分布，其结果如图 6-34 所示。在图 6-34 中，数据变化趋势反映了色度分量与图像亮度分量的相关程度。

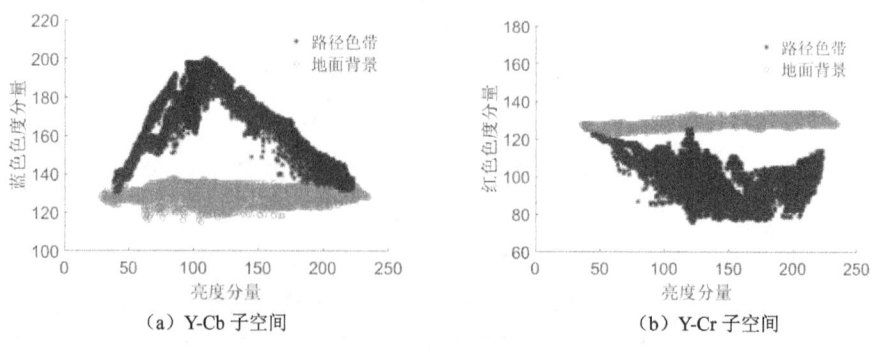

图 6-34　光照色彩模型

由光照色彩模型可知，导引路径的蓝色色度分量基本大于地面背景，导引路径的红色色度分量基本小于地面背景；地面背景的蓝色色度分量和红色色度分量基本处于110～140区间段；随着图像亮度分量的变化，蓝色色度分量和红色色度分量呈现不同的变化趋势，但仍存在一定的聚类特性。分析路径图像 Y-Cb 子空间分布图可知，亮度分量在 35～55 区间段及 180～230 区间段对应的照度条件下，导引路径与地面背景的蓝色色度分量均较接近，因此不易提取路径特征；在亮度分量在 55～180 区间段对应的照度条件下，导引路径与地面背景的蓝色色度分量存在明显差异。分析路径图像 Y-Cr 子空间分布图可知，在亮度分量大于 145 的区间段对应的照度条件下，导引路径与地面背景的红色色度分量存在明显的差异；在亮度分量小于 145 的区间段对应的照度条件下，两者的红色色度分量相近。因此，将路径图像的亮度分量在 35～55 区间段对应的照度条件定义为低照度，将路径图像的亮度分量在 180～230 区间段对应的照度条件定义为高亮光，将路径图像的亮度分量在 55～180 区间段对应的照度条件定义为正常照度，从而将 55 和 180 这两个亮度分量作为各照度区域划分的阈值。

4）图像照度分区

一帧图像中可能包含高亮光区域、低照度区域及正常照度区域，且在不同区域，目标图像表达不一致会导致路径无法完整提取，从而路径视觉识别结果出现较大误差。针对此问题，下面提出一种基于光照色彩模型和支持向量机（Support Vector Machine，SVM）的自适应图像照度动态分区方法。根据上文所述，图像按照照度分为三类区域，因此该问题为三分类问题。融合一对剩余（One Versus Rest，OVR）与 SVM 方法，构建多类 SVM 分类算法，对图像进行自适应图像照度动态分区，主要包括样本准备、离线训练和测试 3 个步骤，如图 6-35 所示。

图 6-35 SVM 分类流程

（1）样本准备：样本采集、样本分类、样本标签设置。首先从 300 幅复杂光照路径图像中选取正负样本，并对正负样本进行区分，然后设置对应标签。

（2）离线训练：关键在于特征向量的选取，首先根据对样本图像特性的分析结果，选取合适的特征属性，并构建特征向量，然后对样本进行离线训练，以获取分类器。

（3）测试：分别使用训练样本和测试样本对分类器进行准确度测试。

根据复杂光照条件，将图像照度区域分为 3 类，设暗阴影区域中低照度像素为 C1 类，正常照度区域中正常照度像素为 C2 类，高亮光区域中高照度像素为 C3 类，并设置图像照度区域标签，如表 6-1 所示。

表 6-1 图像照度区域标签

照度区域标签	照度区域类型
C1	低照度区域
C2	正常照度区域
C3	高亮光区域

SVM 主要用于解决二分类问题，对于 k 分类问题，传统的 OVR 方法需要构造 k 个分类器，并将每一类与其他 $k-1$ 类构成二分类问题，最终的分类输出是分类器输出值最大的那一类。这里为三分类问题，在应用 OVR 方法时只构造两个分类器，以减少后续算法的复杂性，

其主要思路：将 C1 和 C2、C2 和 C3 分别合并为等价类 C12 和 C23，再分别将 C12 和 C3、C23 和 C1 归为两个二分类问题，构造两个分类器。第一子分类器根据其输出值 $f_1(x)$ 将待分类的像素照度分为两类，输出值 $f_1(x)=1$ 的像素属于 C12 类，输出值 $f_1(x)=-1$ 的像素属于 C3 类；第二子分类器根据其输出值 $f_2(x)$ 将待分类的像素照度分为两类，输出值 $f_2(x)=1$ 的像素属于 C23 类，输出值 $f_2(x)=-1$ 的像素属于 C1 类。

当 $f_1(x)=1$ 且 $f_2(x)=-1$ 时，待分类的像素属于 C1 类的低照度像素；当 $f_1(x)=-1$ 且 $f_2(x)=1$ 时，待分类的像素属于 C3 类的高照度像素；当 $f_1(x)=1$ 且 $f_2(x)=1$ 时，待分类的像素属于 C2 类的正常照度像素；当 $f_1(x)=-1$ 且 $f_2(x)=-1$ 时，待分类的像素属于不可分像素。分类结果及标签设置如表 6-2 和表 6-3 所示。对于不可分像素，根据上述色带图像的光照色彩模型，若其亮度分量 Y 小于初始分区阈值 $T_1=55$，则该像素属于低照度像素；若其亮度分量 Y 大于初始分区阈值 $T_2=180$，则该像素属于高照度像素；否则该像素属于正常照度像素。

表 6-2　初分类决策函数值与分类结果对应表

训练样本类型	决策函数	分类函数值	分类结果
C12 和 C3	$f_1(x)$	1	C1/C2
		-1	C3
C23 和 C1	$f_2(x)$	1	C2/C3
		-1	C1

表 6-3　决策函数值与分类结果对应表

$f_1(x)$	$f_2(x)$	分类结果
1	-1	C1
1	1	C2
-1	1	C3
-1	-1	—

针对色带图像中任一像素 $p(i,j)$，选取其亮度分量 $Y(i,j)$、邻域平均亮度 $\overline{Y}(i,j)$、亮度分量与蓝色色度分量之比 $K(i,j)$ 组成该像素的照度特征向量 $\boldsymbol{x}_{i,j}$，即

$$\overline{Y}(i,j)=\frac{1}{2a+1}\sum_{n=i-a}^{i+a}\sum_{m=j-a}^{j+a}Y(n,m) \tag{6-3}$$

$$K(i,j)=\frac{Y(i,j)}{\text{Cb}(i,j)} \tag{6-4}$$

$$\boldsymbol{x}_{i,j}=\begin{bmatrix} Y(i,j) & \overline{Y}(i,j) & K(i,j) \end{bmatrix}^{\text{T}} \tag{6-5}$$

选取训练样本：高照度样本点数为 50，低照度样本点数为 50，正常照度样本点数为 80，样本总数为 180，特征向量维数为 3。图 6-36 为复杂光照条件下导引路径图像的自适应照度动态分区的结果。图 6-36（a）为带高亮光的导引路径图像，经过阈值分割和连通区域检测得到如图 6-36（d）所示的高亮光区域。图 6-36（e）为带暗阴影的导引路径图像，处理后得到的低照度区域如图 6-36（h）所示。

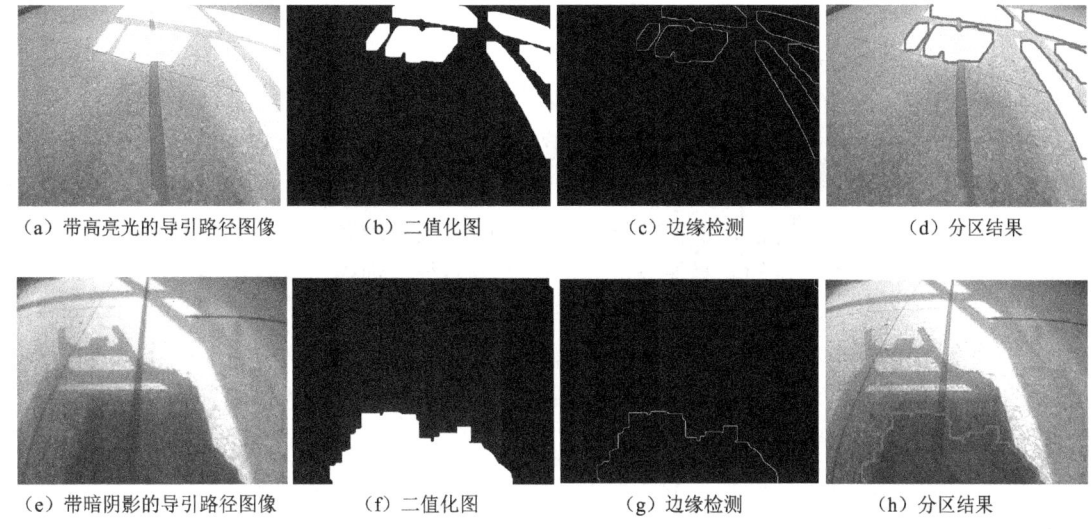

图 6-36 图像分区结果

5）暗阴影区域增强

在如图 6-34 所示的光照色彩模型中，对于暗阴影或照度低导致的低照度区域，导引路径与地面背景（无论是蓝色色度分量还是红色色度分量）较为接近，因此难以正常提取图像中的导引路径。为此，首先对低照度区域进行图像增强处理，然后采用 Otsu 阈值分割算法对增强后的图像区域进行阈值分割。图像增强的目标是将低照度下质量较差的失真图像恢复为标准照度条件下的正常图像。因此，选取合适的标准照度是保证通过图像增强来有效恢复路径信息的关键。

具体的图像增强方法：首先将低照度区域的图像从 YCbCr 色彩空间转换到 RGB 色彩空间，再根据实际照度分布与标准照度的比例关系，分别从 R、G、B 三个通道对低照度像素点的色彩分量进行相应比例的放大增强，计算方法为

$$I_Z(i,j) = I(i,j) \times \{K \times \exp[-Y(i,j)/Y_{\text{mid}}]\} \tag{6-6}$$

式中，$I(i,j)$ 为原始图像中像素点 (i,j) 处 R、G、B 三个分量中的某一分量；$I_Z(i,j)$ 为图像增强后像素点 (i,j) 处相应的 R、G、B 分量；K 为增强比例系数；$Y(i,j)$ 为原始图像的实际照度；Y_{mid} 为选取的标准照度。

K 的取值与实际光照照度成反比例关系，即 $K \times \overline{Y_k}$ 应为常数，经过大量实验验证，该常数的平均值为 900。根据 $\overline{Y_k}$ 可实时计算 K 值，且 K 的经验值一般小于 8。上文已通过理论分析和实验对比验证了图像照度与图像亮度分量的近似线性相关关系，因此可用图像的亮度分量 $Y(i,j)$ 代替图像对应的实际照度。根据光照色彩模型，低照度条件对应的图像亮度分量一般小于 55，正常照度条件对应的图像亮度分量为 55～180。大量图像增强实验表明，图像亮度分量的标准值在 125～150 范围内产生的增强效果无太大区别，本节选取对应标准照度的图像亮度值为 140。

以如图 6-37（a）所示的色带图像为例，先将图像转换到 RGB 色彩空间，再采用式（6-6）的方式对低照度图像进行增强，增强结果如图 6-37（b）所示。图像增强后存在散点噪声，其对图像阈值分割的影响较大，因此应再进行一次 3×3 的中值滤波处理，以降低噪声干扰，其实验结果对比如图 6-37（c）和图 6-37（d）所示。在 YCbCr 色彩空间，采用 Otsu 阈值

分割算法分别对原始低照度图像和增强后图像进行二值化,其实验结果对比如图 6-37(e)和图 6-37(f)所示。

6)高亮光区域抑制

高光反射现象描述了被拍摄物体表面的光学特性,在图像中,高光表现为像素的亮度分量高,致使物体颜色改变、轮廓失真,进而给视觉识别带来困难。然而,不同材质的物体表面的高光会表现出不同的特性,目前并没有一种能够有效处理各种材质的物体表面高光的统一算法。由光照色彩模型可知,高亮光区域中的导引路径与地面背景在蓝色色度分量上区分不明显,这主要是由于导引路径的蓝色色度分量在高亮光区域迅速下降。然而,导引路径的红色色度分量在高亮光区域也有下降趋势,蓝色色度分量与红色色度分量之差在高亮光区域相对稳定。如果将高亮度光照视为一种同时影响蓝色色度分量和红色色度分量的共模干扰,那么通过对蓝色色度分量和红色色度分量进行差分运算,可有效抑制这种共模干扰。因此,对高亮光区域进行色度差分运算,并将 YCbCr 色彩空间的图像转换到差分 YCbCr 色彩空间,其计算如下:

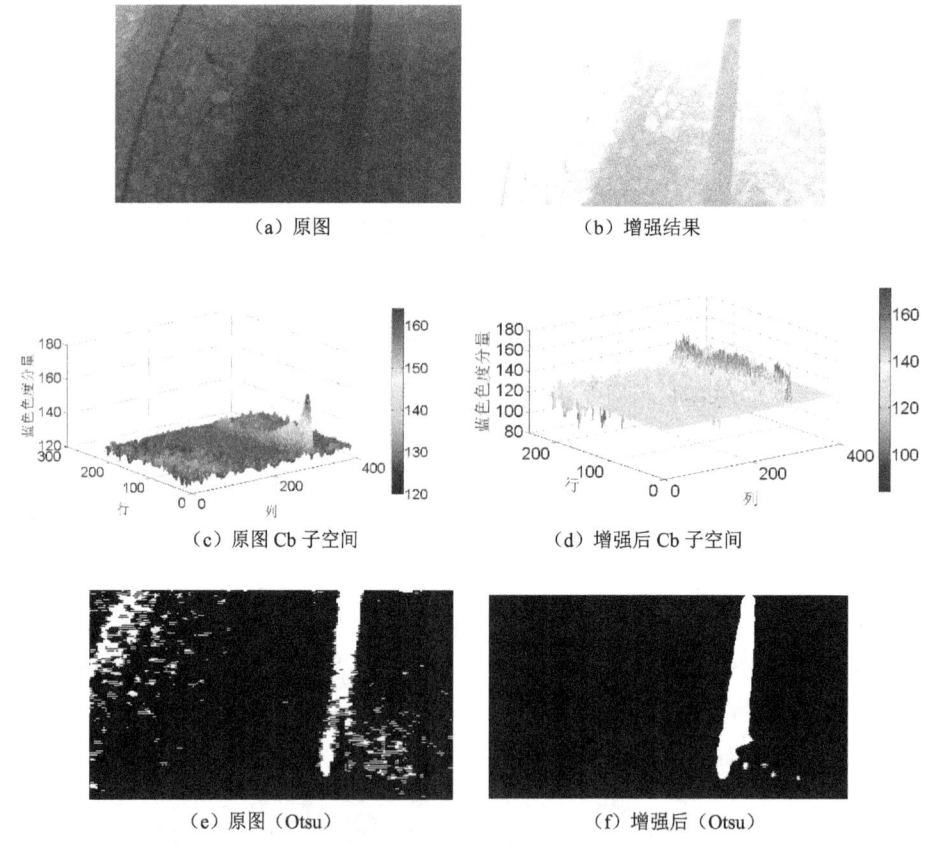

(a)原图　　(b)增强结果

(c)原图 Cb 子空间　　(d)增强后 Cb 子空间

(e)原图(Otsu)　　(f)增强后(Otsu)

图 6-37　低照度区域预处理结果

$$\Delta S(i,j) = \mathrm{Cb}(i,j) - \mathrm{Cr}(i,j) \tag{6-7}$$

式中,$S(i,j)$ 为原始图像的蓝色色度分量与红色色度分量的差分色度分量;$\mathrm{Cb}(i,j)$ 为原始图像的蓝色色度分量;$\mathrm{Cr}(i,j)$ 为原始图像的红色色度分量。

针对在不同光照条件下采集的300幅色带图像，在差分YCbCr色彩空间，统计差分色度分量$S(i,j)$与亮度分量Y的相关分布，如图6-38所示。由此可见，色带与地面背景在差分色度分量上具有明显的差异，易于区分。因此，可在差分YCbCr色彩空间通过对色带图像采用Otsu阈值分割算法，来提取高亮光区域的路径信息。

以图6-39（a）中的图像为例，利用式（6-7）求其差分色度图像。图6-39（b）和图6-39（c）分别为色带图像在Cb子空间和差分色度空间的分布情况，采用Otsu阈值分割算法分别对蓝色色度分量和差分

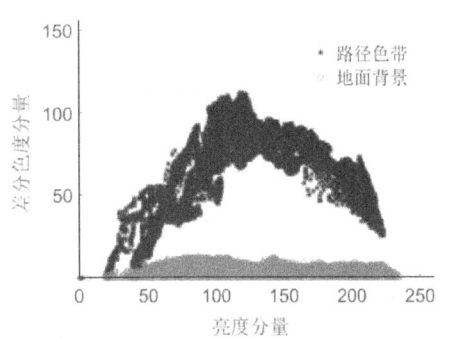

图6-38 光照差分色度模型

色度分量进行二值化处理，其结果如图6-39（d）和图6-39（e）所示。对比分割效果可知，基于差分YCbCr色彩空间的自适应阈值分割方法在高亮光区域获得了良好的路径提取结果。

（a）原图

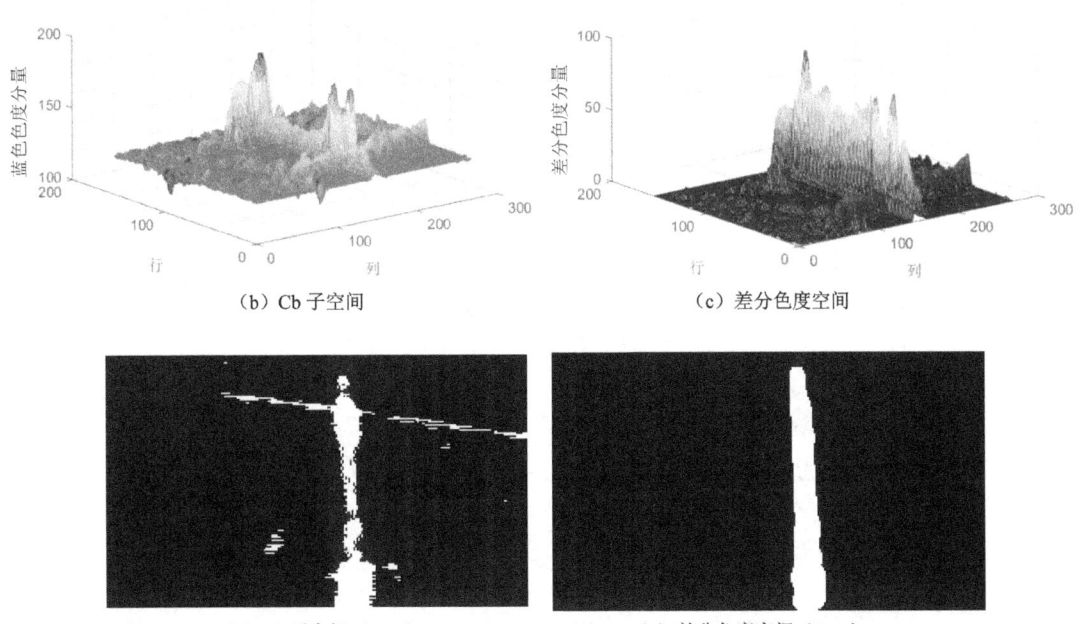

（b）Cb子空间　　　　　　　　（c）差分色度空间

（d）Cb子空间（Otsu）　　　　（e）差分色度空间（Otsu）

图6-39 高亮光区域预处理结果

3. 路径类型识别

色带视觉导引采用在地面铺设色带的方式来表示 AGV 的导引路径。其中，直线是最简单的一种路径模型，而圆弧路径能够使 AGV 在连续运动中实现转弯，可保证 AGV 的运行效率，因此在工业现场获得了广泛应用。然而，由于车间布局的限制或路径铺设不够精确，因此实际路径可能存在非理想的圆弧形式，称为非圆弧转弯路径。对当前路径是直线路径、圆弧路径、直线到圆弧路径的过渡路径及非圆弧转弯路径自适应地进行模型识别，有利于提高 AGV 视觉导引的智能化水平。

路径实际铺设误差、部分路径残缺或被遮挡，以及图像预处理误差等因素，都会引起色带中心轮廓线的观测数据部分无法取得或已取得的数据不准确，使得样本观测数据非同质，或残缺，或不真实，从而产生非抽样误差。因此，导引路径识别模型应以全局特征分布为目标对象，将视野内的色带像素在目标最大误差范围内，拟合为直线和圆弧两种基本的路径模型，并实时测量其相对于 AGV 控制中心的侧向距离偏差和角度偏差，同时将计算结果传输给运动控制系统。

设图像坐标系下容许的最大路径测量误差为 σ_{mpix}。基于曲率角估计的整体识别方法，力求从整体上把握色带中心轮廓线首尾间的总曲率角及曲率角的分布特征，再将路径模型进行分类，并根据相应的数学模型对中心轮廓点集合进行拟合，使拟合误差小于 σ_{mpix}。本书提出一种较大观测窗口半径的近似曲率角估计及路径模型识别方法。对于中心轮廓点集合 SM，以点 (x_i, y_i) 为中心，以观测窗口半径为 R_w 的观测区域计算近似的曲率角估计，则

$$\begin{cases} \boldsymbol{l}_f = (x_i - x_{i+R_w}, y_i - y_{i+R_w}) \\ \boldsymbol{l}_b = (x_i - x_{i-R_w}, y_i - y_{i-R_w}) \end{cases}, \quad R_w + 1 \leqslant i \leqslant 720 - R_w \qquad (6-8)$$

式中，$\boldsymbol{l}_f$ 和 $\boldsymbol{l}_b$ 为观测窗口的两个近似端点。由余弦定理可得，观测窗口内的曲率角估计为

$$\hat{k}_i = s_k \left(\pi - \arccos \frac{\boldsymbol{l}_b \cdot \boldsymbol{l}_f}{\|\boldsymbol{l}_b\| \times \|\boldsymbol{l}_f\|} \right) \qquad (6-9)$$

式中，· 为卷积；s_k 为 $\hat{k}_i$ 的方向符号，顺时针为正，逆时针为负，则

$$s_k = \text{sgn}\left[(x_i - x_{i+R_w})(y_i - y_{i-R_w}) - (x_i - x_{i-R_w})(y_i - y_{i+R_w})\right] \qquad (6-10)$$

曲率角估计的均值为

$$\overline{\hat{k}} = \frac{1}{720 - 2R_w} \sum_{i=R_w+1}^{720-R_w} \hat{k}_i \qquad (6-11)$$

曲率角估计的均方差为

$$\sigma_{\hat{k}} = \sqrt{\frac{1}{720 - 2R_w - 1} \sum_{i=R_w+1}^{720-R_w} \left(\hat{k}_i - \overline{\hat{k}}\right)^2} \qquad (6-12)$$

中心轮廓点首尾间的总曲率角估计为

$$\hat{k}_{\text{total}} = \frac{720}{R_w} \overline{\hat{k}} \qquad (6-13)$$

由于在路径不封闭、首尾两端的观测窗口半径内重复计算的次数较少，因此总曲率角估

计有一定偏差,但是观测样本数量越多,该偏差越小。

导引路径及其曲率角估计如图 6-40 所示。总曲率角估计只与首尾两端的切线方向相关,忽略了其中变化的细节;直线路径的总曲率角估计的理想值为 0;折线转弯路径的总曲率角估计的理想值为转弯角度。曲率角估计的方差反映了曲率角估计分布的整体波动大小,当中心轮廓点集存在个别干扰点时,其结果影响不大,直线和圆弧路径的总曲率角估计的理想值为 0。因此,根据视觉系统测量精度的要求,对色带图像的中心轮廓点集的曲率角估计的方差和总曲率角设置相应的阈值,即可对路径模型进行分类。

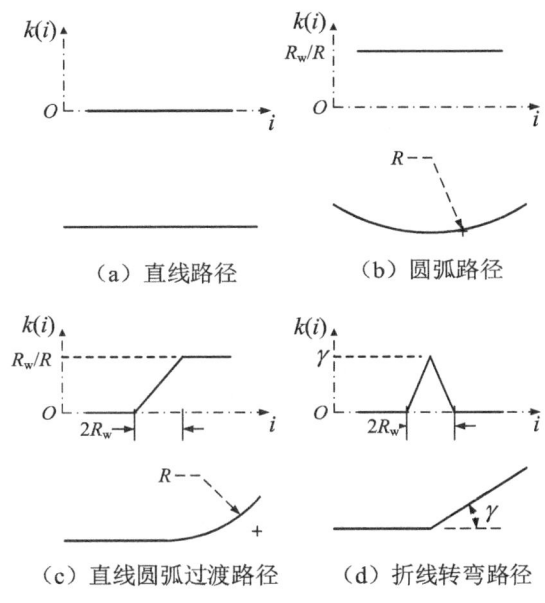

图 6-40 导引路径及其曲率角估计

1)直线路径模型

当路径的总曲率角估计 $\left|\hat{k}_{\text{total}}\right| < k_{\text{g}}$ 时,可认为该路径为直线路径模型。直线路径在图像坐标系下为线段 BD,其直线方程为 $y = ax + b$,如图 6-41 所示。

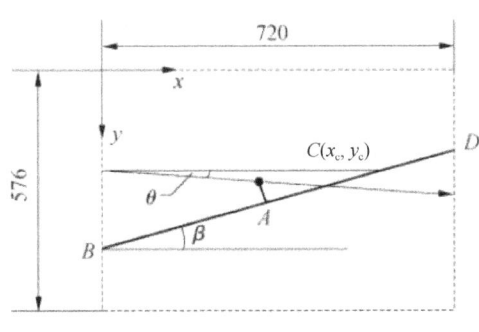

图 6-41 直线路径模型测量

在对中心轮廓点集采用最小均方误差法估计参数时,要求观测值 y_i 的偏差加权平方和最小,即

$$\min \sum_{i=1}^{720} \left[y_i - \left(\hat{b} + \hat{a} x_i \right) \right]^2 \quad (6\text{-}14)$$

式中，$\hat{b} = \dfrac{\left(\sum x_i^2\right)\left(\sum y_i\right) - \left(\sum x_i\right)\left(\sum x_i y_i\right)}{720\left(\sum x_i^2\right) - \left(\sum x_i\right)^2}$;

$\hat{a} = \dfrac{720\left(\sum x_i y_i\right) - \left(\sum x_i\right)\left(\sum y_i\right)}{720\left(\sum x_i^2\right) - \left(\sum x_i\right)^2}$。

直线路径拟合均方误差为

$$\sigma_{\text{pix}} = \sqrt{\dfrac{1}{720-1} \sum_{i=1}^{720} \left[y_i - \left(\hat{b} + \hat{a} x_i\right) \right]^2} \quad (6\text{-}15)$$

AGV 控制中心 C 到拟合直线的距离为侧向距离偏差 L_d，即

$$L_d = \dfrac{\hat{a} x_c + \hat{b} - y_c}{A_{\text{pix}} \sqrt{1 + \hat{a}^2}} \quad (6\text{-}16)$$

AGV 运动方向相对于拟合直线的夹角为角度偏差 α，即

$$\alpha = \arctan(\hat{a}) - \theta \quad (6\text{-}17)$$

大转弯半径的圆弧路径在图像坐标系中的小段可以近似看作直线路径。为了在满足 σ_{mpix} 的条件下，确定用直线路径替代圆弧路径的转弯半径范围，设在图像坐标系中，转弯半径为 R 的理想圆弧路径中心轮廓线的特征点为 $(x_i, \sqrt{R^2 - x_i^2})$。由式（6-15）计算采用直线路径拟合不同转弯半径的圆弧路径的均方误差 σ_{pix}，如图 6-42 所示。圆弧路径的转弯半径越小，均方误差的值越大，σ_{mpix} 对应的临界转弯半径为 R_T，R_T 对应的总曲率角估计即阈值 k_ε。由式（6-13）计算不同转弯半径的理想圆弧路径的总曲率角估计，如图 6-43 所示。

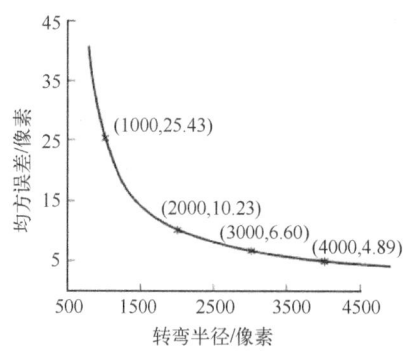

图 6-42 不同转弯半径的直线模型拟合的均方误差

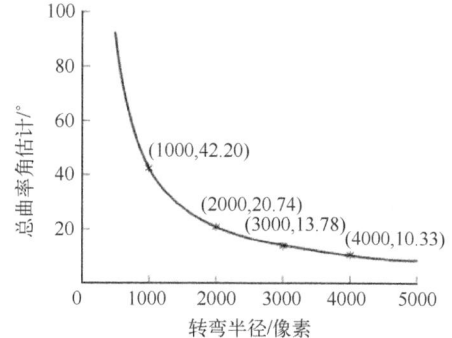

图 6-43 不同转弯半径的总曲率角估计

2）圆弧转弯路径模型

曲率角估计均方差 $\sigma_{\hat{k}}$ 反映了曲率角分布的离群特征，在理想状况下，圆弧路径的曲率角估计均方差 $\sigma_{\hat{k}}$ 为 0。当路径的总曲率角估计 $|\hat{k}_{\text{total}}| > k_\varepsilon$ 且 $\sigma_{\hat{k}} < \sigma_\varepsilon$ 时，可认为该路径为圆弧路径模型。σ_ε 为判别圆弧路径与非圆弧路径的阈值。由式（6-11）和式（6-12）可知，σ_ε 的值

与 k_ε、R_w 有关,在图像坐标系下,转弯半径为 R、圆心坐标为 $O(x_o, y_o)$ 的圆弧路径模型如图 6-44 所示。过 AGV 控制中心 C 和圆心 O 的直线与该圆弧路径交于点 A,距离 CA 即当前的侧向距离偏差。

圆是一种非线性模型,为了便于计算,设在图像坐标系下,圆的方程为

$$x^2+y^2+a_1x+a_2y+a_0=0 \tag{6-18}$$

令 $z=-\left(x^2+y^2\right)$,用中心轮廓点集 SM 估计圆弧路径参数,近似转化为二元线性回归问题,即

$$z = a_0 + a_1 x + a_2 y + e \tag{6-19}$$

设 e_i 为中心轮廓点集 SM 中像素点 (x_i, y_i) 的圆弧拟合误差,根据最小均方误差法,有

$$\min\left(\sum_{i=1}^{720} e_i^2\right) \tag{6-20}$$

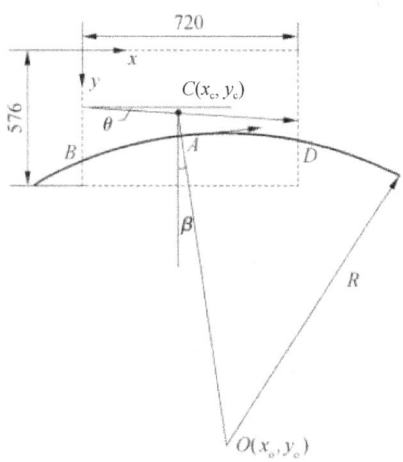

图 6-44 圆弧路径模型

令 $\hat{A} = \begin{bmatrix} \hat{a}_0 \\ \hat{a}_1 \\ \hat{a}_2 \end{bmatrix}$,$Z = \begin{bmatrix} z_1 \\ z_2 \\ \vdots \\ z_{720} \end{bmatrix}$,$B = \begin{bmatrix} 1 & x_1 & y_1 \\ 1 & x_2 & y_2 \\ \vdots & \vdots & \vdots \\ 1 & x_{720} & y_{720} \end{bmatrix}$,则

$$\hat{A} = \left(B^\mathrm{T} B\right)^{-1} B^\mathrm{T} Z \tag{6-21}$$

式(6-21)成立的条件是矩阵 B 的秩 $r(B) \geqslant 3$。由于样本数量较大,因此很容易满足该条件。

圆弧圆心坐标为

$$\begin{cases} \hat{x}_0 = -0.5\hat{a}_1 \\ \hat{y}_0 = -0.5\hat{a}_2 \end{cases} \tag{6-22}$$

转弯半径为

$$\hat{R} = \mathrm{sgn}\left(\hat{k}_{\mathrm{total}}\right)\sqrt{\frac{\hat{a}_1^2 + \hat{a}_2^2}{4} - \hat{a}_0} \tag{6-23}$$

凸形为正，凹形为负。圆弧路径拟合均方误差为

$$\sigma_{\text{pix}} = \sqrt{\frac{1}{719}\sum_{i=1}^{720}\left[\sqrt{(x_i-\hat{x}_o)^2+(y_i-\hat{y}_o)^2}-\hat{R}\right]^2} \tag{6-24}$$

AGV 控制中心 C 到圆弧的距离 CA 为侧向距离偏差 L_d，即

$$L_d = \sqrt{(x_c-\hat{x}_o)^2+(y_c-\hat{y}_o)^2}-\hat{R} \tag{6-25}$$

AGV 运动方向相对于过 A 点的圆弧切线方向的夹角为角度偏差 α，即

$$\alpha = \arctan\frac{x_c-\hat{x}_o}{y_o-\hat{y}_c}-\theta \tag{6-26}$$

3）非圆弧转弯路径模型

非圆弧转弯路径有总曲率角大且总曲率角估计离群的特征，即总曲率角估计 $\left|\hat{k}_{\text{total}}\right| > k_\varepsilon$ 且 $\sigma_{\hat{k}} > \sigma_\varepsilon$。在图像坐标系下，折线转弯模型如图 6-45 所示，转弯角度为 γ。由于路径在折线顶点处不光滑，因此，若 AGV 要在连续运行的条件下平稳转弯，则宜沿着折线路径的内切圆弧转弯，从而平滑角度偏差的突变，提高 AGV 的运行稳定性。

最小二乘二元线性回归圆弧拟合法对于大的离群观测点不具有稳健性，由于其采用平方距离，因此与内切圆弧距离较远的那些点，在计算的过程中拥有非常大的权重。为了减轻这些远离点的影响，提出一种自适应加权圆弧拟合方法，为每个观测点引入权重因子 w_i，并保留路径两端和远离折线顶点的观测点的权重，同时消减折线顶点附近观测点的权重。权重因子的定义如下：

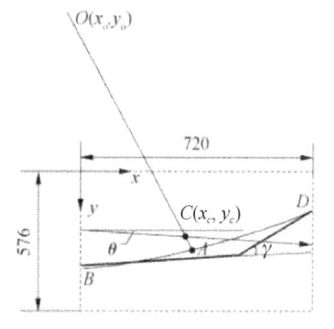

图 6-45 折线转弯模型

$$w_i = \begin{cases} 1, & i<R_w+1\text{ 或 }i>R_w+1 \\ \dfrac{\tau}{\left|k_i-\overline{\hat{k}}\right|}, & \tau<\left|k_i-\overline{\hat{k}}\right|\text{ 且 }R_w+1\leqslant i\leqslant 720-R_w \\ 1, & \tau\geqslant\left|k_i-\overline{\hat{k}}\right|\text{ 且 }R_w+1\leqslant i\leqslant 720-R_w \end{cases} \tag{6-27}$$

参数 τ 为消减因数，其可以决定被消减的离群观测点的多少，τ 越大，被消减的观测点越少，这里取 $\tau=\sigma_{\hat{k}}$。

对式（6-20）采用自适应加权最小均方误差的目标函数为

$$\min\sum_{i=1}^{720}w_i e_i^2 \tag{6-28}$$

令 $\boldsymbol{W} = \mathrm{diag}(w_1,w_2,\cdots,w_{720})$，则

$$\hat{\boldsymbol{A}} = \left(\boldsymbol{B}^\mathrm{T}\boldsymbol{W}\boldsymbol{B}\right)^{-1}\boldsymbol{B}^\mathrm{T}\boldsymbol{W}\boldsymbol{Z} \tag{6-29}$$

$\boldsymbol{W}$ 是满秩正定对角矩阵，式（6-29）满足条件：矩阵 $\boldsymbol{B}$ 的秩 $r(\boldsymbol{B})\geqslant 3$。

加权圆弧拟合的圆心坐标、半径、拟合误差、距离偏差和角度偏差的计算方法与圆弧拟

合相同。

4）实验验证

为了验证路径类型识别的有效性，选择在背景复杂的水磨石地面上铺设蓝色色带进行路径类型识别的实验。在图像坐标系下，拟使路径最大测量误差 σ_{mpix}=5 像素，对应的临界转弯半径 R_T= 3900 像素，对应的总曲率角临界阈值 k_ε =10.59°，则世界坐标系下的最大测量误差 σ_{mpix} =2.42。取曲率角估计窗口半径 R_w= 100 像素。在此条件下，由式（6-12）得到圆弧路径与非圆弧路径分类的曲率角估计均方差离群特征阈值：σ_ε = 3.22°。

采集某直线路径的图像，经图像校正和复杂光照图像增强后如图 6-46（a）所示；当前路径的曲率角估计分布如图 6-46（b）所示，此时，总曲率角估计为 0.23°，适用于直线路径模型。在图 6-46（a）中，"*"点为标定得到的运动控制中心点 C 在图像中的坐标；细实线为从图像中提取拟合的直线路径；虚线箭头为当前路径的方向，其平行于直线路径；粗实线为当前路径的侧向距离偏差，其大小为 85.36 像素，角度偏差为-12.52°。模型拟合的均方误差为 0.92 像素，精度非常高。

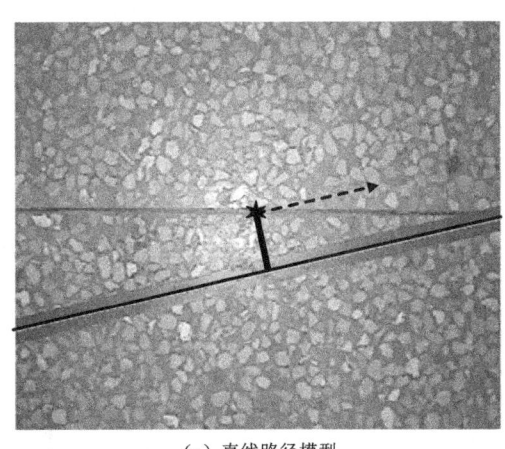

（a）直线路径模型

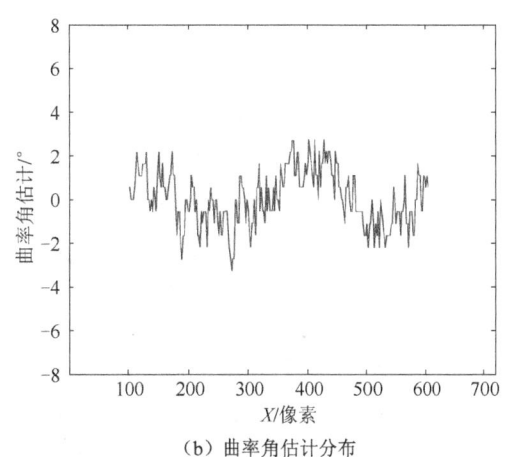

（b）曲率角估计分布

图 6-46 直线路径模型估计

采集 AGV 从直线路径运动到转弯半径为 1m 的圆弧路径过程 180 帧，则总曲率角估计、曲率角估计均方差、拟合误差和转弯半径随时间（帧数）的变化如图 6-47 所示。在前 61 帧，有 $|\hat{k}_{total}|<k_\varepsilon$，按照直线模型测量，第 61 帧为临界直线模型帧，其路径拟合的均方误差最大，但仍控制在目标最大测量误差 σ_{mpix} 之内。

第 62 帧为进入圆弧路径模型的临界帧，之后，转弯半径从-3900 像素（逆时针方向）附近逐渐增加到-2000 像素，最后趋于稳定。在直线路径转弯到圆弧的全部过程中，路径拟合误差小于 5 像素；在过渡过程中，转弯半径逐渐减小，符合 AGV 运动控制的平稳性要求。

第 85 帧为完全的圆弧路径，经图像校正和复杂光照图像增强后，圆弧路径模型如图 6-48（a）所示，曲率角估计分布如图 6-48（b）所示。此时，总曲率角估计为-23.32°，曲率角估计均方差为 2.12°，适用于直线圆弧过渡路径模型。图 6-48（a）中不同线段线型的含义与图 6-46（a）中的相同。当前角度偏差为 0.74°，侧向距离偏差为-3.72 像素，转弯半径为-1811 像素，路径拟合的均方误差为 2.63 像素。

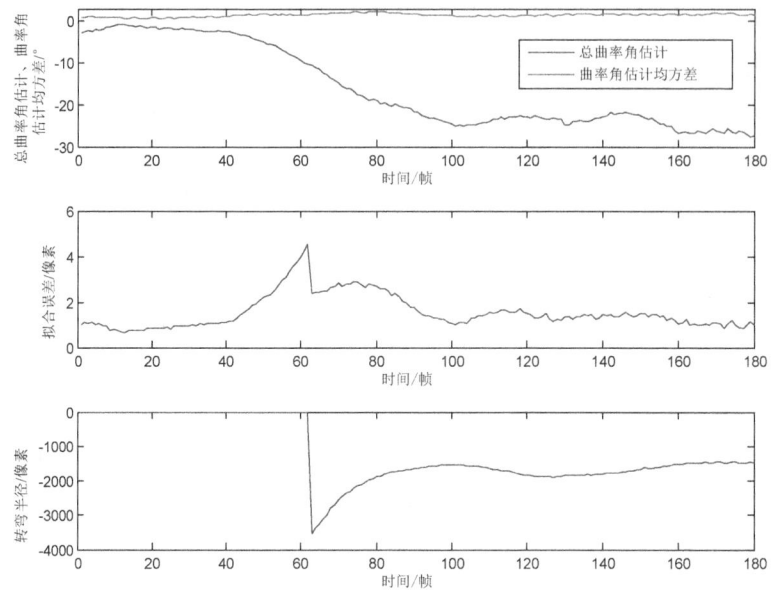

图 6-47 从直线路径转弯到圆弧路径的模型识别及估计

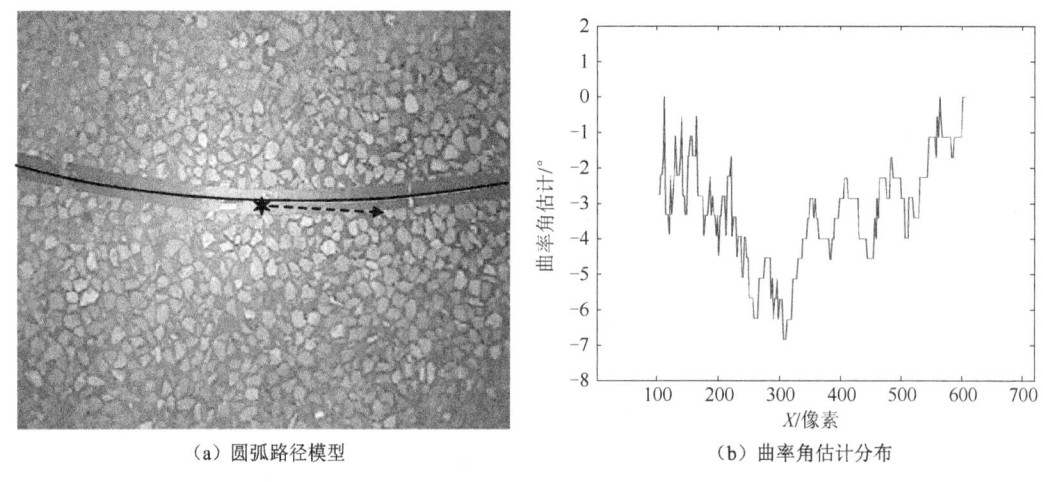

(a) 圆弧路径模型　　　　(b) 曲率角估计分布

图 6-48 圆弧路径模型估计

四、导引技术评价

与连续式物流输送装备和有轨物流输送车相比，AGV 在自动化程度、智能化水平、路径设置柔性及系统可重构性方面具有明显的优势。下面分别从通用技术指标、导引技术比较、未来发展方向 3 个角度，对 AGV 导引技术进行分析评价。

1. 通用技术指标

1）导引可靠程度

根据对国内外主流 AGV 厂商的不同系列产品采用的导引技术的统计，电磁感应导引是最早采用的成熟技术，磁条导引、激光反射板导引、二维码导引和色带视觉导引是当前获得广泛应用的可靠技术。基于人工导引建图的激光导航（无反射板）在工业场景逐步开始小范围应用，而自然地标视觉导航在工业现场的应用比例很低。自然地标视觉导航还需要深入研究和不断完善，以不断提高其在工业现场应用的可靠性。

2）环境适应能力

环境适应能力指 AGV 在正常运行时，其导引系统对地面整洁程度、空间无障碍程度及光电干扰程度的容忍能力。由于不同导引技术对应用环境有着不同的要求，因此每种导引技术可能只适用于某些应用环境。对于固定路径导引技术，如反光条导引和二维码导引，其对地面平整程度和整洁程度有较高的要求；电磁感应导引和磁条导引对地面平整程度的要求也较高，并容易受周围铁磁体的干扰。对于自由路径导引技术，如激光反射板导引，其对空间无障碍程度要求较高，因为 AGV 定位需要借助周围空间布置的激光反射板反射回雷达的激光，所以 AGV 运行环境周围不能存在阻碍激光光路、遮挡激光反射的障碍物。惯性导引采用航迹推移算法，因此地面平整程度和坡度将对 AGV 运行距离的测量精度产生重要影响。

3）路径设置柔性

由 AGV 组成的物料输送系统具有良好的路径设置柔性，但不同的导引技术在路径设置柔性方面有很大区别。一方面，自由路径导引技术可在很短的时间内改变 AGV 的运行路径。其中，激光反射板导引只需在导引控制软件中修改 AGV 的运行路径即可。另一方面，固定路径导引技术的路径设置柔性相对较差。其中，电磁感应导引的运行路径变更最为困难、成本也较高；而色带视觉导引的运行路径变更比较方便，只需重新在地面粘贴色带即可。

4）AGV 运行速度

AGV 运行速度在很大程度上受制于导引技术识别运行路径的实时性。一方面，固定路径导引技术，如电磁感应导引和磁条导引，其对感应电磁场或磁场的检测实时性很高，而且 AGV 位置偏差的计算频率也很高，AGV 可采用较高的纠偏控制频率，有利于及时发现偏差而进行有效纠偏，因此 AGV 可获得较高的运行速度。另一方面，自由路径导引技术的 AGV 定位、路径规划和偏差计算等整个流程比较复杂，如激光反射板导引的定位频率受激光雷达旋转扫描速率的限制，AGV 位置偏差的计算频率较低，且运行速度受到一定限制。

5）导引平稳程度

导引平稳程度指为使 AGV 沿预定路径行驶，在单位时间内进行纠偏转向控制的次数和幅度。AGV 在运行过程中可能受到某些外部干扰因素的影响，因此不可避免地会发生偏离导引路径的情况。为了保证 AGV 沿预定路径运行，必须对其进行转向控制。如果导引控制不够理想，那么可能会引起 AGV 曲线往复摆动，甚至造成转向振荡。这种控制过程的超调和振荡可能与控制算法参数有关，也可能是 AGVS 时滞引起的，而 AGV 位置偏差的计算频率是引起 AGVS 时滞的一个重要因素。一般来说，导引技术对运行路径的跟踪能力越强，AGV 沿预定路径行驶的稳定程度越高。

6）停位精度

停位精度（定位停车精度）指 AGV 在停车时与预定位置的偏差，包括纵向/侧向位置偏差和姿态角偏差。在物料移载过程中，AGV 应能在要求的工位或货位上与其他物流输送装备进行准确的对接。因此，停位精度是一项重要的技术指标。

停位精度受 AGV 导引技术的直接影响，并且与控制技术密切相关。基于人工地标的视觉导引技术不仅能识别作为导引路径的色带，而且能识别停车标识（几何图案或二维码等）。一般来说，视觉导引技术的一次柔性停位精度为±2mm，电磁感应导引的一次柔性停位精度为±20mm。当采用其他导引技术时，一般需要辅以二次刚性定位措施才能达到较高的停位精度。

7) 导引信息容量

任何一种导引技术都以能获取导引信息为前提,但不同导引技术获取导引信息的容量又有很大差别。采用视觉导引技术不仅可以获得导引路径信息,而且可以获得工位编码、加速减速标识和停车标识等控制信息。显然,视觉导引技术获取的导引信息容量大,提高了 AGV 导引控制的智能化水平和路径设置柔性。

8) 技术应用成本

导引技术的技术应用成本包括设备成本和使用费用。一般来说,自由路径导引技术(如激光反射板导引)的设备成本较高,固定路径导引技术(如电磁感应导引)的使用费用较高。然而,视觉导引技术的设备成本和使用费用都相对较低。

2. 导引技术比较

与其他导引技术相比,视觉导引技术具有无可比拟的优点,如表 6-4 所示。其中,与 AGV 控制紧密相关的两项指标是导引信息容量和停位精度。导引信息分为两种:一种是描述 AGV 与运行路径的位置和姿态关系的,即位姿描述信息;另一种是指示 AGV 更改其运行状态标记的,即命令标记信息。

电磁感应导引、反光条导引通常只能获得 AGV 相对于导引路径的侧向距离偏差,以上都是一维信息。激光反射板导引和惯性导引获得的是 AGV 在环境中的绝对位置和姿态角,而视觉导引可识别 AGV 相对于运行路径的侧向距离偏差和姿态角偏差,这两者都是二维信息。而且,视觉导引还可识别地面上的命令标记信息(几何图案或二维码标识),如加速/减速、转弯/直行和工位操作等,这是其他导引技术无法完成的。

停位精度对 AGV 的控制性能有直接影响。对于基于地面色带的视觉导引,其一次柔性停位精度可达±2mm,激光反射板导引和电磁感应导引的一次柔性停位精度分别可达±5mm 和±20mm。当采用其他导引技术时,一般需要辅以二次刚性定位措施才能达到精确定位的要求。

表 6-4 AGV 不同导引方式的技术特点

技术指标	视觉导引	电磁感应导引	惯性导引	反光条导引	激光反射板导引
路径标线设置	简单、更改方便	复杂、更改困难	无须设置	简单、更改方便	设置激光反射板位置严格
应用环境要求	地面平整、整洁	地面平整	地面平整	地面平整、整洁	地面平整、空间无障
导引信息容量	可识别多种特殊标识	不能识别多种特殊标识	不能识别多种特殊标识	不能识别多种特殊标识	不能识别多种特殊标识
停位精度	柔性定位,±2mm	柔性定位,±20mm	柔性定位,精度较低	柔性定位,精度较低	柔性定位,±5mm
路径设置柔性	高	低	高	较高	高
技术应用成本	较低	高	较高	较低	高

3. 未来发展方向

为了保证 AGV 对导航基础设施(如通以交流电流的感应电缆、产生磁场的磁条/磁钉、与地面形成对比的色带、反射激光束的激光反射板等人工地标)可见性的需求,极大限制了 AGV 偏离系统预先定义的导引路径的能力。为了解决这类问题,必然要求智能导航 AGV 降低对导航基础设施的依赖。因此,针对运行环境中自然存在的自然地标(相对于上文所述的为了支持 AGV 导引而专门设置的人工地标),第七章将专门探讨包含环境感知、地图创建、全局/相对定位和路径规划等的移动机器人自主导航技术,在此不进行详细讨论。

第四节 运 动 底 盘

移动机构决定了移动机器人的运动能力和特性,其主要有轮式、履带式、腿足式和蠕动式等。轮式移动机构具有结构简单可靠、能量利用率高、高速稳定、易控性和操作性好、通过性和平顺性好等优点,通过适当的车轮配置方式,还可使其稳定而灵活地在各种环境中运动,如越障等。因此,轮式移动机构在移动机器人中得以广泛应用。本书研究的 AGV 属于一种轮式移动机器人。

在轮式移动机器人设计中,平衡通常不是一个研究问题,因为轮式移动机器人一般都被设计成所有轮子均与地面接触的形式,而且 3 个轮子就足以保证稳定平衡。如果轮式移动机器人使用的轮子多于 3 个,那么当 AGV 行驶到平整度不好的地面时,就需要一个悬挂系统以保证所有轮子都能与地面接触。轮式移动机器人的研究重点主要在于牵引、稳定性、机动性及控制问题:为了覆盖所有期望的地形,AGV 的轮子能提供足够的牵引力和稳定性吗?轮子结构能保证对 AGV 的速度进行充分控制吗?

一、车轮结构

为了提高移动机器人运动的灵活性和平稳性,移动机构的设计创新包括两方面:一是设计具有新的运动方式的车轮,如 Mecanum 轮;二是选用合理的驱动和转向方式,以常规轮来实现新的运动方式,如操舵驱动轮。通常,移动机器人的车轮分为两类,一类是常规轮,如标准轮和小脚轮,如图 6-49(a)和图 6-49(b)所示;另一类是全方位轮,如 Mecanum 轮和球形轮等,如图 6-49(c)和图 6-49(d)所示。

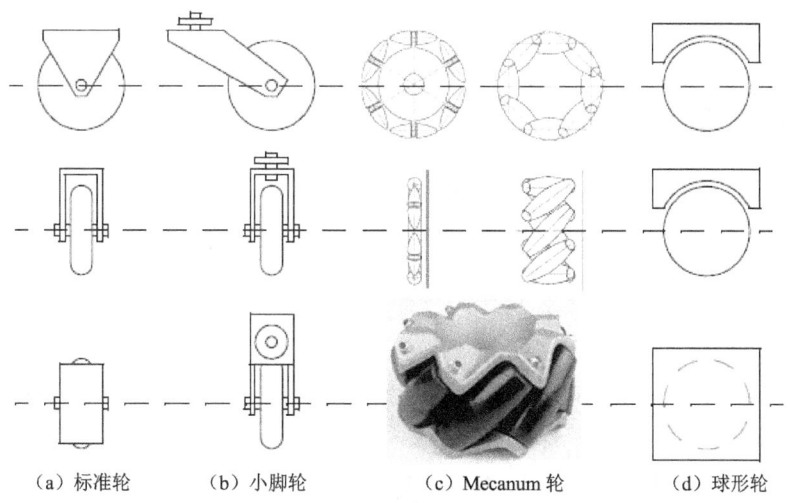

(a) 标准轮　　(b) 小脚轮　　(c) Mecanum 轮　　(d) 球形轮

图 6-49　4 种车轮

标准轮只有一个水平轮轴，车轮绕水平轮轴旋转产生移动。标准轮的水平轮轴相对于AGV底盘是固定的，其运动方向不能改变。如果标准轮无动力源驱动，那么其转速取决于AGV底盘运动速度的随动轮（Passive Wheel）；如果标准轮由驱动电机驱动，那么其为转速由电机控制的驱动轮（Driving Wheel）。

小脚轮不仅有一个水平轮轴，而且有一个垂直转轴。小脚轮在沿不同方向运动时，必须先绕着垂直转轴操纵改变车轮的方向，然后车轮绕水平轮轴旋转，从而在该方向产生移动。由于垂直转轴的存在，小脚轮的水平轮轴相对于AGV底盘是可转动的。如果小脚轮的水平轮轴和垂直转轴都无动力源驱动，那么万向轮的转速和方向均取决于AGV的底盘速度和方向。此时，水平轮轴和垂直转轴之间一般存在偏距，万向轮绕偏心的垂直转轴旋转而转向，且在转向过程中会有附加力矩作用到AGV底盘上。如果小脚轮的垂直转轴由转向电机驱动，而水平轮轴无动力源驱动，那么其为方向由转向电机控制而转速取决于AGV底盘的操舵轮。如果小脚轮的垂直转轴由转向电机驱动而水平轮轴由驱动电机驱动，那么操舵驱动轮的方向由转向电机控制，而转速由驱动电机控制。操舵驱动轮是通过驱动和转向一体化机构以常规轮来实现全方位运动的。为了避免转向过程中的附加力矩，操舵轮和操舵驱动轮的水平轮轴和垂直转轴之间一般没有偏距。因为转向操纵中心经过车轮与地面的接触点，所以操舵轮和操舵驱动轮的转向操纵不会对AGV的底盘产生影响。

Mecanum轮和球形轮的设计比传统的标准轮受方向性的约束少一些。Mecanum轮在刚性轮毂的圆周上分布有一圈辊子，辊子轴线与轮毂轴线具有一定的偏置角度，通常为45°。辊子外圆面的包络面构成轮毂的完整圆柱面，在Mecanum轮沿地面滚动的任意时刻可保证有至少一个辊子与地面直接接触。装在轮毂周围的辊子是无动力驱动的，Mecanum轮的水平轮轴是主动进行驱动的唯一动力接口，其通过辊子绕自身轴线的转动，将轮毂转动的部分驱动力分解到Mecanum轮的轴线方向。依靠各Mecanum轮之间的转动方向和速度的组合，这些力可以合成任意方向的力和力矩。Mecanum轮的功能与标准轮一样，但它在水平轮轴方向上有很低的运动阻力，虽然电机仅绕水平轮轴给Mecanum轮旋转提供动力，但Mecanum轮仅受很小的摩擦，并沿平面内任何方向进行复杂轨迹的移动，而不只是向前或向后运动。

球形轮是一种真正的全向轮，其经常被设计成可沿任何方向主动地接受动力而旋转的结构。实现这种球形结构的移动机构模仿了计算机鼠标，而且装备了主动提供动力的辊子，这些辊子安装在球形轮的顶部表面，并给予旋转的驱动力。

无论采用何种车轮，对于为所有地形环境设计的移动机器人和具有3个以上车轮的AGV，一般情况下需要通过悬挂系统来保持车轮与地面的接触。一种最简单的悬挂方法是将轮子本身设计成柔性的。例如，对于某些使用小脚轮的4轮室内移动机器人，制造厂家可把软橡胶的可变形轮胎用在车轮上，制作成一个主悬挂体。当然，这种有限的解决方案不能与应用中错综复杂的悬挂系统相比。在应用中，对于明显的非平坦地形，移动机器人需要更复杂的悬挂系统。

二、底盘构型

在设计AGV底盘时，必须同时考虑车轮类型（几何特征）的选择及车轮布局方式，因为这些因素支配AGV移动的3个基本特征：机动性、可控性和稳定性。汽车一般为高度标准化的环境（道路网）而设计，汽车底盘通常采用Ackerman结构。因为在设计空间中存在一个区域，使得这种结构对标准化环境（铺好的公路）的机动性、可控性和稳定性最佳。与汽车不同的是，移动机器人是为了便于应用在种类繁多的环境中而设计的。实际上，除为道路系统设计的 AGV（如港口 AGV）之外，很少 AGV 会采用汽车的 Ackerman 底盘，因为它的机动性较差。

1. 稳定性

静态稳定要求的最小车轮数目为两个，如果质心保持在轮轴下面，那么一个两轮差速驱动的移动机器人可以实现静态稳定。然而，在实际应用中，这种解决方案要求车轮具有非常大的直径，而且动力学因素也可能引起两轮移动机器人以接触的第 3 个点撞击地面。

因此，在一般情况下，静态稳定要求移动机器人至少有 3 个车轮，并且需要注意移动机器人的重心必须被在由车轮与地面接触点构成的三角形内。增加更多的车轮可以进一步改善稳定性，因为一旦车轮接触点超过 3 个，几何学的超静态性质会要求移动机器人具有某种形式的灵活悬挂系统以适应崎岖不平的地形。

2. 机动性

采用 Mecanum 轮和球形轮的 AGV 可在不改变移动机器人姿态的条件下，沿平面内任意方向进行复杂轨迹的移动，具有较高的机动性。然而，Mecanum 轮的全方向移动是以驱动功率内耗为代价的，而且轮毂圆周上的被动辊子极易磨损。球形轮的制造工艺复杂，并对地面的清洁度有较高要求。

采用两个或更多操舵驱动轮的 AGV 也具有较高的机动性，在不改变移动机器人姿态的条件下，先通过转向电机控制车轮的方向到任意预定方向，再通过驱动电机控制 AGV 沿预定方向移动，适用于空间狭小的作业环境。另外，两轮差速驱动的 AGV 也具有较好的机动性，可绕两驱动轮轴线中心原地自转，以实现零半径转向。然而，汽车的 Ackerman 底盘的机动性稍差，其转向半径比自身尺寸大得多，由于无法直接消除汽车的侧向距离偏差，因此 Ackerman 底盘的侧方位停车比 Mecanum 轮底盘更加复杂。

3. 可控性

一般来说，可控性和机动性之间存在负相关性。例如，Mecanum 轮在刚性轮毂的圆周上分布有一圈被动辊子，这些附加的自由度不仅增加了结构的复杂性，而且造成了滑动误差的累积，不利于航迹推算的准确度。因此，控制全方位的 AGV 沿一个精确方向按理想直线轨迹移动是比较困难的。此外，对于差速驱动底盘，理想直线轨迹移动要求两个驱动轮的速度完全相同。然而，由于车轮尺寸存在几何误差、底盘装配误差、传动机构误差、电机转速偏差等，因此两个驱动轮的速度肯定存在差异。相反，较低机动性的运动底盘沿一个精确方向移动的可控性较高。例如，Ackerman 底盘可锁住操舵轮的方向，从而保持其沿一个确定方向按直线移动。

总之，没有完美的运动底盘可以同时使稳定性、机动性和可控性最优化。移动机器人在不同场景中的实际应用会对底盘设计施加各种约束，而设计者的目标就是在设计空间中选择最合适的底盘设计方案。

4. 常见的底盘构型

移动机器人的稳定性、机动性和可控性取决于运动底盘的驱动转向方式。常用的驱动转向方式有舵轮转向（Steering Turnaround）、差速转向（Differential Turnaround）和复合转向（Compound Turnaround）。驱动转向方式不同，移动机器人的运动灵活性也不同，常见的有 2-TR 型和 3-TTR 型。前者具有两个自由度，即沿车体纵向的平动（T）和在平面上的转动（R）；后者具有 3 个自由度，即沿车体纵向的平动（T）、横向的平动（T）和在平面上的转动（R）。常见的轮式移动机构有三轮、四轮和六轮等形式。下面以四轮的轮式移动机构为例来介绍移动机器人的运动底盘，如图 6-50 所示。

图 6-50（a）为差速转向，其自由度是 2-TR 型。当中间两驱动轮的速度大小和方向都相同时，AGV 沿直线移动；当中间两驱动轮的速度大小相同、方向相反时，AGV 沿驱动轮连线中心原地自转；当中间两驱动轮的速度方向相同、大小不同时，AGV 沿弧线运行。由于车轮采用对称布局，因此当 AGV 向前后两个方向移动时，其控制方式完全相同。图 6-50（b）为舵轮转向，其自由度也是 2-TR 型。驱动轮控制 AGV 的车体速度，操舵轮控制 AGV 的行驶方向，但无法实现 AGV 的原地自转运动，且前进和后退的控制方法不同。图 6-50（c）为复合转向，其自由度是 3-TTR 型。除具有差速转向的运动形式之外，当中间两操舵驱动轮轮轴的转角相同时，还可沿与底盘纵向不平行的任何方向实现全方位移动。由此可见，图 6-50（c）中的复合转向驱动转向方式具有最丰富的运动形式，但其运动底盘也最复杂，至少需要控制 4 个伺服电机。图 6-50（a）中的差速转向驱动转向方式也具有较好的运动能力，且运动底盘简单可靠，只需控制两个伺服电机，是目前 AGV 制造厂家普遍采用的驱动转向方式。

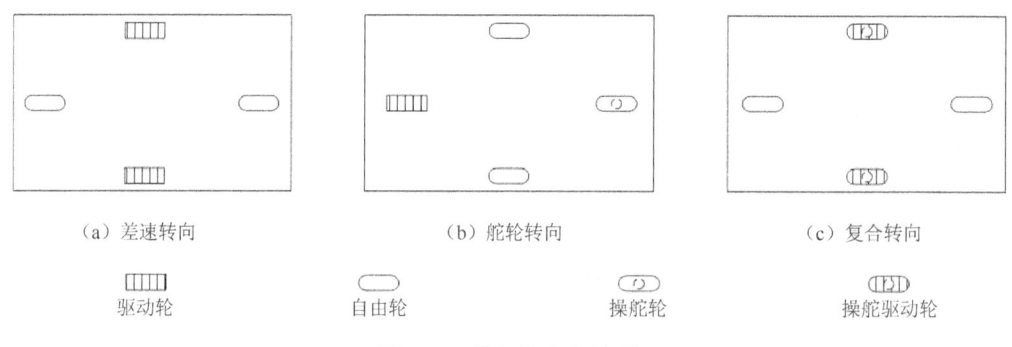

图 6-50 常见的底盘构型

三、差速转向底盘

除上面介绍的 3 种常见的 AGV 底盘构型之外，还有南京航空航天大学为模块化重载 AGV 设计开发的一种新型差速转向底盘。针对重载 AGV 的自动导引控制，提出了一种既能提高动态响应特性和能量利用效率，又能保持低成本和重新配置便利性的导引驱动单元设计方案。该方案将高性能微控制器、低功率电机、小量程传感器与轻量化底盘相融合，构建了一种新型差速转向底盘。

为了避免低功率电机和小量程传感器对重载 AGV 自动导引控制的不利影响，我们参考了牵引车-挂车的拖车结构，以及操舵驱动小脚轮的驱动方式，得到了导引驱动单元的机电融合设计目标，具体如下。

（1）轻量化，为了减轻导引驱动单元的自重。

（2）较小背负承载，为了减少 AGV 整车分配给导引驱动单元的背负载荷。

(3) 扩大量程，为了扩大导引传感器的检测范围。

由于拖车结构中附加转向自由度的引入和背负载荷的减小，因此导引驱动单元在拖动重载 AGV 沿导引路径运动的同时，可以较高的动态响应速度控制小量程传感器跟踪导引路径。

导引驱动单元采用双层两轮差速驱动转向结构，如图 6-51 所示。其中，上层为与 AGV 车架固定连接的悬挂结构，用于在导引驱动单元和其他被动轮之间分配载荷；下层为带有驱动轮和导引传感器的运动底盘。由于改进了操舵驱动小脚轮的结构，且转向轴位于两驱动轮轴线中心，因此下层底盘可绕转向轴相对上层悬挂结构进行任意角度的转向运动。

悬挂结构包括一种剪刀叉式连杆机构及位于承载顶板和承载底板之间的两个弹簧，其结构示意图如图 6-52 所示。剪刀叉式连杆机构包括两根连杆、5 个铰链和 2 个滑块，其可以调节承载顶板和随载底板之间的垂直距离，从而改变两侧弹簧的压缩程度。通常，承载顶板与 AGV 车架固定连接，运动部件是与承载底板相连的下层底盘。在其他被动车轮的共同支撑下，两侧弹簧的较小压缩程度意味着从 AGV 分配给导引驱动单元的载荷较小。因此，导引驱动单元仅承受整个 AGV 载荷的一部分，从而达到了我们的设计目标（2）。当 AGV 在不平整的路面上运动时，剪刀叉式连杆机构可自适应调节两侧弹簧的压缩程度，并通过驱动轮所受压力的支反力，来保证驱动轮与地面保持接触。

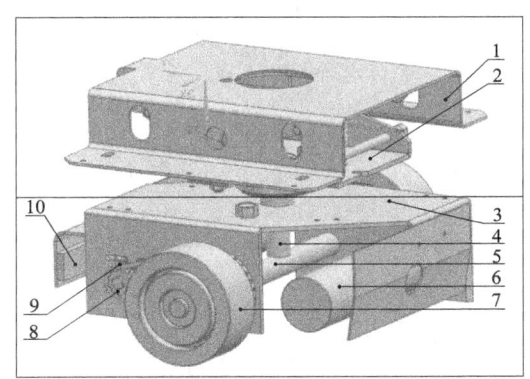

1—承载顶板；2—承载底板；3—运动底盘；4—转向轴；5—支撑轴；6—伺服电机；
7—驱动轮；8—支撑链轮；9—链条；10—导引传感器

图 6-51 导引驱动单元

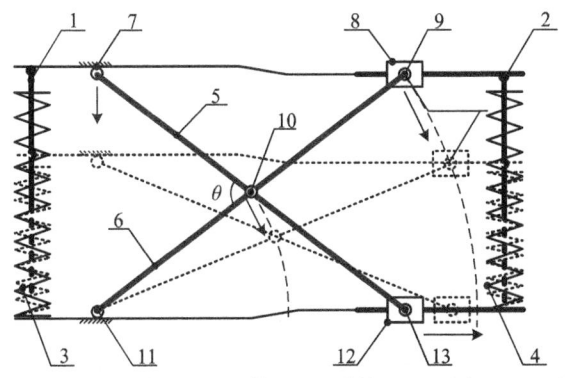

1—导向杆 A；2—导向杆 B；3—弹簧 A；4—弹簧 B；5—连杆 A；6—连杆 B；
7—铰链 A；8—滑块 A；9—铰链 B；10—铰链 C；11—铰链 D；12—滑块 B；13—铰链 E

图 6-52 悬挂结构示意图

下层运动底盘包括一根转向轴、一根支撑轴、链驱动机构及驱动轮等，如图 6-51 和图 6-53 所示。转向轴和支撑轴与运动底盘固定连接，转向轴通过轴承端盖中的推力轴承与承载底板连接，因此运动底盘能够绕承载底板的垂直轴自由转动。角度传感器安装于承载底板上，用于检测运动底盘和承载底板之间的角度差。支撑轴不会绕其自身轴线旋转，仅通过深沟球轴承对两个驱动轮进行支撑。因此，支撑轴仅承受载荷引起的弯矩，电机输出轴（用于支撑链轮）只承受扭矩，以产生摩擦驱动力。这种支撑驱动机构具有简单的应力状态，可合理减少金属材料的用量，从而设计出一个轻量化的运动底盘，完成我们的设计目标（1）。

如图 6-51 和图 6-54 所示，导引传感器安装于运动底盘的前方。因为运动底盘可绕垂直轴转动，所以导引路径的检测范围超过了导引传感器的自身量程。假设导引传感器到转向轴轴线的距离为扫描半径 R_S，导引传感器的基本量程为 B_O，运动底盘和 AGV 车体之间的角度差为 θ，当导引传感器检测到 AGV 偏离导引路径后，运动底盘进行转向控制，使传感器跟踪返回目标路径。由于运动底盘的转向控制，因此导引路径的检测范围增大为

$$B_E = 2R_S \sin\theta + B_O \cos\theta \tag{6-30}$$

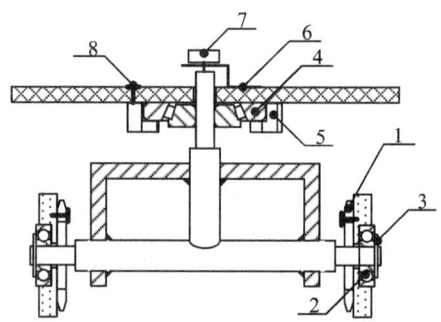

1—链轮；2—深沟球轴承；3—卡簧；4—推力轴承；5—轴承端盖；6—安装架；7—角度传感器；8—螺钉

图 6-53　运动底盘示意图

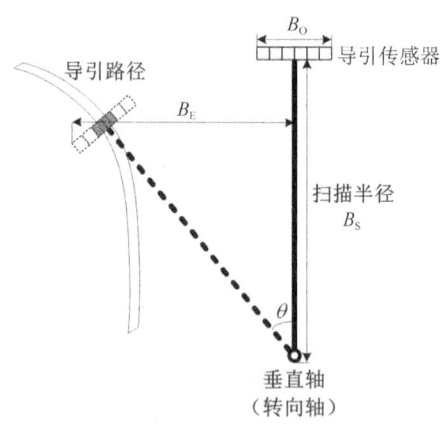

图 6-54　导引传感器量程增大的原理

通常，扫描半径 R_S 比导引传感器的基本量程 B_O 大得多。根据式（6-30），导引路径的检测范围 B_E 随扫描半径 R_S 的增大而增大。量程扩大的设计目标（3）从运动学上弥补了小量程传感器用于重载 AGV 的导引控制的不足。

第五节 运动控制

移动机器人在获得导航系统规划的无碰优化路径后,必须通过控制技术来调节移动机构的相应运动方式,以实现沿预定路径的自主移动。根据路径与时间的相关性,移动机器人的运动方式可分为轨迹跟踪和路径跟踪。在轨迹跟踪中,移动机器人跟踪的是时间关系曲线图给出的轨迹,即在每个时刻都要求其跟踪轨迹上给定的目标点,而目标点随时间变化而变化。在路径跟踪中,移动机器人跟踪的是一条由几何参数(如直线段、弧线段等)描述的路径,只要求其到达该路径并沿路径移动,并不要求其在特定的时间内到达几何路径上的特定位置。因此,两者在控制思路和方法上有很大的差别:轨迹跟踪问题一般是控制实际的移动机器人跟踪在理想轨迹上移动的虚拟机器人;而路径跟踪问题一般是消除移动机器人位姿与几何路径之间的偏差。

为了有效控制移动机器人的运动,通过运动学方程来描述其由运动引起的空间位姿变化。运动学方程的输入取决于导航系统能够提供的指引信息,其输出取决于移动机构能够产生的运动形式,由此产生不同的运动学模型,相应地也有各种控制技术和方法。

在 AGV 驱动转向方式中,使用的都是常规轮,其运动学特性符合以下假设:车轮的平面总是保持垂直的,其与地面只有一个接触点,并在该接触点无滑动,即车轮只在纯滚动和通过接触点绕垂直轴转动的条件下运动。因此,车轮的运动受到两种约束:滚动接触约束,即当运动在适当方向发生时,车轮必须滚动;横向无滑动约束,即在正交于车轮的平面内无滑动。由于差速转向是目前 AGV 普遍采用的驱动方式,因此本书对有关控制技术的讨论以此为代表,其研究结论对其他类型的移动机器人也有借鉴意义。由于图 6-50 中的差速转向式 AGV 的前后两轮是仅起支撑作用的自由轮,因此在运动学研究中将其简化为两轮同轴独立驱动的移动机器人,如图 6-55 所示。

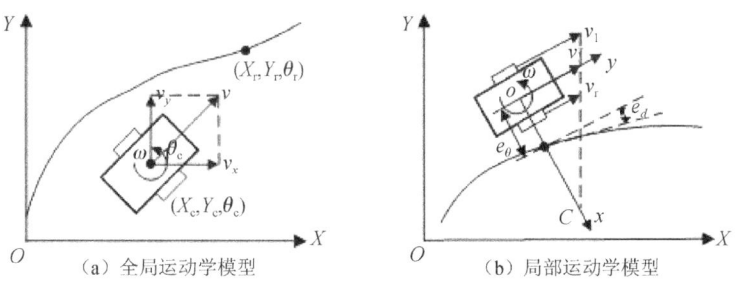

图 6-55 AGV 运动学模型

在表 6-4 列举的 AGV 常用导引方式中,视觉导引、电磁导引和反光条导引等基于地面标线的导航技术可获得 AGV 相对标线的偏差,如图 6-55(b)所示的侧向距离偏差 e_d 和角度偏差 e_θ,这些偏差信息是在随 AGV 移动的车载坐标系中进行描述的,在通常情况下难以变换到全局坐标系中。激光导航和超声导航等基于空间标志的导航技术可获得 AGV 在全局坐标系中的绝对位置,如图 6-55(a)所示的绝对坐标(X_c, Y_c)。因此,根据导航方式提供的指引信息种类,运动学模型可分为如图 6-55(a)所示的全局运动学模型和如图 6-55(b)所示的局部运动学模型。

下面根据图 6-55(a)说明 AGV 在运动中受到的非完整约束。约束指系统在质点位置和速度上受到的几何或运动学特性的限制。如果约束只是位置变量的显函数，即只限制受控对象的空间位置，那么为完整约束。如果约束包括位置变量的微分关系，且不能通过积分转化为空间位置的约束，那么为非完整约束，其通过可积性判断来识别。在图 6-55（a）中，AGV 的位姿可用广义坐标向量$(X_c, Y_c, \theta_c)^T$来描述，其中，(X_c, Y_c) 是 AGV 参考点的坐标，表示其在全局坐标系 xOy 中的平动，θ_c 是 AGV 前进方向与 x 轴之间的夹角，表示其绕 z 轴的转动（姿态角）。由于车轮受到横向无滑动约束，因此 AGV 的速度 $(\dot{X}_c, \dot{Y}_c)$ 与姿态角 θ_c 之间应满足约束关系：

$$\dot{X}_c \sin\theta_c - \dot{Y}_c \cos\theta_c = 0 \tag{6-31}$$

式（6-31）意味着 AGV 的瞬时运动约束在两个自由度方向上，其物理意义是 AGV 在两驱动轮轴线上的速度始终为 0，AGV 瞬时速度的方向始终与其朝向保持一致。该约束是不可积分的，它明显依赖于 AGV 的运动，所以横向无滑动约束是一个非完整约束。非完整约束理论首先应用在移动机器人领域，可解决"泊车"问题，随后成为研究的热点。非完整约束要求 AGV 的运动除满足起始点、终点和障碍物等的基本要求之外，还必须满足速度方向或轨迹形状的特殊要求。也就是说，用纯几何方法计算得到的轨迹只适用于完整系统的轨迹，但可能不适用于非完整系统。

由于 AGV 的运动轨迹受到非完整约束、外部环境及自身等各种不确定因素的影响，使得非线性控制中的一些有效方法不再适用于非完整系统，因此对 AGV 实现有效控制具有相当的挑战。许多学者都对非完整系统控制问题进行了广泛研究，主要可分为模型类控制方法和非模型类控制方法。

模型类控制方法主要根据移动机器人的运动学或动力学模型来设计反馈控制律。通常动力学模型比较复杂，包括结构参数误差、未知的或不能精确测量的惯性参数、未建模的动静态摩擦项等，动态模型的输入-输出线性化遇到很大困难。运动学模型的建立相对简单，基于运动学模型的控制方法广泛用于移动机器人中。下面以差速转向式 AGV 的运动学模型为例，讨论常用的路径跟踪控制方法。

一、运动学建模

以如图 6-56（a）所示的四轮差速转向式 AGV 为例，推导并建立其运动学模型。根据运动学分析可知，该类型 AGV 只有直线和圆弧两种运动轨迹。在图 6-56（a）中，两驱动轮连线为 AGV 水平中心线，两轮间距为 W；车载摄像机安装在水平中心线偏前的位置，AGV 原点（几何中心）在视野范围底部的中央，摄像机的取景可包含 AGV 的未来状态偏差。

在图 6-56（b）中，XOY 为固定于地面的世界坐标系，xOy 为随 AGV 移动的车载坐标系，其原点为 AGV 的几何中心，y 轴沿 AGV 的前进方向。在世界坐标系 XOY 中观察时，AGV 沿导引标线移动，变化的是 AGV 的位置和姿态；在车载坐标系 xOy 中观察时，导引标线在视野中平移和旋转，变化的是导引标线的坐标和角度。由于车载摄像机只能向 AGV 提供导引标线的变化信息，因此在 xOy 中定义 AGV 与导引标线的两种路径偏差，即距离偏差 e_d 和角度偏差 e_θ。然而，在建立 AGV 的运动学模型时，不方便直接在 xOy 中研究 AGV 的路径跟踪过程，所以我们假设当前状态 k 的车载坐标系不随 AGV 运动，则可在该固定不动的坐标系中观察 AGV 从当前状态 k 运动到下一个状态 $k+1$ 的路径跟踪轨迹与偏差变化过程，如图 6-56（c）所示。

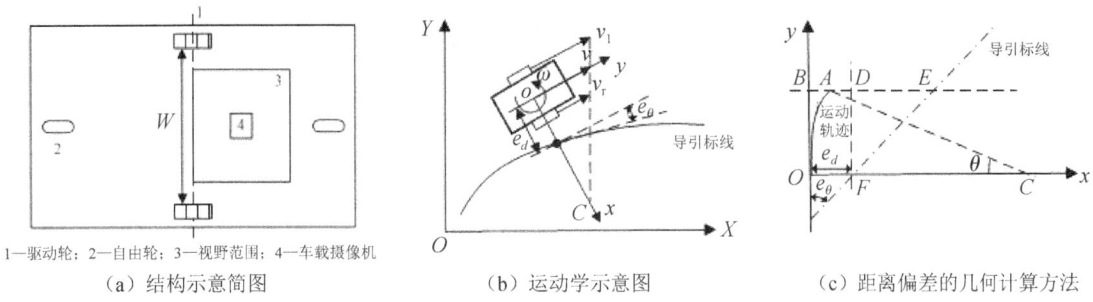

(a) 结构示意简图　　　　(b) 运动学示意图　　　　(c) 距离偏差的几何计算方法

图 6-56　差速转向式 AGV 运动学简图

在图 6-56（b）中，导引标线与 x 轴交点的横坐标即 AGV 原点到目标路径的横向距离偏差 e_d，导引标线的切线方向与 y 轴的夹角即 AGV 运动方向与目标路径的角度偏差 e_θ，当导引标线的切线方向逆时针转向 y 轴时，$e_\theta<0$；当导引标线沿切线方向顺时针转向 y 轴时，$e_\theta>0$，角度偏差的取值范围为 $e_\theta\in[-90°,90°]$；左、右驱动轮的线速度分别为 v_l 和 v_r，AGV 原点的线速度为 v，角速度为 ω。

差速转向式 AGV 只有直线和圆弧两种运动轨迹，无论 AGV 是在做直线平动还是绕瞬心 C 做圆弧转动，其线速度之间满足：

$$v=\frac{v_l+v_r}{2} \tag{6-32}$$

对于如图 6-56（b）所示的局部运动学模型，路径跟踪问题可描述为消除 AGV 位姿与导引标线之间的两种路径偏差。当路径偏差出现时，在两驱动轮之间产生一个速度差控制量 Δv，使 AGV 沿瞬心为 C 的圆弧轨迹移动，以调整其位姿，并使其原点线速度 v 的大小保持不变，即

$$\begin{cases}v_l=v+\Delta v\\ v_r=v-\Delta v\end{cases} \tag{6-33}$$

由圆周运动规律可知，AGV 绕瞬心 C 转动的角速度为

$$\omega=\frac{(v_l-v_r)}{W}=\frac{2\Delta v}{W} \tag{6-34}$$

设 AGV 的控制周期为 T_s，当前状态 k 的角度偏差为 $e_\theta(k)$，经过时间 T_s 到下一个状态 $k+1$ 时，AGV 绕瞬心 C 转过的角度为 ωT_s，则状态 $k+1$ 的角度偏差为

$$e_\theta(k+1)=e_\theta(k)+\frac{2\Delta v(k)T_s}{W} \tag{6-35}$$

设当前状态 k 的距离偏差为 $e_d(k)$，状态 $k+1$ 的距离偏差为 $e_d(k+1)$。由于差速转向式 AGV 受到非完整约束，其在两驱动轮轴线上的速度始终为 0，因此其距离偏差的计算是无法通过对线速度的积分来实现的，即

$$e_d(k+1)=e_d(k)+\int_0^{T_s}v\sin e_\theta(kT_s+t)dt \tag{6-36}$$

因此，无法通过积分求出距离偏差 $e_d(k+1)$ 的解析解。为避开对线速度的积分，可利用几何方法计算离散形式的 AGV 的距离偏差，如图 6-56（c）所示。为了减小两种路径偏差，在速度差控制量 Δv 的作用下，AGV 绕瞬心 C 沿圆弧 oA 所示的轨迹移动，在状态 $k+1$ 时达到 A 点。在图 6-56（c）中，oF 为状态 k 的距离偏差 $e_d(k)$，当控制周期 T_s 很短且 AGV 原点的角速度 ω 为有限值时，圆弧 oA 近似为直线段，长度可视为 AGV 的移动距离 vT_s。圆周运动的圆心角 θ 为角度偏差变化量的绝对值 $|\omega T_s|$，则距离偏差的减小量 AB 为

$$AB = OA \cdot \sin \angle AoB = vT_s \sin\frac{\theta}{2} \tag{6-37}$$

在 Rt$\triangle DEF$ 中，距离偏差的增加量 DE 为

$$DE = DF \tan \angle DFE = OA\cos\frac{\angle AoB}{2}\tan\angle DFE = vT_s\cos\frac{\theta}{2}\tan|e_\theta(k)| \tag{6-38}$$

当圆心角 θ 很小时，状态 $k+1$ 的距离偏差 $e_d(k+1)$ 近似为

$$AE = OF + DE - AB \tag{6-39}$$

在小角度偏差的情况下，$e_\theta(k)$ 和 θ 都很小，对于式（6-37）和式（6-38）中的非线性部分，可进行以下线性化处理：$\tan|e_\theta(k)|=|e_\theta(k)|$，$\sin\frac{\theta}{2}=\frac{\theta}{2}$，$\cos\frac{\theta}{2}=1$，并将它们与式（6-34）一起代入式（6-39），可得状态 $k+1$ 的距离偏差为

$$e_d(k+1) = e_d(k) + vT_s|e_\theta(k)| - vT_s|\frac{\Delta v(k)}{W}T_s| \tag{6-40}$$

在图 6-56（c）中，根据角度偏差和速度差控制量的定义可知：$e_\theta(k)<0$，$\Delta v(k)>0$，则式（6-40）可化简为

$$e_d(k+1) = e_d(k) - ve_\theta(k)T_s - \frac{v\Delta v(k)T_s^2}{W} \tag{6-41}$$

综上，在小角度偏差的情况下，如图 6-56（b）所示的差速转向式 AGV 的线性运动学模型为

$$\begin{cases} e_\theta(k+1) = e_\theta(k) + \dfrac{2T_s}{W}\Delta v(k) \\ e_d(k+1) = e_d(k) - ve_\theta(k)T_s - v\dfrac{T_s^2}{W}\Delta v(k) \end{cases} \tag{6-42}$$

将式（6-42）写成矩阵形式，可得

$$\begin{bmatrix} e_\theta(k+1) \\ e_d(k+1) \end{bmatrix} = \begin{bmatrix} e_\theta(k) \\ e_d(k) - ve_\theta(k)T_s \end{bmatrix} + \begin{bmatrix} \dfrac{2T_s}{W} \\ -\dfrac{vT_s^2}{W} \end{bmatrix}\Delta v(k) \tag{6-43}$$

二、最优控制

为了在路径跟踪过程中提高 AGV 控制的精确性和快速性，很多学者开始利用最优控制理论来实现跟踪偏差的最小化。线性二次型调节器（Linear Quadratic Regulator，LQR）反映

了一种经典的最优控制理论,其具有统一的求解过程和规范化的最优解表达形式,易于构成最优反馈系统,且可兼顾系统的多方面性能指标,因此在控制工程中得到了广泛应用。

在文献[22]和[23]中,根据小角度偏差情况下的线性运动学模型,以距离偏差 e_d 和角度偏差 e_θ 为状态量 $x(t)$,以两驱动轮的速度差控制量 Δv 或操舵轮的转向角 α 为控制量 $u(t)$ 建立系统的状态方程,即

$$\dot{x}(t) = Ax(t) + Bu(t) \tag{6-44}$$

选择系统状态量和控制量的二次型加权和积分为目标函数 J,即

$$J = \int [x(t)^T Qx(t) + u(t)^T Ru(t)] \, dt \tag{6-45}$$

为了实现路径跟踪的优化控制,需要寻找合适的控制量 $u(t)$,使两种路径偏差 e_d 和 e_θ 趋向最小且不消耗过多的控制能量。根据 LQR 最优控制理论,使上述目标函数 J 取极小值的最优控制为

$$u^*(t) = -R^{-1}B^T P x(t) \tag{6-46}$$

式中,常数矩阵 P 为 Riccati 代数矩阵方程的对称正定解,该方程为

$$PA + A^T P - PBR^{-1}B^T P + Q = 0 \tag{6-47}$$

在系统能控且 $Q>0, R>0$ 的条件下,系统的状态反馈增益 K 为常数矩阵,系统状态线性反馈的最优控制率为

$$u(t) = r - u^*(t) = r - Kx(t) \tag{6-48}$$

式中,r 为系统的参考输入,在路径跟踪控制中两种偏差的参考输入为 0。

在小角度偏差情况下,基于线性运动学模型的 LQR 最优控制理论获得了良好的路径跟踪性能,但在理论的完善性和工程的应用性方面还存在以下不足。

(1)在目标函数中,加权矩阵 Q 与 R 的选择依据。文献[22]和[23]是在选定 Q 与 R 的前提下,通过求解 Raccati 代数矩阵方程来获得预定速度下的反馈增益常数的。LQR 的优化效果取决于加权矩阵 Q 与 R 的选取是否恰当,如果选取不当,那么得到的解可能完全无优化意义。因此,Q 与 R 的选择相当困难,二者之间相互影响也相互制约。由于 Q 与 R 之间只存在相对大小关系,因此目前普遍采用的仿真试凑法在给定条件(AGV 运行速度和控制周期)下,一般假设 R 为单位矩阵,然后根据仿真结果试凑对角矩阵 Q。这种试凑方法需要大量尝试才能得到较好的效果,且难以构成统一的加权矩阵选择方法,同时得到的结论也含有较多的经验成分。文献[26]认为,当 Q 的取值较大、R 的取值较小时,系统的稳健性较好。文献[22]则认为,Q 的取值不易太大,否则 LQR 最优控制器输出趋向饱和,系统极点远离虚轴,造成系统抗干扰能力下降,对噪声敏感。文献[27]认为,距离偏差对应的 q_d($q_d \in Q$)值不宜太大,如果迫使系统过分地追求快速消除距离偏差,那么会造成角度偏差过大,系统超调严重,且前轮转向角可能超过转向机构的物理极限,反馈增益也会随 q_d 值的增加而增加,造成 LQR 最优控制器输出饱和。根据文献[26]的结论,文献[28]利用自适应遗传算法对加权矩阵 Q 与 R 进行搜索,其选择效率比仿真试凑法有较大提高,但仍然是在给定速度条件下进行的优化,如果 AGV 的运行速度或控制周期改变,那么 LQR 最优控制器的优化性能会受到较大影响。

(2)Raccati 代数矩阵方程的求解复杂。为了获取系统的状态反馈增益 K,需要计算 Riccati 代数矩阵方程的解矩阵 P。由于直接求取解矩阵 P 的解析形式非常困难,因此采用 Matlab 等

科学计算软件，在给定了 AGV 运行速度和控制周期并选择了加权矩阵 Q 与 R 的条件下，离线计算状态反馈增益 K 的数值解。因此，状态反馈增益 K 不仅与给定条件有关，而且受到加权矩阵的影响。由于 Raccati 代数矩阵方程的求解复杂，因此当给定条件或加权矩阵改变时，其难以在线实时更新状态反馈增益 K，LQR 最优控制器的稳健性能较差。

（3）优化过程未考虑实际执行机构的能力极限。传统的 LQR 最优控制方法在加权矩阵 Q 与 R 的选择及目标函数 J 的最小化过程中，基本上没有考虑实际执行机构的能力极限，如操舵轮的转角范围与转向时的角速度，以及驱动轮的速度变化范围与变速时的加速度等。文献[27]虽然指出了较大的加权系数 q_d 可能会引起前轮转向角超过转向机构的物理极限，但是没有找到合适的解决方法避免控制量超出该极限。对于 LQR 最优控制器，在 AGV 移动机构的执行能力范围内产生的纠偏控制量才有实际的工程应用意义，否则仅是理论上的最优控制概念。

对于视觉导引的移动机器人，LQR 最优控制器还可能因图像处理的时延而影响到路径跟踪控制的实时性。从视觉图像采样到路径偏差识别，再到纠偏控制量计算，最后到移动机构执行，必须占用一定的时间。文献[27]根据运动学模型，由车轮转角信号预测移动机器人的位姿变化量，并以此修正前一时刻通过视觉识别得到的路径偏差，作为用于横向控制的最优控制器的输入量，取得较好的控制效果。

在全局坐标系下，由于基于旋转编码器脉冲计数的位置估计存在累积误差，因此文献[29]在通过扩展 Kalman 滤波对旋转编码器和激光扫描器进行信息融合的基础上，利用广义预测控制实现移动机器人的路径跟踪。在每个控制周期先预测 N 步，并据此求出一个 N 步的最优控制序列，但只取该序列的第一个值作为本周期的纠偏控制量，并在下个控制周期重复该过程，以实现预测控制的滚动优化。然而，该控制方法的计算量十分庞大，实时滚动优化难以实现，且没有考虑实际执行机构的能力极限。

文献[30]根据线速度、角速度和姿态角的测量值估计移动机器人在全局坐标系下的位姿，并利用 LQR 最优控制方法对路径跟踪进行单步和多步预测控制。在给定了移动机器人的线速度，并选择了加权矩阵 Q 与 R 为单位矩阵的条件下，文献[30]推导了单步预测和两步预测的最优控制率，并据此计算了前轮转向角的控制量。然而，该控制方法的计算也比较复杂，且没有研究多步预测的最优控制率及控制步数的确定方法。

三、最优预测控制

下面提出一种基于多步预测的 LQR 最优控制模型。根据局部坐标系下的线性运动学方程，预测移动机器人的未来位姿变化过程，并在移动机构的执行能力范围内，考虑一个纠偏协调性最优的控制量序列，通过满足驱动轮速度/加速度约束的多步控制，将角度偏差和距离偏差同时消除到零。LQR 的目标函数中只包含速度差控制量，解决了加权矩阵 Q 与 R 的选择难题，最优控制算法的快速性由控制步数的最小化来保证。而且，对该算法通过理论分析与推导来获得速度差控制量的解析形式，避免了 Raccati 代数矩阵方程的数值求解过程。该算法的计算量很小，可满足嵌入式控制系统实时滚动优化的需求。

1. 控制目标分析

在式（6-45）表示的目标函数中，第一项 $\int x(t)^T Q x(t) dt$ 反映了路径偏差消除的精确性和快速性，路径偏差越小，偏差消除得越快，该项状态量的二次型积分越小；Q 中的距离偏差和角度偏差的权重取值越大，说明目标函数要求相应路径偏差的消除越快，精度越高。然而，由于实际执行机构的能力极限，过大的 Q 值不仅因无法提高偏差消除的速度而造成控制器的饱和，而且可能因影响系统的平稳性而造成控制过程的超调。第二项 $\int u(t)^\mathrm{T} R u(t) \mathrm{d}t$ 反映了路径偏差消除的平稳性和协调性，两种路径偏差消除得越协调，系统为纠正某一路径偏差的超调所需的反复控制（表现为控制量的符号在正负之间的反复变化）过程越少，该项控制量的二次型积分越小；R 的取值越大，说明目标函数要求系统控制量的消耗越小，控制越平稳，协调性越高。然而，过大的 R 值限制了纠偏控制量的动态范围，也使系统消除路径偏差的快速性和精确性下降。由此可见，加权矩阵 Q 与 R 的选取，本质上是在控制的精确性、快速性和平稳性、协调性之间实现一个良好的平衡。

加权矩阵的选择难题不仅与目标函数中各项指标难以取得平衡有关，而且与两种路径偏差的相互耦合有关。由式（6-42）可知，同一个速度差控制量 $\Delta v(k)$ 会同时改变角度偏差和距离偏差。在路径跟踪过程中，某一偏差的减小可能会引起另一偏差的增大，两种纠偏定性的目标需要的速度差控制量 $\Delta v(k)$ 可能在大小和方向上相互矛盾。因此，在选取加权矩阵时，不能过分追求消除某一偏差而忽略其对另一偏差的影响，而要协调地消除两种偏差。此外，对于控制的快速性要求，不能单方面增大 Q 值，还必须考虑实际执行机构的能力极限。AGV 的线速度 v 和角速度 ω 是有限的，速度差控制量 $\Delta v(k)$ 的大小及其变化率需要满足速度/加速度约束条件：

$$\begin{cases} |\Delta v(k)| \leqslant \Delta v_{\max} \\ |\Delta a(k)| = |\Delta v(k) - \Delta v(k-1)| \leqslant \Delta a_{\max} \end{cases} \tag{6-49}$$

在上述约束条件下，当前状态的路径偏差可能无法在一个控制周期完全消除，根据执行机构的纠偏能力，最优控制器可能需要多个控制周期才能完全消除两种路径偏差。为了在多个控制周期保证两种消除的协调性，本章基于运动学模型的多步预测引入最优控制，并采用一种新的思路考虑最优控制目标的选取问题。我们从多个控制周期的整体优化角度出发，以消除两种路径偏差的协调性最优为目标，设计一个 N 步最优速度差控制序列 $\{\Delta v(k)\}$（$k=0,1,\cdots,N-1$），将两种路径偏差同时消除到零，即

$$\begin{cases} e_\theta(N) = 0 \\ e_d(N) = 0 \end{cases} \tag{6-50}$$

其中，控制步数 N 反映了偏差消除的快速性，而纠偏目标（6-50）反映了控制的精确性。在式（6-42）中，若当前状态的两种偏差同时为零，即 $e_\theta(k)=0$ 且 $e_d(k)=0$ 时，只需保证速度差控制量 $\Delta v(k)=0$，则未来状态的两种偏差可保持为零，即 $e_\theta(k+1)=0$ 且 $e_d(k+1)=0$，即使存在两种偏差的相互耦合，系统也可稳定在该无偏差跟踪状态的平衡点。由此可见，在条件（6-49）下的控制步数 N 的最小化，可达到执行机构所能实现的最快偏差消除过程；在纠偏目标（6-50）指导下的路径跟踪过程，可稳定在跟踪偏差为零的平稳状态。因此，它们可代替目标函数（6-45）中的第一项对偏差消除快速性和精确性的要求，既避免了加权矩阵 Q 与 R 的选取难题，又考虑了实际执行机构的能力极限，并根据速度/加速度约束条件确定多步预测的控制步数。

目标函数可简化为只包含控制量 u 的形式，由于 Q 和 R 之间只存在相对大小关系，因此一般在 LQR 最优控制中选择 R 为单位矩阵。考虑到本书研究的 AGV 是采用嵌入式控制系统

的，因此目标函数的离散形式为

$$J = \frac{1}{2}\sum_{k=0}^{N-1}\Delta v^2(k) \tag{6-51}$$

根据 LQR 最优控制理论的表达方式，移动机器人的路径跟踪问题可描述为对状态方程为（6-43）的系统，在条件（6-50）的约束下，通过最小化目标函数（6-51）和控制步数 N，使消除两种路径偏差的协调性最优，且在移动机构的能力范围内纠偏最快；最终满足纠偏目标式（6-50），使两种路径偏差同时消除到零，并维持无偏差跟踪状态。

2. 控制律推导

根据 Lagrange 待定数列法，对状态方程（6-43）引入待定数列：

$$\{\lambda(k+1)\} = \{[\lambda_1(k+1) \quad \lambda_2(k+1)]^T\} \tag{6-52}$$

Hamilton 函数为

$$H(k) = \frac{1}{2}\Delta v^2(k) + \lambda(k+1)^T \left\{ \begin{bmatrix} e_\theta(k) \\ e_d(k) - ve_\theta(k)T_s \end{bmatrix} + \begin{bmatrix} \dfrac{2T_s}{W} \\ -\dfrac{vT_s^2}{W} \end{bmatrix} \Delta v(k) \right\} \tag{6-53}$$

能使最小化目标函数（6-51）取得极小值的最优速度差控制序列 $\{\Delta v(k)\}$ 满足以下条件：

$$\begin{cases} \lambda(k) = \dfrac{\partial H(k)}{\partial X(K)} & (6\text{-}54) \\[2mm] \dfrac{\partial H(k)}{\partial u(k)} = 0 & (6\text{-}55) \end{cases}$$

根据矩阵分析，由式（6-54）得

$$\begin{bmatrix} \lambda_1(k) \\ \lambda_2(k) \end{bmatrix} = \begin{bmatrix} 1 & 0 \\ -vT_s & 1 \end{bmatrix} \times \begin{bmatrix} \lambda_1(k+1) \\ \lambda_2(k+1) \end{bmatrix} = \begin{bmatrix} \lambda_1(k+1) \\ -vT_s\lambda_1(k+1) + \lambda_2(k+1) \end{bmatrix} \tag{6-56}$$

由式（6-56）得

$$\lambda_1(k) = \lambda_1(k+1) = c(\text{constant}) \tag{6-57}$$

$$\lambda_2(k+1) = \lambda_2(k) + cvT_s \tag{6-58}$$

令 $\lambda_2(0) = \lambda_2$，对式（6-58）进行迭代变换得

$$\lambda_2(k) = \lambda_2 + kcvT_s \tag{6-59}$$

由式（6-55）得

$$\Delta v(k) + [\lambda_1(k+1) \quad \lambda_2(k+1)] \times \begin{bmatrix} \dfrac{2T_s}{W} \\ -\dfrac{vT_s^2}{W} \end{bmatrix} = 0 \tag{6-60}$$

将式（6-57）和式（6-59）代入式（6-60）得

$$\Delta v(k) = \frac{T_s}{W}\{\lambda_2 vT_s + [(k+1)(vT_s)^2 - 2]c\} \tag{6-61}$$

将式（6-61）代入式（6-35）得

$$e_\theta(k+1) = e_\theta(k) + 2\left(\frac{T_s}{W}\right)^2\left\{\lambda_2 vT_s + [(k+1)(vT_s)^2 - 2]c\right\} \quad (6\text{-}62)$$

由式（6-62）进行迭代变换得

$$e_\theta(k) = e_\theta(0) + 2\left(\frac{T_s}{W}\right)^2\left\{k\lambda_2 vT_s + \left[\frac{k(k+1)}{2}(vT_s)^2 - 2k\right]c\right\} \quad (6\text{-}63)$$

将式（6-61）和式（6-63）代入式（6-41）得

$$e_d(k+1) = e_d(k) - ve_\theta(0)T_s - 2\left(\frac{T_s}{W}\right)^2 vT_s\left\{k\lambda_2 vT_s + \left[\frac{k(k+1)}{2}(vT_s)^2 - 2k\right]c\right\} -$$

$$\left(\frac{T_s}{W}\right)^2 vT_s\left\{\lambda_2 vT_s + \left[(k+1)(vT_s)^2 - 2\right]c\right\} \quad (6\text{-}64)$$

由式（6-64）进行迭代变换得

$$e_d(k) = e_d(0) - kvT_s e_\theta(0) - \left(\frac{T_s}{W}\right)^2 vT_s\left\{k^2\lambda_2 vT_s + \left\{\left[\sum_{i=1}^{k-1}i(i+1) + \frac{k(k+1)}{2}\right](vT_s)^2 - 2k^2\right\}c\right\} \quad (6\text{-}65)$$

根据纠偏目标（6-50），系统经过 N 步最优控制，将两种路径偏差同时消除到零，由式（6-63）和式（6-65）得

$$\begin{cases} e_\theta(0) + 2\left(\frac{T_s}{W}\right)^2\left\{N\lambda_2 vT_s + \left[\frac{N(N+1)}{2}(vT_s)^2 - 2N\right]c\right\} = 0 & (6\text{-}66) \\ e_d(0) - NvT_s e_\theta(0) - \left(\frac{T_s}{W}\right)^2 vT_s\left\{N^2\lambda_2 vT_s + \left\{\left[\sum_{i=1}^{N-1}i(i+1) + \frac{N(N+1)}{2}\right](vT_s)^2 - 2N^2\right\}c\right\} = 0 & (6\text{-}67) \end{cases}$$

联立求解上述方程组可得

$$c = \frac{NvT_s e_\theta(0) - 2e_d(0)}{2\left(\frac{T_s}{W}\right)^2 (vT_s)^3 \left[\frac{N^2(N+1)}{2} - \sum_{i=1}^{N-1}i(i+1) - \frac{N(N+1)}{2}\right]} \quad (6\text{-}68)$$

考虑到 $\sum_{i=1}^{n}i(i+1) = \sum_{i=1}^{n}i^2 + \sum_{i=1}^{n}i$，且由平方和公式 $\sum_{i=1}^{n}i^2 = \frac{n}{6}(n+1)(2n+1)$ 可得

$$\frac{N^2(N+1)}{2} - \sum_{i=1}^{N-1}i(i+1) - \frac{N(N+1)}{2} = \frac{1}{6}(N^3 - N) \quad (6\text{-}69)$$

根据式（6-69）化简式（6-68）得

$$c = \frac{3[NvT_s e_\theta(0) - 2e_d(0)]}{(N^3 - N)\left(\frac{T_s}{W}\right)^2 (vT_s)^3} \quad (6\text{-}70)$$

将式（6-70）代入式（6-66）得

$$\lambda_2 v T_s = -\frac{e_\theta(0)}{2N\left(\frac{T_s}{W}\right)^2} - \left[\frac{N+1}{2}(vT_s)^2 - 2\right]\frac{3[NvT_s e_\theta(0) - 2e_d(0)]}{(N^3-N)\left(\frac{T_s}{W}\right)^2 (vT_s)^3} \quad (6\text{-}71)$$

将式（6-70）和式（6-71）代入式（6-61）得

$$\Delta v(k) = -\frac{e_\theta(0)}{2N\frac{T_s}{W}} + 3\left(k - \frac{N-1}{2}\right)\left[\frac{NvT_s e_\theta(0) - 2e_d(0)}{(N^3-N)\frac{T_s}{W}vT_s}\right] \quad (6\text{-}72)$$

式中，基于运动预测的最优控制总步数 $N \geqslant 2$，当前控制步数 $k = 0,1,2,\cdots,N-1$。

3. 控制步数确定

由式（6-72）计算的速度差控制序列 $\{\Delta v(k)\}$ 的二次型积分最小，可满足路径偏差消除的平稳性和协调性要求；通过 N 步最优控制既实现了纠偏目标（6-50），又满足了路径偏差消除的精确性要求。而最优控制总步数 N 反映了路径偏差消除的快速性，在速度/加速度条件的约束下，根据实际执行机构的能力极限计算了系统可实现最优控制总步数的最小值 $N_{\min}$。

分析式（6-72）可知，当最优控制总步数 N 确定后，对于给定的初始路径偏差 $e_\theta(0)$ 和 $e_d(0)$，速度差控制量 $\Delta v(k)$ 与控制步数 k 呈线性关系，写成直线方程形式为

$$y(x) = y_0 + k(x - x_0) \quad (6\text{-}73)$$

式中，$y_0 = -\dfrac{e_\theta(0)}{2N\frac{T_s}{W}}$，$k = \dfrac{3[NvT_s e_\theta(0) - 2e_d(0)]}{(N^3-N)\frac{T_s}{W}vT_s}$，$x_0 = \dfrac{N-1}{2}$。

由于 $k = \dfrac{\Delta v(k) - \Delta v(k-1)}{k-(k-1)}$，因此

$$\Delta a(k) = \Delta v(k) - \Delta v(k-1) = \frac{3[NvT_s e_\theta(0) - 2e_d(0)]}{(N^3-N)\frac{T_s}{W}vT_s} \quad (6\text{-}74)$$

根据 y_0 与 k 的相互关系，可得 $|\Delta v(k)|$ 的最大值为

$$|\Delta v(k)|_{\max} = \begin{cases} |\Delta v(N-1)|, & y_0 k \geqslant 0 \\ |\Delta v(0)|, & y_0 k < 0 \end{cases} \quad (6\text{-}75)$$

为了使所有的速度差控制量 $\Delta v(k)$ 都满足速度/加速度约束条件，只需

$$\begin{cases} |\Delta v(k)|_{\max} \leqslant \Delta v_{\max} \\ |\Delta a(k)| \leqslant \Delta a_{\max} \end{cases} \quad (6\text{-}76)$$

根据式（6-74）、式（6-75）和式（6-76）计算得到最优控制总步数的最小值 $N_{\min}$，即可实现满足速度/加速度约束条件的最快路径偏差消除过程。

4. 软件仿真与分析

为了验证上述的多步预测最优控制模型，下面通过计算机数值仿真，在各种路径偏差条件下，针对不同 AGV 的运行速度 v，计算满足速度/加速度约束条件的最优控制总步数的最

小值 $N_{\min}$ 和最优速度差控制序列 $\{\Delta v(k)\}$，并研究两种路径偏差协调消除到零的路径跟踪过程。考虑到线性运动学模型的小角度偏差假设，本节将角度偏差的允许范围设定为 $|e_\theta(k)| \leqslant 5°$。根据视觉导航 AGV 的物理结构 [见 6-56（a）]，两驱动轮间距 $W = 400\text{mm}$；根据视觉导航的处理速度和移动机构的响应频率，路径跟踪的控制周期 $T_s=0.1\text{s}$。下面在不同运行速度和速度/加速度约束条件下，分别讨论零初始角度偏差、零初始距离偏差、同号路径偏差和异号路径偏差 4 种典型偏差情况的路径跟踪过程，其中，

低速指 $v = 200\text{mm/s}$，高速指 $v = 800\text{mm/s}$；

强约束条件指 $\begin{cases} \Delta v_{\max} = 40\text{mm/s} \\ \Delta a_{\max} = 100\text{mm/s}^2 \end{cases}$，弱约束条件指 $\begin{cases} \Delta v_{\max} = 80\text{mm/s} \\ \Delta a_{\max} = 200\text{mm/s}^2 \end{cases}$；

零初始角度偏差的情况以 $\begin{cases} e_\theta(0) = 0° \\ e_d(0) = 10\text{mm} \end{cases}$ 为例；

零初始距离偏差的情况以 $\begin{cases} e_\theta(0) = 5° \\ e_d(0) = 0\text{mm} \end{cases}$ 为例；

同号路径偏差的情况以 $\begin{cases} e_\theta(0) = 3° \\ e_d(0) = 10\text{mm} \end{cases}$ 为例；

异号路径偏差的情况以 $\begin{cases} e_\theta(0) = 3° \\ e_d(0) = -10\text{mm} \end{cases}$ 为例。

1）低速、强约束条件下

对于零初始角度偏差的情况，其数值仿真结果如图 6-57 所示。根据式（6-35），此时 $e_\theta(k) = 0$，如果速度差控制量保持为零，即 $\Delta v(k) = 0$，那么角度偏差保持为零，即 $e_\theta(k+1) = 0$。根据式（6-41），如果 $-ve_\theta(k)T_s$ 和 $-v\dfrac{T_s^2}{W}\Delta v(k)$ 都为零，那么距离偏差保持为原值而无法纠偏。为了消除距离偏差，必须先增大角度偏差，再通过不为零的角度偏差和速度差控制量来消除距离偏差。在图 6-57（a）中，从第 1 步到第 7 步，角度偏差从 0° 增加到最大值 3.6°，距离偏差从 10mm 减小到 5mm，此时角度偏差和距离偏差同号，之后两种偏差同步减小，且到第 13 步同时消除到零。对于该偏差情况，控制模型的纠偏协调性表现为先增大角度偏差，使其和距离偏差同号并达到合适的相对大小，再同步消除两种偏差到零。在图 6-57（b）中，速度差控制量的绝对值不大于 40mm/s，满足速度约束条件；每步速度差控制量的变化量不大于 100mm/s²，满足加速度约束条件。在图 6-57（c）中，AGV 通过 250mm 的纵向运动距离，快速、平稳地实现路径跟踪过程，先逐步增大运动方向与导引路径的夹角以快速消除距离偏差，再逐步减小该夹角，以使运动方向沿 "S" 形曲线平滑地过渡到导引路径上。

对于零初始距离偏差的情况，其数值仿真结果如图 6-58 所示。根据式（6-41），此时虽然 $e_d(k) = 0$，但是 $e_\theta(k) \neq 0$，$-ve_\theta(k)T_s$ 将不断产生新的距离偏差。为了抑制距离偏差的不断增大，必须尽快减小角度偏差。在图 6-58（a）中，从第 1 步到第 6 步，角度偏差从 5°减小到 0°附近，而距离偏差从 0mm 增加到最大值-4.5mm；从第 7 步开始，角度偏差反向增大，此时角度偏差和距离偏差同号，利用 $-ve_\theta(k)T_s$ 加快距离偏差的消除；当到第 13 步时，角度偏差反向增加到最大值-1.7°，距离偏差减小到-1.8mm，此后两种偏差同步减小，且到第 18 步同时消除到零。对该偏差情况，控制模型的纠偏协调性表现为先减小角度偏差到零并反向增大，再使距离偏差增大到最大值后开始减小，当两种偏差同号并达到合适的相对大小时，再同步

消除到零。在图 6-58（b）中，速度差控制量的绝对值和变化量满足速度/加速度约束条件。在图 6-58（c）中，AGV 通过 350mm 的纵向运动距离，快速、平稳地实现路径跟踪过程，再逐步减小运动方向与导引路径的夹角，使其沿光滑曲线平稳地过渡到导引路径上。

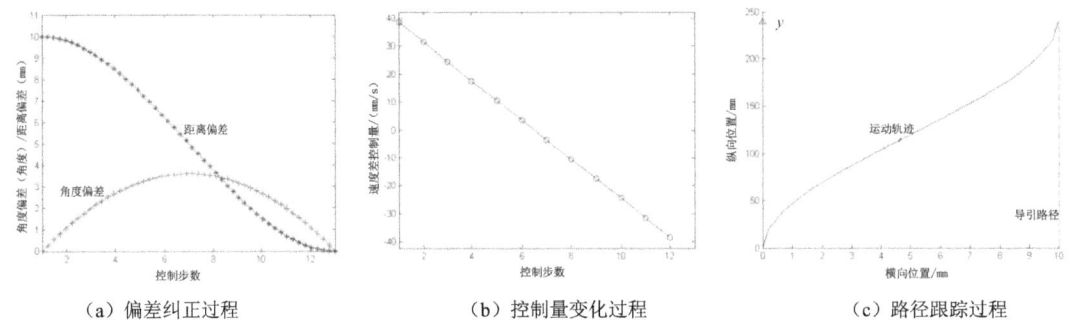

图 6-57 低速下强约束条件的零初始角度偏差的路径跟踪

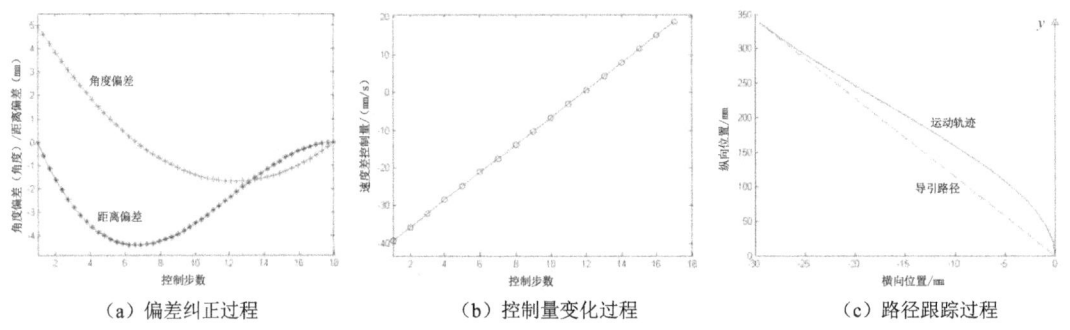

图 6-58 低速、强约束条件下的零初始距离偏差的路径跟踪

对于同号路径偏差的情况，其数值仿真结果如图 6-59 所示。根据式（6-41），此时 $e_\theta(k)$ 和 $e_d(k)$ 同号，$-ve_\theta(k)T_s$ 可用于减小距离偏差，但由于运行速度 v 较小，该项对距离偏差的纠偏效果有限，因此为了提高消除距离偏差的速度，先增大角度偏差。在图 6-59（a）中，从第 1 步到第 4 步，角度偏差从 3°增加到最大值 4°，距离偏差从 10mm 减小到 6.4mm，此后两种偏差同步减小，且到第 11 步同时消除到零。对于该偏差情况，控制模型的纠偏协调性表现为先增大角度偏差，使其和距离偏差同号并达到合适的相对大小，然后同步消除两种偏差到零。在图 6-59（b）中，速度差控制量的绝对值和变化量满足速度/加速度约束条件。在图 6-59（c）中，AGV 通过 200mm 的纵向运动距离，快速、平稳地实现路径跟踪过程，先逐步增大运动方向与导引路径的夹角以快速消除距离偏差，再逐步减小该夹角，以使运动方向沿"S"形曲线平滑地过渡到导引路径上。

对于异号路径偏差的情况，其数值仿真结果如图 6-60 所示。根据式（6-41），此时 $e_\theta(k)$ 和 $e_d(k)$ 异号，$-ve_\theta(k)T_s$ 将不断产生新的距离偏差。为了抑制距离偏差的不断增大，必须尽快减小角度偏差，并将其反向增大，使两种路径偏差同号，再利用 $-ve_\theta(k)T_s$ 对距离偏差进行纠偏。在图 6-60（a）中，从第 1 步到第 4 步，虽然角度偏差从 3°减小到 0°，但是仍然无法阻止距离偏差的增大，使其由-10mm 增大到最大值-11.5mm。为了快速消除距离偏差，从第 5 步到第 12 步，角度偏差反向增大到最大值-3.5°，距离偏差减小到-6mm，此时，角度偏差和距离偏差同号,之后两种偏差同步减小,且到第 19 步同时消除到零。对于该偏差情况,控制模型的纠偏协调性表现为先减小角度偏差到零并反向增大,使距离偏差增大到最大值后开始减小,当两种偏差同号并达到合适的相对大小时,再同步消除到零。在图 6-60(b)中,速度差控制量的绝对值和变化量满足速度/加速度约束条件。在图 6-60(c)中,AGV 通过 350mm 的纵向运动距离,快速、平稳地实现路径跟踪过程,再逐步减小运动方向与导引路径的夹角,使其沿光滑曲线平稳地过渡到导引路径上。

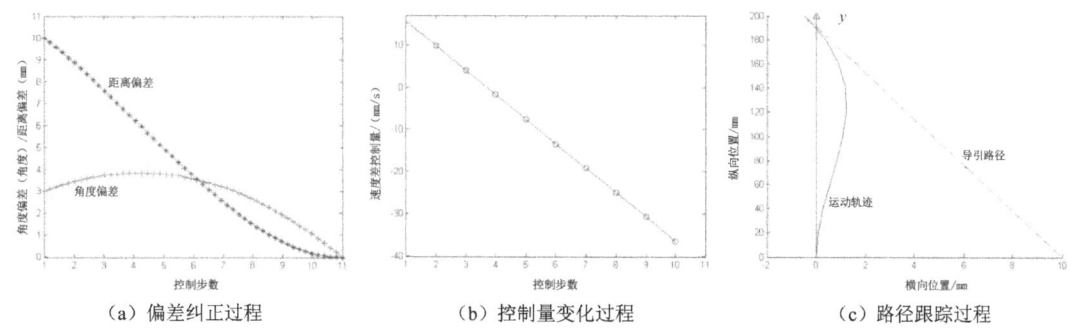

图 6-59　低速、强约束条件下的同号路径偏差的路径跟踪

综上,对于低速、强约束条件下的 4 种典型偏差情况,AGV 路径跟踪的纠偏过程可分为以下两类。

零初始角度偏差和同号路径偏差:先增大角度偏差,使其和距离偏差同号并达到合适的相对大小,再同步消除两种偏差到零。

零初始距离偏差和异号路径偏差:先减小角度偏差到零,此时距离偏差增加到最大值;再反向增大角度偏差,此时两种偏差同号且距离偏差开始减小,当两种偏差达到合适的相对大小时,再同步消除到零。

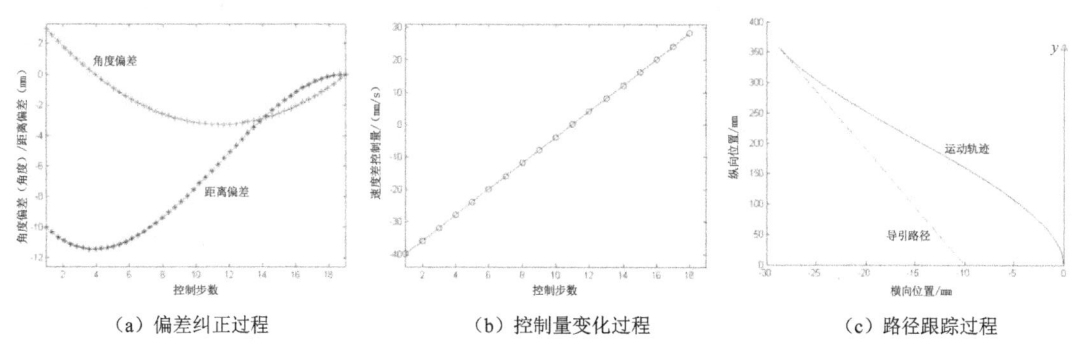

图 6-60　低速、强约束条件下的异号路径偏差的路径跟踪

2)低速、弱约束条件下

由于速度/加速度约束条件的弱化,因此系统产生的速度差控制量具有更大的变化范围和更快的变化率,由式(6-35)可知,系统可更快地改变角度偏差的大小和符号,同时对角度偏差的纠偏能力也随之增强,并将角度偏差的绝对值增加到更大;由式(6-41)可知,由于 $-ve_\theta(k)T_s$ 的纠偏作用,系统对距离偏差的消除速度也得以提高。

对于零初始角度偏差的情况,其数值仿真结果如图 6-61 所示。在图 6-61(a)中,当到第 5 步时,角度偏差从 0°增加到最大值 5°,大于图 6-57(a)中第 7 步的最大值 3.6°,距离偏差从 10mm 减小到 5mm,此时角度偏差和距离偏差同号,之后两种偏差同步减小。虽然该情况具有更大的角度偏差,但是系统的纠偏能力也更强,到第 10 步时即可将两种偏差同时消除到零。在图 6-61(b)中,速度差控制量的绝对值不大于 80mm/s,满足速度约束条件;每步变化量不大于 200mm/s²,满足加速度约束条件。为了消除横向上 10mm 的距离偏差,对于强约束条件下的图 6-57(c),AGV 需要 250mm 的纵向运动距离;而对于弱约束条件下的图 6-61(c),AGV 只需要 180mm 的纵向运动距离。由此可见,由于纠偏能力的增强,系统可在较短的时间内将角度偏差增加到更大值,以更快地消除距离偏差,并可在较短的时间内将较大的角度偏差减小到零,以使运动方向快速、平滑地过渡到导引路径上。因此,AGV 可在较小的纵向运动距离内完成路径跟踪过程。

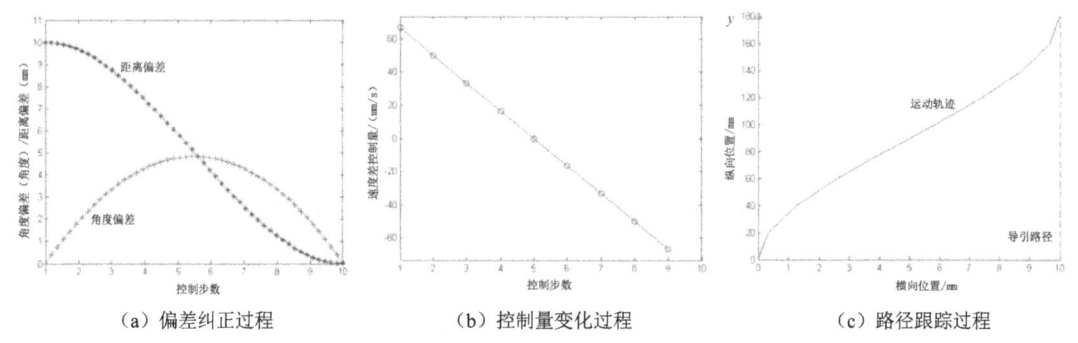

(a)偏差纠正过程　　　　　(b)控制量变化过程　　　　　(c)路径跟踪过程

图 6-61　低速、弱约束条件下的零初始角度偏差的路径跟踪

对于零初始距离偏差的情况,其数值仿真结果如图 6-62 所示。在图 6-62(a)中,当到第 3 步时,角度偏差从 5°减小到 0°附近,快于图 6-58(a)中的第 6 步;距离偏差从 0mm 增加到最大值-2mm,小于图 6-58(a)中距离偏差的最大值-4.5mm;当到第 6 步时,角度偏差反向增加到最大值-1.8°,快于图 6-58(a)中距离的第 13 步,之后两种偏差同步减小,由于系统具有更强的纠偏能力,因此到第 9 步时即可将两种偏差同时消除到零。为了消除 5°的角度偏差,对于强约束条件下的图 6-58(c),AGV 需要 350mm 的纵向运动距离;而对于弱约束条件下的图 6-62(c),AGV 只需要 160mm 的纵向运动距离。由此可见,由于纠偏能力的增强,系统可在较短的时间内抑制距离偏差的增大,以使其最大值减小;还可在较短的时间内反向增加角度偏差到更大值,以更快地消除距离偏差,并可在较短的时间内将较大的角度偏差减小到零,以使运动方向快速、平滑地过渡到导引路径上。因此,AGV 可在较小的纵向运动距离内完成路径跟踪过程。

对于同号路径偏差的情况,其数值仿真结果如图 6-63 所示。在图 6-63(a)中,当到第 4 步时,角度偏差从 3°增加到最大值 4.9°,大于图 6-59(a)中角度偏差的最大值 4°;距离偏差从 10mm 减小到 5.8 mm,小于 6-59(a)中的距离偏差 6.4mm,之后两种偏差同步减小。虽然该情况具有更大的角度偏差,但是系统的纠偏能力也更强,因此到第 9 步时即可将两种偏差同时消除到零。为了消除同号路径偏差,对于强约束条件下的图 6-59(c),AGV 需要 200mm 的纵向运动距离;而对于弱约束条件下的图 6-63(c),AGV 只需要 160mm 的纵向运动距离。由此可见,由于纠偏能力的增强,系统可在较短的时间内先将角度偏差增加到更大值,再将其减小到零。因此,AGV 可在较小的纵向运动距离内完成路径跟踪过程。

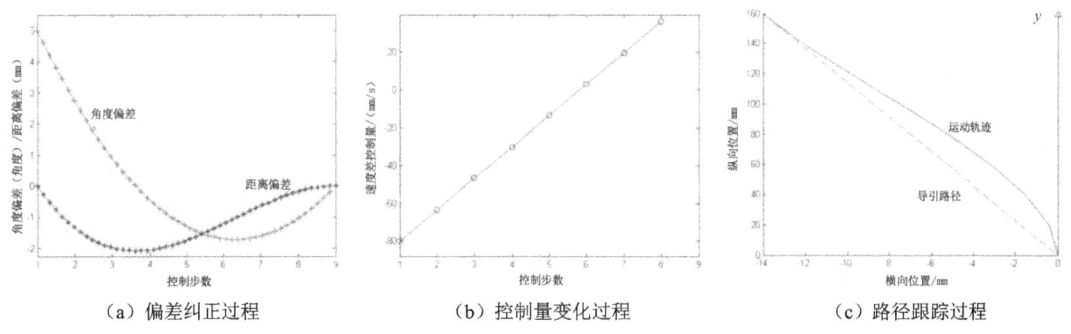

图 6-62　低速、弱约束条件下的零初始距离偏差的路径跟踪

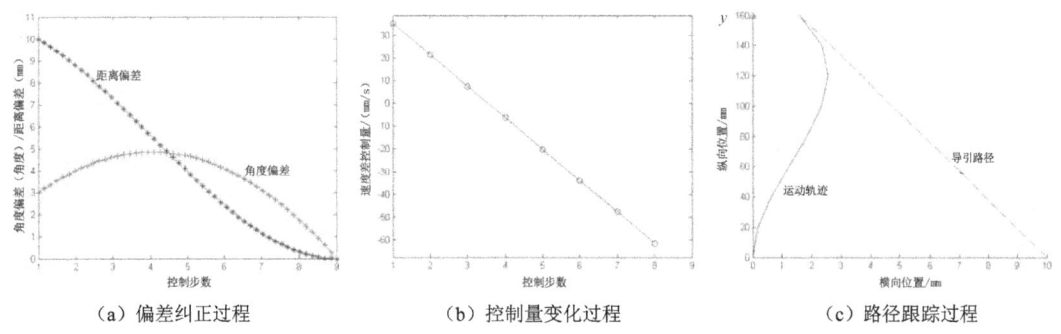

图 6-63　低速、弱约束条件下的同号路径偏差的路径跟踪

对于异号路径偏差的情况，其数值仿真结果如图 6-64 所示。在图 6-64（a）中，当到第 3 步时，角度偏差从 3°减小到-1°，快于图 6-60（a）中第 4 步的 0°；距离偏差从-10mm 增加到最大值-11mm，小于图 6-60（a）中距离偏差的最大值-11.5mm；当到第 8 步时，角度偏差反向增加到最大值-4.5°，大于图 6-60（a）中角度偏差的最大值-3.5°；距离偏差减小到-5mm，小于图 6-60（a）中的-6mm，之后两种偏差同步减小。虽然该情况具有更大的角度偏差，但是系统的纠偏能力也更强，当到第 13 步时，即可将两种偏差同时消除到零。为了消除异号路径偏差，对于强约束条件下的图 6-60（c），AGV 需要 350mm 的纵向运动距离；而对于弱约束条件下的图 6-64（c），AGV 只需要 250mm 的纵向运动距离。由此可见，由于纠偏能力的增强，系统可在较短的时间内抑制距离偏差的增大，并先将角度偏差反向增加到更大值，再将其减小到零。因此 AGV 可在较小的纵向运动距离内完成路径跟踪过程。

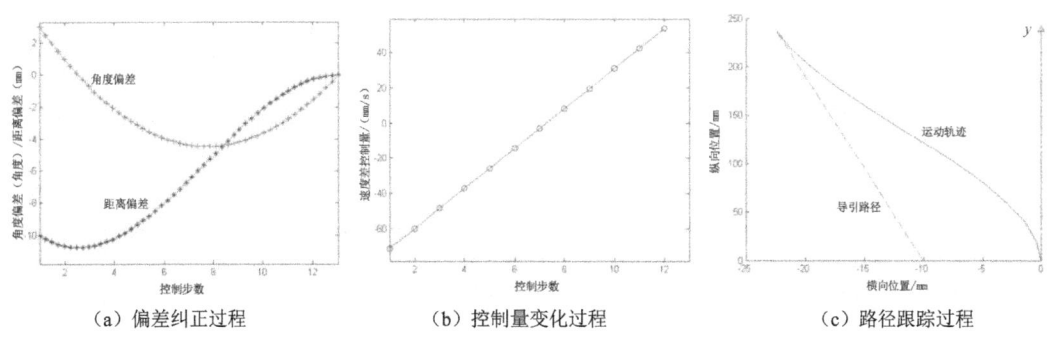

图 6-64　低速、弱约束条件下的异号路径偏差的路径跟踪

综上，对于低速、弱约束下的 4 种典型偏差情况，速度/加速度约束条件的弱化可使速度差控制量具有更大的变化范围和更快的变化率，具体可从以下方面增强系统的纠偏能力。

速度差控制量的变化越快，角度偏差符号的改变越快，两种偏差从异号到相同的转变越快，根据式（6-41），$-ve_\theta(k)T_s$ 从产生距离偏差到消除距离偏差的转变也越快。对于零初始距离偏差和异号路径偏差的情况，系统可在较短的时间内抑制距离偏差的增大。

速度差控制量的变化范围越大，角度偏差可增加的绝对数值越大，根据式（6-41），当两种偏差同号时，$-ve_\theta(k)T_s$ 对距离偏差的消除作用更强。对于 4 种典型偏差情况，系统可将角度偏差增加到更大值，再通过 $-ve_\theta(k)T_s$ 更快地消除距离偏差。

速度差控制量的变化越快，角度偏差的大小改变越快。对于 4 种典型偏差情况，系统可在较短的时间内将角度偏差增加到更大值，并将较大的角度偏差快速地减小到零，以使运动方向快速、平滑地过渡到导引路径上。因此，AGV 可在较小的纵向运动距离内完成路径跟踪过程。

3）高速、强约束条件下

由式（6-35）可知，由于运行速度对角度偏差的消除无影响，因此提高运行速度无法增强系统对角度偏差的纠偏能力。由式（6-41）可知，若两种偏差同号，则运行速度越高，$-v\dfrac{T_s^2}{W}\Delta v(k)$ 和 $-ve_\theta(k)T_s$ 越大，系统对距离偏差的纠偏能力越强；若两种偏差异号，则此时距离偏差的产生速度更快，系统更难抑制距离偏差的增大。由此可见，运行速度的提高对距离偏差的纠偏能力有利有弊。

对于零初始角度偏差的情况，其数值仿真结果如图 6-65 所示。在图 6-65（a）中，当到第 5 步时，角度偏差从 0° 增加到最大值 1.5°，小于图 6-57（a）中第 7 步的最大值 3.6°；距离偏差从 10mm 减小到 4mm，小于图 6-57（a）中的距离偏差 5mm，此时角度偏差和距离偏差同号；之后两种偏差同步减小，由于更快的运行速度，到第 8 步即可将两种偏差同时减小到零。在图 6-65（b）中，速度差控制量的绝对值不大于 40mm/s，满足速度约束条件；每步变化量不大于 100mm/s²，满足加速度约束条件。为了消除横向上 10mm 的距离偏差，对于低速情况下的图 6-57（c），AGV 只需要 250mm 的纵向运动距离；而对于高速情况下的图 6-65（c），AGV 需要 550mm 的纵向运动距离。由此可见，由于运行速度的提高，系统只需要在较短的时间内将角度偏差增加到较小值即可快速消除距离偏差，因此角度偏差的变化相对较小，但是 AGV 仍需要较大的纵向运动距离才能完成路径跟踪过程。

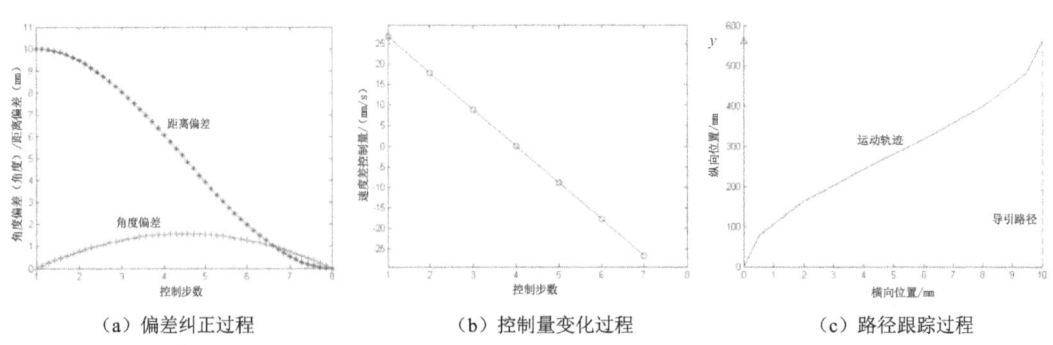

（a）偏差纠正过程　　（b）控制量变化过程　　（c）路径跟踪过程

图 6-65　高速、强约束条件下的零初始角度偏差的路径跟踪

对于零初始距离偏差的情况，其数值仿真结果如图 6-66 所示。由式（6-35）可知，由于运行速度对角度偏差的消除无影响，因此无论 AGV 的运行速度是高速还是低速，为了消除相同的初始角度偏差，一方面，系统需要完全相同的速度差控制量序列，这点可通过比较图 6-66（b）与图 6-58（b）中的速度差控制量直线得到验证；另一方面，完全相同的速度差控制量序列导致对角度偏差的纠偏过程完全相同，这点可通过比较图 6-66（a）与图 6-58（a）中的角度偏差变化曲线得到验证。由式（6-41）可知，由于运行速度的提高，$-v\frac{T_s^2}{W}\Delta v(k)$ 和 $-ve_\theta(k)T_s$ 将产生更大的距离偏差变化，因此图 6-66（a）中的距离偏差具有更大的变化范围和更快的变化速率，当到第 6 步时，距离偏差从 0mm 增加到最大值-17.5mm，大于图 6-58（a）中的距离偏差的最大值-4.5mm；当到第 13 步时，角度偏差达到反向最大值-1.7°，此时距离偏差减小到-7.2mm，大于图 6-58（a）中的距离偏差-1.8mm；之后两种偏差同步减小，虽然 AGV 具有更快的运行速度，但是只有到第 18 步时系统才能将两种偏差同时消除到零。为了消除 5°的角度偏差，对于低速情况下的图 6-58（c），AGV 只需要 350mm 的纵向运动距离；而对于高速情况下的图 6-66（c），AGV 却需要 1400mm 的纵向运动距离。由此可见，运行速度的提高并不能加快角度偏差的消除过程，反而会使距离偏差的变化更加剧烈，以至于在高速情况下更难抑制距离偏差的增加，所以 AGV 需要更大的纵向运动距离才能完成路径跟踪过程。

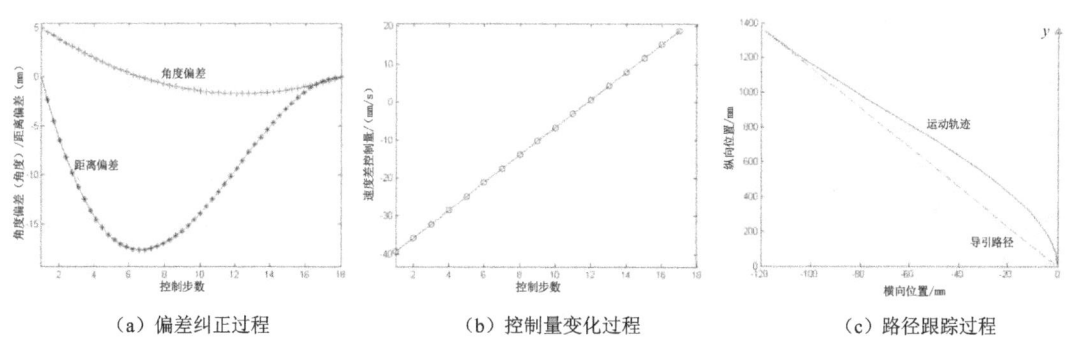

（a）偏差纠正过程　　（b）控制量变化过程　　（c）路径跟踪过程

图 6-66　高速、强约束条件下的零初始距离偏差的路径跟踪

对于同号路径偏差的情况，其数值仿真结果如图 6-67 所示。由式（6-41）可知，此时 $-ve_\theta(k)T_s$ 可用于减小距离偏差，由于 AGV 的运行速度较高，因此该项对距离偏差的纠偏效果较强，系统无须通过增大角度偏差的方式就能较快地消除距离偏差。在图 6-67（a）中，角度偏差一直处于从 3°到 0°的减小过程中，而不像图 6-59（a）中的角度偏差先从 3°增大到 4°，再减小到 0°。为了消除同号路径偏差，对于低速条件下的图 6-59（c），AGV 需要 200mm 的纵向运动距离，先逐步增大角度偏差以快速逼近导引标线，再逐步减小该偏差以使运动方向平滑地过渡到导引标线上；而对于高速条件下的图 6-67（c），AGV 需要 320mm 的纵向运动距离，在路径跟踪控制中没有增大角度偏差的过程，所以 AGV 的运动轨迹也没有凸向导引路径的一段。由此可见，运行速度的提高使得系统无须通过增大角度偏差的方式即可较快地消除距离偏差，虽然路径跟踪控制中角度偏差一直处于减小的过程中，但是 AGV 仍需较大的纵向运动距离才能同时消除两种偏差。

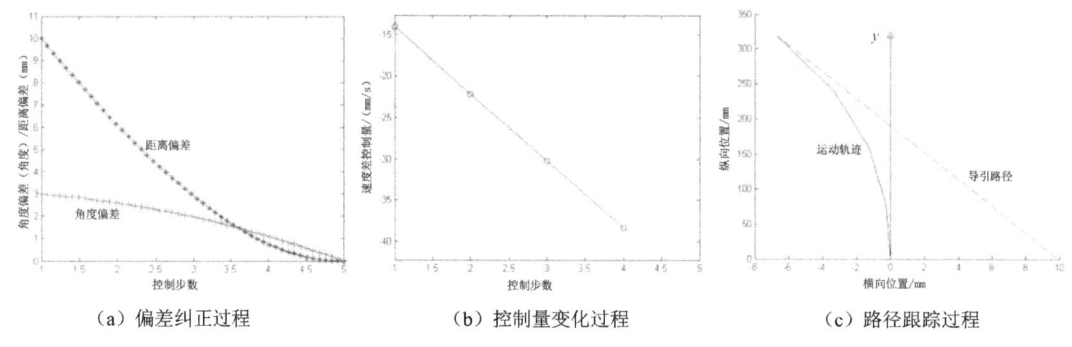

图 6-67　高速、强约束条件下的同号路径偏差的路径跟踪

对于异号路径偏差的情况，其数值仿真结果如图 6-68 所示。在图 6-68（a）中，当到第 4 步时，距离偏差从-10mm 增加到最大值-16.1mm，大于图 6-60（a）中的距离偏差的最大值-11.5mm。当到第 9 步时，角度偏差反向增加到最大值-1.8°，小于图 6-60（a）中的最大值-3.5°；距离偏差减小到-8.2mm，大于图 6-60（a）中的距离偏差-6mm；之后两种路径偏差同步减小，虽然该情况具有较大的距离偏差，但是由于更快的运行速度，因此当第 14 步的角度偏差减小到零时，距离偏差也同时减小到零。为了消除异号路径偏差，对于低速情况下的图 6-60（c），AGV 需要 350mm 的纵向运动距离；而对于高速情况下的图 6-68（c），AGV 需要 1050mm 的纵向运动距离。由此可见，运行速度的提高，一方面，在消除相同初始角度偏差的同时将产生更大的距离偏差，另一方面，虽然系统只需将角度偏差反向增大到较小值即可快速消除距离偏差，但是 AGV 仍需较大的纵向运动距离才能完成路径跟踪过程。

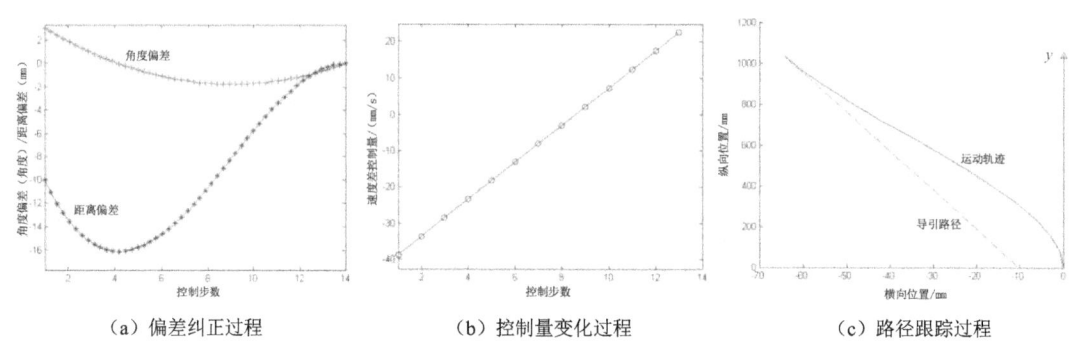

图 6-68　高速下强约束条件的异号路径偏差的路径跟踪

综上，对于高速、强约束条件下的 4 种典型偏差情况，运行速度的提高无法加快角度偏差的消除，但 $-v\dfrac{T_s^2}{W}\Delta v(k)$ 和 $-ve_\theta(k)T_s$ 将产生更大的距离偏差。

若两种偏差同号，则系统对距离偏差的纠偏能力更强，且只需在较短的时间内将角度偏差增加到较小值，甚至无须增加角度偏差即可较快地消除距离偏差。

若两种偏差异号，则距离偏差的产生速度更快，此时需要尽快减小角度偏差，并反向增大使其与距离偏差同号。然而，速度/加速度约束条件一定，对角度偏差的纠偏能力也相同，且高速情况具有与低速情况相同的角度偏差消除过程，这导致抑制距离偏差的增大更加困难，为了消除相同的初始角度偏差，距离偏差的变化更加剧烈。

4) 高速、弱约束条件下

对于高速、弱约束条件下的情况，其综合了低速、弱条件下和高速、强约束条件下的情况，与高速、强约束条件下的同类情况相比，系统可提供更大的速度差控制量及其变化率，而且对两种偏差有更大的纠偏能力；与低速、弱约束条件下的同类情况相比，由于提高了角度偏差的纠偏能力，因此可将其尽快纠正到与距离偏差同号的状态，从而避免了高速运行给消除距离偏差带来的不利影响。

对于零初始角度偏差的情况，其数值仿真结果如图 6-69 所示。在图 6-69（a）中，当到第 4 步时，角度偏差从 0°增加到最大值 1.8°，小于图 6-61（a）中的最大值 5°，略大于图 6-65（a）中的最大值 1.5°；距离偏差从 10mm 减小到 5mm，与图 6-61（a）中的距离偏差相同，大于图 6-65（a）中的距离偏差 4mm，该过程的控制步数少于图 6-61（a）和图 6-65（a）中的 5 步；之后两种偏差同步减小，虽然距离偏差相对于角度偏差较大，但是由于更强的纠偏能力和更快的运行速度，当到第 7 步角度偏差减小到零时，距离偏差也同时减小到零，整个过程的控制步数少于图 6-61（a）中的 10 步和图 6-65（a）中的 8 步。图 6-69（b）中的速度差控制量变化范围及变化率小于图 6-61（a）中的情况，但大于图 6-65（b）中的情况。为了消除横向上 10mm 的距离偏差，在图 6-69（c）中，AGV 需要 500mm 的纵向运动距离，大于图 6-61（c）中 AGV 需要的 180mm 纵向运动距离，小于图 6-65（c）中 AGV 需要的 550mm 纵向运动距离。由此可见，对于该偏差状态，运行速度的提高足以使系统以较快的速度消除距离偏差，而无须利用更强的纠偏能力将角度偏差增加到更大值。此时，提高运行速度对该偏差状态的影响处于主导地位，AGV 的路径跟踪过程与高速、强约束条件下的图 6-65（c）相似。

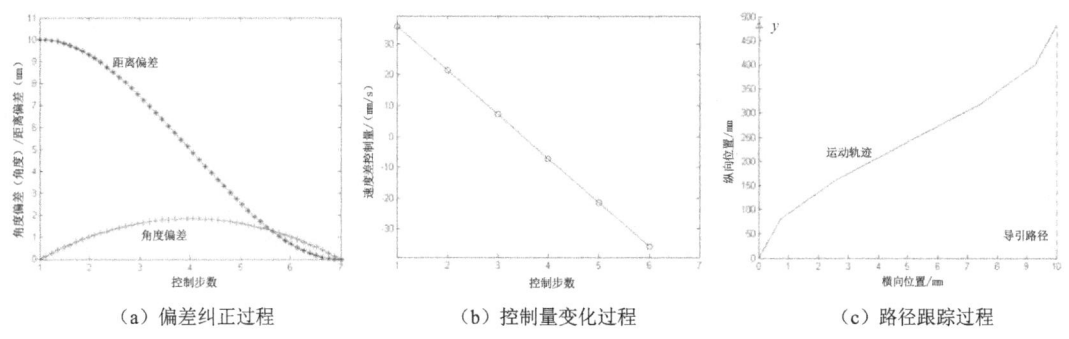

(a) 偏差纠正过程 　　(b) 控制量变化过程 　　(c) 路径跟踪过程

图 6-69　高速、弱约束条件下的零初始角度偏差的路径跟踪

对于零初始距离偏差的情况，其数值仿真结果如图 6-70 所示。在图 6-70（a）中，当到第 3 步时，角度偏差从 5°减小到 0°附近；距离偏差从 0mm 增加到最大值-8.2mm，大于图 6-62（a）中的距离偏差的最大值-2mm，小于图 6-66（a）中的距离偏差的最大值-17.5mm。当到第 6 步时，角度偏差达到反向最大值-1.7°；距离偏差减小到-4.9mm，大于图 6-62（a）中的距离偏差-1.2mm，小于图 6-66（a）中的距离偏差-7.2mm；之后两种偏差同步减小，且到第 9 步同时消除到零，整个过程的控制步数少于图 6-66（a）中的 18 步，但与图 6-62（a）相同。图 6-70（b）中的速度差控制量的变化范围及变化率与图 6-62（b）中的完全相同，同时大于图 6-66（b）中的情况。为了消除 5°的角度偏差，在图 6-70（c）中，AGV 需要 650mm 的纵向运动距离，大于图 6-62（c）中 AGV 需要的 160mm 纵向运动距离，小于图 6-66（c）中 AGV

需要的 1400mm 纵向运动距离。由此可见，对于该偏差状态，运行速度的提高并不能加快角度偏差的消除过程，因此必须使用更快的速度差控制量变化率，以快速减小角度偏差到零，并反向增大使其与距离偏差同号，而且运行速度的提高有利于抑制距离偏差的增大。此时，增强纠偏能力对该偏差状态的影响处于主导地位，AGV 的路径跟踪过程与低速、弱约束条件下的图 6-62（c）相似。

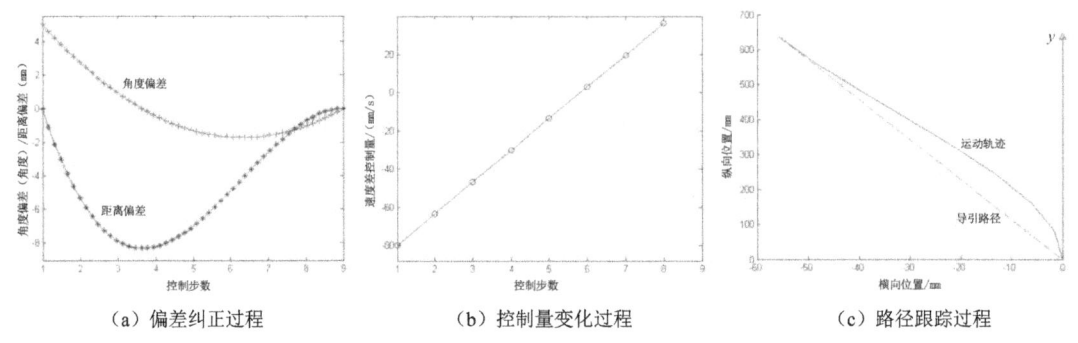

图 6-70　高速、弱约束条件下的零初始距离偏差的路径跟踪

对于同号路径偏差的情况，其数值仿真结果如图 6-71 所示。图 6-71 具有与图 6-67 完全相同的偏差纠正过程、控制量变化过程和路径跟踪过程。由此可见，对于该偏差状态，运行速度的提高足以使系统以较快的速度消除距离偏差，而无须利用更强的纠偏能力增大角度偏差，两种偏差一直处于快速和同步减小的过程中。此时，提高运行速度对该偏差状态的影响处于主导地位，无论弱约束条件还是强约束条件，都能提供足够的纠偏能力。

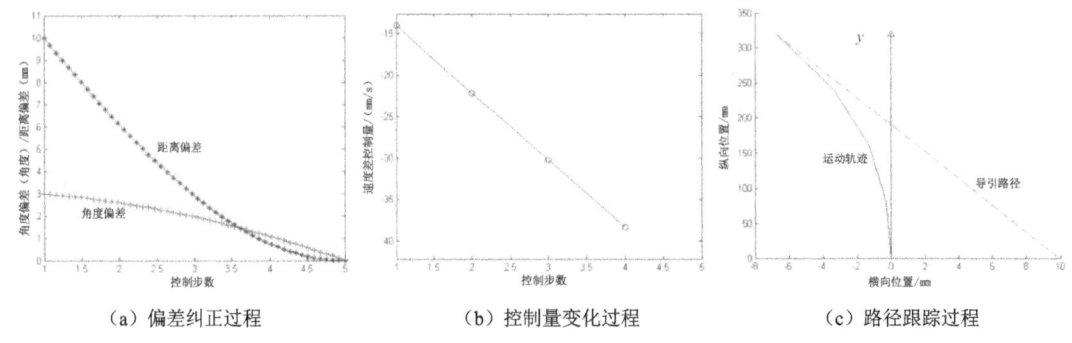

图 6-71　高速、弱约束条件下的同号路径偏差的路径跟踪

对于异号路径偏差的情况，其数值仿真结果如图 6-72 所示。在图 6-72（a）中，当到第 3 步时，距离偏差从-10mm 增加到最大值-13.2 mm，大于图 6-64（a）中距离偏差的最大值-11mm，小于图 6-68（a）中的距离偏差的最大值-16.1mm。当到第 6 步时，角度偏差反向增加到最大值-2.3°，小于图 6-64（a）中距离偏差的最大值-4.5°，大于图 6-68（a）中距离偏差的最大值-1.8°；距离偏差减小到-6mm，大于图 6-64（a）中的距离偏差-5mm，小于图 6-68（a）中的距离偏差-8.2mm。之后两种偏差同步减小，到第 9 步同时消除到零，整个过程的控制步数少于图 6-64（a）中的 13 步和图 6-68（a）中的 14 步。在图 6-72（b）中，速度差控制量变化范围与图 6-64（b）相同，大于图 6-68（b）的变化范围，而其速度差控制量变化率比

它们更快。为了消除异号路径偏差,在图 6-72(c)中,AGV 需要 650mm 的纵向运动距离,大于图 6-64(c)中 AGV 需要的 250mm 纵向运动距离,小于图 6-68(c)中 AGV 需要的 1050mm 纵向运动距离。由此可见,对于该偏差状态,运行速度的提高还不足以使系统以较快的速度消除距离偏差,因此要利用更强的纠偏能力,一方面,快速扭转角度偏差的符号,使其与距离偏差同号,避免 $-ve_\theta(k)T_s$ 产生新的距离偏差;另一方面,将角度偏差增加到较大值,利用 $-ve_\theta(k)T_s$ 的作用快速消除距离偏差。通过增强纠偏能力突出了提高运行速度对消除距离偏差的有利影响,既抑制了距离偏差的较快增加,又提高了消除距离偏差的速度,所以 AGV 需要的纵向运动距离小于高速、强约束条件下的 AGV 需要的纵向运动距离。

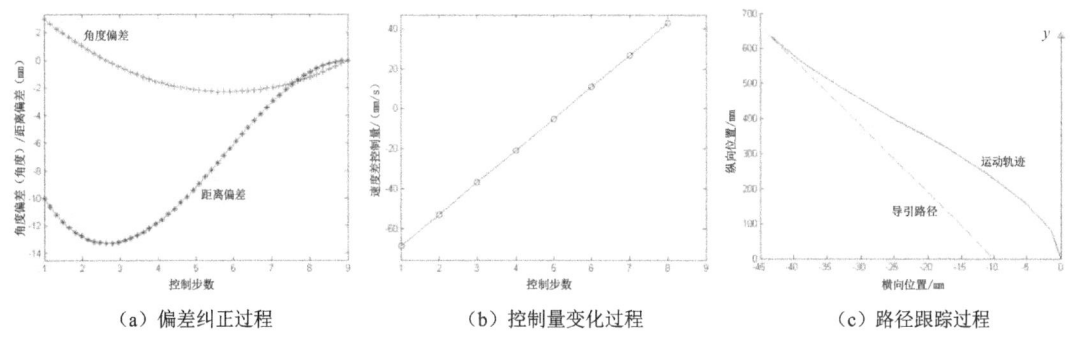

图 6-72 高速、弱约束条件下的异号路径偏差的路径跟踪

综上,对于高速、弱约束条件下的 4 种典型偏差情况,运行速度的提高将产生更大的距离偏差变化,同时速度/加速度约束条件的弱化可使速度差控制量具有更大的变化范围和更快的变化率,并更快地调节角度偏差的符号使其与距离偏差相同,从而突出提高运行速度的有利影响,避免其不利影响。

对于不同的偏差状态,运行速度和纠偏能力的影响不同:有时运行速度的影响处于主导地位,那么无论是弱约束条件还是强约束条件,都能提供足够的纠偏能力,AGV 的路径跟踪过程与高速、强约束条件下的相同或相似;有时纠偏能力的影响处于主导地位,那么无论是高速条件还是低速条件,都需要相同或相似的速度差控制量序列,虽然距离偏差的变化过程不同,但是角度偏差的变化过程相同或相似;有时运行速度和纠偏能力的影响都很重要,此时利用增强的纠偏能力对运行速度的影响扬长避短,AGV 的路径跟踪过程优于高速、强约束条件下和低速、弱约束条件下的情况。

5)仿真分析与总结

本节通过计算机数值仿真,在不同运行速度和速度/加速度约束条件下,深入研究了零初始角度偏差、零初始距离偏差、同号路径偏差和异号路径偏差 4 种典型偏差情况的路径跟踪过程。不同的偏差状态具有不同的纠偏过程,运行速度和约束条件可在不同程度上对此施加影响。

零初始角度偏差:先增大角度偏差,使其和距离偏差同号并达到合适的相对大小,再同步消除两种偏差到零。

同号路径偏差:根据运行速度和约束条件的不同,纠偏过程分为两类,一类是先增加角度偏差到合适的相对大小,再同步消除两种偏差到零;另一类是直接同步消除两种偏差到零。

零初始距离偏差和异号路径偏差:先减小角度偏差到零,此时距离偏差增加到最大值;

再反向增大角度偏差,此时两种偏差同号且距离偏差开始减小;当两种偏差达到合适的相对大小时,再同步消除到零。

根据数值仿真的结果,总结上述 4 种典型偏差情况的纠偏过程:路径跟踪控制的关键在于确定"两种偏差达到合适的相对大小"这一状态,而在不同运行速度和约束条件下,什么是合适的相对大小,如何达到合适的相对大小,达到后如何同步消除两种偏差,多步预测最优控制模型很好地解决了这些问题,最优的纠偏协调性也集中体现于此。

第七章

AGV 智能导航控制

  移动机器人的基本能力包括运动、定位、建图等。其中，运动能力包括机器人运动学和动力学；移动机器人的建图能力通过传感器对外界环境进行感知，并以地图的形式描述外界环境；定位能力基于地图等方式确定移动机器人在环境中的位置。这些能力是移动机器人的重要能力，移动机器人在此基础上完成决策和执行更高级别的认知能力。

  与移动机器人的机动性密切相关的认知能力是导航能力。导航能力包括移动机器人的动作能力，即给定有关移动机器人环境的部分知识和一个目标位置或位置序列，再根据移动机器人的知识和传感器值使其尽可能有效和可靠地到达它的目标位置。

  移动机器人导航包括两个关键的方面：全局路径规划和局部路径规划。其中，全局路径规划是给定一张地图和一个目标位置，生成路径轨迹，该轨迹促成移动机器人到达目标位置；局部路径规划也叫避障，是移动机器人根据读入的传感器信息，实时调整自身的轨迹，以避免碰撞。根据对环境的描述方式，移动机器人导航可以分为以下 3 类。

  基于地图的导航（Map-Based Navigation）：具有先验的占据栅格、几何图元或拓扑特征表示的环境地图，移动机器人根据这些先验的环境地图进行导航运动。

  基于地图建立的导航（Map-Building-Based Navigation）：缺乏先验的环境地图，通过移动机器人的导航运动，再利用本身装配的传感器不断感知环境并构建环境地图，同时利用已经建立的环境地图指导移动机器人导航。

  无地图的导航（Mapless Navigation）：相对于上述两种导航方式，该导航方式是没有任何地图的明确表达方式的，对于导航，其更多的是通过传感器获得的观测信息识别运动环境物体或跟踪这些物体来实现的。这种导航方式相对于上面两种导航方式，一般存在效率较低等问题，但这不是本章讨论的重点。

  根据导航规划中是否有固定路径和人工标识，移动机器人一般会有以下 3 种应用场景组合。

  有人工标识导引的固定路径导航：一般通过布置磁条、磁感应线、磁钉或二维码来提供固定行走路径。这种方式的优点是技术成熟、可靠，通过更改路径布局来实现行走路径的改变；缺点是需要施工和维护，环境适应性一般，且运行中路径无法更改，一般只适用于工厂等场合。典型的应用为工厂 AGV。

  有人工标识导引的无轨导航：通过布置激光反射板、人工视觉标识或 UWB 等方式来提供可靠的全局空间定位，移动机器人可以在自由空间自由规划路径。相对于无人工标识，这种导航方式的定位计算更加简单可靠,但是由于需要布置人工标识,因此一般不适用于室外自由场景。这种导航方式的路径更加柔性可变,如固定场景的自动导引叉车。

无人工标识导引的无轨导航:一般通过传感器提取自然特征标识的方式来进行定位,行走路径自由规划,其优点是无须施工,路径可调,室内外通用;缺点是算法复杂,可靠性和稳定性不如前两者。

第一节 环境感知

一、传感器分类

根据与外界环境关系的不同,传感器可以分为两类:相对定位传感器又称为本体(内部)传感器或航迹推测传感器,其通过观测系统内部参数进行测量;绝对定位传感器又称为外部传感器,其通过观测移动机器人与外部环境之间的关系进行测量。在本体传感器中,里程计可分为模拟式和数字式,最常用的模拟式里程计是旋转电位计,而数字式里程计是光电编码器。光电编码器分为绝对式编码器和增量式编码器,前者将位移直接变换成数字量并行输出,后者将位移变换成相对于某基准点的串行脉冲序列输出。惯导传感器包括陀螺仪、加速度计、倾角仪等。陀螺仪测量旋转角速度,加速度计测量加速度,测量值的一次积分或二次积分可求出角度或位置参量。倾角仪实质上是加速度计的集成,用于测量三维环境中移动机器人的俯仰或横滚角度。由于测量误差的积累,本体传感器在独立测量的情况下,随着时间的累计,测量误差逐步放大。在绝对定位传感器中,主动传感器包括超声波传感器、激光雷达、全球定位系统等;被动传感器包括摄像头、磁罗盘等。前者向环境中发射能量,发射的能量被环境中的物体反射回来;后者则从环境中直接捕获能源信号。本节主要介绍与室内移动机器人密切相关的具有代表性的传感器。

二、本体传感器

测量车轮旋转角度是估计移动机器人姿态广泛应用的方式,提供这种功能的传感器也常被称为里程计。光学编码器是里程计最常见的形式,安装于电机或车轴中,可测量其旋转角度。在移动机器人应用中,通过光学编码器旋转角度测量估计移动机器人的位置和速度等。因为这些传感器是本体感受式的,所以在移动机器人参考框架中,它们的位置估计是最佳的,而在用于移动机器人定位问题时,需要重新校正。

光学编码器在结构上是一个机械的光振子。它的轴在转动时产生一定数量的正弦或方波脉冲。它由安装有照明源、屏蔽光的固定光栅,以及与轴一起旋转的带细光栅的转盘和固定光检测器组成(见图7-1)。当转盘转动时,根据固定的和运动的光栅的排列,使穿透光检测器的光量发生变化,以此确定其旋转变化量。在移动机器人学中,最后得到的正弦波用阈值滤波电路变换成离散的方波,然后在亮和暗的状态之间进行选择。分辨率常以每转周期数(CPR)来度量,最小的角分辨率可以容易地从光学编码器的CPR额定值计算出来。在移动机器人学中,典型的光学编码器可拥有2000CPR,而光学编码器工业界可容易地制造出具有10000CPR的编码器。

图 7-1　光学编码器

在移动机器人学中，通常使用光学编码器中一种常见的正交编码器。在这种情况下，第二对的照明源和检测器，按转盘的圆周方向被安放在相对于头一对位移 90°的地方。正交编码器如图 7-2 所示，两对照明源和检测器产生的一对方波提供了更多有意义的信息。按照哪个方波首先产生一个上升边沿进行排序可辨认转动方向，而且 4 个可检测的不同状态在不改变旋转盘的情况下，分辨率可提高 4 倍。因此，一个 2000CPR 正交编码器可产生 8000 个计数。通过保留由光学检测器测得的正弦波并进行复杂的插值，有可能进一步改善分辨率。这种方法在移动机器人学中虽然少见，但分辨率却可以被改善数倍。

对大多数本体感受式传感器而言，编码器一般处在移动机器人内部结构受控的环境中，因此可以设计去除系统误差和交叉灵敏度。光学编码器的准确度常常被认定为 100%，虽然这并不完全正确，但是在光学编码器级别上，任何测量误差都会因电机轴传动误差的存在而显得微不足道。

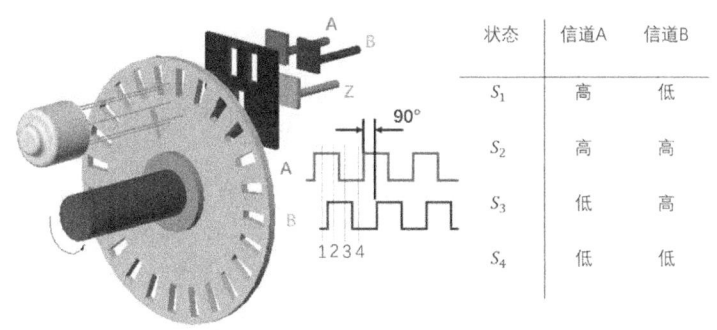

图 7-2　正交编码器

惯性测量单元（Inertial Measurement Unit，IMU）是一个装置，它使用陀螺仪和加速度计估计移动机器人的相对位置、速度和加速度。IMU 也称为惯性导航系统（Inertial Navigation System，INS），其已成为飞行器和船只等常用的导航组成部分。IMU 估计车辆姿态的 6 个自由度：3 个位置 (x,y,z) 自由度和 3 个方向 (ψ,θ,γ) 自由度。然而，像罗盘和陀螺仪那样的导向传感器只估计方向，有时也被叫作 IMU。

IMU 的工作原理如图 7-3 所示。IMU 具有 3 个正交的加速度计和 3 个正交的陀螺仪，用陀螺仪的数据估计车辆的方向，同时用 3 个加速度计估计车辆的瞬时加速度；然后通过相对于重力的车辆方向的当前估计，将加速度变换为局部的导航框架。如果初始速度和位置预先知道，那么将加速度进行积分，得到当前速度；再次积分，得到当前位置。为避免需要预知初始速度，积分从静止（速度等于零）开始。

IMU 对陀螺仪和加速度计的测量误差极其敏感。例如，陀螺仪中的漂移不可避免地会损害对相对于重力的车辆方向的估计，导致重力向量项的错误抵消。为了获取位置，加速度计数据被积分两次，任何残留重力向量都会造成位置上的平方误差。因此，任何其他误差都是对时间的积分，漂移是 IMU 的一个根本问题。在长时段运作后，所有的 IMU 都漂移。为了消除漂移，需要对某些外部测量进行一定的参考，在许多移动机器人应用中，运用摄像机或 GPS 等数据纠正予以实现。在摄像机参考框架中，摄像机容许用户每次测量给定的环境特征，环境的 3D 位置被多次观测，以消除漂移。

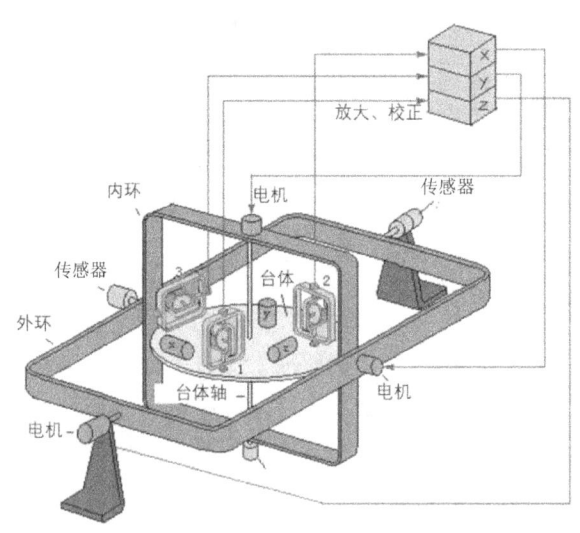

图 7-3　IMU 的工作原理

三、外感传感器

外感传感器的作用是提供机器人自主行为的外部信息。从这个角度讲，至关重要的是感知在工作环境中的物体状态，并通过测量来获得某个方向上物体的距离或角度。测距传感器能够无接触测得周围物体相对于传感器的距离，其能够探测到的最远物体的距离叫作有效距离。一般而言，测距传感器可提供结构化数据，也可提供对应于某个角度的物理距离。

1. 激光传感器

激光传感器在构建测量系统时，激光束的光源由于一般不使用普通的光源而倾向于其他光源，因此较轻的激光源易产生高强度激光束；为了避免视觉的干扰，一般选择不可见光光谱；很窄的光束可以获得更好的聚焦性；单一频率的光源更容易实现信号滤波，而全光谱信号源在折射中发散。根据测量原理的不同，将激光传感器分成两类，即时间飞行测距传感器和三角测距传感器。

时间飞行测距传感器是通过测量脉冲光源从抵达被观测物体到返回观测点的时间进行测距的，光的运行时间 t 的一半乘以光速 c 就可以得到被测物体的距离 D（见图 7-4）。这种传感器的局限是时间观测精度直接影响此传感器的精度。时间观测精度由接收器的时间精度及光束宽度精度决定。这种局限不是因为技术约束,其主要因素是成本约束,器件精度的提高需要付出更加昂贵的成本。

$$D = \frac{ct}{2} \tag{7-1}$$

时间飞行测距传感器过去还面临着测量值不确定的问题。传感器发射器发射周期性脉冲光源,接收器根据返回时间计算距离。通常为了简化接收器的硬件复杂性,其只接收一个周期 Δt 内返回的信号,但是前一个周期的信号可能因表面反射而在下一个周期被接收。这就造成了测量距离的不确定性。目前,在大部分情况下,通过某种算法可以恢复出真实距离,如通过假设物体表面的距离是平滑的,因此返回的数据是连续的,在算法上剔除不连续数据,从而解决测量不确定性问题。

由于单个时间飞行测距传感器只能发射和接收单个光束,因此单个传感器只能同时测量并得到单个点的距离。为了获得更多表面点信息,一般以阵列的形式呈现,或者以表面距离的数据图像的形式呈现。

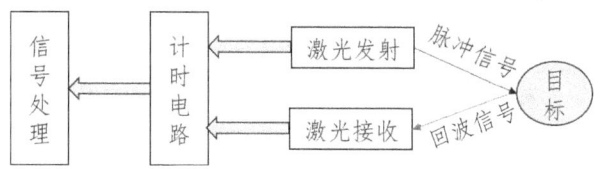

图 7-4 时间飞行测距

三角测距传感器如图 7-5 所示。激光束由发光二极管沿着 β 方向投射到被测表面,反射光束通过相机镜头聚焦到成像传感器,f 为成像的焦距,x 为被测表面在成像传感器上的成像位移,s 是激光器和成像传感器焦点间的距离。传感器测距问题转换为求解激光器激光源到被测表面的距离 d 的问题。根据三角形相似性原理(式7-2)可以获得激光反射距离。聚焦到接收器的光束的位置与发射器和被测物体之间的距离成正比,通过角度信息及简单的几何学可以计算出传感器到物体表面的距离。类似于图像传感器,成像传感器应接收任意角度的反射光束,因此反射表面是漫反射表面。

$$d = \frac{fs}{x \sin \beta} \tag{7-2}$$

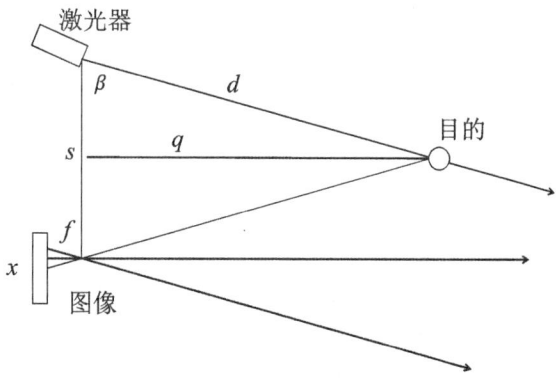

图 7-5 三角测距传感器

这种三角测量方式的局限性是不可见的激光束在从光滑表面或聚焦表面反射时，反射光束能量较大，可能对人员视力产生影响，因此需要遵循相关标准限制激光输出功率。激光输出功率和有效测量距离有关。此外，测量精度与激光器与被测物体之间的距离 d 相关，当 d 很大时，微小距离变化 δd 引起的在成像传感器上的位移变化量 δx 下降，测距精度降低。根据式（7-2），提高有效距离的一种方法是增加激光器与成像传感器之间距离 s，但这种方法会影响传感器的体积。

激光雷达测量模型如图 7-6 所示。根据坐标系转换的定义，若要实现对机器人的精确定位，则先将激光雷达测量的点投影到世界坐标系中。在 t 时刻，机器人的位姿为 $X_t=(x,y,\theta)^\mathrm{T}$，激光雷达是通过极坐标来表示观测点信息的，它返回的数据是观测点到激光的距离 d_t^k 和与以激光为原点的局部坐标系横轴的夹角 $\theta_{k,s}$。其中，k 是在一个激光扫描周期中观测点的编号，$(x_s,y_s)^\mathrm{T}$ 表示安装在机器人上的激光的坐标，激光雷达与机器人中心点连线与机器人坐标系横轴的夹角为 θ，则由式（7-3）可得到激光观测点在世界坐标系中的坐标 $X_d^k=\left(x_{d_t}^k,y_{d_t}^k\right)$。

$$\begin{bmatrix} x_{d_t}^k \\ y_{d_t}^k \end{bmatrix}=\begin{bmatrix} x \\ y \end{bmatrix}+\begin{bmatrix} \cos\theta & -\sin\theta \\ \sin\theta & \cos\theta \end{bmatrix}\begin{bmatrix} x_s \\ y_s \end{bmatrix}+d_t^k\begin{bmatrix} \cos(\theta+\theta_{k,s}) \\ \sin(\theta+\theta_{k,s}) \end{bmatrix}+\begin{bmatrix} \xi_x \\ \xi_y \end{bmatrix} \quad (7\text{-}3)$$

式中，ξ_x 和 ξ_y 表示激光的测量噪声，一般将其定义为零均值的高斯白噪声。

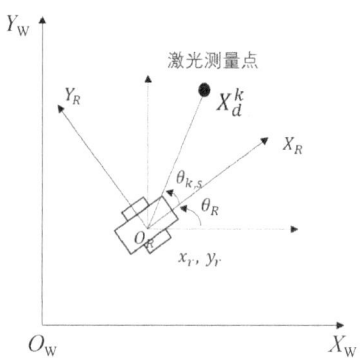

图 7-6 激光雷达测量模型

2. 视觉传感器

视觉传感器的作用是测量物体反射的光强度。视觉传感器上的光电二极管单元也叫作像素，其可以将光强转换为电信号。视觉传感器可根据能量转换物理原理的不同进行划分，常见的是根据光电二极管效应划分成 CCD（Charge Coupled Device）传感器和 CMOS（Complementary Metal Oxide Semiconductor）传感器。

CCD 传感器由光电二极管阵列组成，构成像素阵列。每个像素点可以想象成一个光敏充电电容，在 CCD 传感器开始工作时，像素点被充电，当光子撞击像素点时，释放电子。在给定时间内，每个像素累计电荷数量的变化会导致电压变化，通过特别的控制电路和工艺将像素点的电压值传送出来，即可通过电压值测得该点的光强值。

CMOS 传感器的光感部分也是像素阵列，但是在其数据采集部分，结构有所差异，每个像素点旁边设有专用电路测量并放大像素的信号，可对每个像素信号进行平行的放大并测量，而不同于 CCD 传感器需要特殊的时钟驱动器来对像素的电荷转移后进行测量。由于不需要专门的时钟电路芯片，所有的功能均可在集成在一块集成电路中，因此整个系统更加廉价，系统功耗更低。但是相比成像质量，CCD 传感器比 CMOS 传感器更胜一筹，在一些对成像质量有特殊需求的工业场合，CCD 传感器更具优越性。随着 CMOS 技术的进步，其成像质量在逐步提高，CCD 在此方面的优势在逐步减弱。

视觉传感器将三维世界中的坐标点（单位为米）映射到二维图像平面（单位为像素）的过程能够用一个几何模型进行描述。这个几何模型有很多种，其中最简单的称为针孔相机模型。针孔相机模型是常用且有效的模型，它描述了一束光线通过针孔后，在针孔背面投影成像的关系。在本书中，我们用一个简单的针孔相机模型对这种映射关系进行建模。这些模型能够把外部的三维点投影到相机内部成像平面上，构成相机的内参数（Intrinsics）。除针孔相机模型之外，还要考虑摄像机镜头引起畸变的畸变模型等。由于本书的侧重点不在于此，因此不再描述，如需深入了解请查阅相关书籍。

在初中物理课堂上，我们可能都见过一个蜡烛的投影实验：在一个暗箱的前方放一支点燃的蜡烛，蜡烛的光透过暗箱上的小孔投影在暗箱后方的平面上，并在这个平面上形成一个倒立的蜡烛图像。在这个过程中，小孔模型能够把三维世界中的蜡烛投影到一个二维成像平面。同理，我们可以利用这个简单的模型来解释相机的成像过程。

现在对这个简单的针孔相机模型进行几何建模。设 $O\text{-}x\text{-}y\text{-}z$ 为相机坐标系，习惯上我们使 z 轴指向相机前方，x 轴向右，y 轴向下（对于图 7-7，我们应该站在左侧看右侧），O 是摄像机的光心，也是针孔相机模型中的针孔。现实世界的空间点 P 经小孔 O 投影后，落在物理成像平面 $O'\text{-}x'\text{-}y'\text{-}z'$ 上，成像点为 P'。设点 P 的坐标为 $[X,Y,Z]^\mathrm{T}$，点 P' 的坐标为 $[X',Y',Z']^\mathrm{T}$，物理成像平面到小孔的距离为 f（焦距），那么根据三角形相似关系有

$$\frac{Z}{f}=-\frac{X}{X'}=-\frac{Y}{Y'} \tag{7-4}$$

其中，负号表示像是倒立的。由于实际相机得到的图像并不是倒像（否则相机的使用会非常不方便），因此为了使模型更符合实际，我们可以等价地把成像平面对称地放到相机前方，与三维空间点一起放在摄像机坐标系的同一侧，如图 7-7 所示。这样就可以把式（7-4）中的负号去掉，使式子更加简洁：

$$\frac{Z}{f}=\frac{X}{X'}=\frac{Y}{Y'} \tag{7-5}$$

把 X'、Y' 移到式（7-5）左侧，整理得

$$\begin{cases} X'=f\dfrac{X}{Z} \\ Y'=f\dfrac{Y}{Z} \end{cases} \tag{7-6}$$

式（7-6）描述了点 P 和点 P' 之间的空间关系，这里所有点的单位都可理解成米，如焦距是 0.2 米，X' 是 0.14 米。不过在相机中，我们最终获得的是一个个像素，所以还需要在成像平面上对像进行采样和量化。为了描述传感器将感受到的光线转换成图像像素的过程，设在物理成像平面上固定着一个像素平面 $O\text{-}u\text{-}v$，则在像素平面得到点 P' 的像素坐标：$[u,v]^\mathrm{T}$。

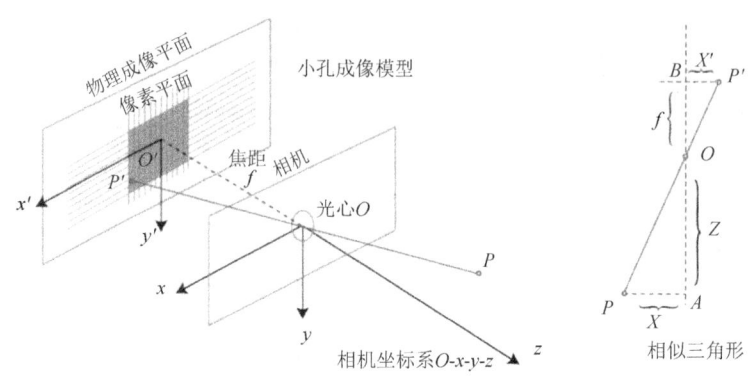

图 7-7 针孔相机模型

通常像素坐标系的定义方式是原点 O' 位于图像的左上角，u 轴向右，v 轴向下与 y 轴平行。像素坐标系与成像平面之间相差一个缩放和一个原点的平移。设像素在 u 轴上缩放了 α 倍，在其在 v 轴上缩放了 β 倍，同时原点平移了 $[c_x, c_y]^T$，那么点 P' 的坐标与像素坐标 $[u,v]^T$ 的关系为

$$\begin{cases} u = \alpha X' + c_x \\ v = \beta Y' + c_y \end{cases} \tag{7-7}$$

将式（7-6）代入式（7-7），并把 αf 合并成 f_x，把 βf 合并成 f_y，得

$$\begin{cases} u = f_x \dfrac{X}{Z} + c_x \\ v = f_y \dfrac{Y}{Z} + c_y \end{cases} \tag{7-8}$$

式中，f 的单位为米，α, β 的单位为像素/米，所以 f_x、f_y、c_x 和 c_y 的单位为像素。把式（7-8）写成矩阵形式会更简洁，不过公式左侧需要用到齐次坐标，公式右侧则是非齐次坐标：

$$\begin{pmatrix} u \\ v \\ 1 \end{pmatrix} = \frac{1}{Z} \begin{pmatrix} f_x & 0 & c_y \\ 0 & f_y & c_y \\ 0 & 0 & 1 \end{pmatrix} \begin{pmatrix} X \\ Y \\ Z \end{pmatrix} \stackrel{\text{def}}{=} \frac{1}{Z} \boldsymbol{KP} \tag{7-9}$$

我们习惯把 Z 移到公式左侧：

$$Z \begin{pmatrix} u \\ v \\ 1 \end{pmatrix} = \begin{pmatrix} f_x & 0 & c_y \\ 0 & f_y & c_y \\ 0 & 0 & 1 \end{pmatrix} \begin{pmatrix} X \\ Y \\ Z \end{pmatrix} \stackrel{\text{def}}{=} \boldsymbol{KP} \tag{7-10}$$

在式（7-10）中，我们把中间的量组成的矩阵称为相机的内参数矩阵 $\boldsymbol{K}$，通常认为相机的内参数在出厂后是固定的，不会在使用过程中发生变化。有的相机生产厂商会提供相机的内参数，而有时需要自己确定相机的内参数，也就是所谓的标定。

有内参数，自然也有相对的外参数。在式（7-10）中，我们使用的是点 P 在相机坐标系下的坐标，但实际上由于相机是在运动的，因此点 P 的相机坐标应该是它的世界坐标（记作 $\boldsymbol{P}_W$）根据相机的当前位姿变换到相机坐标系下的结果。相机的位姿由它的旋转矩阵 $\boldsymbol{R}$ 和平

移向量 t 来描述，则有

$$ZP_N = Z\begin{bmatrix} u \\ v \\ 1 \end{bmatrix} = K(RP_W + t) = KTP_W \qquad (7\text{-}11)$$

注意，式（7-11）隐含了一个齐次坐标到非齐次坐标的转换。它描述了点 P 的世界坐标到像素坐标的投影关系。其中，相机的位姿 R、t 又称为相机的外参数。与不变的内参数相比，外参数会随着相机的运动而发生改变，其变化代表着相机的移动轨迹。

投影过程还可以从另一个角度来看。式（7-11）表明，我们可以把一个世界坐标点先转换到相机坐标系，再除掉它最后一维的数值（该点距离相机成像平面的深度），这相当于把最后一维进行归一化处理，得到点 P 在相机归一化平面上的投影：

$$(RP_W + t) = \underbrace{[X,Y,Z]^T}_{\text{相机坐标}} = \underbrace{\left[\frac{X}{Z},\frac{Y}{Z},1\right]^T}_{\text{归一化坐标}} \qquad (7\text{-}12)$$

归一化坐标可形成相机前方 $Z=1$ 处的平面上的一个点，这个 $Z=1$ 平面也称为归一化平面。归一化坐标再左乘内参数就得到了像素坐标，所以我们可以把像素坐标 $[u,v]^T$ 看成对归一化平面上的点进行量化测量的结果。从这个模型也可以看出，相机坐标同时乘以任意非零常数，归一化坐标都是一样的，这说明点的深度在投影过程中被丢失了，所以单目视觉中无法得到像素点的深度值。

3. 特征提取

移动机器人通过传感器来确定自身和环境之间的关系。在传感器测量过程中，一方面，传感器的测量值存在测量误差，且单个测量值存在不确定；另一方面，传感器也有缩减信息的需要。例如，观测色带路径的相机每秒输出上百兆的数据，关心的仅仅是色带相对于车辆的姿态，其过于丰富和无用的信息输出严重影响了处理效率。一般存在两种传感器数据处理策略，一种是直接用传感器的测量值而不做处理，以原始测量值来决策移动机器人的行为。例如，光电传感器、接触传感器。这种输入有时也作为整个模型的函数输入。另一种是首先从一个或多个传感器中提取信息，产生高级的感知，然后作为移动机器人的作用输入。我们称这个过程为特征提取。特征是环境中可认识的元素结构，通常可从测量和数学描述中提取出来。良好的特征常常是可感知的，且易于从环境中检测的。特征包括低级的点、线、圆、多边形等几何元素，以及高级的物体语义描述。

特征提取受到目标环境及传感器等诸多因素的影响。对于室内结构化环境的目标环境，一般提取简单的几何结构，如线、面等元素，这个在室外一般很难适用，一般特征点或纹理等会更加实用。在传感器方面，激光传感器能够容易地获得环境的深度信息，但是无法获得颜色及纹理信息。同时，特征提取也受到实时性计算的影响，无法实时获取的特征，一般对移动机器人是没有意义的。

应用于移动机器人的图像传感器的特征一般包括点、线、面等。受计算机图像技术发展的影响，特征点检测技术的研究人员最多，技术分支也最多。一般特征点检测根据场景不同，考虑不同的技术需求，如图像旋转或缩放不变性等，从而选用不同的特征类型。特征点提取包括特征点的位置和特征点相似度的度量（也叫作特征描述符）。相同场景下的不同角度的图像可以通过特征描述符进行相同位置点的匹配，并根据匹配特征点计算出相机空间位置的变化。对图像传感器来说，激光传感器获得的原始数据是二维或三维的点云。针对二维点云，一般提取的特征为直线特征。由于测量数据的不确定性，研究人员研究出了针对激光传感器的不同的直线特征提取和参数优化算法。对于三维点云特征，一种是从二维点云进一步发展而来的，包括直线特征及三维面特征等，一种是类似于图像的特征描述符，通过特征描述符设计来反映点云局部或全局的特征。例如，点特征直方图描述子，快速点特征直方图描述子等。

第二节 地图表示

在移动机器人的环境问题中，地图是环境描述，地图表示的方法与所选的传感器和移动机器人所处的环境等因素均有关系，同时影响移动机器人位置的表示的选择、定位精度及计算的复杂度等。

地图表示一般分为连续的表述、基于分解的表述、特征表述及拓扑表述等。其中，连续的表述将环境特征在连续空间进行精密地标记，因此在地图存储上受到环境复杂度的影响，容易造成昂贵的存储消耗及计算量上的暴增，所以更多地选择基于空间的离散化分解。离散化分解一般分为精确无损单元分解和固定分解，其中最流行的分解策略是基于固定分解的占用栅格分解，也就是栅格地图。栅格地图存在单元划分精度和存储容量一对矛盾。拓扑地图避免了几何空间的直接测量，其把环境表述成逻辑上的连通区域，因此在存储和表达上更简洁。特征地图通过传感器感知来获得类似于人工路标的标识，其表述方式类似于拓扑表述，常用于移动机器人定位，但是其一般无法表示空间占用情况，也无法单独用于移动机器人路径规划。下面详述常用的地图。

一、栅格地图

栅格地图是将全局地图划分成大小、面积一样的独立方格（栅格），每个独立栅格包含了其下全局地图的地图信息。在创建的栅格地图中，每个独立栅格存在两种情况，占用或未占用。用 $P(s)$ 表示独立栅格上存在状态的概率，其中 $P(s=1)$ 表示独立栅格的占用状态的概率，$P(s=0)$ 表示独立栅格的未占用状态的概率，两者的概率和为1。因此，用全局地图中所有的占用状态栅格的概率之积表示全局地图 m 的占用概率：

$$P(m) = \prod_{s \in m} P(s) \tag{7-13}$$

因此，需要计算一个独立栅格的占用状态概率。假设 t 时刻移动机器人的观测只与上一时刻的移动机器人的状态和观测有关，则

$$P(s| x_{1:t}, z_{1:t}) = \frac{P(z_t| s, x_t) \cdot P(s| x_{1:t}, z_{1:t-1})}{P(z_t| x_{1:t}, z_{1:t-1})} \tag{7-14}$$

式中，$x_{1:t}$ 表示移动机器人的状态；$z_{1:t}$ 表示移动机器人的观测值集合。

其中，$P(z_t | s, x_t)$ 可以用贝叶斯公式得到：

$$P(z_t| s,x_t) = \frac{P(s| x_t,z_t) \cdot P(z_t| x_t)}{P(s| x_t)} \tag{7-15}$$

假设没有 t 时刻的观测值 z_t，则栅格地图中的信息不包含 t 时刻移动机器人的状态量 x_t，由式（7-15）可得

$$P(s| x_{1:t},z_{1:t}) = \frac{P(z_t| s,x_t) \cdot P(z_t| x_t)P(s| x_{1:t-1},z_{1:t-1})}{P(s)P(z_t| x_{1:t},z_{1:t-1})} \tag{7-16}$$

同理，栅格的未占用状态的概率为

$$P(\neg s| x_{1:t},z_{1:t}) = \frac{P(z_t| \neg s,x_t) \cdot P(z_t| x_t)P(\neg s| x_{1:t-1},z_{1:t-1})}{P(\neg s)P(z_t| x_{1:t},z_{1:t-1})} \tag{7-17}$$

式中，$\neg s$ 表示栅格的未占用状态。

由于 $P(s) = 1 - P(\neg s)$，因此将式（7-16）和式（7-17）相除化简可得

$$\frac{P(s| x_{1:t},z_{1:t})}{1-P(s| x_{1:t},z_{1:t})} = \frac{P(s| x_t,z_t)}{1-P(s| x_t,z_t)} \cdot \frac{1-P(s)}{P(s)} \cdot \frac{P(s| x_{1:t-1},z_{1:t-1})}{1-P(s| x_{1:t-1},z_{1:t-1})} \tag{7-18}$$

定义：$l(x) = \frac{P(x)}{1-P(x)}$，为了避免概率在靠近 0 或 1 时断开，也为了计算方便，将式（7-18）两边取对数，可得

$$\log l(s| x_{1:t},z_{1:t}) = \log l(s| x_t,z_t) - \log l(s) + \log l(s| x_{1:t-1},z_{1:t-1}) \tag{7-19}$$

在移动机器人的初始状态时，移动机器人没有状态数据与观测数据，因此每个独立栅格的状态概率均为 0.5，因此此时 $\log l(s) = 0$。

将式 $l(x) = \frac{P(x)}{1-P(x)}$ 代入式（7-19）中，得

$$P(s| x_{1:t},z_{1:t}) = 1 + \frac{1-P(s| x_t,z_t)}{P(s| x_t,z_t)} \cdot \frac{1-P(s| x_{t-1},z_{t-1})}{P(s| x_{t-1},z_{t-1})} \tag{7-20}$$

式（7-20）实现了在已有栅格地图中根据 t 时刻得到的移动机器人的位姿及其传感器观测值进行栅格更新的过程。

在二维栅格地图中，若每个独立栅格的边长为 l，则该栅格地图的分辨率为 $1/l$；假设栅格点在全局坐标系中的坐标为 (x,y)，则其对应的栅格地图中的坐标为 $(\text{Ⅱ}(x/l),\text{Ⅱ}(y/l))$。其中，Ⅱ 为向下取整符号。

移动机器人通过激光传感器得到的数据是用极坐标 (ρ,θ) 表示的，可以利用上文所说的栅格地图坐标转换将每一个激光点的全局坐标转换为栅格地图坐标。假设移动机器人的位姿为激光雷达测量中的一个激光点坐标 (ρ_s,θ_s)，则通过激光雷达测量目标点在全局地图中的坐标为

$$\begin{cases} x_s = \rho_s \cos(\theta_s + \theta_v) + x \\ y_s = \rho_s \sin(\theta_s + \theta_v) + y \end{cases} \tag{7-21}$$

将激光点在全局地图中的坐标转换为栅格地图中的坐标：

$$\begin{pmatrix} x_s^m \\ y_s^m \end{pmatrix} = \begin{pmatrix} x_s \\ y_s \end{pmatrix} \times \frac{1}{l} \quad (7\text{-}22)$$

在求得激光点和移动机器人的坐标后,利用 Bresenham 算法将激光雷达的光束信息转化为栅格网络中的方格信息。

栅格地图的最大优势在于构建容易、后期维护和修改非常方便,而且易于拓展。同时,栅格地图能够表示空间环境中的更多特征,并尽可能形象地反映出环境的真实状态,很适合进行移动机器人的定位及短路径规划。除此之外,当采用测距传感器进行激光 SLAM 时,栅格地图的构建方法更成熟可靠。目前,主流的移动机器人路径规划算法为栅格地图提供了非常完整的支持,如 Dijkstra 算法、A*算法、D*算法等,但这些算法的缺点在于其空间利用率一般,且对移动机器人的位置估计要求比较精确。

二、拓扑地图

栅格地图的每个独立栅格都具有确定的位置信息,但是栅格地图存在着精度和存储容量之间的矛盾。拓扑地图的技术原理是数据结构中的拓扑图。如图 7-8 所示,拓扑地图的表示由节点之间连接的边表示,拓扑地图中的每个节点对应环境中的一个对象。环境中对象之间的关系由连接节点的边表示,并且连接节点的边可以直接反映两个节点之间是否存在可以通过的路径。拓扑地图是一种非常紧凑的地图,它在地图上的表示更像人类在地图上的表示。拓扑地图的优点在于能够直接显示出节点之间的相互关系,使得移动机器人规划的路径和目标点明确。但是拓扑地图也有一些限制,首先拓扑地图比较抽象,而且建图必须非常准确,当传感器信息模糊时,在较大的环境中构建拓扑地图将变得更加困难。同时,拓扑地图对视角非常敏感,在不同视角下对同一对象的识别和判断更加困难。此外,基于拓扑地图的路径规划算法用于规划通常不是最佳的路径。

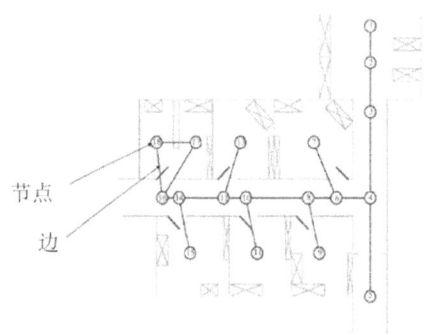

图 7-8 拓扑地图

三、基于点的地图

为了解决存储空间问题,产生了栅格地图的备选方案:不对自由区域进行划分,而采用离散点来表示。在这种方法中,点只代表相应的固定物体,因为障碍物对传感器而言就是距离点。基于这一特性,产生了所谓的基于点的地图(点地图),其适用于三维环境或物体的表征(见图 7-9)。

点地图最早产生于 20 世纪 90 年代，其传感器主要是距离探测器。此类地图不包含不确定性的直观模型，这是它的主要缺点。此外，在进行多传感器点云信息融合时，点地图缺乏概率学基础。这一点与栅格地图不同，点地图在融合多个观测数据时，没有完备的数学方法作基础，甚至在对同一环境下同一传感器测量进行处理时也存在这一问题，所以只能简单地进行点数据的累积。

与栅格地图一样，点地图也可以进行高层信息的提取。例如，分割出墙或角，得到的结果可以视为特征或路标地图。现在，得益于点云数据，尤其是来自方兴未艾的三维摄像头数据，在点云数据中抽取兴趣点的研究再次成为相关领域的热点。

图 7-9　点云地图

四、特征地图

特征地图的基本思想是通过点、线和面等几何特征来表示环境中的所有对象，然后构建环境图，如图 7-10 所示。特征地图的构建过程是读取传感器的数据，然后处理传感器获得的数据，再提取所需的几何特征，最后基于该几何特征构建环境图。基于几何特征构建的地图的优点在于该地图易于识别，尤其是环境中对象的位置信息，并且几何特征地图所需的计算资源很少。通常构建几何特征地图的困难在于数据的关联，数据的关联意味着局部地图和全局地图需要偶尔进行关联和匹配，并且仅在此匹配达到非常好的准确性之后，构建的地图才会具有良好的一致性。因此，一旦关联和匹配的效果不太理想，它会极大地影响移动机器人的姿势估计和地图的构建。另外，几何特征的提取在室内环境中相对容易实现，但在室外环境中，对象特征的类型很多，并且特征提取变得非常困难。

图 7-10　特征地图

第三节 定 位

移动机器人定位指移动机器人通过传感器来确定自身在环境中的位置。定位是确定移动机器人"我在哪"的基本问题，也是导航的基本组成部分，其分类包括基于信标的全局定位方法、基于概率地图的定位方法等。其中，基于概率地图的定位方法是本书的重点。

基于信标的全局定位方法依赖于一系列在环境中已知特征的信标，移动机器人上携带的传感器可对信标进行观测，并通过三边测量或三角测距方法来获得移动机器人的绝对位置。基于信标的全局定位方法具有快速、稳定、可准确提供绝对位置信息的优点，但是其安装部署昂贵，而且受到场景的限制。最常见的基于信标的全局定位系统是 GPS 系统，但是室内移动机器人无法接收到其定位信号，而且室内定位的精度要求一般在厘米级以下，GPS 系统难以满足要求。比较典型的室内信标包括超声波网络、无线电基站等，它们都面临着可视距离、障碍物反射等影响。

一、基于贝叶斯滤波理论的定位方法

一般贝叶斯公式可以表示为

$$P(h|D) = \frac{P(D|h)P(h)}{P(D)} \quad (7\text{-}23)$$

式中，$P(h)$ 和 $P(h|D)$ 分别表示先验概率和后验概率；$P(D|h)$ 为事件 D 的条件概率。

为了处理移动机器人获取数据的不确定性，从输出不确定信息的传感器提取了能够用于定位的数据，并提出了许多基于贝叶斯滤波理论的移动机器人算法。这类算法包括基于概率参数模型的和无参数模型的。其中，基于概率参数模型的算法包括卡尔曼滤波、无迹卡尔曼滤波、扩展卡尔曼滤波等；无参数模型的算法包括马尔可夫定位、粒子滤波定位等。基于概率参数模型的算法的特点是通过高斯分布模型等模型化降低了其运算量，并提高了运算实时性，但当获取的数据分布为任意分布时，通过基于概率参数模型的方法与实际的偏差较大。马尔可夫定位方法能对观测值独立性假设及运动独立性假设表示任意形式的概率分布，弥补了基于概率参数模型的精确表述问题，但同时引入了计算资源消耗过大的问题，使在实际计算过程中模型无法实现。利用粒子集描述概率分布的方法也称为粒子滤波定位，相对于马尔可夫定位方法，粒子滤波定位具有易于实现、精度高、对计算资源消耗小等优点。

贝叶斯滤波理论是将非线性系统的状态估计问题视为一个概率推理过程，如图 7-11 所示，即将目标状态的估计问题转换为利用贝叶斯公式求解后验概率密度的过程。在统一的框架下，通过对系统建立状态空间模型，再经过时间预测与测量更新两个步骤反复迭代，最后实现目标状态的最优估计。给定离散时间系统的动态状态空间模型（Dynamic State-Space Model，DSSM）：

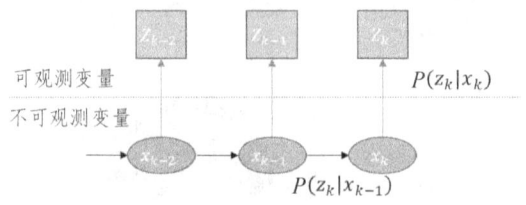

图 7-11 概率推理过程

$$\begin{cases} x_k = f(x_{k-1}, v_{k-1}) \\ z_k = h(x_k, n_k) \end{cases} \tag{7-24}$$

式中，$x_k \in \mathbf{R}^n$ 为 k 时刻的状态向量，在给定状态初始分布 $p(x_0)$ 的情况下，系统状态分布通过状态转移概率密度 $p(x_k|x_{k-1})$ 按照时间传播；$z_k \in \mathbf{R}^m$ 为 k 时刻条件独立的观测向量，在给定状态情况下，依据似然函数 $p(z_k|x_k)$ 产生。$f(\ )$ 和 $h(\ )$ 分别为状态转移函数和观测函数，$v_k \in \mathbf{R}^n$ 和 $n_k \in \mathbf{R}^n$ 分别为系统过程噪声和观测噪声。

贝叶斯估计包含预测和更新两个阶段，预测过程通过系统状态模型预测状态的先验概率密度；更新过程则利用最新的观测值对先验概率密度进行修正，得到后验概率密度 $p(x_{0:k}|z_{1:k})$。在滤波问题中，求解的就是后验滤波概率密度 $p(x_k|z_{1:k})$。

假设 $k-1$ 时刻的后验滤波概率密度 $p(x_{k-1}|z_{1:k-1})$ 已知，则贝叶斯估计的具体过程如下。

（1）时间预测过程：由 $p(x_{k-1}|z_{1:k-1})$ 得到系统状态的一步预测概率密度 $p(x_k|z_{1:k-1})$。

$$p(x_k, x_{k-1}|z_{1:k-1}) = p(x_k|x_{k-1}, z_{1:k-1}) p(x_{k-1}|z_{1:k-1}) \tag{7-25}$$

当给定 x_{k-1} 时，状态向量 x_k 与观测值 $z_{1:k-1}$ 相互独立，因此

$$p(x_k, x_{k-1}|z_{1:k-1}) = p(x_k|x_{k-1}) p(x_{k-1}|z_{1:k-1}) \tag{7-26}$$

式（7-26）两端对 x_{k-1} 积分，可以得到

$$p(x_k|z_{1:k-1}) = \int p(x_k|x_{k-1}) p(x_{k-1}|z_{1:k-1}) \mathrm{d}x_{k-1} \tag{7-27}$$

式中，$p(x_k|x_{k-1})$ 为状态转移概率密度，其由系统状态模型决定。

（2）测量更新过程：根据新的测量信息更新 $p(x_k|z_{1:k-1})$。

在获取 k 时刻的测量值 z_k 后，根据贝叶斯公式对先验概率密度进行更新，得到后验滤波概率密度 $p(x_k|z_{1:k})$，即

$$\begin{aligned} p(x_k|z_{1:k}) &= \frac{p(z_{1:k}|x_k) p(x_k)}{p(z_{1:k})} \\ &= \frac{p(z_k, z_{1:k-1}|x_k) p(x_k)}{p(z_k, z_{1:k-1})} \\ &= \frac{p(z_k|z_{1:k-1}, x_k) p(z_{1:k-1}|x_k) p(x_k)}{p(z_k|z_{1:k-1}) p(z_{1:k-1})} \\ &= \frac{p(z_k|z_{1:k-1}, x_k) p(x_k|z_{1:k-1}) p(z_{1:k-1}) p(x_k)}{p(z_k|z_{1:k-1}) p(z_{1:k-1}) p(x_k)} \\ &= \frac{p(z_k|z_{1:k-1}, x_k) p(x_k|z_{1:k-1})}{p(z_k|z_{1:k-1})} \end{aligned} \tag{7-28}$$

若观测值独立，即 z_k 只由 x_k 决定，而与 k 时刻之前的观测值无关，则满足：

$$p(z_k|z_{1:k-1}, x_k) = p(z_k|x_k) \tag{7-29}$$

那么式（7-28）可以化简为

$$p(x_k|z_{1:k}) = \frac{p(z_k|x_k) p(x_k|z_{1:k-1})}{p(z_k|z_{1:k-1})} \tag{7-30}$$

式中，$p(z_k|x_k)$ 为似然概率密度函数，其由系统观测方程决定；$p(z_k|z_{1:k-1})$ 为归一化常数，其由 C-K（Chapman-Kolmogorov）方程求出：

$$p(z_k|z_{1:k-1}) = \int p(z_k|x_k) p(x_k|z_{1:k-1}) \mathrm{d}x_k \tag{7-31}$$

式（7-23）构成了递推贝叶斯估计的基础，一般称式（7-27）为时间预测公式，式（7-30）和式（7-31）为测量更新公式。贝叶斯估计以递推的形式给出了后验滤波概率密度 $p(x_k|z_{1:k})$ 的最优解，它是后验概率密度 $p(x_{0:k}|z_{1:k})$ 的边缘密度。通过递推计算后验滤波概率密度，可以不用存储状态的历史信息。一般后验概率密度 $p(x_{0:k}|z_{1:k})$ 的递推贝叶斯估计式为

$$p(x_{0:k}|z_{1:k}) = \frac{p(z_k|x_k)p(x_k|z_{1:k-1})}{p(z_k|z_{1:k-1})} p(x_{0:k-1}|z_{1:k-1}) \tag{7-32}$$

式中，归一化常数 $p(z_k|z_{1:k-1})$ 为

$$p(z_k|z_{1:k-1}) = \int p(z_k|x_k) p(x_k|x_{k-1}) p(x_{0:k-1}|z_{1:k-1}) \mathrm{d}x_k \tag{7-33}$$

由于当系统的观测信息已知时，状态的后验概率分布描述了关于状态变量分布的所有信息，因此通过求解后验概率分布可以获得状态变量的多种统计特性。所以，滤波估计问题就转化为求解后验概率密度或后验滤波概率密度的问题了。在下文中，$p(x_k|z_{1:k})$ 简称后验概率密度。

一般可依据极大后验（MAP）准则或最小均方误差（MMSE）准则，将具有极大后验概率密度的状态或条件均值作为系统状态的最终估计值，其计算式为

$$\hat{x}_k^{\mathrm{MAP}} = \mathrm{argmax} \, p(x_k|z_{1:k}) \tag{7-34}$$

$$\hat{x}_k^{\mathrm{MMSE}} = E(x_k) = \int x_k p(x_k|z_{1:k}) \mathrm{d}x_k \tag{7-35}$$

二、基于卡尔曼滤波的参数化非线性滤波方法

当离散时间动态系统的状态空间模型（DSSM）的状态转移及观测函数均为线性函数，且过程噪声和观测噪声均满足高斯分布时，贝叶斯滤波转变为卡尔曼滤波，式（7-24）表示的系统模型可以表述为

$$\begin{cases} x_k = F_k x_{k-1} + v_{k-1} \\ z_k = H_k x_k + n_k \end{cases} \tag{7-36}$$

式中，$v_k \sim N(0, \boldsymbol{Q}_k)$，$n_k \sim N(0, \boldsymbol{R}_k)$，且 v_k 和 n_k 相互独立。可以证明，若 $p(x_{k-1}|z_{1:k-1})$ 服从高斯分布：

$$p(x_{k-1}|z_{1:k-1}) \sim N\left(x_{k-1}; \hat{x}_{k-1|k-1}, P_{k-1|k-1}\right) \tag{7-37}$$

则 $p(x_k|z_{1:k-1})$ 和 $p(x_k|z_{1:k})$ 也服从高斯分布：

$$p(x_k|z_{1:k}) \sim N\left(x_k; \hat{x}_{k|k}, P_{k|k}\right) \tag{7-38}$$

在系统状态满足高斯分布的前提下，其条件概率分布完全由状态的均值及协方差矩阵决定。因此，对于线性系统模型，卡尔曼滤波（KF）就是递推贝叶斯估计的最优解析解，按照上文所述的递推估计方法，卡尔曼滤波算法的实现流程可简要归纳如下：

(1) 初始化：$k=0$，给定系统状态的初始估计及方差：$\hat{x}_0$，P_0。

(2) 时间预测：$k=1,2,\cdots$，按照状态转移模型进行状态预测。

$$\hat{x}_{k|k-1} = F\hat{x}_{k|k-1} \tag{7-39}$$

$$P_{k|k-1} = F_k P_{k-1|k-1} F_k^{\mathrm{T}} + Q_{k-1} \tag{7-40}$$

(3) 测量更新：用最新的观测值修改状态预测值。

$$K_k = P_{k|k-1} H_k^{\mathrm{T}} \left(H_k P_{k|k-1} H_k^{\mathrm{T}} + R_k \right)^{-} \tag{7-41}$$

$$\hat{x}_{k|k} = \hat{x}_{k|k-1} + K_k \left(z_k - H_k \hat{x}_{k|k-1} \right) \tag{7-42}$$

$$P_{k|k-1} = \left(I - K_k H_k \right) P_{k|k-1} \tag{7-43}$$

令 $k=k+1$，返回第 2 步。

三、自适应蒙特卡洛定位方法

目前，自适应蒙特卡洛定位（Adaptive Monte Carlo Location，AMCL）（见图 7-12）在移动机器人二维环境定位算法中是一个十分热门且相对稳定的概率定位算法。它的核心算法即 PF（Particle Filters）算法是一种基于粒子滤波的概率模型算法。移动机器人通过将合适的运动模型和传感器感知模型带入 PF 算法中，从而得到移动机器人的位姿。相比于原始的蒙特卡洛定位方法，自适应蒙特卡洛定位方法通过根据粒子权重的分布及 KLD 采样，来确定是否需要再次加入一定数量的粒子来辅助定位，从而解决了在原始的蒙特卡洛定位方法中遇到机器人绑架等问题时的粒子衰减问题。

在占用栅格地图的定位问题中，我们会得到两种信息，一种是在栅格地图中每一个栅格中储存的地图信息，另一种是安装在机器人上的各种传感器提供的对机器人当前位置的观测信息。如果通过概率对机器人进行定位，那么最核心的问题就是这两种信息的匹配，通过求得最大的匹配概率，从而得到机器人在全局地图中的位姿。

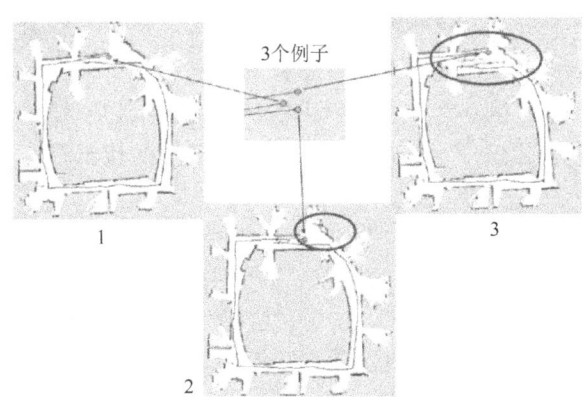

图 7-12 自适应蒙特卡洛定位

因为栅格地图是离散化的，所以只有当我们给定机器人的位姿时，才可以计算出一帧激光的点云数据（转换为栅格格式）与占据栅格的匹配程度。另外，我们认为相邻两个时刻的机器人的位姿是不会发生剧烈变化的，所以，自适应蒙特卡洛定位方法可以通过高斯分布来对机器人的位姿进行表示,并且可以用庞大的粒子集来模拟机器人可能存在的在栅格地图中的位姿(见图7-13)。

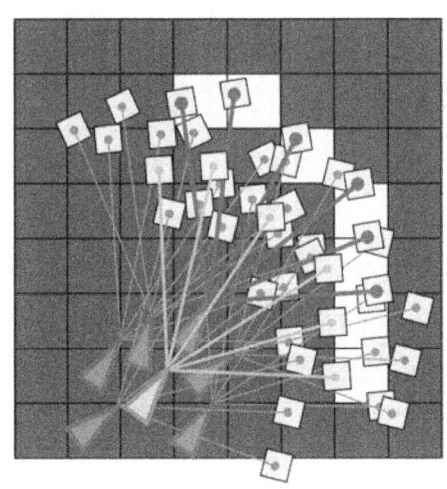

图7-13　机器人位置的最优匹配

(1)初始化粒子群:首先,定义一个大小为 M 的粒子群,如果机器人的初始位姿已知,那么复制 M 个初始位姿的粒子遍布在地图中作为粒子群的初始化;如果并未获得机器人的初始位姿,那么在地图中随机的方格中撒上粒子点,其中每个粒子代表的机器人的初始位姿是随机生成的,从而达到初始化粒子群的目的。

(2)模拟粒子运动:在这一部分,自适应蒙特卡洛定位方法根据机器人的运动模型,对下一时刻的任意粒子的运动进行预估,从而得到下一时刻的粒子群的位姿。一般而言,我们通过里程计来构建机器人的运动模型,并为下一时刻的粒子群位姿进行估计,但由于里程计的累计误差难以消除,而且不能完全信任通过里程计建立的模型,因此可以通过适当地添加一定的随机采样粒子点来增加粒子点姿态估计的可能性。

(3)计算粒子权重:对于每一个激光点,已知粒子点位姿,通过栅格转换将其投影到全局占用栅格地图中,再利用观测模型的一个似然域模型,通过计算激光点所在栅格与最近障碍物的距离,得到一个关于距离的高斯采样概率,并将这个概率作为这个激光点的一个似然域,而一个粒子点的权重即以它为中心发射出的所有激光束的似然域的和。由此,对每一个粒子进行权值计算,最后进行归一化处理,选出权重最高的粒子簇,它们的平均位姿就是算法对机器人的位姿估计。

(4)粒子群重采样:在粒子权重计算完成后,会有一些权重小的粒子,而这样的粒子不太可能是机器人当前时刻所处的位姿,因此为了提高粒子群的质量,以更加准确地预测机器人的位姿,需要舍弃一些权重小的粒子。在舍弃这些权重低的粒子后,由于粒子群总数减少,因此为了保证粒子群大小、规模的一致性,需要对那些权重高的粒子进行简单的复制重采样,使粒子集逐渐聚集到一起。

由此可见,自适应蒙特卡洛定位方法具有很多优秀的定位特质,其不一定需要构建具体的运动模型,而是通过粒子群的概率分布来模拟机器人的位姿;它不仅可以解决局部定位问题,而且无须机器人的初始位姿进行全局定位。它的位姿估计十分平滑且连贯,既便于栅格地图定位,又便于其对机器人进行调度控制。

但是，一旦机器人在运行过程中被搬离了原先的位置，就会出现大量权重高的粒子变成权重低的粒子而被舍去，导致自适应蒙特卡洛定位算法发现所有的粒子都不可信，导致机器人绑架问题。另外，如果想要更高的定位精度，那么需要增大粒子群的大小，但这会增加计算量，从而影响定位的实时性。

第四节 路 径 规 划

路径规划算法可以根据环境信息的不同分为已知环境下的全局路径规划算法与未知环境下的局部路径规划算法。全局路径规划算法的核心思想是已知全局环境下各障碍物的位置、大小等相关信息，以此进行最优路径的求取。全局路径规划算法的特点是，可以求取最优解，但是其计算量相对较大、实时性较差，且不能动态避障。局部路径规划算法注重移动机器人的动态避障能力，它的核心思想是通过局部信息来进行路径的求取，但是局部路径规划算法有很大的概率会陷入局部极小值点中无法脱身。在实际应用中，全局路径规划算法和局部路径规划算法始终是互补的，两者都是不可或缺的。没有局部路径规划算法的反应能力，任何一个动态的变化都将使全局路径规划算法的结果成为徒劳；没有全局路径规划算法，局部路径规划算法就失去了指导其达到的距离目标，则其规划结果是盲目的。

一、全局路径规划算法

目前已提出的全局路径规划算法根据发展历史及技术路径大致分为 3 类：基于图形搜索的算法、基于随机采样的算法及基于人工智能的算法。其中，基于图形搜索的算法主要有 Dijkstar 算法、A* 算法及 D* 算法等；基于随机采样的算法包括概率图算法、快速探索随机树算法等；基于人工智能的算法包括粒子群算法、蚁群优化算法等。

1. 基于图形搜索的算法

图形搜索是最传统的路径规划方法，其在数学领域一直有很深的根基。近年来，尽管在机器人领域，很多新的路径规划方法被提出，但图形搜索仍然具有广阔的应用空间。绝大部分基于图形搜索的算法主要分为两个步骤：图形构建，将节点放置在何处及用边将其连接起来；图形搜索，进行（最优）解的计算。

图形构建是构建空间模型的一种方法，其将空间表示成自由和被占用，并以节点和边连接的图的形式呈现。图形构建的困难在于图形总尺寸与构建复杂度之间的矛盾。可视图法和沃罗诺伊图法（见图 7-14）是两种道路图方法。其中，可视图法以起始点、终点和所有多边形顶点的可行直线连线来表示。显然，这种顶点无遮挡的直线连线之间的路径是最短的，但此法的缺点是节点和边缘随着环境复杂数而增长，算法也会逐步变得既慢又无效，而且规划的路径使得机器人倾向于靠近障碍物，因此具有安全风险。与可视图法相比，沃罗诺伊图法以两点间的中垂线来确定元素的边，使得机器人和障碍物之间的距离最大化。这种方法规划的路径克服了可视图法的安全风险，但其路径总长度一般不是最优的，特别是远离障碍物使传感器定位无法感知到周围物体，造成定位上的失败。

单元分解法分为精确单元分解法和近似单元分解法。精确单元分解法在单元边界进行划分，将空间分为完全自由或完全占用，表现形式为拓扑地图，其跟机器人的具体位置无关，只表示各自由单元之间的连接能力。近似单元分解法不依赖于环境中的特殊物体，而对空间尺寸进行固定划分，由于划分尺寸的限制，因此细节特征可能会丢失，如狭窄的过道因棋盘格不精确的性质而在地图上丢失。为了节省划分空间，有变尺寸的划分方法，即针对不同的空间使用不同的分辨率；在数据结构上，最简单的划分方法是等尺寸划分，也就是栅格地图，它们都具有广泛的应用场景（见图7-15）。虽然单元分解法占用空间较大，但是其显著的优势是路径规划的计算复杂度较低。

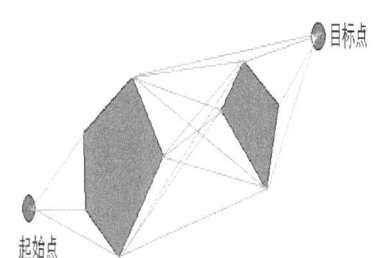 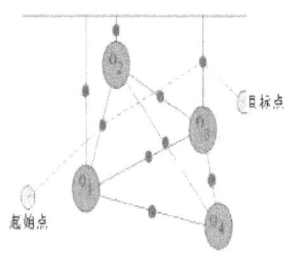

图7-14 可视图法（左）和沃罗诺伊图法（右）

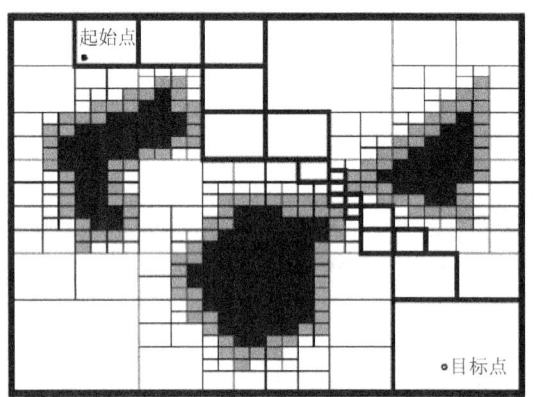 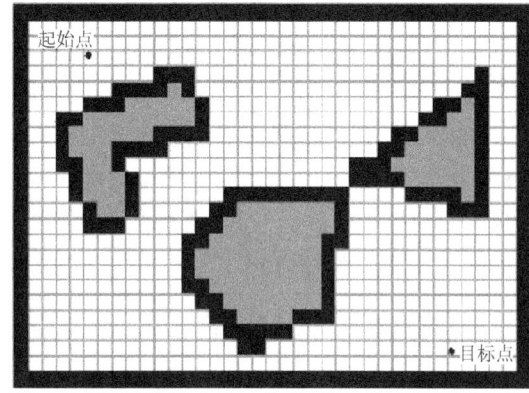

图7-15 变尺寸划分地图（左）和栅格地图（右）

宽度优先及深度优先搜索算法（见图7-16）是基本的图形搜索算法。其中，宽度优先搜索算法是从起始节点开始的，而后探索它的所有相邻节点；搜索点按照起始节点的接近度的次序进行扩展，接近度定义为边缘转变的数目。宽度优先算法一直进行到终止的目标节点。宽度优先搜索算法的最小代价路径是最优的。与宽度优先搜索算法相反，深度优先搜索算法将单个节点扩展到图的最深层，当扩展到最深层节点时，它们的分支从图中移走，并扩展起始节点的下一个相邻节点，再返回搜索，一直到最深层节点。该算法的优点是空间复杂性较低，缺点是在重访之前的节点时，需要存储从起始节点到目标节点的一个单独路径。

Dijkstar算法的搜索策略与宽度优先搜索算法类似，其搜索策略依然保证解的最优性，但是节点之间的边缘引入了正权值，这在算法中引入了附加的复杂性。因此我们需要介绍堆的概念。堆是一个特殊的基于树的数据结构，它的元素（它们构成了要被扩展的图形节点）按一个关键量排序，在Dijkstar算法中，相当于给定节点n期望的总路径代价$f(n)$的排序；然后 Dijkstar 算法从起始节点开始，与宽度优先搜索算法相似地扩展相邻节点，被扩展的相邻节点被放在堆中，重新按它们的 $f(n)$ 值排序；接着抽取堆中最短距离值的节点并进行扩展。这个过程一直继续到目标节点被扩展，或者在堆中没有留下节点。此时，可以从目标节点到起始节点进行回溯。由于 Dijkstar 算法中需要对堆的重新排序进行操作，因此其时间的复杂性从宽度优先的 $O(n+m)$ 增加到 $O(n\log(n)+m)$，其中 n 是节点数目，m 是边缘数目。

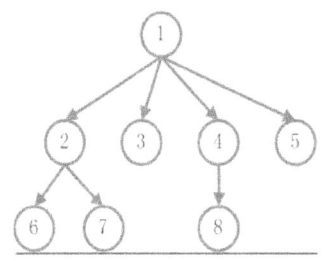 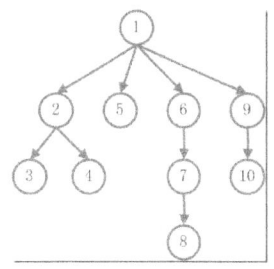

图 7-16　宽度优先搜索算法（左）、深度优先搜索算法（右）

在机器人应用领域，Dijkstar 算法是从机器人的目标位置进行计算的，所以其不仅计算了从起始节点到目标节点的最佳路径，而且计算了从图形中任何起始位置到目标节点的所有最低代价的路径。机器人可以根据当前位置进行定位，并确定走向目标的最佳路由。当机器人偏移路径或环境发生变化时，重复上述过程，直至达到目标。

A*算法在 Dijkstar 算法的基础上进行了改进，具有启发式功能。在最短路径查找上，网格中定义了每个单元的评价函数：

$$f(n) = h(n) + g(n) \tag{7-44}$$

式中，$g(n)$ 为耗散函数，是从起点 S 到当前节点 n 的实际代价；$h(n)$ 为启发函数，是从当前节点 n 到目标节点 G 的估计代价；$f(n)$ 为从起点 S 到目标节点 G 的估计代价。

如果 $h(n)=0$，那么 A*算法退化为 Dijkstar 算法，这样虽然能够保持最优路径，但是算法效率较低。如果 $h(n)$ 等于当前节点 n 到目标节点 G 的实际代价，那么 A*算法的探索节点恰好在最优路径上，因此 $h(n)$ 影响算法的精度和速度。一般 $h(n)$ 为两点之间的直线距离或曼哈顿距离。A*算法搜索结果如图 7-17 所示，对于 Dijkstar 算法，其路径可能不是最优的，但是开销要小。A*算法具有较好的灵活性和适应性，在移动机器人应用场合具有广泛的应用。

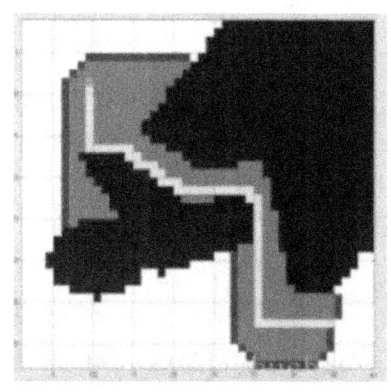

图 7-17　A*算法搜索结果

2. 基于随机采样的算法

基于图形搜索的算法在面对大空间或复杂场景时，其存储和计算时间会随之迅速增大；基于栅格地图的图形搜索算法也显得无能为力。基于随机采样的算法采用在地图上随机生成一定概率密度的粒子构建路径网络图，最后完成路径规划。由于只需在离散的采样点中进行搜寻和规划，因此这种方式可以较快地计算出一条可行的通路，尽管这条通路不是最优的。

1996 年，L.E.Kavraki 等人提出了首个基于随机采样的路径规划算法——概率图（PRM）算法，由于该算法能有效地解决高维空间下的复杂运动规划问题，因此其成为近几年最为成功、应用范围最广的随机采样路径规划算法。概率图算法通常分为采样学习和路径查询两个阶段，如图 7-18 所示。在采样学习阶段，概率图算法将连续空间转换成离散空间，然后进行随机采样并连接邻近采样点，最后构建起离散空间下的"路标图"，以方便下一阶段使用；在接下来的路径查询阶段，通过 A*算法等搜索算法在"路标图"上找到合适的路径。由于不同应用场合的实际需求不同，因此可以灵活地调整算法的随机采样策略，如基于障碍的采样、基于自由空间主轴的采样、基于非均匀概率分布的采样等。

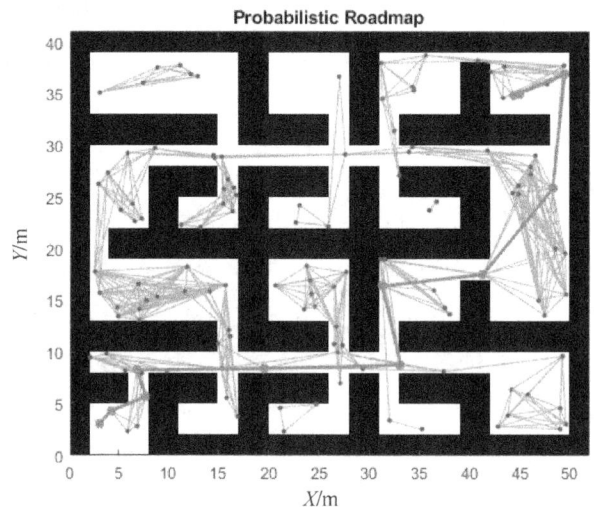

图 7-18 概率图算法搜索结果

在高维空间规划的应用领域中，概率图算法有不错的性能表现。但如果在研究的问题中需要满足动力学约束，那么连接邻近采样点会成为复杂的非线性问题，这也是概率图算法的一个主要缺陷。下面介绍的快速探索随机树算法可以有效地解决这个缺陷。

1998 年，StevenM. LaValle 教授提出了快速探索随机树（RRT）算法，用来解决高维非凸空间的搜索问题。快速探索随机树算法符合控制理论，如图 7-19 所示，当前状态在系统状态方程的控制量作用下，增量式地产生新状态直至到达目标点。这种构造方式不仅能有效地缩短搜索结构中的节点与随机采样点之间的距离，使移动机器人快速地到达目的地，而且特别适合包括障碍物和运动动力学约束的路径规划问题，可保证规划路径的合理性。因此，快速探索随机树算法在路径规划等方面具有非常广阔的应用前景。

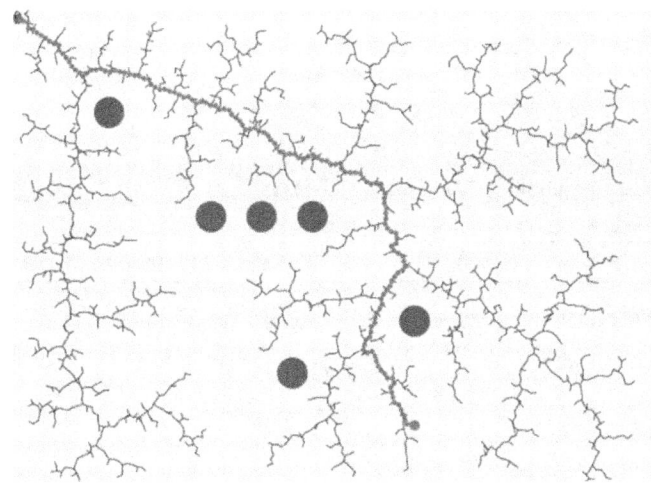

图 7-19　快速探索随机树

概率图算法与快速探索随机树算法的原理基本类似，都是在已知地图上通过随机采样的方式构建无向图，进而通过搜索方法寻找相对最优的路径。但两者也有本质的不同，概率图算法通过在地图上随机采样构建出完整的无向图，最后进行概率图搜索完成路径规划；而快速探索随机树算法是从某个起点出发，一边搜索路径，一边随机采样并建图，最后完成路径规划。值得一提的是，快速探索随机树算法除用于路径规划之外，还可以用于移动机器人的自主建图。

3．基于人工智能的算法

无论是基于图形搜索的算法还是基于随机采样的算法，随着空间环境规模和复杂度的激增，移动机器人需要花费较多时间才能找到最终的无障碍路径。同时，这些传统的算法不仅做不到全局最优解，而且往往会被限制在局部最优解中。此外，当环境中存在多个障碍物时，尤其在动态环境下，移动机器人的路径规划还会出现非确定性的多项式难题。近几年来，随着人工智能技术的发展，许多人工智能算法，如人工神经网络（ANN）、遗传算法（GA）、粒子群优化算法（PSO）、蚁群优化算法（ACO）和模拟退火算法（SA）等，都能够用来快速求解路径规划问题。

1）遗传算法

1975 年，密歇根大学的 John Holland 通过模拟研究生物系统中的进化机制，提出了遗传算法（Genetic Algorithm，GA），用于解决机器学习、路径搜索等多方面的问题；在模拟生物遗传和进化的基础上，引入了生物学中的复制、选择、交叉重组及基因突变等理念，进一步强化了遗传算法的高效性和稳健性。遗传算法在路径搜索领域的全局最优解求解方面有很大优势，其本质上是一种高效率的全局并行搜索算法，能够在寻路过程中很好地自适应搜索过程，以求得最佳路径。遗传算法的具体步骤如表 7-1 所示。

表 7-1　遗传算法的具体步骤

	遗传算法
1	初始化进化代数的计数器 t 为零，以及进化的最大代数为常数 T，并随机产生包含 M 个个体的初始种群 p_0
2	评价种群 p_t 中的每个个体的适应度

	遗传算法
3	对种群 p_t 依次进行选择、交叉和变异运算后,得到下一代种群 p_t+1 (1)选择运算:将优化得到的个体遗传给下一代 (2)交叉运算:借助配对交叉得到新个体后再遗传给下一代 (3)变异运算:对种群中个体上的一些基因进行修改
4	当计数器 t 到达进化的最大代数 T 后,将进化过程中的最大适应度的个体作为最优解输出,并结束

遗传算法凭借较强的全局路径搜索能力,在静态和动态障碍物的实际环境中取得了较为可观的应用效果。通过上述算法步骤,经过几次迭代后,可以得到如图 7-20 所示的模拟仿真结果。

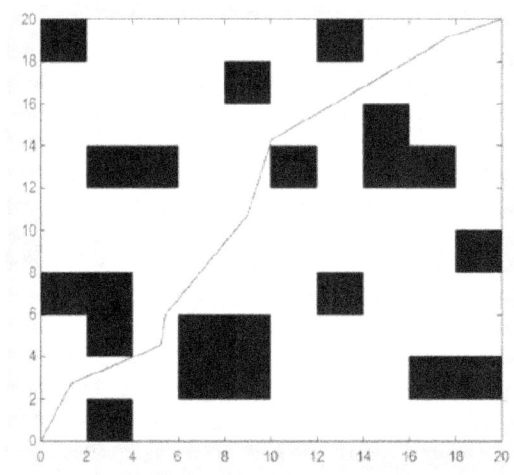

图 7-20 遗传算法模拟仿真结果

2)蚁群优化算法

1992 年,意大利 M.Dorigi 博士通过观察蚂蚁觅食的群体行为,发现了蚂蚁在觅食时会释放信息素的现象,随着多只蚂蚁觅到食物,便有了多条从洞穴到食物的路径。尽管有多条成功觅食的路径,但由于信息素会随着时间的推移逐步挥发,使得短路径上蚂蚁来往频繁,从而该路径上蚂蚁留下的信息素浓度也越高。随着信息素的浓度越来越高,后面越来越多的蚂蚁根据这个强有力的方向引导,逐渐聚集到这条最短路径上。

根据上述现象,M.Dorigi 博士提出了蚁群优化算法(Ant Clony Optimization,ACO),它能够计算出从起始点出发,经过多个既定需求点后返回起始点的最短路径。由于该算法具有较强的稳健性和自适应性,因此该算法广泛应用于移动机器人的路径规划问题中,具体步骤如表 7-2 所示。

表 7-2 蚁群优化算法的具体步骤

	蚁群优化算法
1	初始化每条边上的信息素量为一个定值
2	把蚂蚁分别放在每个顶点上,并设置一张禁忌表,对应各个顶点
3	随机选一只蚂蚁,计算其转移概率,再以轮盘赌的方式选取下一顶点并更新禁忌表,直到所有顶点都完成一次遍历

	蚁群优化算法
4	计算完该蚂蚁在每一条边上的信息素量后，让其死去
5	迭代步骤3和步骤4，直至 m 只蚂蚁都死去
6	计算每条边的信息素增量，以及信息素量
7	记下此次的迭代路径，并更新此时的最优路径，同时清空禁忌表
8	检查是否已满足指定的迭代次数，或者算法是否表现出停滞情况，若是，则结束算法，并导出最优路径；否则回到步骤2继续迭代

通过上述算法步骤，可以得到如图7-21所示的模拟仿真结果，经过几次迭代后，可以得到一条最短的全局路径。

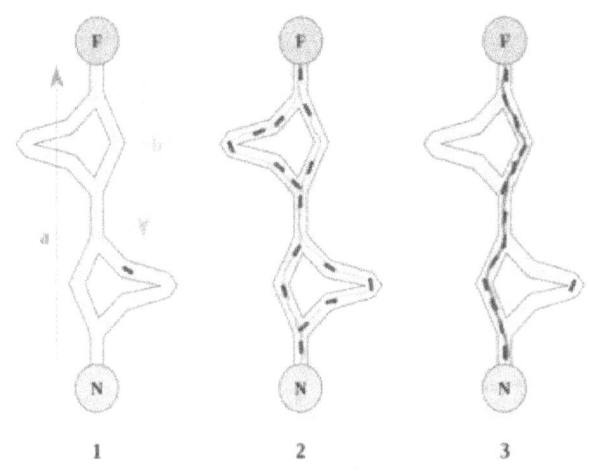

图7-21 蚁群优化算法模拟仿真结果

3）粒子群算法

由Kennedy和Eberhart等在1995年提出的粒子群算法（PSO）是在Hepper的模拟鸟群模型的基础上进行修正、模拟鸟群和蜂群觅食行为的一种算法。粒子群算法是一种群体优化算法，其基本思想是通过群体中个体间的协作和信息共享来寻找最优解。粒子群算法中的粒子从随机解出发，按照适应度函数值来引导群体的迭代过程。粒子群算法具有算法简单和所需参数少等特点，尤其适用于解决实际优化问题。

在解决实际优化问题时，粒子群算法将每个优化问题的解都看作搜索空间中的一只鸟，称为粒子。粒子根据自己的飞行经验和同伴的飞行经验来调整自身的飞行，每个粒子代表一个问题的潜在解决方案，被视为 D 维空间中的一个点，粒子能够飞向解空间，并由一个适应度函数来判断目前位置的好坏。粒子通过追随当前最优粒子来实现解空间中的搜索，并在最优解处降落，粒子根据被赋予的记忆功能来记住搜寻到的最佳位置，然后用一个速度矢量来决定飞行的距离和方向。速度矢量需要由自身的飞行经验及同伴的飞行经验来进行动态调整。

在粒子群算法框架中，粒子的迭代过程是根据两个极值来更新自己的速度和位置的。一个极值是每个粒子自身找到的最优解，这个解作为个体极值 p_{best}。在粒子迭代过程中，如果一个粒子的新位置优于它的历史最优位置，那么新位置将取代旧位置被存储为个体最佳位置向量。另一个极值是整个种群至今找到的最优解，这个极值记作全局极值 g_{best}。如果粒子的新位置优于所有粒子已搜索到的位置，那么它将被认为是全局最优位置。为了解决 d 维优化问题，设粒子群中的粒子个数是 m，粒子 i 的位置和速度向量分别为 $X_i^k = (x_{i1}^k, x_{i2}^k, \cdots, x_{id}^k)$ 和 $V_i^k = (v_{i1}^k, v_{i2}^k, \cdots, v_{id}^k)$，$1 \leq i \leq m$。粒子 i 经历过的最好位置记作 $p_{best i} = (p_{i1}, p_{i2}, \cdots, p_{id})$，种群经历过的最好位置记作 $g_{best} = (g_1, g_2, \cdots, g_d)$，通常将第 d（$1 \leq d \leq D$）维的位置变化范围限定为 $[X_{\min d}, X_{\max d}]$，将速度变化范围限定为 $[-V_{\min d}, V_{\max d}]$。粒子 i 的第 d 维的速度和位置的更新公式为

$$\begin{cases} v_{id}^k = \omega v_{id}^{k-1} + c_1 r_1 (p_{best id} - x_{id}^{k-1}) + c_2 r_2 (g_{best d} - x_{id}^{k-1}) \\ x_{id}^{k+1} = x_{id}^k + v_{id}^{k-1} \end{cases} \quad 1 \leq d \leq D \tag{7-45}$$

式中，v_{id}^k 为粒子 i 在第 k 次迭代时的速度矢量的第 d 维分量；v_{id}^k 为粒子 i 在第 k 次迭代位置的矢量的第 d 维分量；c_1 为粒子跟踪自己历史最优值的权重系数，表示粒子对自身的认识，通常设置为 2；c_2 为粒子跟踪群体最优值的权重系数，表示粒子对整个群体的认识，通常设置为 2；r_1 和 r_2 是两个取值 $[0,1]$ 的均匀分布的随机变量；ω 为惯性权重。

粒子速度的更新公式包含 3 个部分：第一部分为"惯性"部分，由速度更新公式中粒子先前速度的惯性引起；第二部分为"认知"部分，表示粒子自身的思考，即粒子根据自身历史经验来影响下一步行为；第三部分为"社会"部分，表示粒子之间的信息共享和相互合作，即群体信息对粒子下一步行为的影响。

粒子群算法的具体步骤如表 7-3 所示。

表 7-3 粒子群算法的具体步骤

	粒子群算法
1	粒子群初始化
2	根据目标函数计算各个粒子的适应度值
3	将各个粒子计算出的适应度值与自身经过的历史最优位置进行比较，若新位置的适应度值更优，则将其作为当前个体的最优位置 p_{best}
4	将各个粒子的适应度值与种群取得的最优位置进行比较，若取得的新位置较优，则将其作为种群的最优位置 g_{best}
5	根据速度、位置更新公式更新各个粒子的速度和位置信息
6	判断是否满足终止条件，若满足，则搜索停止，并输出搜索结果；否则跳转至步骤 2
7	记下此次的迭代路径，并更新此时的最优路径，同时清空禁忌表
8	检查是否已满足指定的迭代次数，或者算法是否表现出停滞情况，若是，则结束算法，并导出最优路径，否则回到步骤 2 继续迭代

对于粒子群算法的终止条件，通常可以设置为适应函数值误差达到预设要求或迭代次数超过最大允许迭代次数。

粒子群算法流程图如图 7-22 所示。

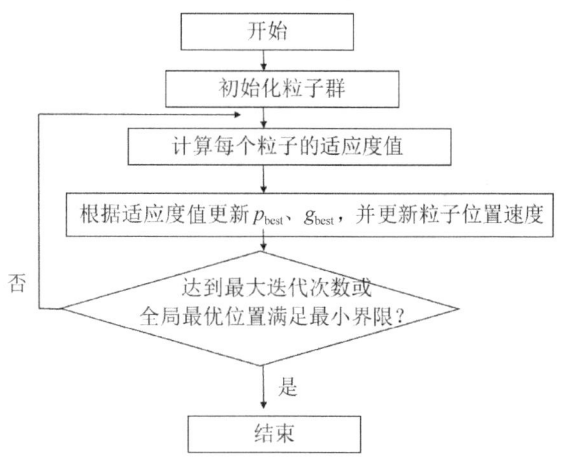

图 7-22 粒子群算法流程图

二、局部路径规划算法

在移动机器人路径规划过程中，一般由全局路径规划算法规划出一条大致可行的路径，移动机器人在行走过程中需要根据自身安装的传感器采集周围环境信息，如障碍物大小、形状及位置信息，再调用局部路径规划算法，根据路线和环境信息实时调整局部环境中的具体行动策略。局部路径规划算法以移动机器人自身的传感器获得的环境信息为依据，更加注重规划的实时性和实用性，其品质直接影响整个导航系统的总性能。目前，比较流行的局部路径规划算法有人工势场法、动态窗口法等。

1. 人工势场法

人工势场法：通过模拟物理势场，并构造势能方程来表达地图环境与空间特征。该算法假设机器人在一种虚拟力场下运动，目标点对机器人产生引力 U_{att}，引导机器人朝目标点运动；而障碍物对机器人产生斥力 U_{rep}，避免机器人与之发生碰撞，机器人在引力和斥力的共同作用下移动，其计算公式如下：

$$\begin{cases} U_{rep}(q) = \begin{cases} \dfrac{1}{2}\eta\left(\dfrac{1}{\rho(q,q_{obs})} - \dfrac{1}{\rho_0}\right)^2, & \rho(q,q_{obs}) \leqslant \rho_0 \\ 0, & \rho(q,q_{obs}) > \rho_0 \end{cases} \\ U_{att}(q) = \dfrac{1}{2}\xi\rho^2(q,q_{goal}) \\ \vec{F} = -\vec{\nabla}\left[U_{att}(q) + U_{rep}(q)\right] \end{cases} \quad (7\text{-}46)$$

式中，η ——斥力尺度因子；

$\rho(q,q_{obs})$ ——物体和障碍物之间的距离；

ρ_0 ——每个障碍物的影响半径；

ξ ——引力尺度因子；

$\rho(q,q_{goal})$ ——物体与目标点之间的距离。

在引力与斥力构成的势能场下，机器人沿着势场总和的梯度下降方向，类似于下山时沿着最快的路下山，即可找到一条无障碍路径（见图 7-23）。

人工势场法的基本原理简单且易实现，能够产生非常平滑的运行轨迹，但该算法很容易出现局部极小值，即机器人卡在局部最优点，却误以为到达了目标点。之后，很多研究人员也针对该问题提出了一些优化解决方法。

2. 动态窗口法

动态窗口法（Dynamic Window Approach，DWA）是 Dieter Fox 等人于 1997 年提出的一种局部路径规划算法，用于输出最优的线速度和角速度。首先根据机器人的运动模型计算运动轨迹方程，然后根据机器人模型的速度上下限、角速度上下限及旋转加速度等参数，计算出在一个时间间隔内，机器人可达到的速度和角速度的上下限范围，最后得到裁剪后的速度采样空间，如图 7-24 所示，每一对速度和角速度都是一条模拟轨迹。

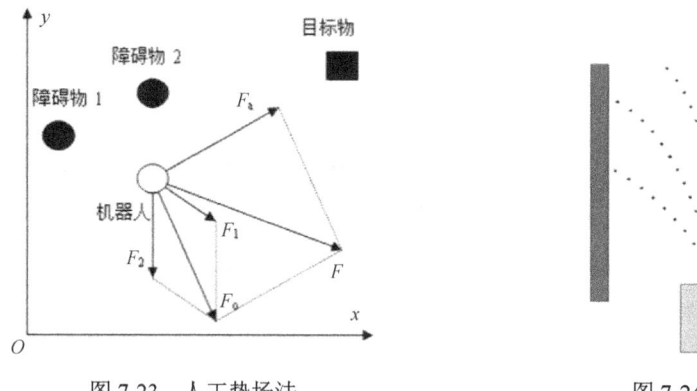

图 7-23　人工势场法　　　　　　　　图 7-24　动态窗口法

为了筛选出最优的路径轨迹，还需要构造轨迹评价函数，如方位角大小的评价、机器人与障碍物间隙的评价及速度大小的评价等。轨迹评价函数构造完毕后，将前面得到的速度采样空间输入到轨迹评价函数中，计算出每个采样速度对应的评价值，并归一化得到最优的评价值，最后根据这个结果找到最优的线速度和角速度，即最优轨迹。

动态窗口法的基本原理简单且灵活好用，是许多自主导航系统默认的局部路径规划算法，但该算法难以适应复杂多变的工作环境，因此不太适合动态障碍物环境。

第八章

AGV 系统设计与管控

AGV 系统是集传感器、无线通信、机电控制等技术于一体的集成化智能物料输送系统。自 1955 年英国研制了最早的电磁感应导向的 AGV 系统以来，由于柔性高、生产清洁、运行费用低等显著优点，其在多个行业得到了广泛的应用。AGV 系统设计与管控涉及导引路径网络设计、任务调度、交通管控等诸多难题。首先，本章根据车间设施布局、物流运行路线和装载/卸载点，介绍了多 AGV 并发运行的导引路径网络设计方法，并采用有向图理论，保证了拓扑地图的强连通性。其次，在拓扑地图上介绍了任意两点间最优（最短）运行路径的路径规划方法。再次，针对策略级管理控制层下达的物料配送任务，研究了多 AGV 任务调度的运筹学模型及求解模型的多目标优化方法，从而将多个物料配送任务分发给不同 AGV 并发执行。最后，当多个 AGV 并发执行物料配送任务时，由于共享导引路径网络可能产生潜在的运动冲突，因此，研究了多 AGV 交通管控方法，主要为多 AGV 运动冲突消解策略和环路死锁检测与避免方法。

第一节 AGV 系统概述

根据导航方式的不同，AGV 系统可分为 3 种类型：全自主的地图匹配导航 AGV 系统、半自主的信标定位导航 AGV 系统及非自主的标识线跟踪导引 AGV 系统。其中，非自主的标识线跟踪导引 AGV 系统利用传感器装置检测地面上作为导引路径的某种物理标识线，并通过跟踪标识线来实现面向目标位置的运动，常用的导引方式有电磁感应导引、磁带导引、视觉导引和光学导引等。由于非自主的标识线跟踪导引 AGV 系统在运行过程中仅需识别导引标识线，因此，与其他两类 AGV 系统相比，其导航精度、实时性和稳定性均较高，成本也较低，在工业环境中具有广阔的应用前景。因此，本章主要介绍非自主的标识线跟踪导引 AGV 系统规划设计与管控方法。

一、AGV 系统导引路径布局

非自主的标识线跟踪导引 AGV 系统主要由若干台 AGV 及导引路径网络组成，常用的导引路径网络布局如图 8-1 所示。由于在不同导引路径网络布局中，路径网络复杂程度不同，因此 AGV 之间可能出现的干涉类型也不同。所以，基于不同导引路径网络布局的 AGV 系统的控制难度和运行效率有较大差异。因此，采用何种导引路径网络布局是设计 AGV 系统首先需要考虑的问题。

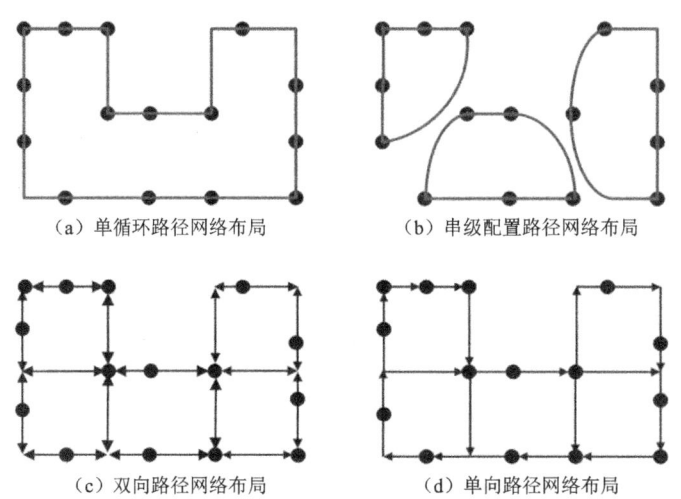

图 8-1　常用的导引路径网络布局

AGV 之间常见的运动冲突如图 8-2 所示。如图 8-2（a）所示，两台 AGV 位于同一路径段且相向行驶，对某些 AGV（无法双向运行 AGV 及无法侧向移动 AGV）而言，这种情况属于不可解决的冲突，因此，将其称为死锁。如图 8-2（b）所示，两台 AGV 竞争同一交叉路口。如图 8-2（c）和图 8-2（d）所示，在某一 AGV 向目标工位点运行的过程中，有另一台 AGV 停在其必经路径上［如图 8-2（c）所示］，或者在其前方低速行驶［如图 8-2（d）所示］。

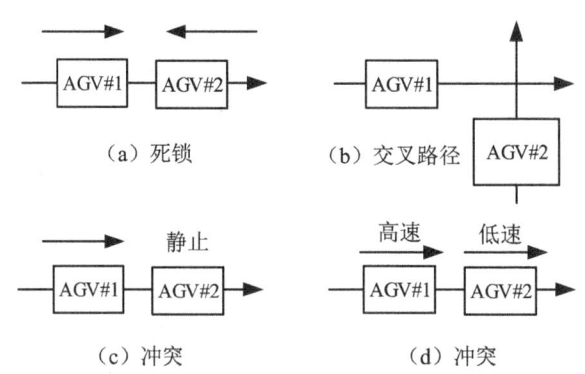

图 8-2　AGV 之间常见的运动冲突

图 8-1（a）为单循环路径布局（Single-Loop Path Layout，SLPL），其主要思想是通过导引标识线将所有工位点连成一条单向回路，系统中所有的 AGV 只允许单向行驶。由于在 SLPL 中只有一条导引路径，且所有 AGV 的运行方向一致，因此不会出现如图 8-2（a）和图 8-2（b）所示的死锁与交叉路口竞争的情况。而如图 8-2（c）和图 8-2（d）所示的冲突可通过为每台 AGV 安装必要的避碰传感器来解决，当运行中的 AGV 检测到前方有障碍时，会立即减速直

至停车。因此，基于 SLPL 的 AGV 系统无须路径规划和交通管控，其特点是控制简单，但运行效率较低。运行效率较低主要体现在所有 AGV 共享同一条导引路径，为了不干涉其余 AGV 的运行，AGV 每完成一项搬运任务必须走完整个循环回路，因此空载路程较多。另外，若系统中需要增加一些装卸点，则必须重新设计整个回路，因此系统的可扩展性也较差，属于低性能 AGV 系统。

为了减少 AGV 空载路程，提高系统的运行效率，可以采用如图 8-2（b）所示的基于串级配置（Tandem Configuration，TC）路径网络布局的 AGV 系统，其基本思想是将整个工作区分割为若干个互不重叠的区域，每个区域均采用 SLPL，区域间配置相应的移载装置将所有区域连成一个整体。由于基于 TC 的 AGV 系统的每个区域都是 SLPL，因此其控制依然比较简单。虽然与基于 SLPL 的 AGV 系统相比，基于 TC 的 AGV 系统的可扩展性与效率有所提高，但其有缺点。例如，若不同区域的工位点间有物料传送需求，则需要不同区域中的各台 AGV 接力运输，这增加了额外的装/卸载时间。同时，因为是接力运输，所以如果中间有一块区域出现故障（AGV 或移载装置），那么可能会影响区域间的物料运输。另外，各相邻区域间所需额外的移载装置增加了投资成本。因此，基于 TC 的 AGV 系统也属于低性能 AGV 系统。

虽然基于双向路径网络布局（Bidirectional Guide-path Network Layout，BGNL）的 AGV 系统具有最高的路径柔性，但其调控问题不仅包括任务分配及 AGV 调度、路径规划、交通管控等多个非确定性多项式难题，而且各难题间往往具有很强的互耦性。基于 BGNL 的 AGV 系统调控须在任务调度的同时，借助基于滚动时间窗理论的相关方法，为各搬运任务规划最优配送路径（路径规划），并实时调整各路径段的运行方向及各路口的 AGV 通行顺序（交通管控），以避免 AGV 间的碰撞及系统死锁。因此，基于 BGNL 的 AGV 系统的调控难度高，仅适用于小规模 AGV 系统。

虽然基于 BGNL 的 AGV 系统在规模较小的情况下具有比其他布局方案更好的性能，但其控制较为复杂，因为虽然所有的路径都允许双向行驶，但为了避免出现如图 8-2（a）所示的死锁现象，任一段路径在同一时刻只允许单向行驶，所以路径规划单元必须实时地获取所有 AGV 的运行状态，以确定每条路径在当前时刻并预测未来一段时间内允许的运行方向。然而，由于基于 BGNL 的 AGV 系统属于典型的离散事件动态系统（Discrete Event Dynamic System，DEDS），因此一旦因某台 AGV 出现延时而不能按照时间窗规划好的既定路径运行，那么可能会影响其他 AGV 已经规划好的路径，所以需要动态调节 AGV 的通过顺序，并且计算量较大，稳健性也较差。除此之外，由于基于 BGNL 的 AGV 系统一般存在一个中央控制系统，该中央控制系统负责搬运任务分配、AGV 调度、路径规划、交通管控等，因此需要集中求解的问题较多，甚至有些问题之间存在耦合，需要集成求解，所以计算量较大。另外，由于所有决策都依赖于系统中每台 AGV 的实时运行状态，因此对通信系统的实时性和可靠性提出了很高的要求。由此可见，基于 BGNL 的 AGV 系统是一个复杂的动态系统，其控制难度高，一般仅适用于小规模或低密度的 AGV 系统。

图 8-1（d）中的单向导引路径网络布局（Unidirectional Guide-path Network Layout，UGNL）与 BGNL 不同，AGV 在每条路径上允许的运行方向是确定不变的，所以不会出现如图 8-2（a）所示的死锁现象，使得路径规划和交通管控的难度有所降低，同时系统的可扩展性也较好，便于大规模 AGV 系统的实施。基于不同类型导引路径网络布局的 AGV 系统的特点如表 8-1 所示。由于基于 UGNL 的 AGV 系统规划设计与控制难度适中，运行效率较高，适用的系统规模不限，使其成为实施 AGV 系统的最佳选择，具有广阔的应用前景，因此本章主要介绍基

于 UGNL 的 AGV 系统在规划设计与管控中可采用的导引路径网络设计、路径规划、任务调度和交通管控方法。

表 8-1 基于不同类型导引路径网络布局的 AGV 系统的特点

导引路径网络布局	规划设计难度	控制难度	运行效率	系统规模
单循环路径网络布局	高	简单	低	不限
串级配置路径网络布局	高	简单	低	不限
双向路径网络布局	简单	高	高	小规模
单向路径网络布局	适中	适中	较高	不限

二、AGV 系统控制体系结构

体系结构的研究是 AGV 系统研究的一个重要内容，主要包括两个方面：一方面是由多个 AGV 组成的 AGV 系统控制体系结构（简称 AGV 系统体系结构），另一方面是 AGV 小车控制单元的体系结构。

1. 常见的控制体系结构

AGV 系统体系结构确定了系统和各 AGV 之间的拓扑关系和信息流关系，定义了系统内各 AGV 之间的逻辑关系，直接影响了各 AGV 的自主性和自适应程度。因此，采用何种控制体系结构是设计 AGV 系统控制系统首先需要考虑的问题。一般而言，AGV 系统体系结构可分为集中式和分散式两类，分散式结构又可进一步分为分布式和分层递阶式两种，如图 8-3 所示。

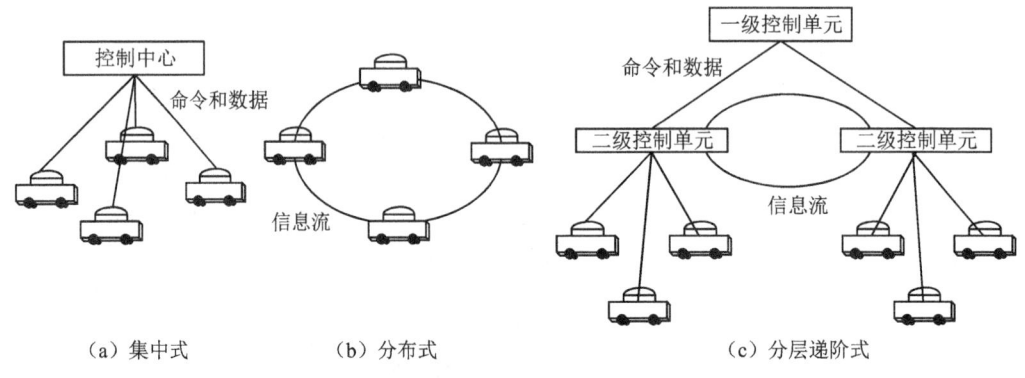

(a) 集中式　　(b) 分布式　　(c) 分层递阶式

图 8-3 AGV 系统体系结构

集中式体系结构中存在一个控制中心，它可对所有 AGV 进行集中控制。所有 AGV 收集的传感器信息均发送给控制中心，控制中心将信息处理后再为相关 AGV 规划下一步的动作。在这种体系结构中，各 AGV 本身是一个执行体，没有选择动作和与其他 AGV 进行协调的能力，所有 AGV 的动作均由控制中心规划，这使得系统的灵活性、稳健性和可扩展性均较差。在分布式体系结构中，各 AGV 具有完全的自主性和平等性，每台 AGV 均有独立的规划和决策能力，AGV 之间可以进行相互通信以协调或协同各自行为。这种体系结构的优点是可扩展性较强。然而，各 AGV 主要根据自身的目标进行动作，只考虑自己不顾及全局，对系统全局信息获知不完整，因此无法保证全局目标的实现；同时，各 AGV 之间也比较容易出现冲突和死锁现象，因此，系统的整体效率和稳定性往往不高，难以满足工业场合应用的要求。分层递阶式体系结构介于集中式和分布式体系结构之间，整个系统的功能分解在多个层次上分别实现，同一层次上有多个控制单元，各控制单元均具有规划与决策能力。简单行为和任务由底层自主规划完成，既减轻了高层控制单元的负担，又能够同时处理大量信息。当底层控制单元需要协调时，可由高层控制单元进行集中式的规划和协调。分层递阶式体系结构的性能和效率都较高，比较适合工业场合应用。因此，本节针对基于 UGNL 的 AGV 系统的特点，介绍一种三层递阶式 AGV 系统体系结构，并根据 AGV 的功能需求，介绍对应的 AGV 小车控制单元的体系结构。

2. 三层递阶式 AGV 系统体系结构

1）功能描述

AGV 系统体系结构由其需要完成的任务决定。由于 AGV 系统是集传感器、无线通信、机电控制等技术于一体的集成化智能物流输送系统，这就决定了 AGV 系统是一个复杂的动态系统，因此其控制系统需要完成的任务较多，具体如下。

（1）搬运任务分配及 AGV 调度：由于 AGV 系统属于典型的离散事件动态系统，搬运任务的产生时刻难以预先获知，因此一般采用动态调度方法，实时接收搬运任务请求。当系统中存在搬运任务请求和空闲 AGV 时，应动态地确定执行各搬运任务的先后关系及其与空闲 AGV 的分配关系。

（2）路径规划：当空闲 AGV 收到搬运任务时，需要规划一条从 AGV 停靠点到任务装载工位点的最优路径，完成装载后，再规划一条从任务装载工位点到卸载工位点的最优路径；完成卸载后，再规划一条从卸载工位点到 AGV 临时停靠点的最优路径。若所有 AGV 的路径规划均由高层控制单元来完成，则称为集中式路径规划；若各 AGV 的路径规划由 AGV 自主完成，则称为分布式自主路径规划。集中式路径规划能够获得较好的效果，且实现简单，因此很多商业 AGV 均采用集中式路径规划方法，如昆船 AGV 系统采用地面控制系统为所有 AGV 进行路径分配和搜索。然而，集中式路径规划增加了高层控制单元的计算负担，同时增加了高层控制单元与底层 AGV 的交互次数，使得系统通信负担加重，不利于大规模 AGV 系统的实施。因此，本章后续将介绍一种分布式自主路径规划方法。

（3）交通管控：在系统运行过程中，由于所有的 AGV 共享同一导引路径网络，因此 AGV 之间的干涉在所难免。为了避免 AGV 之间出现碰撞，必须设计避碰策略，同时避免 AGV 之间因相互等待而出现死锁现象。

2）体系结构

根据控制系统的任务需求建立的 AGV 系统体系结构（见图 8-4）的整个结构分为三层，简单任务由各 AGV 自主规划完成。当 AGV 间需要协作或协调时，可以由高层控制单元进行集中式的规划和协调。

（1）用户层。

用户层对用户极为重要，该层向用户提供良好的人机图形界面，主要由全局地图（路径网络）管理单元、监视单元和人工命令下达单元 3 个控制单元组成。监视单元能够直观地反映系统的运行状态，并向用户提供对搬运任务执行状况、各路径段交通状况及所有 AGV 状态信息的查询等。另外，当系统出现死锁现象而低层控制单元无法解决时，控制系统通过监视单元能够及时向用户报警。用户通过人工命令下达单元直接输入控制命令来进行人工干预，其主要用于系统初始化和维护。全局地图管理单元用于在 AGV 系统运行前，将规划设计阶段设计出的最优单向导引路径网络转化为全局地图，并将建立的地图下载至各 AGV 存储单元中，用于 AGV 自主定位及路径规划。

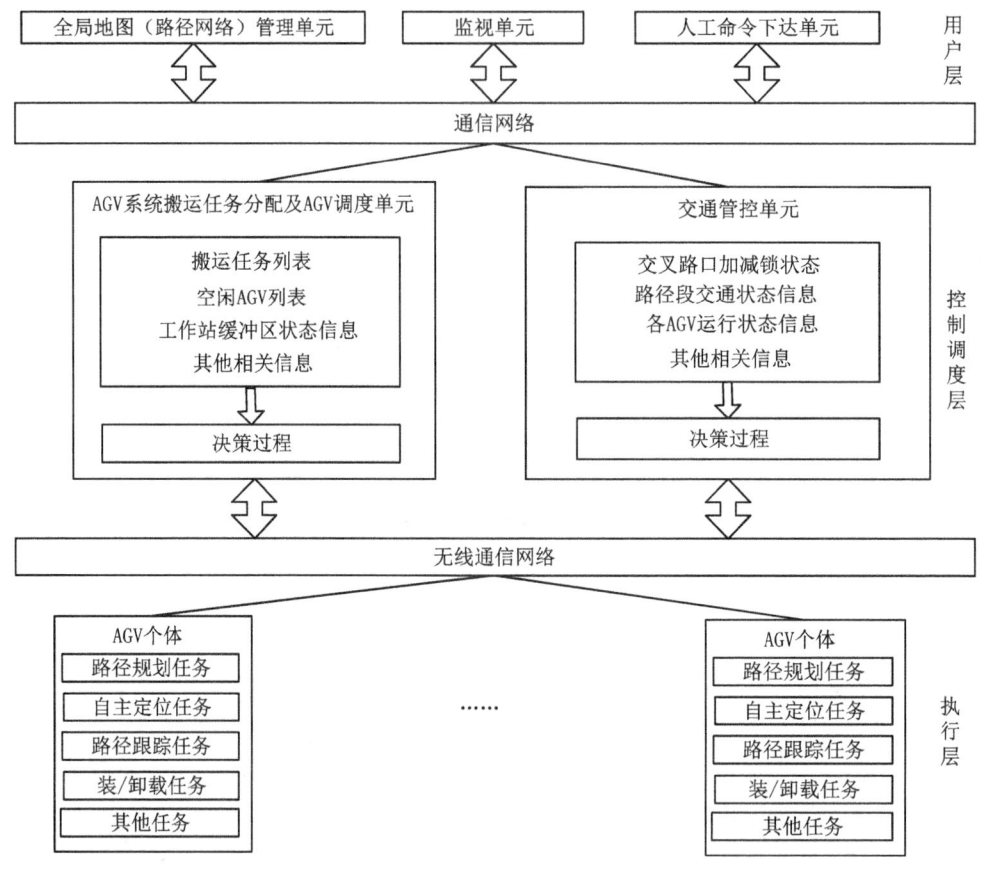

图 8-4　三层递阶式 AGV 系统体系结构

（2）控制调度层。

控制调度层拥有两个控制单元，分别为 AGV 系统搬运任务分配及 AGV 调度单元和交通管控单元。AGV 系统搬运任务分配及 AGV 调度单元用于确定各搬运任务执行的先后顺序及其与空闲 AGV 的分配关系，具体可参见本章第四节。交通管控单元负责对 AGV 进行协调，以避免发生相互碰撞。另外，交通管控单元还须检测共享路径段引发的系统死锁，并根据死锁的类型进行控制。当死锁需要人为干涉才能消除时，应向用户层请求协调，具体可参见本章第五节。

（3）执行层。

执行层由各 AGV 组成，各 AGV 主要完成路径规划、自主定位（包括相对定位和绝对定位）、路径跟踪、避碰、装/卸载等任务。

3. AGV 小车控制单元的体系结构

AGV 小车控制单元的体系结构取决于 AGV 要完成的功能及其所处的环境，根据任务需求，AGV 必须具有一定的局部自治能力，并且由于 AGV 所处的环境往往是复杂多变的，因此 AGV 必须具有感知和应对环境变化的能力。针对基于 UGNL 的 AGV 系统，单个 AGV 运行流程如图 8-5 所示。

如图 8-5 所示，单个 AGV 需要完成自主导航、路径跟踪、避碰、装/卸载等任务。AGV 所处的环境往往是动态的，人员、移动设备等均可能干涉 AGV 的运行，因此 AGV 应具备感知环境变化并能够根据环境的变化做出相应决策的能力。另外，在基于 UGNL 的 AGV 系统中，AGV 在每条路径上允许的运行方向是确定不变的，导引路径网络也可以看作静态地图，便于 AGV 数据的维护。根据这些功能要求和特点建立的体系结构（见图 8-6）采用三层结构，分别为感知执行层、规划决策层和通信层。

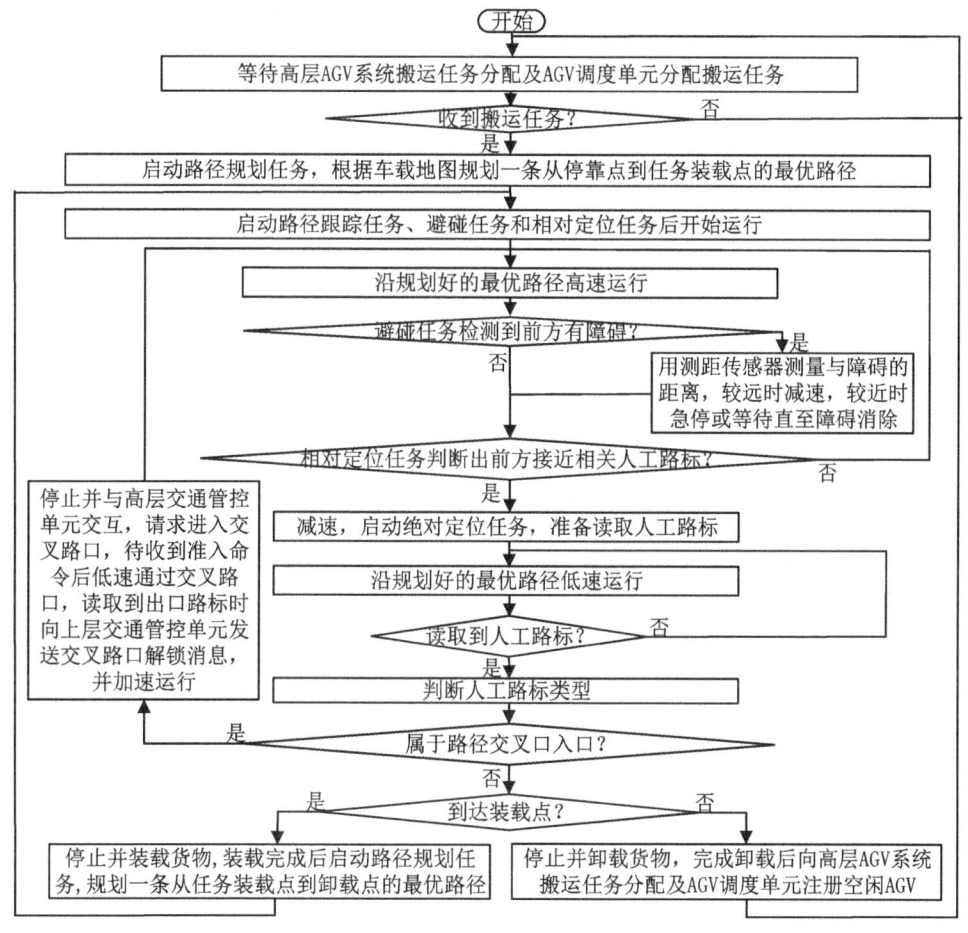

图 8-5 单个 AGV 运行流程

1）感知执行层

感知执行层由传感器系统、运动执行机构和移载机构组成。传感器系统为 AGV 提供各种传感器的感知数据，如里程计提供的相对位置信息；视觉或磁传感器提供的 AGV 自身与导引标线的距离及角度偏差信息；地标传感器提供的人工地标信息；测距传感器提供的路障距离信息等。传感器系统也负责对这些数据进行初步的处理，处理后的数据提供给规划决策层。运动执行机构负责对 AGV 的行为进行控制，根据规划决策层（行为规划模块）提供的控制量，再通过运动控制器和驱动器控制伺服电机来保证 AGV 能够准确地跟踪导引标线。移载机构一般用于在 AGV 与装卸工位点之间实现高精度、双向移送载荷。载荷的类型及移载所需的自动化程度往往决定了移载机构的类型。

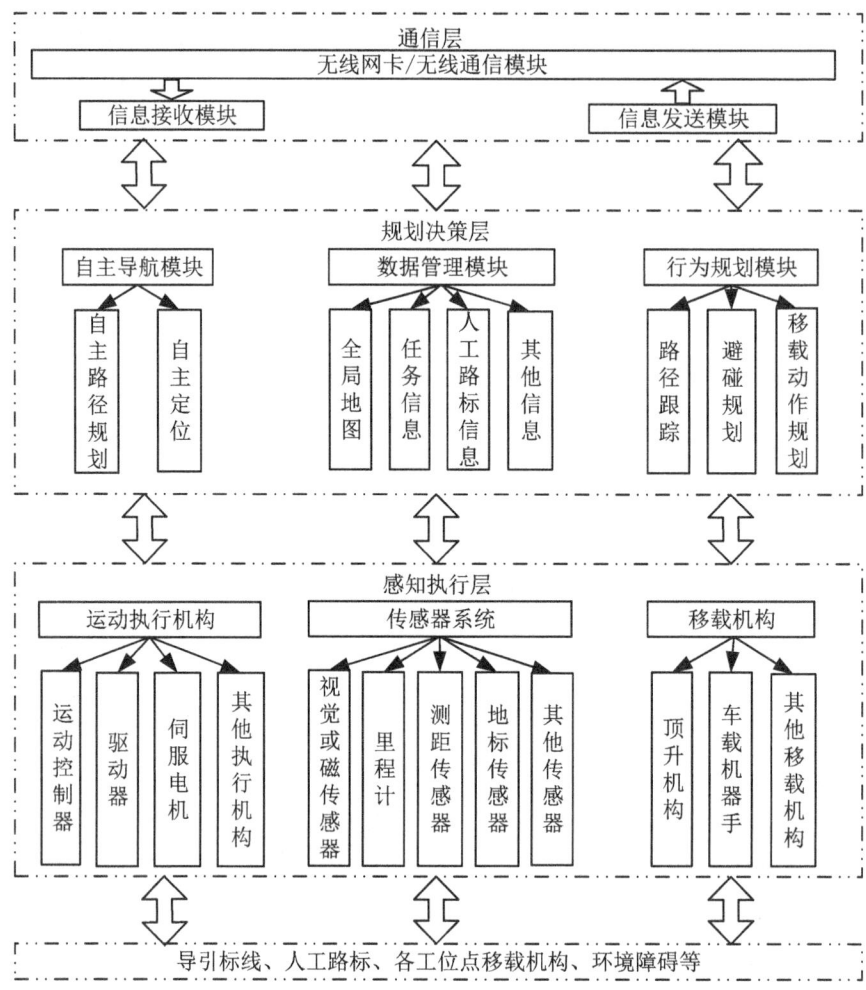

图 8-6　AGV 小车控制单元的体系结构

2）规划决策层

规划决策层负责完成一些基本行为的规划与决策，主要包括自主导航、行为规划、数据管理。

（1）自主导航指 AGV 根据全局地图及感知执行层提供的环境感知信息，实现面向目标工位点的自主运动。自主导航主要解决以下两个问题。

① 自主定位：确定 AGV 自身在路径网络中的位置是实现自主导航功能的基本保证。基于 UGNL 的 AGV 系统可以采用绝对定位与相对定位相结合的定位方式。绝对定位可以采用较为成熟的人工路标定位技术，如基于 RFID 的定位技术、基于视觉的人工路标定位技术等。以基于 RFID 的人工路标定位技术为例，其可在路径交叉口、工位点等需要精确定位的地方人为地设置一些路标（RFID 标签）。AGV 通过对路标的探测，再结合存储的地图（路径网络信息）即可确定自身位置，而在没有地标的地区可以采用相对定位技术来定位，如里程计。里程计以位移方程 $S = \sum_{i=1}^{n} \Delta s_i$ 为基础，其中，Δs_i 为第 i 个采样周期内车轮移动的距离。车轮移动的距离

可以采用对编码器信号进行累积的方式来获得。AGV 通过相对定位技术可以判断自身是否接近路径交叉点或目标工位点，如有必要需提前减速，以保证人工路标的准确探知。

② 自主路径规划：AGV 在接收到一个搬运任务时，按照某一指标搜索一条从自身当前位置到目标工位点的最优路径。由于本章研究的 AGV 系统均是基于 UGNL 的，因此 AGV 在每条路径段上允许的运行方向是预先确定且在运行过程中不发生改变的，其可以采用 Dijkstra 算法实现基于全局地图的最优路径规划。

（2）行为规划用于确定完成任务的动作序列，具体如下。

① 路径跟踪：以一定的速度跟踪导引标线，根据感知执行层提供的 AGV 自身与导引标线偏差为运动执行机构确定控制量，目标是不断减少甚至消除偏差，以达到跟踪导引标线的目的。

② 避碰规划：根据感知执行层提供的路障距离信息确定应采取的避障策略。若路障距离较远，则应减速；若路障距离较近，则应急停。采用这种策略可避免如图 8-2（c）和图 8-2（d）所示的两种冲突引起的 AGV 碰撞。

③ 移载动作规划：根据任务信息和工位点信息确定在相应工位点应完成的移载动作序列。

（3）数据管理模块为规划决策层提供数据支持。例如，数据管理模块为自主导航模块提供用于自主路径规划的全局地图和任务信息（任务起始工位点、目标工位点等）；数据管理模块为行为规划模块提供工位点信息和搬运任务信息等。

3）通信层

通信层负责 AGV 与高层控制单元之间的信息交互。通过信息接收模块接收高层控制单元的调度指令，并将调度指令传送至规划决策层。另外，当 AGV 检测到交叉路口人工路标时，通过通信层向高层交通管控单元发送准入请求，在完成搬运任务时，通过通信层向高层任务调度单元发送空闲 AGV 注册指令。

第二节 AGV 路径网络设计

在 AGV 系统中，单向导引路径网络可决定各工位点之间的最短路程，进而影响工作站之间的运输时间与成本。传统设计模型通过负载流量来设计单向导引路径网络，并以最小化物流成本（负载总路程或空负载总路程）为目标，不考虑应用环境带来的任务搬运顺序约束，简化了设计过程，适合大规模路径网络设计问题。然而，不同的应用环境往往具有不同的设计目标，因此存在的工艺约束也不同。为了提高路径网络的质量，有必要根据不同的应用场合建立对应的路径网络设计模型。本节在分析传统单向导引路径网络设计模型优缺点的基础上，建立了柔性作业车间环境下单向导引路径网络设计模型。

由于 AGV 系统单向导引路径网络设计问题属于 NP-Hard 问题，事实证明：随着问题规模的增大，用传统最优化方法解决此类问题的时间急剧增加，近年来，启发式智能搜索算法因其表现优良，已经成为当前的研究热点。因此，本节根据柔性作业车间环境下单向导引路径网络设计模型的特点，讲述一种改进的双种群协同进化遗传算法（Improved Bi-group Collaborative Evolutionary Genetic Algorithm，IBCEGA）。该算法根据协同进化思想，采用两个子种群分别编码表示单向导引路径网络和可行工序序列，单向导引路径网络子种群中的每个染色体个体均表示一强连通的单向导引路径网络。可行工序序列子种群中的每个染色体个体均对应一个可行的搬运和加工序列。两个子种群根据各自编码的特点,采用对应的交叉与变异算子。为了提高传统协同进行遗传算法的收敛速度,引入了邻域搜索操作。为了保持种群的多样性和稳定性,并提高算法的全局寻优能力,综合运用了小生境淘汰操作与精英保留策略。

一、传统单向导引路径网络设计模型及其缺点

1. 传统单向导引路径网络设计问题描述

传统单向导引路径网络设计问题(Unidirectional Guided-path Network Design Problem,UGNDP)的一般假设:已知系统未确定方向的导引路径网络(见图 8-7),给定系统某时间段内所有装卸点间的负载流量(见表 8-2),要求确定 AGV 在每条导引路径段上允许的运行方向,使得系统的某项性能达到最优,并且要求设计出的单向导引路径网络强连通。传统单向导引路径网络的求解目标一般为最小化负载总路程或最小化空负载总路程。

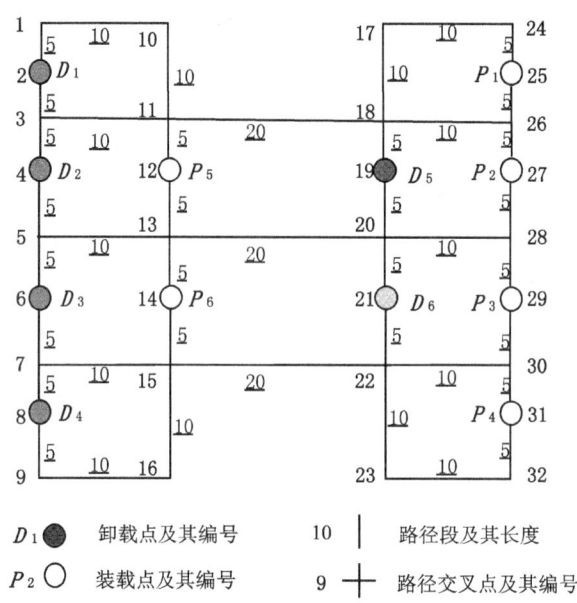

图 8-7 未定向导引路径网络

表 8-2 工作站间的负载流量

起点	终点					
	D_1	D_2	D_3	D_4	D_5	D_6
P_1	0	0	0	0	1	0
P_2	0	0	0	0	1	0
P_3	0	0	0	0	0	1
P_4	0	0	0	0	0	1
P_5	1	1	0	0	0	0
P_6	0	0	1	1	0	0

2. 传统单向导引路径网络设计模型

1) 符号意义

$G(V,E,D)$ 表示路径网络的带权图模型，其中 $V=\{v_i \mid i \in N \text{且} 1 \leqslant i \leqslant N_V\}$ 表示节点的集合，N_V 表示路径网络中的节点数，节点由路径交叉点和装卸载工位点组成。$E=\{e_{ij} \mid e_{ij}=(v_i,v_j), v_i, v_j \in V \text{且} v_i \neq v_j\}$ 表示边的集合，v_i 称为边 e_{ij} 的起点，v_j 称为边 e_{ij} 的终点。$D=\{d_{ij} \mid e_{ij} \in E\}$ 表示权集合。

$\Omega_P = \{P_u \mid u \in N \text{且} 1 \leqslant u \leqslant N_P\}$ 为系统中所有装载工位点的集合，N_P 表示系统中的装载工位点数。

$\Omega_D = \{D_w \mid w \in N \text{且} 1 \leqslant w \leqslant N_D\}$ 为系统中所有卸载工位点的集合，N_D 表示系统中的卸载工位点数。

b_{ij} 为路径段 e_{ij} 的方向，b_{ij} 为 1 表示由节点 v_i 指向 v_j，b_{ij} 为 0 则相反。

$\left[D^{PD}\right]_{N_P \times N_D}$ 为各装卸工位点间最短有向路程矩阵。

d_{uw}^L 为 $\left[D^{PD}\right]_{N_P \times N_D}$ 中第 u 行第 w 列的元素，表示装载工位点 P_u 到卸载工位点 D_w 的最短有向路程。

$\left[D^{DP}\right]_{N_D \times N_P}$ 为各卸装工位点间最短有向路程矩阵。

d_{wu}^E 为 $\left[D^{DP}\right]_{N_D \times N_P}$ 中第 w 行第 u 列的元素，表示卸载工位点 D_w 到装载工位点 P_u 的最短有向路程。

$\left[F^L\right]_{N_P \times N_D}$ 为各装卸工位点间的负载流量矩阵。

f_{uw}^L 为 $\left[F^L\right]_{N_P \times N_D}$ 中第 u 行第 w 列的元素，表示装载工位点 P_u 到卸载工位点 D_w 的搬运次数。

$\left[F^E\right]_{N_D \times N_P}$ 为各卸装工位点间的空载流量矩阵。

f_{wu}^E 为 $\left[F^E\right]_{N_D \times N_P}$ 中第 w 行第 u 列的元素，表示所有 AGV 从卸载工位点 D_w 到装载工位点 P_u 的空载运行次数。

2) 决策变量

决策变量为未定向导引路径网络中所有路径段的方向 b_{ij}，若路径网络中所有路径段的方向已确定，则 $\left[D^{PD}\right]_{N_P \times N_D}$ 和 $\left[D^{DP}\right]_{N_D \times N_P}$ 可通过经典的 Dijkstra 算法或 Floyd 算法求得。

辅助决策变量为 $\left[F^E\right]_{N_D \times N_P}$。

3) 优化目标

以最小化空负载总路程为目标，建立目标函数：

$$\min S = S^L + S^E = \sum_{u=1}^{N_P} \sum_{w=1}^{N_D} f_{uw}^L d_{uw}^L + \sum_{w=1}^{N_D} \sum_{u=1}^{N_P} f_{wu}^E d_{wu}^E \tag{8-1}$$

4) 约束条件

（1）决策变量约束。

决策变量为 0 或 1 的整数，即

$$\forall e_{ij} \in E \text{ 有 } b_{ij} \in \{0,1\} \tag{8-2}$$

则每条路径段方向唯一：

$$\forall e_{ij} \in E \text{ 有 } b_{ij}+b_{ji}=1 \tag{8-3}$$

（2）空载流量约束。

任意一对卸装工位点之间的空载流量不小于0：

$$\forall f_{wu}^{E} \in \left[\boldsymbol{F}^{E} \right]_{N_D \times N_P} \text{ 有 } f_{wu}^{E} \geqslant 0 \tag{8-4}$$

任意一个装载工位点输入的空载流量等于其输出的负载流量：

$$\forall P_u \in \Omega_P \text{ 有 } \sum_{w=1}^{N_D} f_{wu}^{E} = \sum_{w=1}^{N_D} f_{uw}^{L} \tag{8-5}$$

任意一个卸载工位点输入的负载流量等于其输出的空载流量：

$$\forall D_w \in \Omega_D \text{ 有 } \sum_{u=1}^{N_P} f_{uw}^{L} = \sum_{u=1}^{N_P} f_{wu}^{E} \tag{8-6}$$

（3）单向导引路径网络强连通约束

每个节点至少含有一个出度（以此节点为起点的边的条数）和一个入度（以此节点为终点的边的条数），此为路径网络强连通的必要条件：

$$\forall e_{ij} \in E \text{ 有 } \sum_{j=1}^{N_V} b_{ij} \geqslant 1 \text{ 且 } \sum_{j=1}^{N_V} b_{ji} \geqslant 1 \tag{8-7}$$

任意两卸装工位点间可达：

$$\forall d_{wu}^{E} \in \left[\boldsymbol{D}^{DP} \right]_{N_D \times N_P} \text{ 有 } d_{wu}^{E} < \infty \tag{8-8}$$

任意两装卸工位点间可达：

$$\forall d_{uw}^{L} \in \left[\boldsymbol{D}^{PD} \right]_{N_P \times N_D} \text{ 有 } d_{uw}^{L} < \infty \tag{8-9}$$

在单向导引路径网络的设计过程中，路径网络中的每条边都有两种可选方向，对一个拥有 k 条边的路径网络而言，其可能的单向导引路径网络设计方案有 2^k 之多，属于非确定性多项式问题。根据此设计模型，负载流量一般是预先给定的，而空载流量不容易确定。可将空载流量的求解问题看作运输问题，即将 $\left[\boldsymbol{D}^{DP} \right]_{N_D \times N_P}$ 看作运费，则卸载工位点 D_w 拥有的空闲 AGV 资源为

$$f_w = \sum_{u=1}^{N_P} f_{uw}^{L} \tag{8-10}$$

装载工位点 P_u 需要的空闲 AGV 流量资源为

$$f_u^{E} = \sum_{w=1}^{N_D} f_{uw}^{L} \tag{8-11}$$

显然，$\sum_{w=1}^{N_D} f_w = \sum_{w=1}^{N_D} \sum_{u=1}^{N_P} f_{uw}^{L} = \sum_{u=1}^{N_P} \sum_{w=1}^{N_D} f_{uw}^{L} = \sum_{u=1}^{N_P} f_u^{E}$，即所有卸载工位点拥有的空闲 AGV 资源之和等于所有装载工位点所需的空闲 AGV 资源之和。因此，可将空载流量的求解问题看作供需平衡的运输问题，并通过匈牙利法或表上作业法来求解。

3. 传统单向导引路径网络设计模型的缺点

传统单向导引路径网络设计方法通过负载流量求解单向导引路径网络设计问题，这种设计方法不考虑应用场合带来的约束，适合大规模路径网络设计问题，但其存在以下缺点。

（1）在传统单向导引路径网络设计模型中，将空载流量的求解问题看作供需平衡的运输问题，以最小化空载总路程为目标，通过匈牙利法或表上作业法来求解的方法，忽略了 AGV 数量的约束，因此，求得的最优空载流量可能不符合实际情况。下面通过一个简单实例进行说明。

例 8.1 某汽车公司淋雨测试车间如图 8-8 所示。在图 8-8 中，中间为 AGV 导引路径网络，边上的箭头表示 AGV 在此路径上允许的运行方向，边上的数值表示此路径段的长度（单位为 m），右侧下件的车台需要由 AGV 从下件点 P_1 搬运至淋雨间入口 D_1，淋雨后的车台再由 AGV 从装载工位点 P_2 搬运至左侧上件点 D_2 并完成后续处理。暂不考虑装卸载时间及 AGV 转弯时间，AGV 运行速度为 1m/s，车台生产节拍与淋雨测试时间均为 4min。

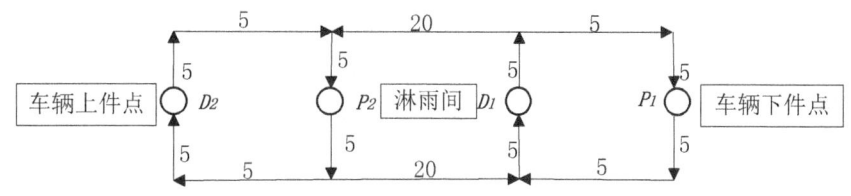

图 8-8 某汽车公司淋雨测试车间

如图 8-8 所示的 AGV 系统，其负载流量矩阵 $[F^L]_{2\times 2}$、卸装工位点间最短路程矩阵 $[D^{DP}]_{2\times 2}$ 及装卸点间最短路程矩阵 $[D^{PD}]_{2\times 2}$ 分别为

$$[F^L]_{2\times 2}=\begin{bmatrix}1 & 0\\ 0 & 1\end{bmatrix},\ [D^{DP}]_{2\times 2}=\begin{bmatrix}15 & 30\\ 40 & 15\end{bmatrix},\ [D^{PD}]_{2\times 2}=\begin{bmatrix}15 & 60\\ 20 & 15\end{bmatrix}$$

通过表上作业法求得的最优空载路程为 30，则最优空载流量 $[F^E]_{2\times 2}$ 为

$$[F^E]_{2\times 2}=\begin{bmatrix}1 & 0\\ 0 & 1\end{bmatrix}$$

然而，此最优空载流量只有在 AGV 数量与搬运任务数相等时才能实现，在实际系统中，由于只需 1 台 AGV 即可按时完成所有搬运任务，因此实际空载路程为 70，实际最优空载流量为

$$[F^E]_{2\times 2}=\begin{bmatrix}0 & 1\\ 1 & 0\end{bmatrix}$$

（2）在制造系统中，各搬运任务间往往存在先后约束关系，若通过负载流量设计单向导引路径网络，则往往无法考虑这些约束。

（3）传统单向导引路径网络设计模型仅考虑搬运系统效率，一般均以最小化负载总路程或空负载总路程为优化目标，而无法建立如最大完工时间最小、基于 E/T 调度问题的提前/拖期惩罚代价最小等目标函数。

（4）在某些应用场合，负载流量往往不易获得。例如，在柔性作业车间中，工件的每一道工序都可以在多个可选择的机床上进行加工，因此装卸工位点间的负载流量信息必须在车间调度问题求解后才能获得,即需要先解决柔性作业车间的调度问题,再解决单向导引路径网络设计问题。然而,单向导引路径网络决定了工作站间的运输时间,运输时间又直接影响制造系统调度问题的求解,这就要求在柔性作业车间调度问题求解前首先解决单向导引路径网络设计问题。显然,这种矛盾决定了在柔性作业车间下无法通过负载流量求解单向路径网络设计问题,但柔性作业车间在实际生产中广泛存在。另外,在离散制造业或流程工业中广泛存在混合流水车间,其可以看作柔性作业车间的一个特例,即所有工件的工艺路线都相同。因此,在柔性作业车间环境下,单向导引路径网络设计问题是迫切需要解决的问题。

由此可见,有必要根据实际应用环境选择合适的目标函数,并考虑实际环境中存在的约束,建立对应的单向导引路径网络设计模型。下面以柔性作业车间环境下的 AGV 系统为例,建立其单向导引路径网络设计模型。

二、柔性作业车间环境下 AGV 系统的单向导引路径网络设计问题及模型

1. 柔性作业车间环境下 AGV 系统的单向导引路径网络设计问题描述

某柔性作业车间布局及未定向导引路径网络如图 8-9 所示。在图 8-9 中,M_0 和 M_7 分别为输入工作站和输出工作站,M_1 至 M_6 为加工工作站,每个加工工作站 M_m 由输入缓冲区、机床和输出缓冲区构成;输入工作站 M_0 只有输出缓冲区,输出工作站 M_7 只有输入缓冲区,中间为导引路径网络。现有 N_J 种工件在此柔性作业车间中进行加工。如图 8-10 所示,每种工件 J_j 由 n_j 道工序组成,每道工序可以在车间中的多个工作站中进行加工,并且加工时间随机床性能的不同而不同。N_G 台 AGV 在车间中搬运工件。

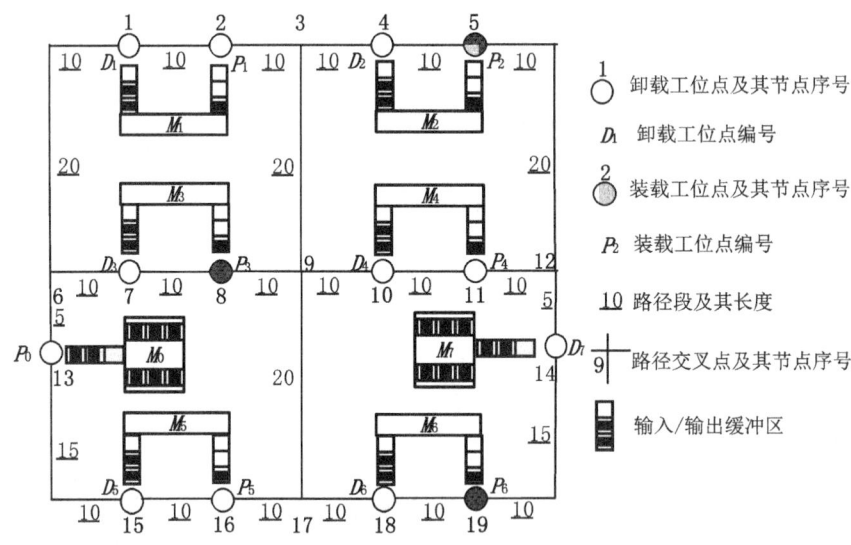

图 8-9 某柔性作业车间布局及未定向导引路径网络

柔性作业车间环境下 AGV 系统的单向导引路径网络设计问题描述:已知如图 8-9 所示的车间布局及未定向导引路径网络,给定如表 8-3 所示的加工任务,要求确定 AGV 在每条导引路径段上允许的运行方向,使得系统的某项性能达到最优,并且要求设计出的单向导引路径网络强连通。由于该模型较复杂,因此对该系统进行如下假设。

(1) 每台机床上同一时刻只能加工一个工件,且工序加工不能中断。

(2) 如图 8-10 所示,所有的工件在零时刻均处于输入工作站 M_0 的输出缓冲区,等待 AGV 按照其工艺路线要求搬运至第一道工序工作站卸载工位点;经卸载后进入输入缓冲区等待机床加工,工件每完成一道工序便进入相应工作站的输出缓冲区,等待 AGV 搬运至下一道工序加工工作站;完成所有工序后经输出工作站 M_7 离开系统。

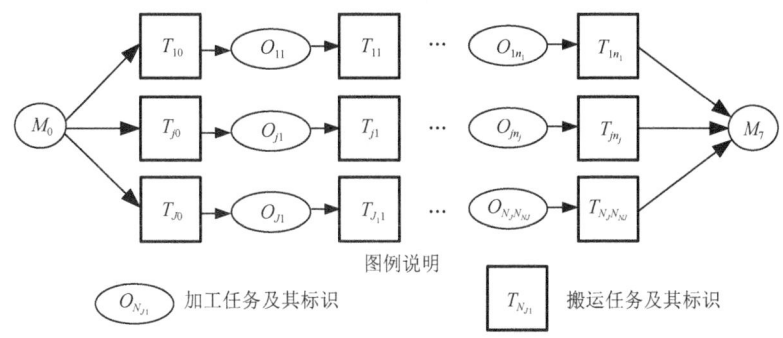

图 8-10 工件任务序列

(3) 所有 AGV 在零时刻均处于输入工作站装载工位点,在完成所有搬运任务后,AGV 还回到输入工作站装载工位点。

(4) 系统中所有缓冲区的容量都足够大。

(5) AGV 每次只能装载一个工件,既不考虑 AGV 运输过程中的路径冲突,又不考虑 AGV 装载和卸载时间。

(6) 空闲 AGV 停留在任务卸载工位点,但不影响其他 AGV 通行。

表 8-3 任务工件集信息

工件	混合比/%	工序	M_1	M_2	M_3	M_4	M_5	M_6
J_1	25	O_{11}	2	3	4	-	-	-
		O_{12}	-	-	-	4	2	3
		O_{13}	4	2	3	-	-	-
J_2	25	O_{21}	3	-	2	-	4	-
		O_{22}	-	3	-	4	-	3
		O_{23}	2	-	4	-	3	-
J_3	25	O_{31}	-	-	-	2	4	3
		O_{32}	3	3	4	-	-	-
		O_{33}	-	-	-	3	3	4
J_4	25	O_{41}	-	4	-	2	-	3
		O_{42}	3	-	2	-	4	-
		O_{43}	-	3	-	4	-	2

注:表中单位为 min,即表中"2"表示"2 min";表中"-"表示此工序无法在此工作站进行加工。

2. 柔性作业车间环境下 AGV 系统的单向导引路径网络设计模型

1) 符号意义

$\Omega_M = \{M_m \mid m \in N 且 0 \leq m \leq N_M + 1\}$ 为工作站的集合,M_0 为输入工作站,M_1 至 M_{N_M} 为加

工工作站，M_{N_M+1} 为输出工作站，N_M 为系统中工作站的数目。

$\Omega_J = \{J_j | j \in N 且 1 \leq j \leq N_J\}$ 为工件的集合，N_J 表示系统中工件的种类数。

$\Omega_{O_j} = \{O_{ij} | i \in N 且 1 \leq i \leq n_j\}$ 为第 j 种工件 J_j 的所有工序的集合，n_j 表示第 j 种工件 J_j 的工序总数。

$\Omega_G = \{\mathrm{AGV}_k | k \in N 且 1 \leq k \leq N_G\}$ 为 AGV 的集合，N_G 表示系统中 AGV 的数量。

b_{ij} 为路径段 e_{ij} 的方向，若 b_{ij} 为 1，则表示方向由节点 v_i 指向 v_j，若 b_{ij} 为 0，则相反。

X_{ijk}^T 为搬运任务 T_{ij} 与导引车 AGV_k 的分配关系，1 表示任务 T_{ij} 由 AGV_k 执行，否则为 0。

Y_{iju}^O 为加工任务 O_{ij} 与加工工作站 M_u 的分配关系，1 表示任务 O_{ij} 由工作站 M_u 执行，否则为 0。

$\left[D^{\mathrm{PD}}\right]_{(N_M+1) \times (N_M+1)}$ 为各装卸工位点间最短有向路程矩阵。

d_{uw}^L 为 $\left[D^{\mathrm{PD}}\right]_{(N_M+1) \times (N_M+1)}$ 中第 u 行第 w 列的元素，表示工作站 M_u 的装载工位点 P_u 到工作站 M_w 的卸载工位点 D_w 的最短有向路程。

$\left[D^{\mathrm{DP}}\right]_{(N_M+1) \times (N_M+1)}$ 为各卸装工位点间最短有向路程矩阵。

d_{wu}^E 为 $\left[D^{\mathrm{DP}}\right]_{(N_M+1) \times (N_M+1)}$ 中第 w 行第 u 列的元素，表示工作站 M_w 的卸载工位点 D_w 到工作站 M_u 的装载工位点 P_u 的最短有向路程。

C_k 为导引车 AGV_k 在完成所有搬运任务后回到输入工作站装载工位点的时刻。

S_{ijkm}^T 为搬运任务 T_{ij} 的开始执行时刻，此搬运任务是导引车 AGV_k 的第 m 个搬运任务。

$E_{i(j-1)ka}^T$ 为搬运任务 $T_{i(j-1)}$ 的结束时刻，此搬运任务是导引车 AGV_k 的第 a 个搬运任务。

S_{ijwn}^O 为工序 O_{ij} 开始加工的时刻，此任务是工作站 M_w 的第 n 个加工任务。

E_{ijwn}^O 为工序 O_{ij} 在工作站 M_w 结束加工的时刻，此任务是工作站 M_w 的第 n 个加工任务。

2）决策变量

决策变量为未定向导引路径网络中所有路径段的方向 b_{ij}，若该路径网络中所有路径段的方向已确定，则 $\left[D^{\mathrm{PD}}\right]_{(N_M+1) \times (N_M+1)}$ 和 $\left[D^{\mathrm{DP}}\right]_{(N_M+1) \times (N_M+1)}$ 可通过 Dijkstra 算法或 Floyd 算法求得。

辅助决策变量为所有搬运任务与所有导引车的分配关系 X_{ijk}^T 及所有加工任务与所有加工工作站的分配关系 Y_{iju}^O。

3）目标函数

以最大完工时间最小为目标，结合之前的假设，最后的操作是 AGV 在完成所有的搬运任务后回到输入工作站装载工位点，建立的目标函数为

$$\min C = \min(\max C_k) \tag{8-12}$$

4）约束条件

（1）决策变量约束。

柔性作业车间环境下单向导引路径网络设计模型的决策变量约束与传统单向导引路径网络设计模型中式（8-2）、式（8-3）约束相同。

（2）辅助决策变量约束。

辅助决策变量为 0、1 的整数，即

$$\forall X_{ijk}^{\mathrm{T}} \text{ 有 } X_{ijk}^{\mathrm{T}} \in \{0,1\} \tag{8-13}$$

每个搬运任务只能分给一台 AGV：

$$\forall T_{ij} \text{ 有 } \sum_{k=1}^{N_G} X_{ijk}^{\mathrm{T}} = 1 \tag{8-14}$$

辅助决策变量为 0、1 的整数，即

$$\forall Y_{iju}^{\mathrm{O}} \text{ 有 } Y_{iju}^{\mathrm{O}} \in \{0,1\} \tag{8-15}$$

每个加工任务只能分给一个加工工作站：

$$\forall O_{ij} \text{ 有 } \sum_{u=1}^{N_M} Y_{iju}^{\mathrm{O}} = 1 \tag{8-16}$$

（3）单向导引路径网络强连通约束。

柔性作业车间环境下单向导引路径网络设计模型的单向导引路径网络强连通约束与传统单向导引路径网络设计模型中式（8-7）、式（8-8）、式（8-9）约束相同。

（4）加工及搬运顺序约束。

搬运任务 T_{ij} 只有在加工任务 O_{ij} 完成后才能开始执行：

$$E_{ijun}^{\mathrm{O}} \leqslant S_{ijkm}^{\mathrm{T}} \tag{8-17}$$

只有导引车 AGV_k 完成了上次的搬运任务 T_{cd} 并从停靠点 D_w 抵达此任务 T_{ij} 装载工位点 P_u 后，搬运任务 T_{ij} 才能开始执行：

$$E_{cdk(m-1)}^{\mathrm{T}} + d_{wu}^{\mathrm{E}} / v \leqslant S_{ijkm}^{\mathrm{T}} \tag{8-18}$$

工件在完成上一道工序 $O_{i(j-1)}$ 且运达本道工序工作站后，本道工序 O_{ij} 才能开始加工：

$$E_{i(j-1)km}^{\mathrm{T}} = (S_{i(j-1)km}^{\mathrm{T}} + d_{uw}^{\mathrm{L}} / v) \leqslant S_{ijwn}^{\mathrm{O}} \tag{8-19}$$

同一工作站只能同时加工一个工件，上一工件工序 O_{gh} 加工完成后才能开始加工下一工件工序 O_{ij}：

$$E_{ghw(n-1)}^{\mathrm{O}} \leqslant S_{ijwn}^{\mathrm{O}} \tag{8-20}$$

由于路径网络设计问题属于一类 NP-Hard 问题，而且考虑加工及搬运顺序约束后会进一步增加问题的复杂性，因此柔性作业车间环境下单向导引路径网络设计模型比传统单向导引路径网络设计模型更为复杂。

三、改进的双种群协同进化遗传算法

由于路径网络设计问题属于一类 NP-Hard 问题，而且在柔性作业车间中存在加工及搬运顺序约束，因此这种约束会进一步增加计算量。事实证明：通过传统最优化方法解决此类问题的时间较长。近年来，启发式智能搜索算法因其表现优良已经成为当前的研究热点。运用启发式智能搜索算法往往需要对个体（单向导引路径网络）进行评价，而对路径网络质

量的评价需要求解此路径网络下的较优搬运序列，这一问题类似于考虑运输时间的车间调度问题，也属于 NP-Hard 问题。这两个问题的结合将成为更为复杂的组合 NP-Hard 问题。协同进化遗传算法作为一种高性能多种群启发式智能搜索算法，其首先将待优化的系统决策变量分组，再根据各组变量的特点分别采用不同的染色体编码方式，形成多个独立的子种群，各子种群能够根据各自染色体编码的特点，选择合适的遗传算子，非常适合解决多变量组合优化问题。因此，针对设计模型的特点，下面介绍一种改进的双种群协同进化遗传算法（IBCEGA）。该算法根据协同进化思想，采用两个子种群分别编码表示单向导引路径网络和可行工序序列，单向导引路径网络子种群中的每个染色体个体均表示一强连通的单向导引路径网络。可行工序序列子种群中的每个染色体个体对应一个可行的搬运和加工序列。在进化过程中，两个子种群独立并行进化，只有在进行个体评价时，子种群之间才进行信息交互。为了提高传统协同进化遗传算法的收敛速度，引入了邻域搜索操作。为了保持种群的多样性和稳定性，并提高算法的全局寻优能力，综合运用了小生境淘汰操作与精英保留策略。算法主要包括以下几个方面：个体染色体编码与解码策略、进化个体评价与适应度计算、初始种群的产生方法、两个子种群各自的遗传进化算法等。

1. 个体染色体编码与解码设计

1）单向导引路径网络的染色体编码

为了降低问题的复杂度，在编码之前对单向导引路径网络进行预处理，按照式（8-7）表示的约束，在单向导引路径网络中，度（以此节点为端点的路径段的条数）为 2 的节点有着特殊的意义。例如，在图 8-9 中，只有边(6,1)和边(1,2)的方向一致，节点 2 才能满足式（8-7）表示的约束关系。因此，在设计过程中，可将边(6,1)、边(1,2)和边(2,3)合并成一条合成边(6,3)来考虑。按照这一原则，图 8-7 中的路径网络处理后的合成边及序号如表 8-4 所示，共 8 条合成边。单向导引路径网络染色体编码采用二进制编码 $B=[b_{N_B}\cdots b_2 b_1]$，染色体编码中的每位对应预处理后一条合成边的方向，染色体编码长度 N_B 为经预处理后的合成边的数目。

表 8.4　预处理后的合成边

边序号	合成边	边序号	合成边
1	(6,3)	5	(9,12)
2	(3,12)	6	(17,6)
3	(9,3)	7	(17,9)
4	(6,9)	8	(12,17)

2）可行工序序列的染色体编码

可行工序序列的染色体编码的长度等于所有工件工序总数，各位染色体编码采用工件类型编号来表示，相同工件类型编号出现的次数等于该工件的工序数。例如，某工件集有 3 种工件，每种工件有 3 个工序，某可行工序序列为 $[O_{11}O_{12}O_{31}O_{21}O_{32}O_{22}O_{33}O_{13}O_{23}]$，则对应的染色体编码为 $[1 1 3 2 3 2 3 1 2]$。

2. 进化个体评价与适应度计算

由于每个子种群中的个体仅代表优化问题的一部分，无法直接对其进行评价，因此待评价个体必须与其他种群中的个体组合，以构成一条完整的染色体。将待评价个体与其他种中的每个个体组合，构成多条完整的染色体，并分别对其进行评价，最后选择适应度最大者作为待评价个体的适应度。每条完整染色体的个体适应度的计算方法如下。

一条完整的染色体由两部分组成，前半部分为单向导引路径网络染色体编码，对应网络中每条路径段的方向。如果单向导引路径网络中各路径段的方向已知，那么可采用最优路径算法（Dijkstra 算法或 Floyd 算法）求得各工作站装卸工位点间的最短有向路程。若 AGV 运行速度已知，则各工作站装卸工位点间的运输时间即可求得。由此可见，单向导引路径网络决定工作站装卸工位点间的运输时间。染色体后半部分为可行工序序列染色体编码，首先将染色体编码转换为可行工序序列，然后采用启发式调度策略依次调度加工工作站及 AGV（见图 8-11），求出最大完工时间，个体适应度为最大完工时间的倒数。

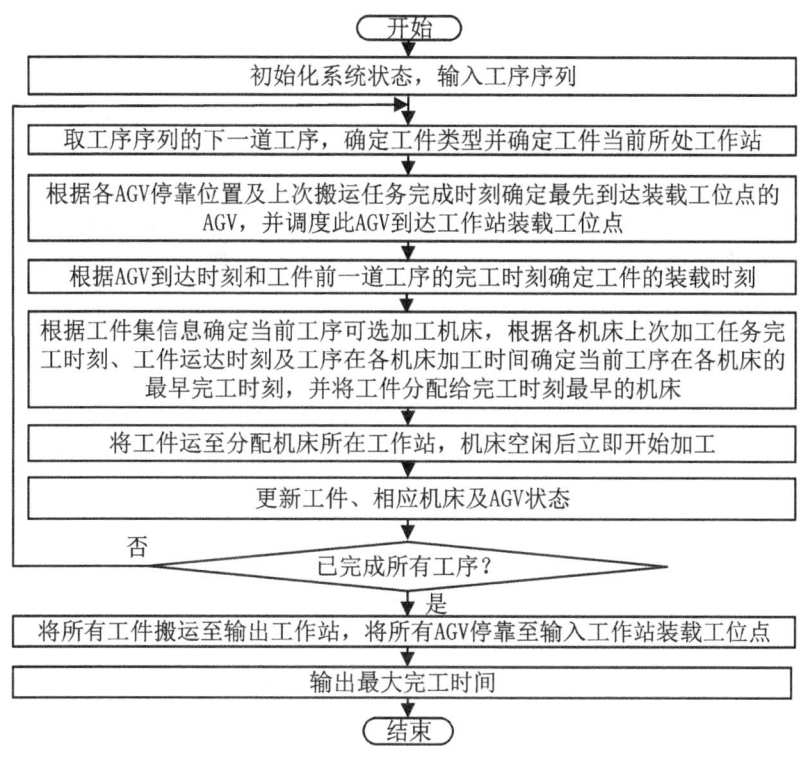

图 8-11　柔性作业车间环境下最大完工时间计算流程

3. 初始种群的产生方法

1) 单向导引路径网络子种群初始种群的生成方法

单向导引路径网络种群规模为 N_{P1}，N_{P1} 选为双倍的路径网络编码长度 N_B，种群中每个个体的产生方法如下。

首先，生成 $1 \times N_B$ 的随机向量，则向量中各位按等概率随机生成 0 或 1。然后对得到的染色体编码进行解码并检验对应单向导引路径网络是否为强连通，若为强连通，则保留该编码；否则重新随机生成染色体编码。重复以上过程，直到得到 N_{P1} 个可行染色体编码为止。这些可行染色体编码构成了初始种群 G_{P1}^0。

2) 可行工序序列子种群初始种群的生成方法

可行工序序列种群规模 N_{P2} 为双倍的工序染色体编码长度。随机产生 N_{P2} 个互异的染色体个体，这些个体构成了初始种群 G_{P2}^0。

4．单向导引路径网络子种群进化算法

单向导引路径网络子种群进化算法（见图 8-12）主要包括路径网络选择操作、路径网络交叉操作、路径网络变异操作、路径网络个体评价、邻域搜索操作和小生境淘汰操作。

1）路径网络选择操作

采用轮盘赌选择方法，将第 i 代（父代）种群 G_{P1}^i 中的所有个体按照适应度大小依次排序，各个体被选择的概率与其适应度成正比，从中选择两个不相同的个体进入路径网络交叉操作。

2）路径网络交叉操作

采用双点交叉来实现路径网络交叉操作，由于采用了无重串的稳态繁殖，因此交叉概率 P_{C1} 选 1，即全部交叉。双点交叉方法：首先随机选择两个交叉位置，两父代个体交换两个交叉位置间的染色体，从而产生两个新的子个体，从中随机选择一个子个体进入路径网络变异操作。

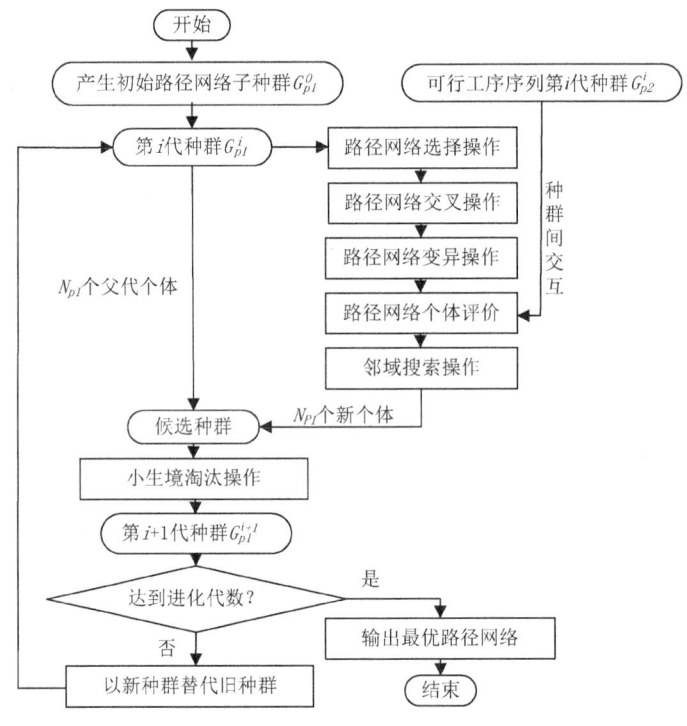

图 8-12 单向导引路径网络子种群进化算法

3）路径网络变异操作

采用双点变异来实现路径网络变异操作，随机选择两个变异位置，将这两个位置上的染色体编码取反，变异概率取 0.1。在变异操作之后，须验证变异后的染色体编码对应的单向路径网络是否为强连通，若为强连通，则对个体进行评价，否则重新进行路径网络选择、交叉、变异操作。

4）路径网络个体评价

将可行工序序列子种群 G_{P2}^i 中的每个个体与待评价个体合并组成 N_{P2} 个完整染色体，计算每个完整染色体的适应度，选择其中适应度最大者作为待评价个体的适应度。为了提高遗

传算法的收敛速度,对适应度最高的完整染色体进行邻域搜索。

5)邻域搜索操作

邻域搜索操作的目的在于提高遗传算法的局部搜索能力。一个完整染色体由路径网络染色体和可行工序序列染色体组成,将路径网络染色体的某一位取反而其他位不变,得到一个邻域解,对于路径网络染色体长度为 N_B 的完整染色体,共有 N_B 个邻域解。首先验证各邻域解的路径网络染色体对应的单向路径网络是否为强连通,若为强连通,则求出其适应度,否则将适应度置 0,以确定适应度最高的邻域解;若此邻域解优于个体本身,则替换原个体。

6)小生境淘汰操作

为了衡量个体间的基因型差异,定义个体染色体间的海明距离:

$$H(B^i, B^j) = \sum_{k=1}^{N_B} |b_k^i - b_k^j| \tag{8-21}$$

式中,b_k^i 为个体染色体 B^i 中第 k 位的值。

为了保持种群个体间的基因型差异,避免近亲繁殖出现早熟,将经过交叉、变异、邻域搜索操作后得到的 N_{P1} 个进化个体与父代种群中所有 N_{P1} 个个体合并,得到 $2N_{P1}$ 个个体作为候选种群;计算其中任意两个个体间的海明距离,并将海明距离小于 H_{mm} 的两个个体(相似染色体)中适应度较小的个体乘以排挤因子 $\eta(\eta<1)$;将候选种群中的这 $2N_{P1}$ 个个体按调整后的适应度排序,取其中最优的 N_{P1} 个个体进入下一代。此方法既能保证种群中个体间的差异性,又能保证新一代种群中的个体是父代和进化代中的精英个体,实现了无重串的稳态繁殖。

5. 可行工序序列子种群进化算法

可行工序序列子种群进化算法(见图 8-13)主要包括选择操作、可行工序序列交叉操作、可行工序序列变异操作、可行工序序列个体评价等。

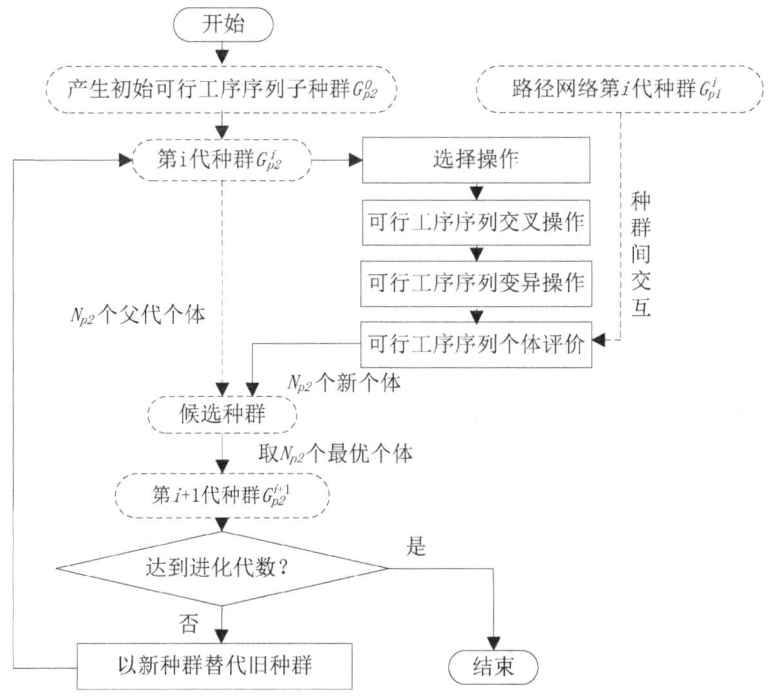

图 8-13 可行工序序列子种群进化算法

1）选择操作

采用轮盘赌选择方法，从 G_{P2}^i 中选择两个不相同的个体进入可行工序序列交叉操作。

2）可行工序序列交叉操作

采用双点交叉实现可行工序序列交叉操作，假定两个父代个体分别为 Parent1 和 Parent2，则可行工序序列交叉操作流程如下。

步骤 1：随机选择两个交叉位置 Pos1 和 Pos2。

步骤 2：将父代个体工序染色体编码转化为可行工序序列。

步骤 3：将 Parent1 中两交叉位置间的工序按照其在 Parent2 中的顺序重新排列。

步骤 4：将重新排列后的 Parent1 复制到子代个体 Son 中。

步骤 5：将 Son 的可行工序序列转化为工序染色体编码。

可行工序序列交叉操作的实施与否由交叉概率决定，交叉后的新个体将进入可行工序序列变异操作。

3）可行工序序列变异操作

随机选择两个变异位置，若这两个位置的工件类型不同，则交换两个位置的染色体编码，变异概率取 0.1。经变异后的个体需验证其在父代种群中是否出现过，若在父代种群中已出现过此个体，则应重新进行选择、交叉、变异操作，直到产生 N_{P2} 个不相同的新个体，并对其中每个新个体进行评价。

4）可行工序序列个体评价

将路径网络子种群 G_{P1}^i 中的每个个体与待评价个体合并组成 N_{P1} 个完整染色体，计算每个完整染色体的适应度，个体的适应度为所有完整染色体适应度的最大值。

5）种群的进化

将 N_{P2} 个新个体和父代 N_{P2} 个个体合并，这 $2N_{P2}$ 个个体构成候选种群，从中选择 N_{P2} 个最优个体构成新一代种群。

四、实例验证

1. 设计模型比较实验

为了分析介绍的模型的设计效果，设计对比实验，以比较柔性作业车间环境下的设计模型与传统单向导引路径网络设计模型的设计效果。

1）设计实例及实验方法

某柔性作业车间布局及未定向导引路径网络如图 8-9 所示，任务工件集信息如表 8-3 所示，要求确定使所有工件最大完工时间最小的单向导引路径网络。传统单向导引路径网络设计模型通过工作站间的负载来设计单向导引路径网络，但在柔性作业车间环境下，工件的每一道工序都可以在多个可选择的加工机床上进行加工，因此工作站之间的负载流量信息必须在车间调度方案确定后才能获得，即首先解决车间调度问题，然后解决单向导引路径网络设计问题。然而，单向导引路径网络决定了工作站间的运输时间，运输时间又直接影响车间调度问题的求解，这就要求在车间调度问题求解前首先解决单向导引路径网络设计问题。显然，这种矛盾决定了在柔性作业车间环境下，无法直接通过传统单向导引路径网络设计模型求解路径网络设计问题。

为了使用传统单向导引路径网络设计模型,采用的解决方法如下。

首先,不考虑工作站间的运输时间约束,以最小化最大完工时间为目标,求解柔性作业车间调度问题。如表 8-3 所示的任务工件集信息,其最优甘特图如图 8-14 所示。此甘特图对应的工作站间的负载流量信息如表 8-5 所示。

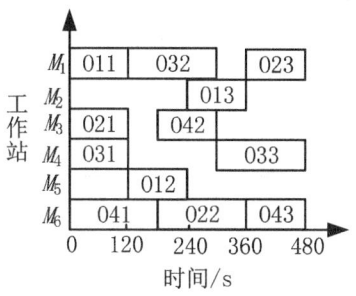

图 8-14 不考虑运输时间的最优甘特图

表 8-5 工作站间负载流量

工作站	1	2	3	4	5	6	7
M_0	1	0	1	1	0	1	0
M_1	0	0	0	1	1	0	1
M_2	0	0	0	0	0	0	1
M_3	0	0	0	0	0	2	0
M_4	1	0	0	0	0	0	1
M_5	0	1	0	0	0	0	0
M_6	1	0	1	0	0	0	1

然后,以最小化空负载总路程为目标,通过管贤平等提出的方法求得最优空负载总路程为 1540m(负载总路程为 1180m,空载路程为 360m)。最优单向导引路径网络如图 8-15 所示(对照表 8-6,单向导引路径网络染色体编码为[10111011])。在此单向导引路径网络下,考虑工件工艺路线约束带来的工件搬运顺序的约束,以最小化最大完工时间为目标,求解机床和 AGV 两种资源同时调度的问题,并将结果与本节介绍的柔性作业车间环境下 AGV 系统单向导引路径网络设计模型求解结果进行对比。假定 AGV 运行速度为 1m/s,两种模型在各 AGV 数量下的最优结果如表 8-6 所示。

表 8-6 两种模型的求解结果对比

AGV 数量	传统单向导引路径网络设计模型	柔性作业车间环境下 AGV 系统单向导引路径网络的设计模型	
	最大完工时间/s	最大完工时间/s	路径网络染色体编码
3	850	830	[10111001]
4	830	770	[10111001]

2)实验结果分析

虽然通过上述方法可以利用传统单向导引路径网络设计模型求解柔性作业车间环境下 AGV 系统单向导引路径网络设计问题,但是在两种 AGV 数量下,改进模型均能获得比传统路径网络设计模型更优的解。由此可见,为了提高路径网络的设计质量,有必要根据实际应用环境的特点,建立对应的路径网络设计模型。

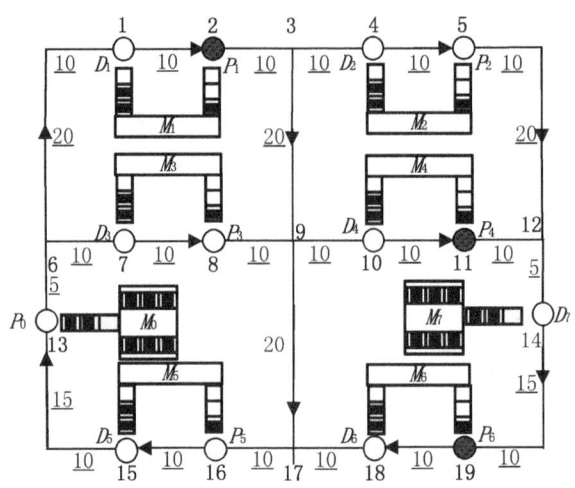

图 8-15　最优单向导引路径网络

2. 算法搜索性能比较实验

1）实验方法

为了测试 IBCEGA 算法的搜索性能，可进行算法搜索性能比较实验。在 IBCEGA 算法中，若不加入小生境淘汰操作和邻域搜索操作，则为传统双种群协同进化遗传算法（Traditional Bi-group Collaborative Evolutionary Genetic Algorithm，TBCEGA）；若在 TBCEGA 中加入小生境淘汰操作，则为小生境双种群协同进化遗传算法（Niche Bi-group Collaborative Evolutionary Genetic Algorithm，NBCEGA）；若在 NBCEGA 中加入邻域搜索操作，则为本节介绍的双种群协同进化遗传算法（IBCEGA）。通过一个计算实例来比较这 3 种算法，从而说明小生境淘汰操作和领域搜索操作的作用。软件采用西门子公司的 Plant Simulation 14.0，3 种算法通过在 Method 对象中编制 SimTalk 语言来实现。在相同的算例（如表 8-3 所示的工件集，AGV 数量为 4）下，每经过 0.2min 记录各算法搜索到的最优解，3 种算法分别运行 10 次，则 3 种算法的平均搜索效果如图 8-16 所示。

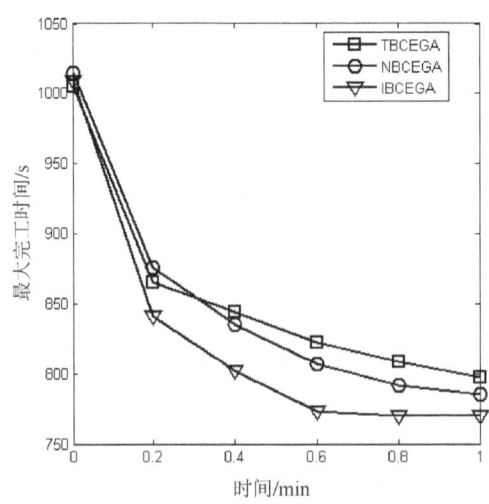

图 8-16　相同时间内 3 种算法搜索性能比较

2）实验结果分析

如图 8-16 所示，TBCEGA 在初期收敛效果较好，但由于没有保证种群间个体的差异性，因此容易陷入局部最优，后期搜索性能较差。小生境淘汰操作的加入虽然使得 NBCEGA 在初期收敛性较差，但其能够保证种群的多样性，使后期搜索性能优于 TBCEGA。由此可见，小生境淘汰操作可保持种群多样性，避免早熟。IBCEGA 在 NBCEGA 的基础上采用了邻域搜索操作，使收敛速度显著提高，这也说明了邻域搜索操作可以显著提高算法的局部搜索能力。IBCEGA 综合了小生境淘汰操作和邻域搜索操作两者的优势，因此具有较强的全局和局部搜索能力。如表 8-6 所示，当 AGV 数量为 4 时，全局最优解为 770，在 10 次运行过程中，IBCEGA 算法在 0.6min 时能稳定搜索到全局最优解，综合性能较好。

五、小结

在 AGV 系统中，单向导引路径网络决定各工位点间的最短路程，且直接影响 AGV 系统的运行效率。传统单向导引路径网络设计模型通过负载流量来设计单向导引路径网络，并以最小化物流成本（空负载总路程或负载总路程）为目标，不考虑应用环境带来的任务搬运顺序约束，简化了设计过程。但传统单向导引路径网络设计模型也存在很多缺点，因此，为了提高单向导引路径网络的质量，有必要根据不同的应用环境建立对应的路径网络设计模型。

本节在分析传统单向导引路径网络设计模型优缺点的基础上，建立了柔性作业车间环境下 AGV 系统单向导引路径网络设计模型，并介绍了一种 IBCEGA 算法以求解该模型。在该算法中，通过两种染色体编码分别表示单向导引路径网络和可行加工/搬运顺序。两种染色体个体分别构成了单向导引路径网络子种群和可行工序序列子种群，以及为两个子种群分别设计了对应的交叉和变异算子。两个子种群各自独立并行进化，只有当子种群中的个体需要评价时才与另一子种群交互。在单向导引路径网络子种群进化过程中，采用了邻域搜索操作以提高算法的收敛速度，综合应用了小生境淘汰操作和精英保留策略以保持种群多样性。最后，通过算法搜索性能比较实验对介绍的设计模型和算法进行了验证。

第三节　AGV 任务调度

AGV 任务调度主要指 AGV 系统搬运任务分配及 AGV 调度。AGV 任务调度问题可理解为，当系统中存在多个搬运任务及空闲 AGV 时，在满足一定的约束条件下，为了使系统的某项性能达到最优，确定各搬运任务执行的先后关系及其与空闲 AGV 的分配关系。由于不同的应用场合具有不同的约束关系，而且不存在通用的任务调度方法，因此必须根据不同的应用场合设计对应的任务调度方法。

本节针对柔性作业车间环境下 AGV 系统任务调度问题，介绍了一种基于遗传算法的在线动态调度方法。该方法将柔性作业车间环境下 AGV 系统任务调度问题分解成工作站分配和 AGV 任务调度两个子问题来求解。首先，以最小化机床最大负荷、机床负荷不均衡率及搬运子系统负荷为目标，采用包含穷举法和小生境遗传算法的工作站在线动态调度方法。在小生境遗传算法中，采用邻域搜索操作以提高算法的收敛速度，采用基于海明距离的小生境淘汰操作以保持种群的多样性。然后，针对 AGV 任务调度子问题，介绍了一种防死锁实时多属性任务调度方法（Real-time Multi-attribute Dispatching Method，RMDM）。最后，通过仿真实验证明了动态调度方法的有效性。

一、柔性作业车间模型及任务调度问题描述

某采用 AGV 系统作为搬运系统的柔性作业车间布局（见图 8-17）由加工子系统和搬运子系统组成。在图 8-17 中，M_0 和 M_9 分别为输入工作站和输出工作站；M_1 至 M_8 为加工工作站，每个加工工作站 M_m 由输入缓冲区、机床和输出缓冲区构成；输入工作站 M_0 只有输出缓冲区，输出工作站 M_9 只有输入缓冲区。这些工作站构成了加工子系统。

搬运子系统由单向导引路径网络和若干台 AGV 组成。在图 8-17 中，中间为单向导引路径网络，边上的箭头表示 AGV 在当前路径段上允许的运行方向，边上的数字表示当前路径段的长度。在图 8-17 中，现有 N_J 种工件在此柔性作业车间中进行加工，每种工件 J_j 由 n_j 道工序组成，n_j 道工序之间有工艺上的先后约束关系，工件 J_j 的每道工序 O_{ji} 可选择 N_M 个加工工作站中的多个工作站进行加工；用 $\Omega(O_{ji})$ 表示工序 O_{ji} 的可选加工工作站集合，t_{jik} 表示工序 O_{ji} 在工作站 M_k 上的加工时间。若某工件相邻两工序在不同工作站中进行加工，则两工序之间需要搬运 AGV。由于采用 AGV 系统的柔性作业车间布局较复杂，因此对研究的系统进行以下假设。

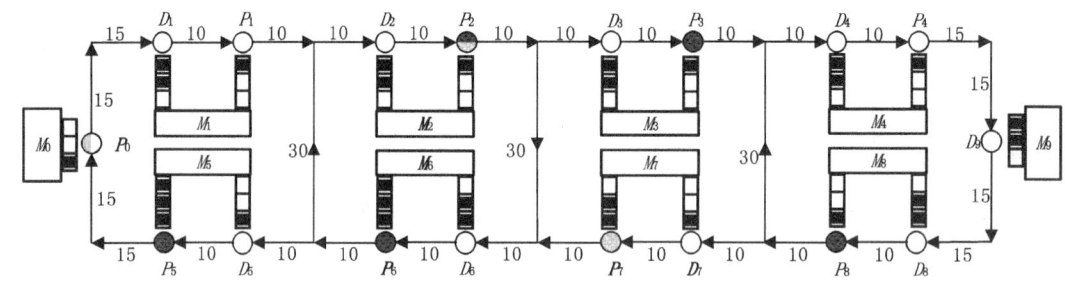

图 8-17 车间布局

（1）工件按混合比随机生成，按泊松过程到达。所有工件首先进入输入工作站的输出缓冲区，然后等待调度系统为其分配第一道工序工作站及搬运 AGV，工件运达加工工作站后进入输入缓冲区等待机床的加工。工件每完成一道工序便进入各工作站输出缓冲区，等待调度系统为其分配下一道工序工作站及搬运 AGV。工件在完成所有工序后，经输出工作站离开系统。

（2）若某工件的相邻两工序在同一工作站上进行加工，则两工序之间无须搬运 AGV。

（3）同一时刻每台机床上只能处理一个工件，每道工序一旦开始加工便不能中断。

（4）输入缓冲区中的工件按先到先服务的规则顺序等待机床加工，输出缓冲区中的工件按任意顺序离开工作站。

（5）AGV 每次只能装载一个工件，并沿着单向最短路径以固定的速率运行。

（6）空闲的 AGV 停留在当前工作站，但不影响其他 AGV 通行。

国内外对传统作业车间中 AGV 任务调度问题的研究较多，但这些研究中均假定每个工件的每道工序的加工机床唯一且预先确定。然而，在柔性作业车间中，每个工件的每道工序可以在多个可选机床上进行加工，并且选择不同的机床所需的加工时间是不同的，这比较符合生产的实际情况。因此，对于采用 AGV 系统作为搬运系统的柔性作业车间，其不仅面临搬

运任务分配及 AGV 调度问题,而且面临选择可选机床的问题,这样考虑因素更多,使调度问题也更加复杂。由于制造系统属于典型的离散事件动态系统,其很少能够达到稳定状态,因此,在线动态调度具有实际意义。本节针对柔性作业车间环境下 AGV 系统任务调度问题,介绍一种在线动态调度方法。该方法将柔性作业车间环境下 AGV 系统任务调度问题分解成工作站分配和 AGV 任务调度两个子问题来求解。工作站分配子问题即加工任务分配加工工作站,而 AGV 任务调度子问题可描述为当系统中存在多个待搬运工件和空闲 AGV 时,应确定各搬运任务执行的先后顺序及其与空闲 AGV 的分配关系。

二、柔性作业车间中工作站与 AGV 在线动态调度方法

由于问题本身较为复杂,且为在线动态调度,因此为了降低问题复杂度,考虑将整个问题分解为两个子问题进行求解,即工作站分配子问题和 AGV 任务调度子问题。这两个子问题的调度流程分别如图 8-18 和图 8-19 所示。

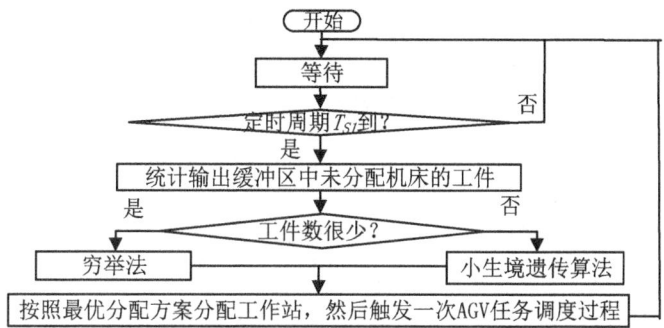

图 8-18 工作站分配流程

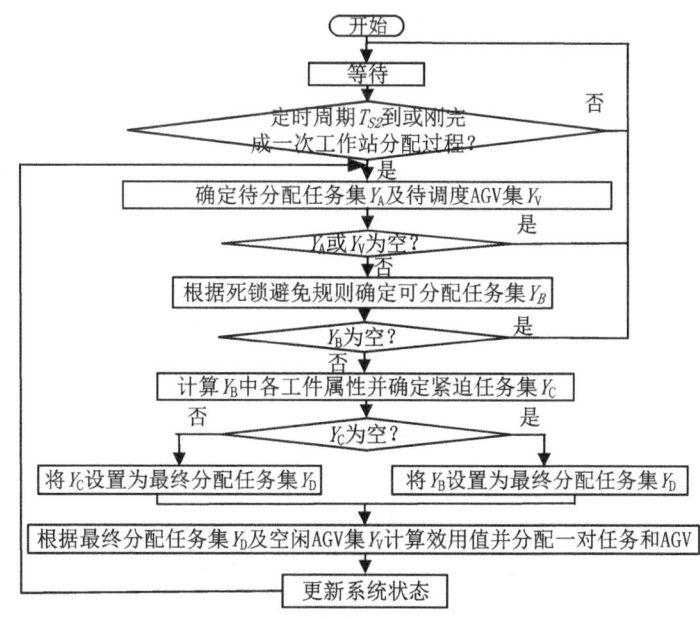

图 8-19 AGV 任务调度流程

在求解工作站分配子问题时,应尽量平衡和减少各工作站的加工任务量,并减少负载路

程,从而降低加工子系统和搬运子系统的负荷。在求解 AGV 任务调度问题时,为了提高搬运子系统的效率,AGV 在运行过程中必须减少空载路程,并在每次卸载后尽量选择距离自身停靠位置最近的工件进行搬运。然而,由于各工作站输入、输出缓冲区容量有限,因此若某工作站输出缓冲区中的工件没有及时运出,则会导致机床因输出缓冲区无剩余容量而堵塞;若某工作站输入缓冲区中的工件没有及时送达,则会导致机床因输入缓冲区中无工件加工而等待。因此,AGV 任务调度子问题的求解目标:在尽可能减少机床堵塞或等待的基础上,减少空载路程,从而保证加工子系统和搬运子系统的效率。

1. 工作站分配方法

1) 工作站分配过程的触发方式

采用周期性地触发工作站分配过程的方式,触发周期为 T_{S1}。若定时时间到,则统计输出缓冲区中所有未分配工作站的工件及其所处位置;若工件数很少,则造成染色体编码太短,不适合采用小生境遗传算法求解,同时工件数少,则解空间也较小,所以使用穷举法是可行的。若需要分配工作站的工件数较多,则采用小生境遗传算法求解。

2) 工作站分配流程

对照如图 8-18 所示流程,工作站分配流程如下。

步骤 1:等待定时周期 T_{S1} 到,之后转步骤 2。

步骤 2:统计所有输出缓冲区中没有为下一道工序分配加工工作站的工件,若工件数很少,则转步骤 3,否则转步骤 4。

步骤 3:采用穷举法,列举出所有分配方案,并求出最优方案(目标函数与小生境遗传算法相同),之后转步骤 5。

步骤 4:采用小生境遗传算法求解,求出较优方案后转步骤 5。

步骤 5:按照所得方案为每个工件分配工作站,然后触发一次 AGV 任务调度过程,转步骤 1。

3) 用于求解工作站分配问题的小生境遗传算法

针对工作站分配问题,设计小生境遗传算法,如图 8-20 所示。

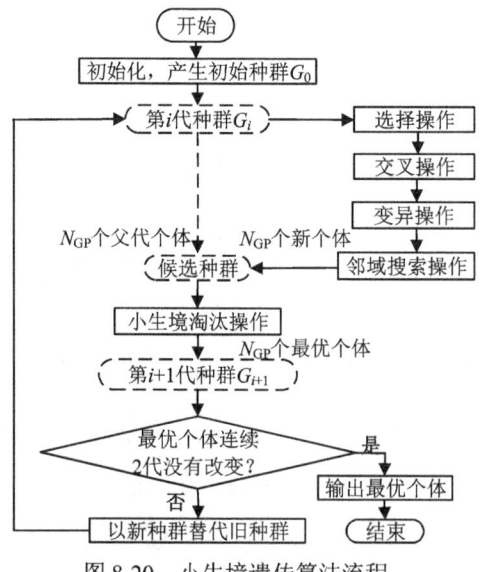

图 8-20 小生境遗传算法流程

4）染色体编码设计

采用基于工作站的染色体编码方式：$B = [b_{N_B} \cdots b_2 b_1]$，染色体中每一位 b_i 对应输出缓冲区中某工件 J_j 下一道工序 O_{ji} 的某可选加工工作站。染色体编码长度 N_B 为系统输出缓冲区中需要分配加工工作站的工件数。例如，某工件集加工信息如表 8-7 所示，工件信息及其染色体编码如表 8-8 所示，共有 4 件工件需要分配加工工作站。

表 8-7 某工件集加工信息

工件	混合比/%	工序	M_1	M_2	M_3	M_4	M_5	M_6	M_7	M_8
J_1	25	O_{11}	12	-	12	-	8	-	8	-
		O_{12}	-	12	-	12	-	16	-	12
		O_{13}	8	12	-	-	12	-	16	-
		O_{14}	12	-	16	-	8	-	-	8
J_2	25	O_{21}	-	12	-	8	-	12	12	-
		O_{22}	8	-	8	-	16	-	-	12
		O_{23}	-	-	-	-	-	-	-	-
		O_{24}	-	8	12	16	-	8	-	-
J_3	25	O_{31}	-	-	-	-	12	-	8	12
		O_{32}	16	-	12	-	-	8	-	12
		O_{33}	-	12	-	16	8	-	-	-
		O_{34}	8	-	12	-	16	-	12	-
J_4	25	O_{41}	-	12	-	8	-	12	-	12
		O_{42}	12	-	8	-	-	-	-	12
		O_{43}	-	12	-	-	8	-	8	-
		O_{44}	-	-	-	16	-	12	8	-

注：表中单位为 min，即表中 "12" 表示 "12 min"；表中 "-" 表示此工序无法在此工作站进行加工。

表 8-8 工件信息及其染色体编码

工件	J_1	J_3	J_3	J_4
当前位置	M_1	M_3	M_5	M_0
下一工序	O_{12}	O_{33}	O_{34}	O_{41}
工作站染色体编码 B	M_2	M_5	M_1	M_2

5）种群规模

由于采用无重串的稳态繁殖，在解空间不是很大的情况下，若种群过大，则会出现死循环，因此种群规模 N_{GP} 根据解空间规模 E 确定，即

$$N_{GP} = \min(20, E/8) \tag{8-22}$$

解空间规模 E 的定义：

$$E = \prod E(O_{ji}) \tag{8-23}$$

式中，$E(O_{ji})$ 为工序 O_{ji} 的可选加工工作站的数目。

6）适应度计算

求解工作站分配子问题的目标：最小化机床最大负荷、机床负荷不均衡率及搬运子系统负荷。选取的目标函数为

$$\min f = \sigma_1 \max(C_m) + \sigma_2(C_{\text{UB}}) + \sigma_3 k_{\text{UL}} C_{\text{Veh}} / N_{\text{G}} \tag{8-24}$$

式中，σ_1——负荷最大的工作站负荷权重系数；

σ_2——工作站负荷平衡权重系数；

σ_3——搬运系统负荷权重系数；

C_m——工作站 M_m 的负荷，其由两部分组成，一是已分配给工作站 M_m 但还未加工的所有工序时间之和，二是工作站染色体编码 B 中拟分配给工作站 M_m 的所有工序的加工时间之和；

k_{UL}——AGV 空负载总路程与负载路程的比值，一般取 1.3~2.0；

N_{G}——系统中的 AGV 数量；

C_{Veh}——所有待搬运工件所需的搬运时间。待搬运工件由两部分组成，一是已分配工作站但还未完成搬运的工件，二是正在分配工作站的工件。

C_{UB}——机床负荷不均衡率，其定义如下：

$$C_{\text{UB}} = C_{\text{AVG}} + \frac{1}{N_M} \sum_{m=1}^{N_M} |C_m - C_{\text{AVG}}| \tag{8-25}$$

式中，C_{AVG} 为所有工作站负荷的平均值。

种群中某个体 B_i 的适应度的计算方法为

$$S(B_i) = \begin{cases} f_{\max} - f(B_i), & f_{\max} > f(B_i) \\ AR/2, & f_{\max} = f(B_i) \end{cases} \tag{8-26}$$

式中，$f_{\max}$——当前种群中所有个体目标函数的最大值；

$f(B_i)$——染色体个体 B_i 的目标函数值；

A——种群中所有个体目标函数的最大值和最小值的差值，若最大值和最小值相同，则 A 为1；

R——0 到 1 之间的随机数。

7）选择操作

采用轮盘赌选择法将种群中所有个体按照适应度从大到小排序，各个体被选中的概率与其适应度成正比。从父代种群 G_i 中选择两个不相同的个体进入交叉操作。

8）交叉操作

采用双点交叉来实现交叉操作，其方法为随机选择两个交叉位置，两父代个体交换两交叉位置间的染色体，从而生成两个新的子个体。由于采用了无重串的稳态繁殖，因此交叉概率选 1，选择目标函数较小的一个新个体进入变异操作。

9）变异操作

采用双点变异随机产生两个变异位置，将这两个变异位置上的工作站改为其他可选加工工作站，变异概率选 0.1。

10）邻域搜索操作

为了改善新个体的质量，提高遗传算法的收敛速度，在传统遗传算法的基础上增加了邻域搜索操作。个体 B_i 的邻域解定义：变换 B_i 中某一位染色体可选工作站，其他位不变。显然，个体 B_i 的邻域解的个数为 $\sum E(O_{ji})$，这些邻域解构成了 B_i 的邻域。邻域搜索即求出个体 B_i 的所有邻域解的目标函数，若最优的邻域解优于个体自身，则代替 B_i，并以新的 B_i 进行邻域搜索。邻域搜索的终止准则：B_i 的所有邻域解均劣于 B_i。是否进行邻域搜索由邻域搜索概率 P_S 决定。

邻域搜索后产生的最优个体 B_i 需要验证其在父代种群或新种群中是否出现，若未出现，则保存，否则重新进行选择、交叉、变异、邻域搜索操作，直至产生 N_{GP} 个新个体。

11）小生境淘汰操作

为了衡量个体间的基因型差异，定义个体基因间的海明距离 H_{ij}。H_{ij} 表示编码 B_i 与 B_j 中相同工序对应不同加工工作站的位数。为了保持种群个体间的基因型差异，避免近亲繁殖出现早熟，将经过选择、交叉、变异、邻域搜索操作后得到的 N_{GP} 个新个体与父代种群中所有 N_{GP} 个个体合并，得到 $2N_{GP}$ 个个体作为候选种群；计算任意两个体间的海明距离 B_i，并将海明距离小于 H_{mm} 的两个体（相似染色体）中适应度较小的乘以排挤因子 $\eta(\eta<1)$；将处理后的这 $2N_{GP}$ 个个体按优劣排序，取其中最优的 N_{GP} 个个体进入下一代。这种方法既保证了种群中个体间的差异性，又保证了新一代种群中的个体是父代和进化代中的最优个体，实现了无重串的稳态繁殖。

12）遗传算法终止条件

若连续进化 N_N 代，种群中最优个体没有发生变化，则遗传操作终止，输出最优个体。

2. AGV 任务调度方法

AGV 任务调度是为了确定空闲 AGV 与待搬运工件的分配关系，从而合理地分配系统资源。由于搬运任务的产生时间很难预知，因此大多数调度系统是基于启发式调度规则的。根据调度规则依据的属性指标数量的不同，调度规则分为单属性和多属性。常用的属性指标有空闲 AGV 到搬运任务装载工位点的路程；输出缓冲区剩余容量；搬运任务产生时间等。这些属性指标对应的单属性调度规则为距离空闲 AGV 路程最短者优先（Shortest Travel Distance First，STDF）；输出缓冲区剩余容量最少者优先（Minimum Remaining Outgoing Queue-space First，MROQF）；先到先服务（First Come First Serve，FCFS）等。为了综合考虑系统多个方面的因素，可以采用多属性调度规则，而不同的属性指标往往反映系统在不同方面的状态。例如，空载路程主要影响搬运子系统的效率，输入、输出缓冲区状态主要反映加工子系统的状态。将多种不同类型的属性指标通过加权求和的方式求解可能无法准确地反映系统的状态，因此，介绍一种实时多属性任务调度方法（Real-time Multi-attribute Dispatching Method，RMDM），其将加工子系统和搬运子系统分开考虑，采用层次性的调度规则，即首先选择一些属性指标来衡量各搬运任务的紧迫性，当存在紧迫任务时，暂时禁止搬运非紧迫任务以提高加工子系统的效率，然后通过空载路程确定任务执行的先后顺序及其与空闲 AGV 的分配关系，从而避免不同类型的属性指标权值选择的难题。AGV 任务调度流程如图 8-19 所示，其具体策略如下。

1）AGV 任务调度过程触发方式

采用周期性地触发 AGV 任务调度过程的方式，触发周期为 T_{S2}，除此之外，在工作站分配过程完成时，会立即触发一次 AGV 任务调度过程。

2）搬运任务及可调度 AGV 的确定

所有输出缓冲区中已分配加工工作站但未分配搬运 AGV 的工件均为待分配任务，构成待分配任务集 Y_A。所有空闲 AGV 均为待调度 AGV，构成待调度 AGV 集 Y_V。

3）系统死锁与死锁避免规则

当某一工作站输入缓冲区满，机床中有工件，输出缓冲区也满，而且没有其他 AGV 装载输出缓冲区中的工件时，在此工作站等待卸载的 AGV 将因始终无法获得释放空间而一直等待，这种状态称为 AGV 的堵塞。为了确定 AGV 的堵塞状态，需要知道目标工作站的剩余容量。工作站 M_m 剩余容量 $U(m)$ 定义为

$$U(m) = C_I(m) + C_O(m) + 1 + L_O(m) - L_I(m) - c_I(m) - c_O(m) - P(m) \tag{8-27}$$

式中，$C_I(m)$——工作站 M_m 输入缓冲区总容量；
$C_O(m)$——工作站 M_m 输出缓冲区总容量；
$c_I(m)$——输入缓冲区中的工件数；
$c_O(m)$——输出缓冲区中的工件数；
$L_I(m)$——已分配搬运 AGV 但还未运达工作站 M_m 的工件数量；
$L_O(m)$——已分配搬运 AGV 但还未离开工作站 M_m 的工件。

当工作站剩余容量小于 0 时，表示该工作站需要其他 AGV 搬运输出缓冲区中的工件，否则至少有一台在此工作站等待卸载的 AGV 堵塞。堵塞 AGV 可以定义为已接受任务且目标工作站的剩余容量 $U(m)<0$ 的 AGV。堵塞 AGV 的数量为工作站剩余容量的相反数，非堵塞的 AGV 称为活动 AGV。如果所有的 AGV 都处于堵塞状态，那么系统将始终无法获得释放空间，所有的 AGV 将一直堵塞，这种状态称为系统死锁。系统死锁会严重影响系统的性能，为了避免系统死锁，当系统中只有一个活动 AGV 时，同时满足以下两个条件的任务将被禁止执行：

（1）目标工作站剩余容量小于或等于 0。
（2）起始工作站无即将卸载的 AGV。

所有未被禁止的任务构成可分配任务集 Y_B。

4）任务紧迫性评价方法与紧迫任务集

待搬运任务（工件）可表示为 T_{ij}，M_i 为任务的起始工作站，M_j 为任务的目标工作站。由于各工作站输入、输出缓冲区的容量有限，若某搬运任务 T_{ij} 没有及时执行，则可能带来两个后果：起始工作站 M_i 的机床因输出缓冲区无剩余容量而堵塞，或者目标工作站 M_j 的机床因输入缓冲区中无工件加工而等待。这种堵塞与等待会严重影响加工子系统的效率，因此有必要根据输入、输出缓冲区的状态来衡量待搬运任务的紧迫性。将这种能够衡量待搬运任务 T_{ij} 紧迫性的效用值称为任务紧迫度，记作 a_{ij}，定义如下：

$$a_{ij} = \min[F_B(i), F_F(j)] + \max[F_B(i), F_F(j)]/10 \tag{8-28}$$

在式（8-28）中，$F_B(i)$ 为任务 T_{ij} 起始工作站 M_i 的机床进入堵塞状态的剩余容量指标，其定义如下：

$$F_B(i) = \begin{cases} 1, & [C_O(i) + 1 + L_O(i) - L_I(i) - c_I(i) - c_O(i) - P(i)] \geq 0 \\ \dfrac{C_O(i) + L_O(i) - c_O(i)}{C_O(i)}, & \text{（其他）} \end{cases} \tag{8-29}$$

$F_F(j)$ 为任务 T_{ij} 起始工作站 M_i 的机床进入等待状态的剩余容量指标，其定义如下：

$$F_{\mathrm{F}}(j)=\frac{C_{\mathrm{I}}(j)+L_{\mathrm{I}}(j)}{C_{\mathrm{I}}(j)} \tag{8-30}$$

显然，紧迫度越小，表示任务越紧迫，将紧迫度小于某一阈值 A_g 的任务称为紧迫任务，所有紧迫任务构成紧迫任务集 Y_C。

5）空闲 AGV 与待搬运任务间的效用值及其分配关系

为了提高搬运子系统的效率，AGV 在运行过程中必须减少空载路程，因此，有必要考虑各空闲 AGV 停靠位置与待搬运任务装载工位点间的距离。

假定待调度 AGV 集 Y_V 为

$$Y_V = \{\mathrm{AGV}_1(D_n) \cdots \mathrm{AGV}_i(D_w) \cdots \mathrm{AGV}_{N_F}(D_k)\} \tag{8-31}$$

式中，N_F 为空闲 AGV 的数量；

D_n、D_w、D_k 分别为空闲导引车 AGV_1、AGV_i、AGV_{N_F} 的停靠位置（上次任务的卸载工位点）。

最终分配任务集 Y_D 为

$$Y_D = \left\{T_{mn}^1 \cdots T_{nk}^j \cdots T_{km}^{N_S}\right\} \tag{8-32}$$

式中，N_S 为最终分配任务集 Y_D 中的搬运任务数。

空闲 $\mathrm{AGV}_i(D_w)$ 与紧迫任务 T_{nk}^j 之间的效用值 x_{ij} 定义为

$$x_{ij} = d_{wu}^{\mathrm{E}} \tag{8-33}$$

式中，d_{wu}^E 为空闲 $\mathrm{AGV}_i(D_w)$ 的停靠位置 D_w 到搬运任务 T_{nk}^j 装载工位点 P_u 的最短有向路程（空载路程），其可通过 Dijkstra 算法求得。

确定效用值最小的一对空闲 AGV 与搬运任务，并将空闲 AGV 分配给对应的搬运任务。

6）AGV 任务调度流程

对照如图 8-19 所示流程，AGV 任务调度流程如下。

步骤 1：等待定时周期 T_{S2} 到或刚完成一次工作站分配过程，转步骤 2。

步骤 2：统计所有输出缓冲区中需要分配搬运 AGV 的搬运任务和系统中的空闲 AGV，这些搬运任务和空闲 AGV 分别构成待分配任务集 Y_A 和待调度 AGV 集 Y_V。若 Y_A 为空集或 Y_V 为空集，则转步骤 1；否则进入步骤 3。

步骤 3：计算各工作站剩余容量 $U(m)$，并确定活动 AGV 的数量，根据死锁避免规则，从待分配任务集 Y_A 中去除被禁止的任务，而未被禁止的任务构成可分配任务集 Y_B。若 Y_B 为空集，则转步骤 1；否则转步骤 4。

步骤 4：计算 Y_B 中各搬运任务的紧迫度，并选出 Y_B 中任务紧迫度小于某一阈值 A_g 的所有任务，称为紧迫任务，这些紧迫任务构成紧迫任务集 Y_C。若 Y_C 为空集，则将可分配任务集 Y_B 设置为最终分配任务集 Y_D，否则将紧迫任务集 Y_C 设置为最终分配任务集 Y_D，转步骤 5。

步骤 5：计算空闲 AGV 集 Y_V 与最终分配任务集 Y_D 中所有任务间的效用值，求出效用值最小的一对空闲 AGV 与搬运任务，并将空闲 AGV 分配给对应紧迫任务。更新相应输入、输出缓冲区状态后转步骤 2。

三、AGV 任务调度实例

1. AGV 任务调度方法对比实验及其结果分析

为了验证本节介绍的 AGV 任务调度方法的有效性，设计对比实验。首先假定各工序加工工作站及加工时间已知（工艺路线已知），然后设定两种工件集，工件集 1 采用文献[67]中的工件集 1，工件集 2 的各工件加工信息如表 8-9 所示。车间布局如图 8-17 所示，缓冲区工作站的输入、输出容量为无穷大，其余各输入、输出缓冲容量为 4。

表 8-9 工件集 2 的各工件加工信息

工件类型	各工序对应工作站和加工时间/s	混合比/%
J_1	M_1(180), M_5(60), M_4(240), M_6(120), M_2(240), M_7(180)	20
J_2	M_7(180), M_5(120), M_4(180), M_8(180), M_6(180), M_2(120)	20
J_3	M_3(180), M_2(240), M_5(180), M_6(120), M_8(180)	20
J_4	M_4(180), M_3(240), M_8(240), M_5(120), M_1(180)	20
J_5	M_3(180), M_1(240), M_5(120), M_6(180), M_7(240)	20

比较本节介绍的实时多属性任务调度方法（RMDM）与 3 种常用调度方法的效果。3 种常用的调度方法如下。

（1）任务装载工位点距离空闲 AGV 路程最短者优先（STDF）。

（2）任务所在输出缓冲区剩余容量最少者优先（MOQF），相同剩余容量下采用距离空闲 AGV 路程最短者优先；

（3）文献[67]中的权值自适应调整的多属性任务调度方法（Adaptive Weighted Multi-attribute Method，AWMM）。

上述所有方法均采用死锁避免规则。各方法参数设置如下。AWMM：$K_R=1.6$，$F_o=3$，$F_i=3$。RMDM：调度周期 $T_S=5s$、阈值 $A_g=0.8$，AGV 运行速度均为 1m/s。8 种系统环境参数如表 8-10 所示，表中各参数意义如下。

λ 为工件到达数（每小时到达制造系统的工件数）。

$\overline{\eta_P}$ 为加工子系统负荷系数，其计算方法为

$$\overline{\eta_P} = \frac{1}{N_M}\sum_{m=1}^{N_M}\eta_m = \frac{1}{N_M}\sum_{m=1}^{N_M}\sum_{j=1}^{N_J}\frac{\lambda Q_j t_{jm}}{3600} \qquad (8\text{-}34)$$

式中，N_M——系统中加工工作站的数目；

η_m——工作站 M_m 加工负荷系数；

N_J——系统中工件的种类数；

Q_j——第 j 种工件的混合比；

t_{jm}——第 j 种工件在工作站 M_m 的加工时间。

$\overline{\eta_T}$——搬运子系统负荷系数，其计算方法为

$$\overline{\eta_T} = K_R\sum_{i=1}^{N_J}\sum_{j=1}^{n_i-1}\frac{\lambda Q_i S(O_{ij},O_{i(j+1)})}{3600 v N_G} \qquad (8\text{-}35)$$

式中，K_R——空负载总路程与负载路程的比值系数；

n_i ——第 i 种工件 J_i 的工序总数;

N_G ——系统中的 AGV 数量;

$S(O_{ij},O_{i(j+1)})$ ——第 i 种工件的第 j 道工序 O_{ij} 所在工作站装载工位点到第 $(j+1)$ 道工序 $O_{i(j+1)}$ 所在工作站卸载工位点的最短有向路程;

v ——AGV 的运行速度。

表 8-10 8 种系统环境参数

序号	工件集编号	λ/件	N_G/台	$\overline{\eta_P}$	$\overline{\eta_T}$
1	1	32	4	1.05	1.70
2	1	32	6	1.05	1.14
3	1	32	7	1.05	0.97
4	1	32	10	1.05	0.68
5	2	36	6	1.03	1.42
6	2	36	8	1.03	1.06
7	2	36	9	1.03	0.95
8	2	36	15	1.03	0.57

仿真软件采用西门子公司的 Plant Simulation 15.0,仿真实验界面如图 8-21 所示。在图 8-21 中,AGV 和路径分别用 Transporter 和 Track 对象表示。工作站输入缓冲区、机床及输出缓冲区分别用 Buffer、SingleProc 和 Store 对象表示。各调度方法通过在 Method 对象中编制 SimTalk 仿真语言来实现。设置仿真时间为 48 小时,车间在各种环境下从 24 小时到 48 小时加工完的工件数如图 8-22 所示,车间每加工完一个工件需要 AGV 运行的平均空载路程如图 8-23 所示。

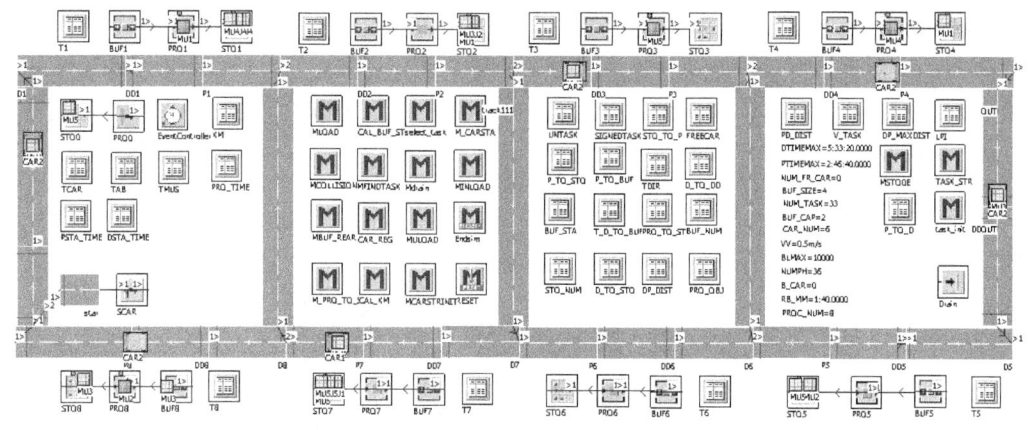

图 8-21 仿真实验界面

车间输出工件数可反映加工子系统的效率,车间输出工件数越多,说明机床利用率越高。平均空载路程可反映搬运系统的效率,平均空载路程越小,说明系统所需 AGV 数量越少。如图 8-22 所示,STDF 方法仅考虑空载路程,当搬运子系统负荷系数大于 1 时,其输出工件数最多,但当搬运子系统负荷系数远小于 1 时,由于不考虑加工子系统的效率,因此调度效果很差。由此可见,STDF 方法适用于搬运子系统负荷系数大于 1 的场合。通过对文献[67]表

6 的计算可以发现，其给出的 12 个仿真实例均属于搬运子系统负荷系数远小于 1 的情况，类似于环境表 8.10 中的第 4 列和第 8 列，此时 AWMM 方法输出工件数最多，但如图 8-22 和文献[67]图 8 所示，这种优势并不是很明显，且当搬运子系统负荷系数大于 1 时，其效果较差。这说明 AWMM 方法只适用于搬运系统负荷系数远小于 1 的场合，而不适用搬运子系统负荷系数大于 1 的场合。由此可见，将多种不同类型的属性指标通过加权求和的方式来求解，其效果并不理想。本节介绍的 RMDM 方法在各系统环境下的输出工件数均较多，因此其加工子系统的效率较高。如图 8-23 所示，采用 RMDM 方法所需的平均空载路程接近 STDF 方法，这意味着与 AWMM 和 MROQF 方法相比，采用 RMDM 方法可以提高搬运子系统的效率，并减少系统所需的 AGV 数量，而系统所需的 AGV 数量的减少可以降低 AGV 系统交通管控的难度，使综合性能更好，这也说明了 AGV 任务调度方法的优越性。

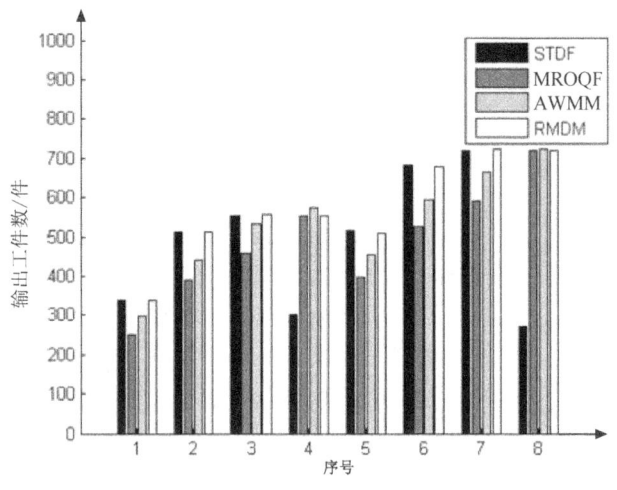

图 8-22 车间输出工件数

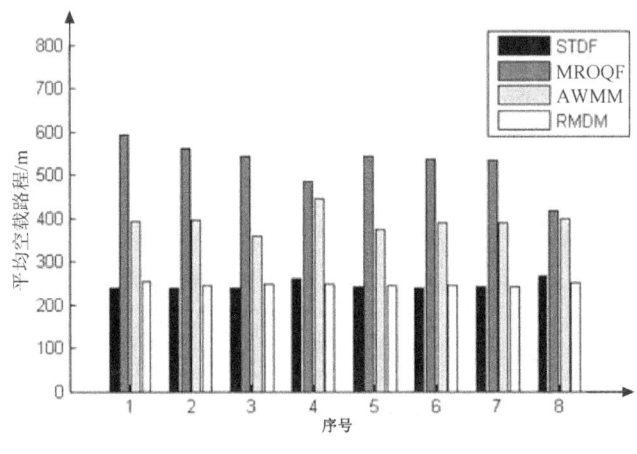

图 8-23 平均空载路程

2. 柔性作业车间环境下 AGV 任务调度实验及其结果分析

1) 仿真实验设计

假定柔性作业车间布局如图 8-17 所示，缓冲区工作站的输入、输出容量为无穷大，其余各输入、输出缓冲区容量为 4。设定两种工件集，工件集 1 的工件信息如表 8-7 所示，工件集 2 的工件工艺信息与表 8-7 相同，但各加工时间增加一倍。在相同工件集下，比较本节介绍的各算法在不同 AGV 数量下的调度性能指标，并将其中某一性能指标与相同制造环境下的静态调度效果进行比较。

获得本节介绍的算法的性能指标的方法如下。

采用西门子公司的 Plant Simulation 15.0 仿真软件，其实验界面如图 8-24 所示。初始时，所有 AGV 均处于输入缓冲区装载工位点，各机床和缓冲区均为空。假定 AGV 运行速度为 1m/s，则其他参数的选择：$T_{S1} = T_{S2} = 120s$，$\sigma_1 = \sigma_2 = 0.25$，$\sigma_3 = 0.5$，$k_{UL} = 2$，仿真运行 48 小时后，统计 24 小时到 48 小时之间的各生产性能指标。

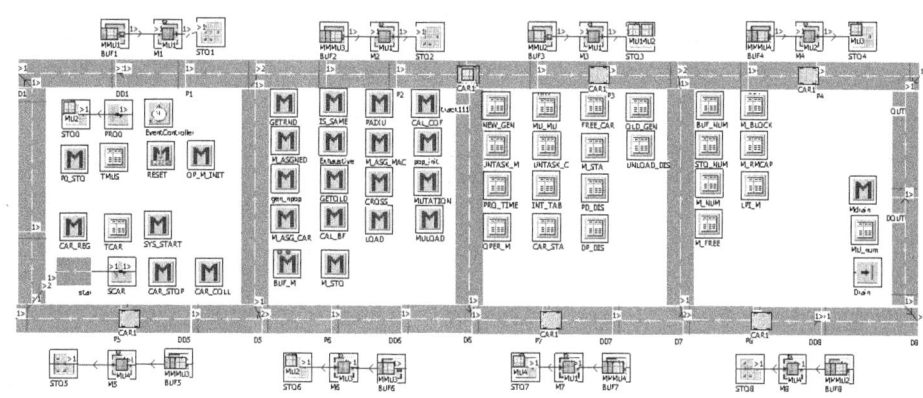

图 8-24 仿真实验界面

获得静态调度最优性能指标的方法如下。

实际生产性能不仅与加工顺序有关，而且与批量有关，但同时将两者结合考虑复杂度太高，因此想找出最优调度方案难度很大。所以，只能首先确定几种批量，然后利用静态调度算法求出各批量下的较优调度方案。对静态调度算法而言，除之前的假设条件之外，还应增加以下假设：所有 AGV 在零时刻均处于输入缓冲区装载工位点，在完成所有搬运任务后，AGV 还回到输入缓冲区装载工位点，以便为下一批次的加工服务。上文介绍的算法在两种工件集下的调度效果如表 8-11 所示，表中各参数意义如下。

K/N_G 为环境参数，K 为工件集编号，N_G 为 AGV 数量。

Q_I 为每小时到达工作站输入缓冲区的工件数。

η_{AVG} 为工作站平均利用率。

Q_o 为柔性作业车间环境下平均每小时输出的工件数。

η_{VAVG} 为所有 AGV 的平均利用率。

η_{BLA} 为工作站利用率平衡指标，其定义如下：

$$\eta_{BLA} = \frac{1}{N_M} \sum_{m=1}^{N_M} |\eta_m - \eta_{AVG}| \qquad (8-36)$$

式中，N_M——系统中加工工作站的数目；

η_m——工作站 M_m 的利用率。

工件集 2 在不同批量下的静态调度效果如表 8-12 所示，表中各参数意义如下。

F 为批量，即一次性投入柔性作业车间的工件数，各类型工件的数目按工件混合比确定。

其他各参数的意义与表 8-11 中各参数的意义相同。

表 8-11　在线动态调度效果

K/N_G	Q_I/件	η_{AVG}/%	η_{BLA}/%	η_{VAVG}/%	Q_O/件
1/1	10	49.6	13.0	99.8	5.42
1/3	15	98.8	0.4	88.3	11.75
1/6	15	98.9	0.3	46.5	11.75
2/1	10	87.3	4.0	99.7	5.17
2/2	10	98.5	0.49	69.6	5.71
2/6	10	99.1	0.50	23.5	5.92

表 8-12　工件集 2 在不同批量下的静态调度效果

K/N_G	F/件	η_{AVG}/%	η_{BLA}/%	η_{VAVG}/%	Q_O/件
2/6	4	46.2	15.1	13.7	2.85
2/6	8	75.3	11.4	23.7	4.65
2/6	12	90.2	3.8	26.1	5.57
2/6	16	90.1	3.7	28.9	5.78
2/6	20	91.5	1.9	29.0	5.93
2/6	24	92.9	3.2	30.3	5.94

2）实验结果分析

如表 8-11 所示，对同一工件集分别给定 3 种 AGV 数量，即 AGV 数量很少（AGV 的平均利用率 η_{VAGV} 大于 99.0%）、AGV 数量满足生产需求（AGV 的平均利用率 η_{VAGV} 小于 99.0%）及 AGV 数量远大于生产需求（AGV 的平均利用率 η_{VAGV} 小于 50.0%）。如表 8-11 所示，只要 AGV 数量充足，机床的平均利用率均很高，可达 98% 及以上，各机床的负荷也非常均衡。同时，如表 8-12 所示，静态调度效果不仅与加工顺序有关，而且与批量有关，因此，若要获得较优的静态调度方案，则必须在不同的批量下进行大量实验，但这样显然非常耗时。对照表 8-11 和表 8-12，在环境参数为 2/6（工件集 2，6 台 AGV）的情况下，在线动态调度方法平均每小时输出工件数为 5.92，这与静态调度的最优效果 5.94 非常接近。由此可见，本节介绍的在线动态调度方法能够获得较优的调度效果。

四、小结

AGV 系统在不同的应用场合往往具有不同的约束关系，由于不存在通用的任务调度方法，因此有必要根据不同的应用场合研究对应的 AGV 任务调度方法。本节针对柔性作业车间环境下 AGV 系统的任务调度问题，介绍了一种在线动态调度方法。该方法首先以最小化机床最大负荷、机床负荷不均衡率及搬运子系统负荷为目标，采用了包含穷举法和小生境遗传算法的工作站在线分配方法。在小生境遗传算法中，采用了邻域搜索操作以提高算法的收敛速度，采用了基于海明距离的小生境淘汰运算以保持种群的多样性。然后针对 AGV 任务调度子问题，介绍了一种实时多属性任务调度方法，设计了基于输入、输出缓冲区状态的搬运任务紧迫性评价方法，采用了死锁避免规则，避免了系统因输入、输出缓冲区剩余容量不足而引发的系统死锁，保证了加工子系统的效率。为了保证搬运子系统的效率，采用了以空载路程最小化为目标的任务分配方法。最后通过算例验证了在线动态调度方法的有效性。

第四节 AGV 路径规划

当空闲 AGV 收到搬运任务后，需要规划一条从 AGV 停靠点到任务装载工位点的最优行驶路径，在完成装载后，再规划一条从任务装载工位点到卸载工位点的最优路径；在完成卸载后，再规划一条从卸载工位点到 AGV 临时停靠点的最优路径。若所有 AGV 的路径规划均由高层控制单元来完成，则称为集中式路径规划；若各 AGV 的路径规划由 AGV 自主完成，则称为分布式自主路径规划。集中式路径规划能够获得较好的效果，且实现简单，因此很多商业 AGV 均采用集中式路径规划方法。然而，集中式路径规划增加了高层控制单元的计算负担，同时增加了高层控制单元与底层 AGV 的交互次数，即增加了系统通信负担，从而不利于大规模 AGV 系统的实施。因此，本节针对单向导引路径网络的特点，介绍一种基于 Dijkstra 算法的分布式自主路径规划方法。

Dijkstra 算法是典型的单源最短路径算法，其用于计算一个节点到其他所有节点的最短路径。Dijkstra 算法的主要特点是以起始位置为中心，向外层层扩展，直到扩展到终点为止。Dijkstra 算法是很有代表性的最短路径算法，在很多专业课程中，其都作为基本内容有详细的介绍，如数据结构、图论、运筹学等。为了应用 Dijkstra 算法，先利用有向图理论对单向导引路径网络进行建模。

一、单向导引路径网络的有向图建模

单向导引路径网络可建模为带权有向图 $G(V,E,D)$，其中，$V=\{v_0,v_1,\cdots,v_i,\cdots,v_{N_V}\}$ 为路径交叉点的集合；$E=\{e_{ij}\mid v_i,v_j\in V,\ v_i\neq v_j\}$ 为路径段的集合，e_{ij} 为以路径交叉点 v_i 为起点，以 v_j 为终点的路径段；$D=\{d_{ij}\mid e_{ij}\in E\}$ 为权值的集合，d_{ij} 为路径段 e_{ij} 的长度。为了应用 Dijkstra 算法，采用一阶邻接矩阵和路径矩阵对有向图进行描述。如图 8-25 所示，单向导引路径网络的一阶邻接矩阵 $\boldsymbol{A}^1$ 和路径矩阵 $\boldsymbol{P}^1$ 分别为

$$\boldsymbol{A}^1=\left[d_{ij}\right]_{N\times N}=\begin{bmatrix} 0 & 40 & \infty & \infty & 20 \\ \infty & 0 & 40 & \infty & 20 \\ \infty & \infty & 0 & 40 & \infty \\ 40 & \infty & \infty & 0 & \infty \\ \infty & \infty & 20 & 20 & 0 \end{bmatrix}_{5\times 5}$$

$$\boldsymbol{P}^1=\left[p_{ij}^1\right]_{N\times N}=\begin{bmatrix} 1 & 2 & \phi & \phi & 5 \\ \phi & 2 & 3 & \phi & 5 \\ \phi & \phi & 3 & 4 & \phi \\ 1 & \phi & \phi & 4 & \phi \\ \phi & \phi & 3 & 4 & 5 \end{bmatrix}_{5\times 5}$$

其中，i 和 j 均表示交叉点的编号，N 为交叉点的总数，d_{ij} 表示从交叉点 i 到交叉点 j 的最短距离；p_{ij}^1 表示交叉点 i 到交叉点 j 后下一步需要到达的交叉点。

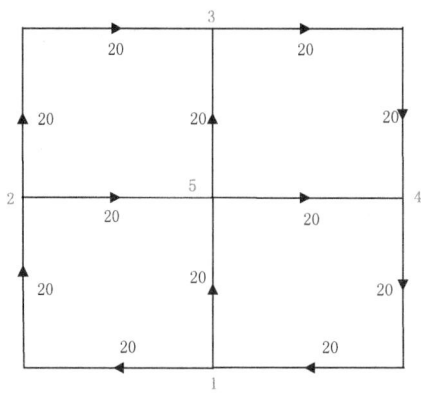

图 8-25 单向导引路径网络实例

二、基于 Dijkstra 算法的路径规划步骤

给定单向导引路径网络的一阶邻接矩阵和路径矩阵、规划处起与起始位置 s 至终点 d 的最短路程及对应最优路径,则使用改进的 Dijkstra 算法进行路径规划的具体步骤如下。

步骤 1:参数初始化。设置交叉点集合 V、V_S 和 V_D,其中,V 为所有交叉点的集合;V_S 为已找到的与起始位置最短路径的交叉点的集合;V_D 为尚未搜到与起始位置最短路径的交叉点集合,$V_D = V / V_S$。设置最优路径矩阵 P,且 $P = [p_{si}]_{1 \times N}$,$p_{si}$ 表示起始位置 s 到交叉点 i 的最优路径。初始化时,$V_S = \{s\}$,$V_D = \{i | i \in V 且 i \neq s\}$,$p_{ss} = \{s\}$,$p_{si,i \neq s} = \varnothing$。设置权值矩阵 T,且 $T = [t_i]_{1 \times N}$,t_i 表示交叉点 i 的权值,$t_i = \begin{cases} d_{ss} + d_{si}, d_{si} \neq \infty \\ \infty, d_{si} = \infty \end{cases}$。

步骤 2:搜索 V_D 中拥有最小权值的交叉点 k,$t_k = d_{ss} + d_{sk}$,将交叉点 k 从 V_D 移入 V_S 中,即更新 $V_S = V_S \cup \{k\}$,$V_D = V_D / \{k\}$,$p_{sk} = \{s, k\}$,$d_{sk} = \infty$,转步骤 3。

步骤 3:更新 V_D 中每个交叉点 n 的权值和最优路径。权值更新公式为

$$t_n = \begin{cases} t_k + d_{kn}, & \text{if } (t_k + d_{kn}) < t_n \\ t_n, & \text{else} \end{cases}$$

根据交叉点 n 的权值更新最优路径:$p_{sn} = \begin{cases} p_{sk} \cup \{n\}, & t_n = t_k + d_{kn} \\ p_{sn}, & t_n = t_n \end{cases}$,转步骤 4。

步骤 4:搜索更新后的 V_D 中拥有最小权值的交叉点 k,更新 $V_S = V_S \cup \{k\}$,$V_D = V_D / \{k\}$,$d_{kn} = \infty$;判断是否满足 $k = d$,若满足,则输出最优路径 p_{sd},结束路径规划;否则,转步骤 3。

第五节 AGV 交通管控

在 AGV 系统运行过程中,由于所有 AGV 共享同一导引路径网络,因此,AGV 之间的冲突在所难免。为避免 AGV 之间发生碰撞,必须进行交通管控。针对基于 UGNL 的 AGV 系统,本节首先介绍一种避免 AGV 之间发生碰撞的方法;然后介绍基于有向图理论的 AGV 系

统环路死锁搜索方法，该方法定义了包含单环路和多环路死锁临界状态的环路死锁临界状态概念，针对两种死锁临界状态，设计了对应的死锁控制策略；最后通过仿真实验证明两种方法的有效性。

一、基于 UGNL 的 AGV 系统交通管控问题描述

单向导引路径网络可用带权有向图 $G(V,E,D)$ 来描述，其中 $V=\{v_i\,|\,i\in N 且 1\leqslant i\leqslant N_V\}$ 表示节点的集合，节点由路径交叉点和装卸载工位点组成；$E=\{e_{ij}\,|\,e_{ij}=(v_i,v_j),v_i,v_j\in V 且 v_i\neq v_j\}$ 表示路径段的集合，v_i 称为路径段 e_{ij} 的起点，v_j 称为路径段 e_{ij} 的终点；$D=\{d_{ij}\,|\,e_{ij}\in E\}$ 表示权值的集合，d_{ij} 表示边 e_{ij} 的长度。某基于 UGNL 的 AGV 系统布局如图 8-26 所示，路径段上的箭头表示 AGV 在此路径段上允许的运行方向，路径段上的数字表示路径段的长度。

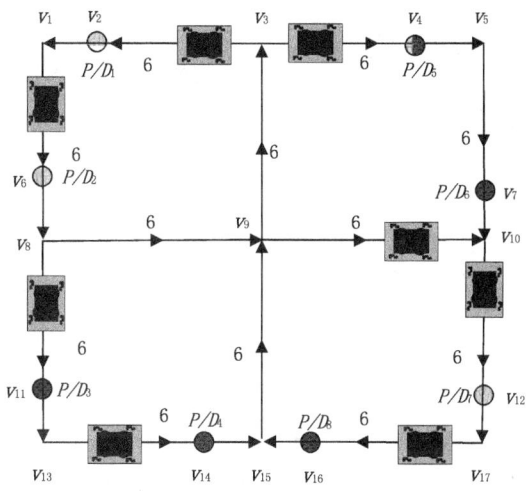

图 8-26　某基于 UGNL 的 AGV 系统布局

UGNL 中可能引起 AGV 之间发生碰撞的冲突如图 8-27 所示。如图 8-27（a）所示，一台 AGV 在向目标工位点运行的过程中，另一台 AGV（如空闲 AGV 或装卸载中的 AGV）停在其必经的路径上。如图 8-27（b）所示，两台 AGV 竞争同一交叉路口。如图 8-27（c）所示，由于即将进入的路径段无剩余容量，因此 AGV#1 会较长时间地占用交叉路口，使 AGV#4 较长时间地被阻塞，从而降低了系统的运行效率。如图 8-27（d）所示，两导引标线由于工业现场空间的限制相距较近，因此 AGV#2 在转弯时可能会与 AGV#1 发生冲突。为了避免 AGV 之间发生碰撞，必须设计相应的避碰策略，并由交通管控单元负责对系统中的 AGV 进行协调。

不管采用什么避碰策略，都会发生因某 AGV 被另一 AGV 阻塞而暂时不能运动的情形，如果若干 AGV 在局部范围内形成循环阻塞，那么造成死锁。在基于 UGNL 的 AGV 系统中，因路径冲突可出现两类死锁，即环路死锁及因堵塞造成的死锁，如图 8-28 所示。因此，交通管控单元还须解决 AGV 系统死锁避免问题。

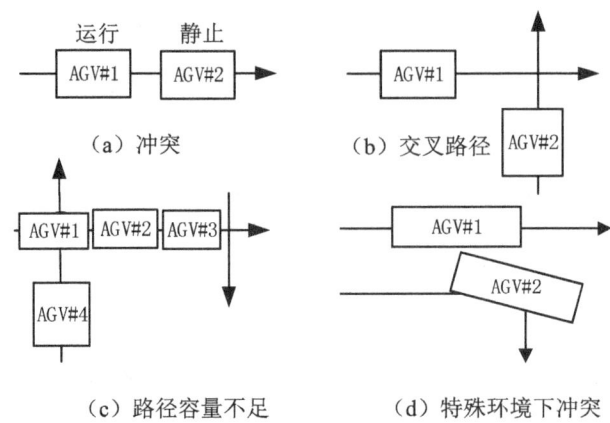

图 8-27 UGNL 中可能引起 AGV 之间发生碰撞的冲突

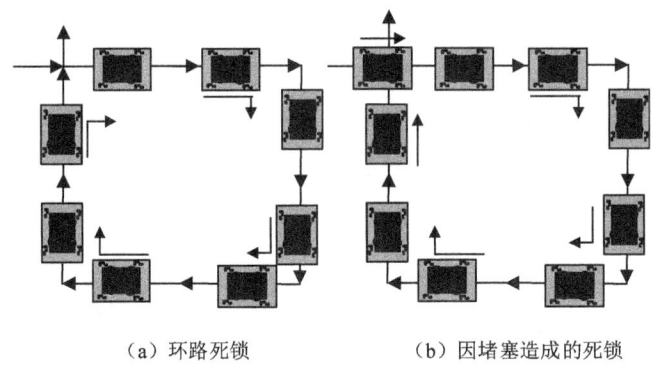

图 8-28 因路径冲突而出现的两类死锁

为了简化模型,对研究的系统进行以下假设。

(1) 各 AGV 收到搬运任务后立即规划一条从停靠位置到任务工位点的有向最短路径,且一旦开始运行,不会自主更换路径,除非交通管控单元进行协调。为了实现方便,实际系统的路径规划均基于全局静态地图,只要优化目标(路程最短、时间最短或通过的路口最少等)不变,采用 Dijkstra 算法只能获得一条最短路径。因此,此假设在基于 UGNL 的 AGV 系统中均成立。

(2) 假定空闲 AGV 的停靠位置不会影响其他 AGV 的运行。此问题一般针对具体的应用环境设计对应的空闲 AGV 的停靠策略,如在路径网络中设置专门用于存放空闲 AGV 的路径段。

二、交通管控单元交通协调策略

1. 冲突与对应的避碰策略

在实际 AGV 系统中,每台 AGV 均安装有必要的避碰传感器,当运行中的 AGV 检测到前方有障碍时,会立即减速直至停车。然而,此传感器往往只能检测 AGV 正前方的障碍,对于侧向的障碍往往无法检测。因此,通过这种方式可以避免如图 8-27(a)所示的两冲突 AGV

发生碰撞的情况,而其他类型的冲突必须设计相应的避碰策略。

如图 8-27(b)所示,两台 AGV 竞争同一交叉路口,为避免两台 AGV 发生碰撞,为每个交叉路口定义一把锁。在交叉路口所有入口位置均设定一加锁点,需要进入交叉路口的 AGV 先在加锁点停车,同时向交通管控单元申请进入交叉路口;若交通管控单元查询到此交叉路口未加锁,则准许其进入并对此交叉路口加锁;AGV 收到准入信号后立即进入交叉路口,通过路口后再对此路口解锁。因此,在交叉路口的所有出口位置还须设置一个解锁点,加解锁位置的设置示意图如图 8-29 所示。如果 AGV 没有获得准入信号,而是停留在加锁点,那么延迟一段时间后重新发送准入请求。

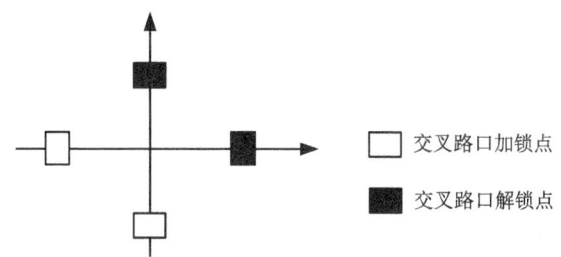

图 8-29 加解锁位置的设置示意图

如图 8-27(c)所示,由于 AGV#1 即将进入的路径段无剩余容量,若准许其进入交叉路口,则交叉路口较长时间地被其占用,从而阻塞了 AGV#4 的运行,降低了系统的运行效率。因此,当 AGV 进入交叉路口时,在检测此路口是否加锁的同时,还应检测即将进入的路径段是否有剩余容量。

路径段 e_{ij} 的剩余容量 $R(e_{ij})$ 的定义如下:

$$R(e_{ij}) = C(e_{ij}) - I(e_{ij}) \quad (8-37)$$

式中,$I(e_{ij})$——当前处于路径段 e_{ij} 上的 AGV 数量;

$C(e_{ij})$——路径段 e_{ij} 所能容纳 AGV 的数目。

$C(e_{ij})$ 的定义如下:

$$C(e_{ij}) = \text{Round}(\frac{d_{ij}}{L_{\text{AGV}} + F}) \quad (8-38)$$

式中,Round()——向下取整函数;

d_{ij}——路径段 e_{ij} 的长度;

L_{AGV}——AGV 的长度;

F——AGV 之间的最小安全距离。

当申请进入的路径段无剩余容量时,应暂时禁止 AGV 进入交叉路口,以免交叉路口长时间被占用,从而影响其他 AGV 的运行。通过这种策略也可避免因堵塞造成的死锁(见图 8-28)。

如图 8-27(d)所示,在某些 AGV 系统中,由于工业现场空间的限制,两导引标线相距较近,因此 AGV#2 转弯时会干涉 AGV#1 的运行。为避免碰撞,可以将这种情况看作一个虚拟交叉路口来处理(见图 8-30),保证当一台 AGV 转弯时,另一条路径段的干涉位置无 AGV。

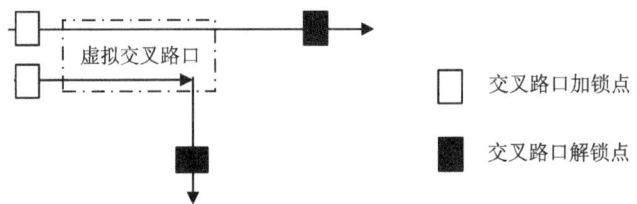

图 8-30 虚拟交叉路口

虽然 AGV 系统在特殊环境下还可能出现其他类型的冲突，但其他类型的冲突可以通过增加虚拟交叉路口的方式来处理。例如，为了避免装卸载中的 AGV 长时间阻塞，AGV 在进入交叉路口时，可以在每个工位点后设置一个虚拟交叉路口，从而将整条路径段分割为两段路径并分别进行管理，如图 8-31 所示。当工位点所在路径段无剩余容量时，禁止申请进入此路径段的 AGV 进入交叉路口。

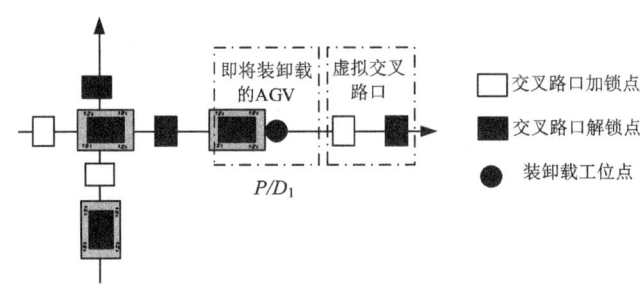

图 8-31 对装卸载工位点的处理

通过以上避碰策略并结合各 AGV 的自主避碰功能，即可保证各 AGV 之间不会发生碰撞。

2. 环路死锁与死锁控制策略

不管采用什么避碰策略，都会发生因某 AGV 被另一 AGV 阻塞而暂时不能运动的情况，如果若干 AGV 在局部范围内形成了循环阻塞，那么造成了环路死锁。本节介绍的避碰策略只对位于交叉路口（包括虚拟交叉路口）加锁点的 AGV 进行控制，而位于交叉路口加锁点的 AGV 即位于路径段队首的 AGV。在 UGNL 中，只要位于路径段队首的 AGV 不阻塞，则位于路径段后方的 AGV 就不会发生阻塞。因此，只要分析位于队首的 AGV 阻塞的原因即可。采用本节介绍的避碰策略，以下两种因素会导致位于路径段队首的 AGV 阻塞：第一种，申请进入的交叉路口暂时被其他 AGV 占用；第二种，申请进入的路径段无剩余容量。

由于采用本节介绍的避碰策略能够保证暂时占用交叉路口的 AGV 即将进入的路径段有剩余容量，因此，第一种因素既不会造成 AGV 长时间阻塞，又不会引发环路死锁，所以仅考虑第二种因素，即因路径段剩余容量不足而引起的环路死锁。避免环路死锁的前提是实现对环路死锁的检测。下面介绍一种基于有向图的环路死锁检测方法。

1）AGV 系统运行状态模型

针对基于 UGNL 的 AGV 系统，下面介绍一种基于阻塞图 $G_Q(V_Q, E_Q)$ 的环路死锁检测方法。

定义 1：阻塞图 $G_Q(V_Q, E_Q)$ 为有向图，其中，顶点集 V_Q 和边集 E_Q 的定义如下：

$$V_Q = \{e_{ij} \mid e_{ij} \in E \text{ 且 } I(e_{ij}) > 0\} \tag{8-39}$$

$$E_Q = \{(e_{ij}, e_{jk}) \mid e_{ij}, e_{jk} \in V_Q \text{ 且处于路径段} e_{ij} \text{队首的AGV即将进入路径段} e_{jk}\} \tag{8-40}$$

式中，E——路径网络 $G(V,E,D)$ 的边集；

$I(e_{ij})$——当前在路径段 e_{ij} 上运行的 AGV 数量；

e_{ij}——边 (e_{ij},e_{jk}) 的起点；

e_{jk}——边 (e_{ij},e_{jk}) 的终点。

式（8-39）表示只有那些有 AGV 运行的路径段才会成为阻塞图的顶点；式（8-40）表示在 UGNL 中，每个路径段都相当于一个先入先出的队列，若位于队首的 AGV 阻塞，则路径段上所有的 AGV 都将阻塞。因此，各相邻路径段的阻塞关系由位于路径段队首的 AGV 决定。

例 8.2 某时刻 AGV 系统的运行状态如图 8-32 所示，各路径段队首的 AGV 即将进入其他路径段，则对应的阻塞图如图 8-33 所示。按照阻塞图的定义，由于路径段上无 AGV，因此顶点 $e_{8,13}$、$e_{13,15}$ 和 $e_{9,10}$ 不会出现在阻塞图中。

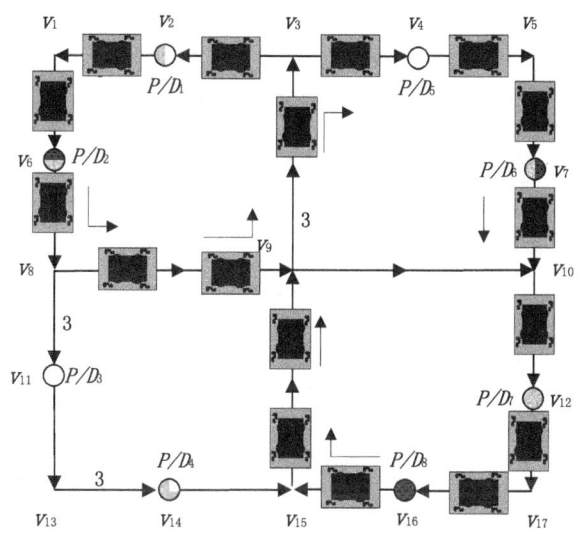

图 8-32 某时刻 AGV 系统的运行状态

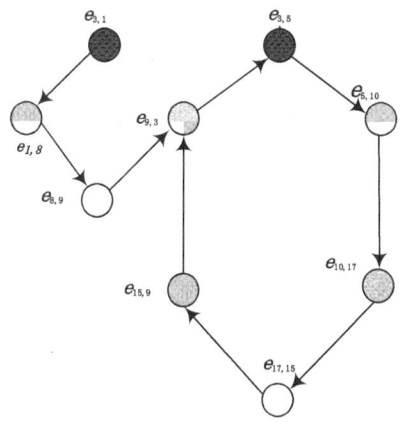

图 8-33 对应的阻塞图

定义 2： 对于阻塞图 $G_Q(V_Q, E_Q)$ 中的一条边 (e_{ij}, e_{jk})，顶点 e_{ij} 称为边 (e_{ij}, e_{jk}) 的起点，顶点 e_{jk} 称为边 (e_{ij}, e_{jk}) 的终点。顶点 e_{jk} 称为顶点 e_{ij} 的前向相邻节点，记作 $\text{Adj}^+(e_{ij})$。顶点 e_{ij} 称为顶点 e_{jk} 的后向相邻节点，记作 $\text{Adj}^-(e_{jk})$。

2）环路死锁及其搜索方法

定义 3： 阻塞环路表示在阻塞图中，一个有向回路表示一个阻塞环路 L，因此，L 可采用阻塞图的有序顶点集 $L = \{e_{ij}, e_{jk}, e_{km}, \cdots, e_{ni}\}$ 表示，对阻塞环路中任意两相邻顶点有 $(e_{jk}, e_{km}) \in E_Q$。

定理 1： 按照之前假设，若 AGV 在运动过程中不会自主更换路径，则阻塞图中任意一个顶点最多属于一个阻塞环路。

证明： 由于 AGV 在运动过程中不会自主更换路径，因此每条路径段队首的 AGV 即将申请进入的路径段是唯一的。所以，对阻塞图中任意一个顶点 e_{ij} 而言，至多存在一条以此顶点为起点的边。显然，任意一个顶点最多属于一个阻塞环路。

定义 4： 阻塞环路 L 的剩余容量 R_L 指阻塞环路所有顶点的剩余容量之和。

定理 2： 若阻塞环路 $L = \{e_{ij}, e_{jk}, e_{km}, \cdots, e_{ni}\}$ 的剩余容量 R_L 为 0，则阻塞环路 $L = \{e_{ij}, e_{jk}, e_{km}, \cdots, e_{ni}\}$ 是死锁环路。

证明： 若阻塞环路 $L = \{e_{ij}, e_{jk}, e_{km}, \cdots, e_{ni}\}$ 的剩余容量 $R_L = 0$，则说明阻塞环路中每个顶点的剩余容量均为 0，即位于阻塞环路中的每条路径段队首的 AGV 申请进入的路径段的剩余容量均为 0。根据之前介绍的避碰策略，位于每条路径段队首的 AGV 都被禁止运行，各路径段始终无法获得剩余容量，则 $L = \{e_{ij}, e_{jk}, e_{km}, \cdots, e_{ni}\}$ 是死锁环路。

当交通管控单元收到 AGV 申请时，除应用之前介绍的避碰策略之外，还应判断准许 AGV 申请进入的路径段是否会引发环路死锁。假定 AGV 申请进入路径段 e_{ij}，环路死锁搜索流程如图 8-34 所示。

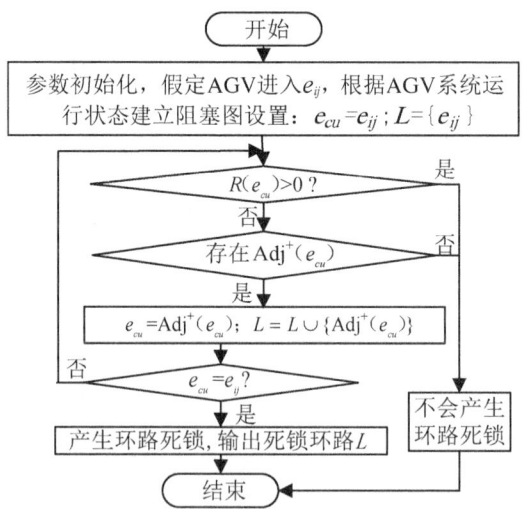

图 8-34 环路死锁搜索流程

在图 8-34 中，e_{cu} 为阻塞图中当前正搜索的节点；L 为阻塞图中的阻塞环路；$R(e_{cu})$ 为节点 e_{cu} 的剩余容量；$\text{Adj}^+(e_{cu})$ 为顶点 e_{cu} 的前向相邻节点。

由**定理 1** 可知，阻塞图中的任意顶点仅属于一个环路，因此环路死锁搜索流程至多遍历阻塞图中的所有节点，算法复杂度最高为 $O(n)$，n 为阻塞图中顶点的个数，按照阻塞图的定义，n 小于系统中路径段的条数 N_E 和 AGV 的数量 N_G。

3）环路死锁临界状态类型及对应的控制方法

当交通管控单元收到一台 AGV 的准入申请时，除采用上文介绍的避碰策略之外，还应判断准许其进入申请的路径段是否会引发环路死锁，若引发环路死锁，则说明此时 AGV 系统处于环路死锁临界状态。为便于区别对待，下面介绍单环路死锁与多环路死锁临界状态的概念。

定义 5：单环路死锁与多环路死锁临界状态。若准许某台 AGV#A 进入路径段 e_{ij} 会引发环路死锁 $L=\{e_{ij},e_{jk},e_{km},\cdots,e_{ni}\}$，则路径段 e_{ni} 队首必然存在另一台 AGV#B 即将申请进入路径段 e_{ij}。若在禁止 AGV#A 进入的同时，准许 AGV#B 进入不会产生环路死锁，则 AGV 系统此刻处于单环路死锁临界状态，如图 8-35 所示（假定所有路径段的容量为 2，AGV#A 目标工位点为 P/D_1，AGV#B 目标工位点为 P/D_5）。

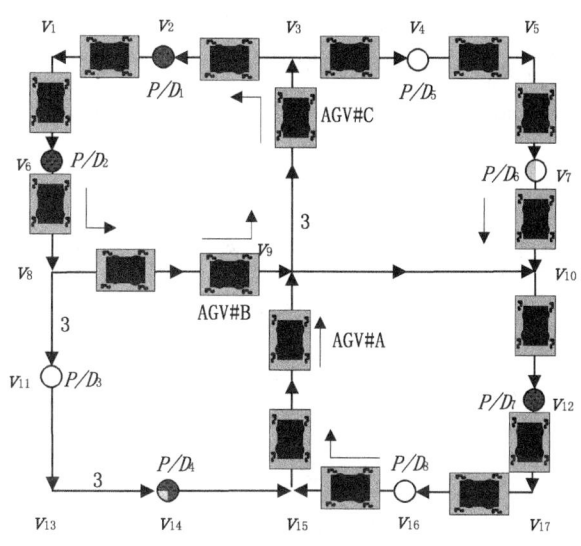

图 8-35　单环路死锁临界状态

反之，若在禁止 AGV#A 进入的同时，准许 AGV#B 进入会产生环路死锁，则 AGV 系统此刻处于多环路死锁临界状态，如图 8-36 所示（假定所有路径段的容量为 1，AGV#A 目标工位点为 P/D_1，AGV#B 目标工位点为 P/D_5）。

定理 3：若准许一台 AGV 进入容量大于 1 的路径段且出现环路死锁，则此时必定是单环路死锁临界状态。

证明：若准许 AGV#A 进入容量大于 1 的路径段 e_{ij} 会引发环路死锁 $L=\{e_{ij},e_{jk},e_{km},\cdots,e_{ni}\}$，则路径段 e_{ni} 队首必然存在另一台 AGV#B 即将申请进入此路径段 e_{ij}，由于 e_{ij} 容量大于 1 且 e_{ij} 的剩余容量为 0，此时路径段 e_{ij} 队首必然存在 AGV#C，AGV#C 决定了 e_{ni} 与 e_{ij} 属于同一环路。若在禁止 AGV#A 进入的同时，准许 AGV#B 进入，但不改变 AGV#C 位于 e_{ij} 队首，则 e_{ni} 与 e_{ij} 依然属于同一环路。而 AGV#B 在离开路径段 e_{ni} 时会释放一个容量，因此路径段 e_{ni}

与 e_{ij} 所在的环路至少有一个剩余容量，即准许 AGV#B 进入不会产生环路死锁，因此不属于多环路死锁临界状态。

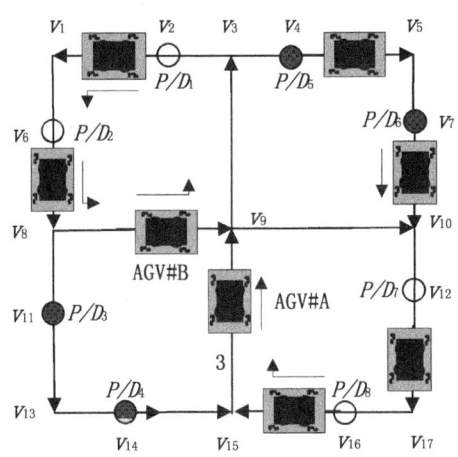

图 8-36　多环路死锁临界状态

针对两种环路死锁临界状态的死锁控制策略如下。

（1）单环路死锁临界状态控制策略：采用死锁避免策略，若准许 AGV#A 进入路径段 e_{ij} 会引发环路死锁 $L=\{e_{ij},e_{jk},e_{km},\cdots,e_{ni}\}$，则暂时禁止 AGV#A 运行，准许位于路径段 e_{ni} 队首的 AGV 运行。

证明：由于准许 AGV#A 进入路径段 e_{ij} 会引发环路死锁 $L=\{e_{ij},e_{jk},e_{km},\cdots,e_{ni}\}$，根据阻塞图的定义，路径段 e_{ni} 队首必然存在另一台 AGV#B 即将申请进入此路径段 e_{ij}，若此时禁止 AGV#A 运行，则允许 AGV#B 运行会在路径段 e_{ni} 上释放一个剩余容量，从而避免引发环路死锁 $L=\{e_{ij},e_{jk},e_{km},\cdots,e_{ni}\}$。同时，根据单环路死锁临界状态的定义，允许 AGV#B 运行不会引起新的环路死锁。

（2）多环路死锁临界状态控制策略：若准许 AGV#A 进入路径段 e_{ij} 会引发环路死锁 $L=\{e_{ij},e_{jk},e_{km},\cdots,e_{ni}\}$，则此时采取单环路死锁避免策略会引起另外一路环路死锁。因此，环路 $L=\{e_{ij},e_{jk},e_{km},\cdots,e_{ni}\}$ 中至少有一台 AGV 的路径需要重新规划。需要重新规划路径的 AGV 可以通过以下方法来确定。

首先确定环路中具有多个出口且出口路径段有剩余容量的路径交叉路口，然后判断若将属于此环路并位于这些交叉路口入口的 AGV 移动至相应出口是否会引起新的环路死锁。若不会引起新的环路死锁，则这些 AGV 为可以重新规划路径的 AGV。计算重新规划这些 AGV 路径后需要付出的代价（重新规划后的路径总路程与最优路径总路程的差值），将代价最小的一台 AGV 移动至对应的交叉路口出口以避免环路死锁；若这样的 AGV 不存在，则进行人工干预，将环路中的一台 AGV 暂时移出原路径，以释放一个剩余容量。这种情况只有在系统 AGV 数量较多的情况下才会发生。

3）交通管控单元操作流程

交通管控单元操作流程如图 8-37 所示，具体步骤如下。

步骤 1：等待 AGV 申请进入下一条路径段的请求，收到请求后进入步骤 2。

步骤 2：判断路口是否被其他 AGV 占用，若未占用，进入步骤 3，否则不准其进入，回到步骤 1。

步骤 3：判断 AGV 即将进入的路径段是否有剩余容量，若有剩余容量，则进入步骤 4，否则不准其进入，回到步骤 1。

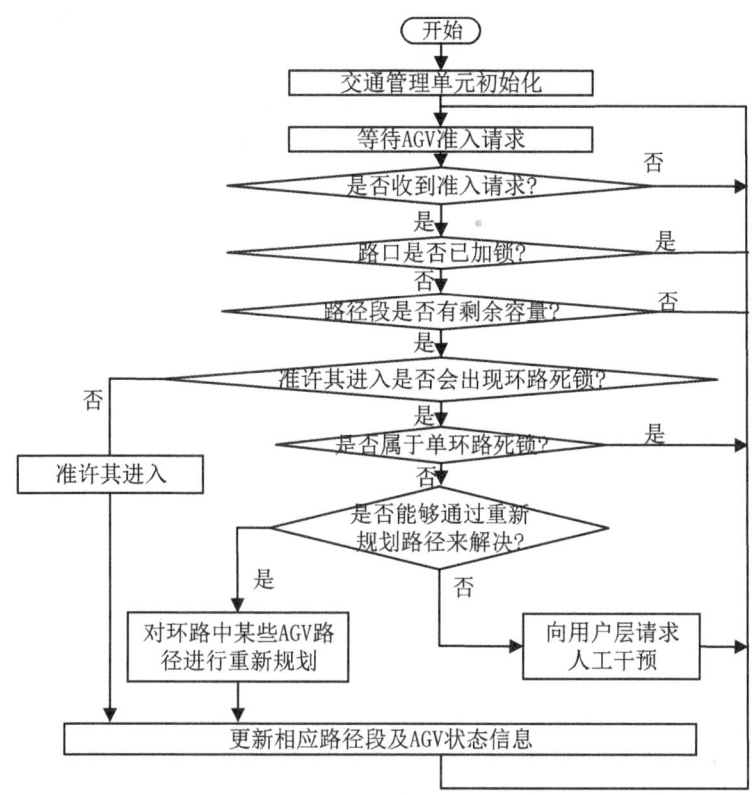

图 8-37　交通管控单元操作流程

步骤 4：首先假定准许此 AGV 进入路径段，并判断其是否会引发死锁，若不会引发死锁，则立即发送准入信号，并更新路径段及 AGV 状态信息，之后回到步骤 1；否则进入步骤 5。

步骤 5：判断死锁临界状态类型，若为单环路死锁临界状态，则不准其进入，回到步骤 1；若为多环路死锁临界状态，则判断是否能够通过重新规划环路中的某些 AGV 路径以避免死锁。若是，则重新规划环路中的某些 AGV 路径以避免死锁，在更新路径段及 AGV 状态信息后，回到步骤 1；若否，则向用户层发送人工干预请求，发送后回到步骤 1。

三、仿真实验与分析

1. 避碰策略仿真实验与分析

1）实验方法

为了验证上文介绍的避碰策略的效果，进行仿真实验。某基于 UGNL 的 AGV 系统布局如图 8-38 所示，假定 AGV 长为 1.5m，AGV 之间的安全距离为 0.5m，AGV 运行速度为 1m/s，加速度为 $0.5m/s^2$，不考虑 AGV 的装卸载时间。按照计算，在如图 8-38 所示的布局中，最小的环路可以容纳 8 台 AGV，为了保证 AGV 系统不会出现环路死锁，假定 7 台 AGV 同时运行。仿真软件采用西门子公司的 Plant Simulation 15.0，AGV 和导引路径分别使用 Transporter 和 Track 对象表示，工位点及加减锁位置通过在 Track 对象增加 Sensor 对象来实现，AGV 系统涉及的各种控制算法均可以通过在 Method 对象中编制 SimTalk 程序来实现。将本节介绍的避碰策略与传统区域控制法进行比较。

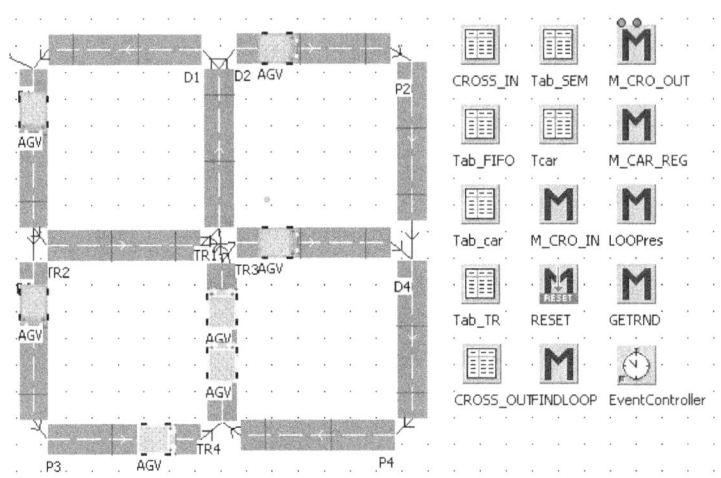

图 8-38　某基于 UGNL 的 AGV 系统布局

本节介绍的避碰策略仿真界面如图 8-38 所示。在每个装卸载工位点后增加一个虚拟交叉路口，并为每个交叉路口（包括虚拟交叉路口）设置加减锁点。

传统区域控制法要求每个区域在任意时刻只能容纳一台 AGV，但其对区域的划分较灵活。在 UGNL 中，每条路径段上可容纳多台 AGV，因此，按照路径段所能容纳 AGV 的数量为每条路径段设置多个分区。分区后的 AGV 系统布局如图 8-39 所示，每个方框均表示一个分区，共 24 个分区。在每个分区的出口位置设置一个临时停靠点，当 AGV 需要进入其他分区时，首先在临时停靠点停车，然后向 AGV 系统交通管控单元请求是否可以进入下一分区，最后在交通管控单元允许后进入下一分区。传统区域控制法仿真界面如图 8-40 所示。

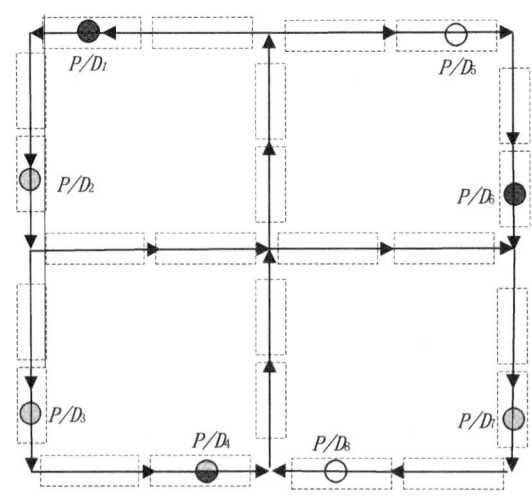

图 8-39　分区后的 AGV 系统布局

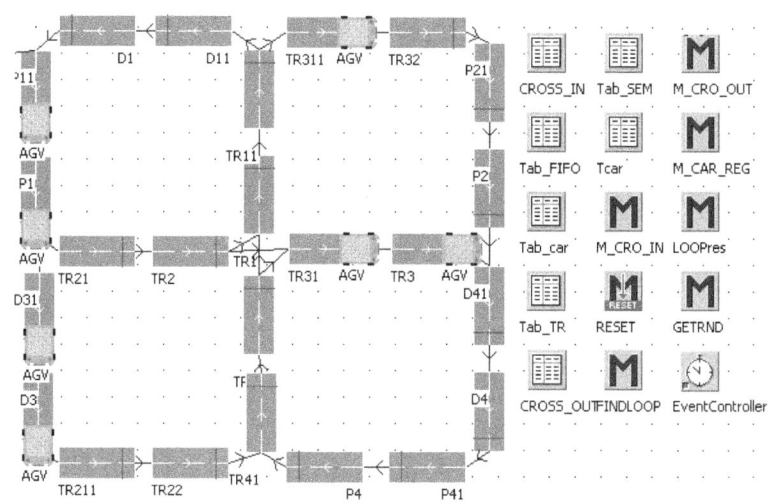

图 8-40 传统区域控制法仿真界面

系统开始运行时为每台 AGV 分配随机搬运任务，一旦某台 AGV 完成搬运任务，则立即为其分配新的随机搬运任务。设置仿真时间为 48 小时，则两种方法从 24 小时到 48 小时的仿真数据如表 8-13 所示。表 8-13 中各参数的意义如下。

（1）任务平均交互次数：AGV 平均每执行一个搬运任务需要向 AGV 系统交通管控单元发送准入请求的平均次数。

（2）任务平均执行时间：AGV 每执行一个任务所需的平均执行时间。

表 8-13 避碰策略仿真实验数据

避碰策略	任务平均交互次数/次	任务平均执行时间/s
本节介绍的避碰方法	5.5	38.1
传统区域控制法	12.2	45.4

2）实验数据分析

传统区域控制法需要在同一条路径段上设置多个分区，AGV 在每个分区出口位置暂停，并与 AGV 系统交通管控单元交互。如表 8.13 所示，与本节介绍的避碰方法相比，传统区域控制法的任务平均交互次数增加了一倍，既增加了系统通信量，又不利于大规模 AGV 系统的实施。AGV 在每个分区出口位置的停靠也增加了搬运任务的执行时间。而本节介绍的避碰方法只需在必要的位置设置虚拟交叉路口，因此，其任务平均交互次数和任务平均执行时间均少于传统区域控制法。虽然传统区域控制法可以通过减少分区数来减少停靠和交互次数，但是由于传统区域控制法要求每个区域只能容纳 1 台 AGV，分区数的减少也意味着系统能容纳的 AGV 数量的减少，因此，与传统区域控制法相比，本节介绍的避碰方法更适用于基于 UGNL 的 AGV 系统。

2. 环路死锁检测及控制方法实验与分析

为了验证本节介绍的环路死锁检测及控制方法的效果，进行仿真实验。首先假定 AGV 的尺寸、安全距离等参数与避碰方法实验相同，即每条路径段能容纳两台 AGV，（所有路径段总容量为 24），最小的环路能容纳 8 台 AGV。系统开始运行时，设置 AGV 数量为 7，为每台 AGV 分配随机搬运任务，一旦某台 AGV 完成搬运任务，则立即为其分配新的随机搬运任务，并逐渐增加系统中 AGV 的数量,每经过 2 小时将系统中的 AGV 数量增加 1 台,直至系统中的 AGV 增加到 23 台。路径段容量为 2 时的仿真实验界面如图 8-41 所示,路径段容量为 2 时检测到的死锁临界状态次数如表 8-14 所示。

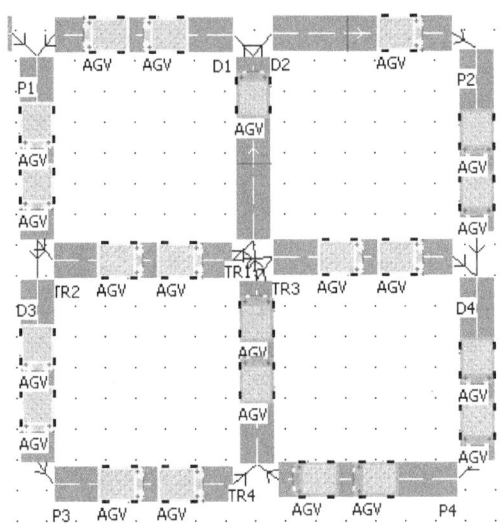

图 8-41　路径段容量为 2 时的仿真实验界面

表 8-14　路径段容量为 2 时检测到的死锁临界状态次数

AGV 数量	单环路死锁临界状态次数	多环路死锁临界状态次数
8	1	0
10	2	0
16	12	0
20	27	0
23	65	0

如表 8-14 所示,当 AGV 数量较少时,检测到的死锁临界状态次数较少,随着 AGV 数量的增加,检测到的死锁临界状态的次数显著增加,且均属于单环路死锁临界状态。单环路死锁控制策略能够避免环路死锁,仿真结果也表明:当所有路径段容量均大于 1 时,不可能出现多环路死锁。

为了测试介绍的多环路死锁控制策略,改变 AGV 的尺寸和安全距离,假定 AGV 尺寸为 2m,安全距离为 1m,每个路径段容量为 1(所有路径段总容量为 12),最小的环路容量为 4。系统开始运行时,设置 AGV 数量为 4,每运行 2 小时将系统中的 AGV 数量增加 1 台,直至系统中的 AGV 增加到 11 台。路径段容量为 1 时的仿真实验界面如图 8-42 所示,路径段容量为 1 时检测到的死锁临界状态次数如表 8-15 所示。

表 8-15　路径段容量为 1 时检测到的死锁临界状态次数

AGV 数量	单环路死锁临界状态次数	多环路死锁临界状态次数
4	2	0
7	17	0
10	66	8
11	5	1

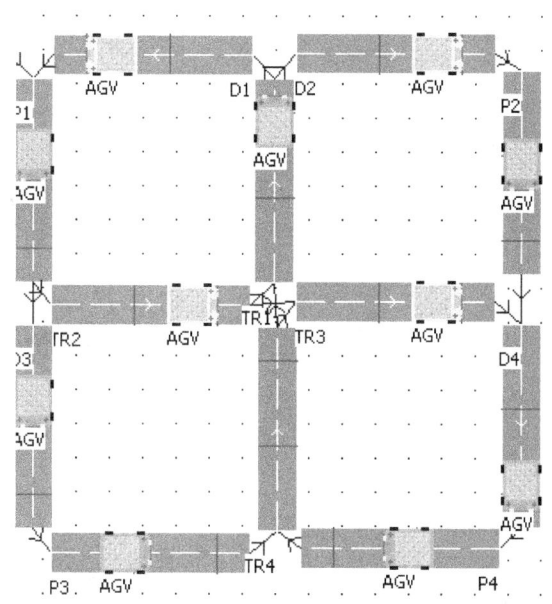

图 8-42　路径段容量为 1 时的仿真实验界面

如表 8-15 所示,在将路径段容量改为 1 后,开始检测到多环路死锁临界状态,当 AGV 数量少于 11 台时,通过介绍的多环路死锁控制策略,对系统中的某些 AGV 路径进行重新规划,能够避免死锁。但当 AGV 数量为 11 台时,由于整个系统中所有路径段仅有 1 个剩余容量,当检测到 1 次多环路死锁临界状态时,环路中所有出口均堵塞,因此无法通过对某些 AGV 路径进行重新规划的方式解除死锁,仿真也无法继续。此时,必须申请人为干涉,将某些 AGV 暂时驶离导引路径网络,以释放一个容量。然而,在制造环境中,AGV 系统密度较低,因此所有出口均堵塞的情况极少出现。

四、小结

本节针对基于 UGNL 的 AGV 系统,介绍了一种避免 AGV 之间碰撞的避碰方法;建立了基于有向图的 AGV 系统运行状态模型,并针对该模型介绍了一种环路死锁搜索方法;定义了包含单环路和多环路死锁临界状态的环路死锁临界状态概念,并介绍了对应的死锁控制策略;最后通过仿真实验证明了介绍的避碰方法的有效性。

第九章

系统仿真与优化

生产物流系统是一种面向既定车间设施布局和生产工艺过程、包含多种物流输送装备和生产加工设备的复杂工程系统。系统在运行过程中涉及各种作业计划、调度控制信息与事件，表现出离散、随机、并发和递归的特点，至今尚无一种数学方法能够精确地描述并求解这类调度控制问题。因此，本章讲述生产物流系统仿真与优化方法，包括系统仿真基本原理、生产物流系统典型事件分析、Plant Simulation 仿真软件、生产物流系统建模与仿真案例等。在生产物流系统物理设施尚未建设的初始阶段，通过计算机软件仿真工具，可为物流控制系统的工程开发提供一种客观有效的设计依据与评价标准。

第一节 系统仿真基本原理

生产物流系统是一个为了生产产品，综合生产工艺、生产计划、质量控制、人员调度、设备维护、物料控制等各种技术为一体的复杂系统。为实现快速响应市场需求，满足小批量、多品种生产，以及提高生产物流系统规划设计的速度、柔性，减少投资风险，必须使企业的生产物流系统能够高度可靠、优质地进行生产和运行。但是，目前在生产物流系统规划、设计、评估、运行、管理等方面面临着许多问题，如生产物流系统本身的复杂性使其评估风险高、适应性差、在运行过程中生产调度困难等，尤其是在大型复杂的生产物流系统中，这些问题更为突出。

生产物流系统属于典型的离散事件系统，它由大量复杂的加工中心、数控机床、普通机床、运输设备、缓冲站、量具、刀具、夹具、辅具和工件等生产和物流资源构成，并且涉及各种作业计划和控制调度信息与事件，表现出离散、随机、并发和递归的特点，至今尚无一种数学方法能够精确地解析并求解这类问题。计算机仿真作为一种行之有效的实验方法，已被广泛应用到生产物流系统的设计、运作和优化过程中，它目前是对生产物流系统进行分析、实验和评价的最简单、最经济、最有效的方法。计算机仿真可以把所有的生产和物流资源、产品生产研制周期、库存数量、在制品数量等动态地结合起来，是一种解决现代生产物流系统中各种复杂问题的理想方法。

一、系统仿真和计算机仿真

系统仿真是用数学和图示的手段来演示系统行为历程的方法，是在建立数学逻辑模型的基础上，通过计算机实验，对一个系统按照一定的决策原则或作业规则由一个状态变换为另一个状态的动态行为进行描述和分析的方法。系统仿真能模仿实际系统在时间历程上系统状态的各种动态活动，并把系统动态过程的瞬间状态记录下来，最终得到用户关心的系统性能。

在信息技术十分发达的今天，系统仿真大多采用计算机来进行，称为计算机仿真。计算机仿真是以相似原理、信息技术、系统技术及与其应用领域有关的专业技术为基础，以计算机和各种物理效应设备为工具，利用系统模型对实际的或设想的系统进行实验研究的一门综合性技术，是对真实系统建立模型，用模型代替真实系统并在一系列系统运行准则的约束中对模型进行实验，以了解系统行为或评价各种战略，从而研究系统性能的方法。仿真系统与现实系统的关系如图9-1所示。

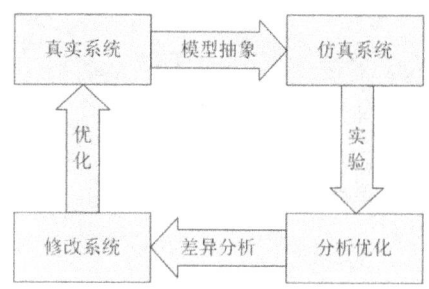

图 9-1　仿真系统与实现系统的关系

二、系统仿真的作用

系统仿真的作用主要体现在以下几个方面。

（1）对于现有的实际运行的系统，为了对其进行深入的了解和改进，需要在实际系统中进行实验，这往往要花费大量的人力、物力和财力，有时甚至不可实现。但是通过系统仿真，可以使系统不受干扰，再经过模拟分析，对现有系统在拟定的工作条件下的性能做出分析和评价，从而预测其未来发展，提出改进方案。

（2）如果要设计一个还未确定优劣的新系统，那么可以不必花费很大的投资去建立它，而采用系统仿真的方法，对新系统的可行性和经济效益做出正确的评价，以帮助设计人员选择最优的设计方案。

（3）在维修保障系统管理的宏观、微观决策中，可以在实际调研的基础上拟定多个不同的决策方案。对于这些方案，可以运用计算机仿真技术，按照既定的目标函数选择最优的方案。

（4）当纯粹的数学模型难以提供分析结果或数值解的时候，计算机仿真是解决问题的一种较好的方法。

三、连续系统仿真和离散事件系统仿真

根据系统仿真研究对象，系统仿真可分为连续系统仿真和离散事件系统仿真。连续系统

仿真指对于那些系统状态变量随时间连续变化的系统，建立其数学模型并将该模型放在计算机上进行实验。连续系统仿真的基本特点是，它能用一组方程式来描述。这类系统的数学模型包括连续模型（微分方程）、离散时间模型（差分方程）及连续-离散混合模型。

离散事件系统仿真指对于那些系统状态只在一些时间点上由某种事件驱动而发生变化的系统，建立其数学模型并将其放在计算机上进行实验。这类系统的状态变量在两个事件之间保持不变，其数学模型一般很难用数学方程来描述，通常是用流程图或网络图来描述。离散事件系统指事件的发生在时间和空间上都是离散的，交通管理、港口船舶进港、计算机网络等都是离散事件系统。在离散事件系统中，各事件以某种顺序或在某种条件下发生，并且大都是随机性的，不能用常规的方法加以研究。生产物流系统属于典型的离散事件系统。

四、离散事件系统仿真的基本概念

1. 实体

实体是描述系统的 3 个基本要素（实体、属性、活动）之一。离散事件系统中的实体可分为两大类：临时实体与永久实体。系统中只存在一段时间的实体叫作临时实体。这类实体由系统外部到达系统并通过系统，最终离开系统。临时实体是按一定规律不断到达（产生）的，并在永久实体的作用下通过系统，最后离开系统，整个系统呈现出动态过程。

2. 事件

描述离散事件系统的另一个重要概念是事件。事件是引起系统状态发生变化的行为。从某种意义上说，这类系统是由事件来驱动的。在一个系统中，往往有许多类事件，而事件的发生一般与某一类实体相关，某一类事件的发生还可能会引起别的事件的发生，或者是另一类事件发生的条件等。为了实现对系统中的事件进行管理，仿真模型中必须建立事件表，表中记录每一个发生了的或将要发生的事件类型和事件发生时间及与该事件相连的实体的有关属性等。

3. 活动

离散事件系统中的活动通常用于表示两个可以区分的事件之间的过程，它标志着系统状态的转移。

4. 仿真时钟

仿真时钟用于表示仿真事件的变化。在离散事件系统仿真中，由于系统状态变化是不连续的，在相邻两个事件发生之间，系统状态不发生变化，因此仿真时钟可以跨越这些"不活动"区域，从一个事件的发生时刻推进到下一个事件的发生时刻。仿真时钟的推进成跳跃性，推进速度具有随机性。由于仿真实质上是对系统状态在一定时间序列的动态描述，因此仿真时钟一般是仿真的主要自变量，仿真时钟的推进是系统仿真程序的核心部分。但仿真时钟显示的是仿真系统对应实际系统的运行时间，而不是计算机运行仿真模型的时间。仿真时间与真实时间将设定成一定的比例关系，使像生产物流系统这样复杂的系统，利用计算机仿真只需要几分钟就可以完成，而真实系统的运行则需要若干天，甚至若干月。

5. 随机变量

复杂的离散事件系统常常包含随机的因素，如生产物流系统中工件的到达、运输车辆的到达和运输事件等一般都是随机的。这些复杂的随机系统很难找到相应的解析式来描述和求解。系统仿真技术成了解决这类问题的有效方法。对受随机因素影响的系统进行仿真时，首先要建立随机变量模型，即确定系统的随机变量并确定这些随机变量的分布类型和参数。对于分布类型是已知的或可以根据经验确定的随机变量，只要确定它们的参数就可以了。无论是确定随机变量的分布类型还是确定其参数，都要以调研观测的数据为依据。

五、离散事件系统仿真的基本步骤

1. 调研系统，设立目标

通过调研，仿真者可对研究的系统进行全面深入的了解，并对系统进行尽可能详细的描述，明确仿真的目的；然后根据系统特点和仿真要求，选择仿真软件。

2. 收集仿真资料

根据仿真目标建立模型，对系统进行简化和抽象；在收集数据时，要考虑系统运行的循环周期，并对完整的循环周期进行资料采集。

3. 修改和运行仿真模型

为保证建立的模型符合真实系统，在建立模型后，应对模型进行检查，并反复修改模型，直至模型基本正确为止。模型的检查内容包括生产物流系统的流程、逻辑关系、循环周期和随机变量分布等。然后运行仿真模型，并获取模型的仿真结果。

4. 仿真结果分析

由于仿真模型获得的结果只是对实际系统进行的一次抽样实验，其输出结果带有随机性，因此，必须运用数理统计的方法，对仿真结果进行统计分析。

5. 优化系统参数，运行系统仿真模型

通过手动或优化算法对仿真系统中的模型参数进行调整和优化，再次运行仿真模型，进行比较，得到最优的系统。

6. 实施仿真决策

将经过计算机仿真实验辅助做出的决策付诸实施。只有实现了这一步，系统仿真才能完成自己的任务，并达到预期的目的。生产物流系统仿真优化过程如图9-2所示。

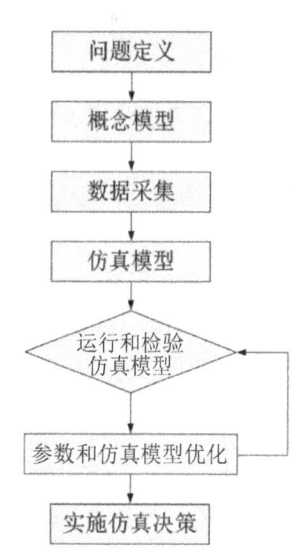

图9-2 生产物流系统仿真优化过程

第二节 生产物流系统典型事件分析

一、排队论的基本概念

1918 年，A.K.爱尔朗提出排队论，并将它用于电话系统，其实质是研究服务台与顾客之间的效率问题，即希望服务台效率高，而顾客的等待时间又不会太长，因此又称为随机服务理论。20 世纪 30 年代，苏联数学家 A.R.辛钦把处于统计平衡的电话呼叫流称为最简单流；瑞典数学家巴尔姆又引入有限后效流等概念和定义。20 世纪 50 年代初，美国数学家费勒关于生灭过程的研究、英国数学家 D.G.肯德尔提出的嵌入马尔可夫链理论及对排队队形的分类方法，为排队论奠定了理论基础。在这以后，塔卡奇等人又将组合方法引入排队论，使它更能适应各种类型的排队问题。20 世纪 70 年代，人们开始研究排队网络和复杂排队问题的渐进解等，其成为研究现代排队论的新趋势。

排队系统的一般模型如图 9-3 所示，其描述了排队系统的含义。排队系统的本质是研究服务台与顾客之间服务与接受服务的效率问题的。服务台与顾客之间存在相互依存又相互矛盾的关系。系统设计的总体目标是以最少的服务台数满足最多顾客服务需求。

图 9-3 排队系统的一般模型

二、排队系统的组成部分

1. 到达过程

临时实体的到达规律一般用顾客相继到来的间隔时间来描述。根据间隔时间来确定到达模式的类型是确定型还是随机型。

输入过程考查的是顾客到达服务机构的规律。它可以用一定时间内顾客的到达数或前后两顾客相继到达的间隔时间来描述，一般分为确定型和随机型两种。随机型的输入指在时间 t 内顾客的到达数 $n(t)$ 服从一定的随机分布，如服从泊松分布，则在时间 t 内到达 n 个顾客的概率为

$$P_n(t) = \frac{e^{-\lambda t}(\lambda t)^n}{n!}, (n=0,1,2,\cdots,N) \tag{9-1}$$

相继到达的顾客的间隔时间 T 服从负指数分布，即

$$P(T \leqslant t) = 1 - e^{-\lambda t} \tag{9-2}$$

式中，λ——单位时间内期望顾客的到达数，称为平均到达率；

$1/\lambda$——平均间隔时间。

在排队论中，讨论的输入过程主要是随机型的。

2. 排队规则

排队规则指服务机构对下一个临时实体进行服务的选取规则。它分为损失制、等待制和混合制。

（1）损失制：工件到达系统时，若机器没有空闲，则工件离去，并另求其他机器进行加工；如果没有足够的医生或医疗器械救治急诊患者，或者医院药物、卫生材料暂缺等，从而导致病人离开造成损失。

（2）等待制：工件到达系统时，若机器没有空闲，则工件排队等待加工。等待制加工方式有以下几种。

① 先到先服务：按工件到达的先后顺序给予加工，这是最常见的规则。

② 后到先服务：后到达的工件先给予加工，如情报收集中最后到达的信息最有价值，往往最先采用。

③ 优先权服务：给每一个到达排队系统的工件设定一个权值，按权值的大小给予先后服务。工件的权值可以是定值，也可以是动态变化的，如医院对危重病人给予优先治疗。

④ 随机服务：排队系统随机抽取等待加工的工件。

（3）混合制：介于等待制与损失制之间的形式。混合制的加工方式有以下几种。

① 队伍长度有限，当队伍长度小于 N 时，新到工件排队等待加工；当队伍长度为 N 时，新到工件离去。例如，患者住院所需病床数有限，超过病床数无法再接收病人。

② 等待时间有限，新到工件排队等待加工，若一段时间内仍未得到加工，则工件离去。例如，医院血库的血浆，在等待一定时间后如仍未得到，将会需求新的资源。

③ 逗留时间（等待时间与加工时间之和）有限，工件在系统中的逗留时间不得超过确定的时间。例如，药品的有效期，药品过了有效期后必须丢弃。

3. 服务规则

服务规则指同一时刻有多少服务机构可以接纳临时实体，同时需要多少服务时间。刻画服务规则的要素主要包括：在多少个服务台的情况下，是串联还是并联；顾客所需服务时间服从什么样的概率分布；每个顾客所需的服务时间是否相互独立，是成批服务还是单个服务等。服务规则中可以是一个或多个服务台；多个服务台可以并联排列，也可以串联排列；服务时间一般分为确定型和随机型两种。随机型服务时间 v 服从一定的随机分布，如果服从负指数分布，那么其分布函数为

$$P(v \leqslant t) = 1 - e^{-\mu t}, \quad t \geqslant 0 \tag{9-3}$$

式中，μ——平均服务率；

t——平均服务时间。

三、排队系统的类型

1. 单服务台排队系统

单服务台排队系统是排队论中最简单的结构形式，也是在生产物流系统中普遍存在的一类系统。例如，在单机器加工系统中，工件按照一定的概率分布到达系统，排队等待机器加工，加工完毕离开系统。在该类系统中有一级服务台，在这一级中也只有一个服务台。单服

务台排队系统结构如图 9-4 所示。

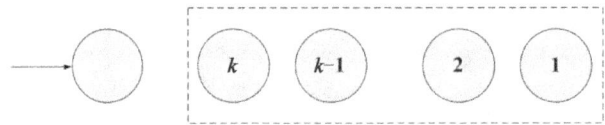

图 9-4　单服务台排队系统结构

2. 单级多服务台排队系统

单级多服务台排队系统也是经常遇见的排队系统的形式，它可分为所有服务台只有 1 个排队和每个服务台都有排队两种情况，如图 9-5 所示。在单级多服务台排队系统中，每个服务台可以有相同的分布和参数，也可以有不同的参数和分布。在第一种排队形式中，当有一个服务台空闲时，则顾客直接进入服务台；当有两个或两个以上服务台空闲时，则顾客可按规则选择进入其中的一个服务台。在第二种排队形式中，首先确定该顾客选择哪一个服务台，然后根据选择服务台是"忙"还是"闲"来决定是接受并开始服务，还是在服务台前的队伍中排队。

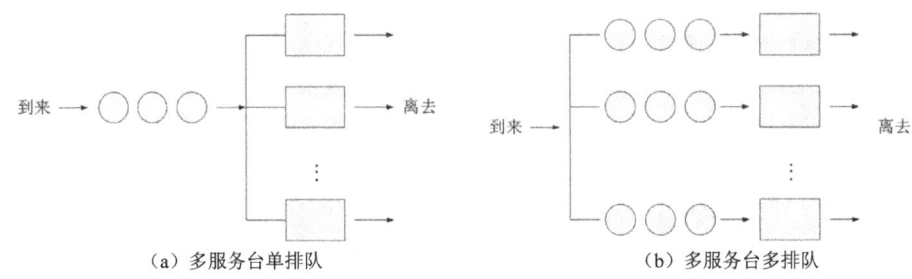

图 9-5　单级多服务台排队系统结构

3. 多级多服务台排队系统

多级多服务台排队系统是排队系统的一类常见形式。多级多服务台排队系统结构如图 9-6 所示，服务台共有 3 级，每级分别由 2 个、3 个和 1 个服务台组成，每级服务台前都有一个排队，顾客进入排队系统后逐级进入服务台，并逐级进行服务。如果没有空闲的服务台，那么逐级排队等待，当最后一级服务结束后，顾客离开系统。

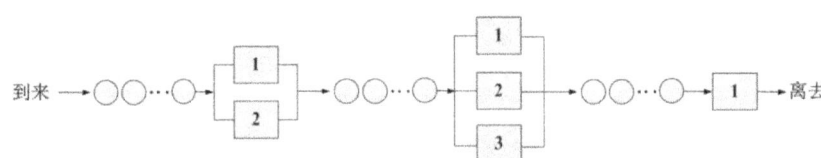

图 9-6　多级多服务台排队系统结构

4. 排队系统的多样化

前面分别阐述了单服务台、单级多服务台和多级多服务台的排队系统，但在实际应用中，排队系统不会那么典型，而往往会有不同的情况。下面分别论述其他排队系统的有关问题。

1）顾客服务要求的多样化

一个排队系统可同时为两种或两种以上的顾客服务，不同类型的顾客，其到来的时间间隔不同，所接受的服务内容也可能不同，对此时的排队系统而言，顾客的服务要求是多样化的。

2）服务台的多样化

服务台不仅在个数上可以有所不同，而且在其他方面也可以有所不同。有的服务台是可移动的，如救护系统中的客户呼叫服务，其服务台为救护车及救护人员，他们到达呼叫地点，并将病人送到医院，所以其服务台是可移动的。

3）顾客等待的多样化

顾客在到达排队系统时，如果不能及时接受服务就需排队等待，也有部分顾客因接受不到服务而离开系统。例如，电话系统中由于服务台不能接受顾客的呼叫，因此顾客会选择结束呼叫。

在服务台接受服务时，顾客等待也有多样化的问题，有先到先服务的、后到后服务的及按照顾客的优先级来服务的。对于优先级高的顾客，服务台甚至可以中断现有的服务，而让优先级高的顾客先享受服务。

总之，现实的排队系统是多种多样的，这也带来更多的复杂性。排队系统作为基础系统广泛地应用在现实的生产物流系统中。有些生产物流系统往往由不同类型的排队系统组成，而仿真技术可以更好地为不同类型的排队系统分析、求解。

四、排队系统的性能指标

服务质量与服务效率是排队系统的性能指标。服务质量指顾客需要等待的时间长短，其可以用平均等待时间、平均队长来表示，有时也用最长等待时间和最长队长来表示。服务效率则用忙期来表示，即服务台连续繁忙的时间，其直接关系到服务台的工作强度。与忙期对应的是闲期，指服务台连续保持空闲的时间。在排队系统中，忙期与闲期是交替出现的。

服务台利用率用 ρ 表示：

$$\rho = \frac{\text{平均接受服务时间}}{\text{平均到达时间间隔}} = \frac{\mu}{\lambda} \tag{9-4}$$

由式（9-4）可知，服务台空闲的概率为 $(1-\rho)$，顾客到达不需要等待即可得到服务的概率为 ρ_0，则

$$\rho_0 = 1 - \rho \tag{9-5}$$

1. 平均顾客数

在排队系统中，平均顾客数包括正在接受服务的顾客数和正在等待服务的顾客数，用 L 表示，即

$$L = \sum_{n=0}^{\infty} n P_n \tag{9-6}$$

式中，$P_n = \rho_n \cdot \rho_0$，为排队系统中出现 n 个顾客的概率，则

$$L = \sum_{n=0}^{\infty} n \rho_n \cdot \rho_0 = \sum_{n=0}^{\infty} n(1-\rho)\rho_n = \frac{\rho}{1-\rho} \tag{9-7}$$

2. 平均队长

平均队长也称为系统内排队等待的顾客数（不包括正在接受服务的顾客数），用 L_q 表示。

3. 顾客在排队系统内停留的时间

顾客在排队系统中停留的时间指单个顾客在排队系统中停留的总时间,其均值用 W 表示。在 W 时间内到达的顾客平均数为 λW,由于这个数与排队系统中的平均顾客数相等,即 $L=\lambda W$,因此 $W=\dfrac{L}{\lambda}=\dfrac{1}{\mu-\lambda}$。

4. 平均等待时间

平均等待时间指顾客在进入排队系统后,其在队列中排队等待服务的时间的平均值,用 W 表示。考虑平均等待时间与平均队长的关系 $L_q = \lambda \cdot W_q$,有

$$W_q = \frac{L_q}{\lambda} = \frac{\rho}{\mu-\lambda} = \frac{\lambda}{\mu(\mu-\lambda)} \tag{9-8}$$

5. 排队系统中出现多于 n 个顾客的概率

已知排队系统中出现 i 个顾客的概率为 $\rho^i(1-\rho)$,则排队系统中出现多于 n 个顾客的概率为

$$\rho^{n+1} = 1 - \sum_{n=0}^{\infty} \rho^i(1-\rho) \tag{9-9}$$

以上分析都是基于单服务台无限源系统进行的解析运算,但实际情况不会这么简单。遇到复杂情况时很难用解析法求出具体解,或者求解过程很复杂,因此对于复杂的排队系统问题,可以借助仿真的方法来解决。

五、排队系统的简单手动仿真模型

下面根据一个排队系统的典型示例进行手动仿真,并以此来说明排队系统仿真的原理。在建模仿真前,首先要确定排队系统的基本参数,这些参数基于以下假设。
(1)只有一个服务台,若顾客到达时服务台被占用,则排队等待,共有 10 位顾客。
(2)顾客到达间隔时间为 1~8min 的均匀到达分布。10 位顾客的到达时间如表 9-1 所示。

表 9-1 10 位顾客的到达时间

顾客	随机数字	到达间隔时间/min	顾客	随机数字	到达间隔时间/min
1	—	—	4	015	1
2	913	8	5	948	8
3	727	6	6	309	3
7	922	8	9	235	2
8	753	7	10	302	3

(3)服务时间为 1~6min,其概率分别为 0.10、0.20、0.30、0.25、0.10、0.05。10 位顾客的服务时间分布如表 9-2 所示。

表 9-2 10 位顾客的服务时间分布

服务时间/min	概率	累计概率	随机数区间
1	0.10	0.10	01~10

续表

服务时间/min	概率	累计概率	随机数区间
2	0.20	0.30	11~30
3	0.30	0.60	31~60
4	0.25	0.85	61~85
5	0.10	0.95	86~95
6	0.05	1.00	96~100

（4）在系统初始时，排队系统中没有顾客，即排队队列中没有顾客等待，服务台无服务对象。

（5）顾客按照先来先服务的顺序排队接受服务。10 位顾客的服务时间如表 9-3 所示。

表 9-3　10 位顾客的服务时间

顾客	随即数字	到达间隔时间/min	顾客	随即数字	到达间隔时间/min
1	84	4	6	79	4
2	10	1	7	91	5
3	74	4	8	67	4
4	53	3	9	89	5
5	17	2	10	38	3

由表 9-1 和表 9-3 可知：

第 1 位顾客的到达时刻为 0；服务开始时刻为 0；服务时间为 4min；等待时间为 0min；到达间隔时间为 1min；服务结束时刻为 4；逗留时间为 4min。

第 2 位顾客的到达时刻为 8；服务开始时刻为 8；服务时间为 1min；等待时间为 0min；到达间隔时间为 8min；服务结束时刻为 9；逗留时间为 1min。

后几位顾客依次类推。

构造仿真表，开始手动仿真，如表 9-4 所示。

表 9-4　仿真表

顾客	到达间隔时间/min	到达时刻	服务开始时刻	服务时间/min	等待时间/min	服务结束时刻	逗留时间/min	服务员空闲时间/min
1	—	0	0	4	0	4	4	0
2	8	8	8	1	0	9	1	4
3	6	14	14	4	0	18	4	5
4	1	15	18	3	3	21	6	0
5	8	23	23	2	0	25	2	2
6	3	26	26	4	0	30	4	1
7	8	34	34	5	0	39	5	4
8	7	41	41	4	0	45	4	2
9	2	43	45	5	2	50	7	0
10	3	46	50	3	4	53	7	0
Σ				35	9		44	18

仿真结果计算如下。

(1) 全部顾客的平均等待时间为 $\frac{9}{10} = 0.9 \min$。

(2) 顾客必须在队伍中等待的概率为 $\frac{3}{10} = 0.3$。

(3) 服务台空闲的概率为 $\frac{18}{53} = 0.34$；服务台工作的概率为 1-0.34=0.66。

(4) 平均服务时间为 $\frac{35}{10} = 3.5 \min$。

仿真结果与服务时间分布的均值进行比较：

$$T_i = E[t_i] = \sum_{t_i=0}^{\infty} t_i P(t_i) \tag{9-10}$$

应用仿真表求服务时间分布的期望值，得期望服务时间为

1×0.01+2×0.02+3×0.03+4×0.25+5×0.01+6×0.05=3.2min

期望服务时间稍小于仿真的平均服务时间，随着仿真时间的增加，其将越来越接近均值 $E[t_i]$。

第三节　Plant Simulation 仿真软件

一、Plant Simulation 简介

在计算机上对离散事件系统进行仿真和优化必须借助相关模型和仿真软件，仿真软件能实现模型描述、仿真试验的控制和执行、仿真结果的分析和演示、模型和数据的存储和检索等功能，还能提供高级的优化算法，以对仿真结果进行优化。Plant Simulation 是生产物流系统中最常用、功能非常强大的离散事件系统仿真软件，它的前身是 SIMPLE++，1992 年，其由 Aesop、Tecnomatix 和 KG 公司联合开发，并安装了第一个用户。在被 SIEMENS 公司收购后，SIMPLE++更名为 Plant Simulation。目前，Plant Simulation 的最高版本为 15.2 版，该版本的功能更为强大，被广泛用于离散事件系统的优化与仿真。Plant Simulation 采用了面向对象建模（Object-oriented Modeling）的编程方法，打破了以往仿真软件面向过程的方式，使其建模灵活，使用方便。

在生产物流系统的规划和设计过程中，Plant Simulation 被广泛用于分析设施规划方案选择、设备投资评估、暂存区设计、生产线平衡、瓶颈分析、派工模拟和企业再造模拟分析，其模拟和评估性能指标有生产率、在制品占用率、设备利用率、工人负荷平衡情况和物流顺畅程度等。

二、Plant Simulation 的特点

作为一款优秀的建模和仿真软件，Plant Simulation 具有易用性好、灵活性强和开放性好的特点。

在易用性方面，Plant Simulation 通过图形化建模，利用系统内置的建模对象和模块对象，用户可以快速构建仿真模型；在灵活性方面，利用系统内嵌的 SimTalk 程序语言，用户可以对模型的细节和仿真过程进行控制，并通过模块化编程提高程序的复用性；在开放性方面，Plant Simulation 支持和文本、Excel、数据库进行数据交换，并能够和 AutoCAD 等设计软件进行数据交换。Plant Simulation 为建模、仿真、优化、图形化显示提供了一种面向对象的集成化工作环境。Plant Simulation 的特点包括以下几个方面。

1. 图形化、原型化的集成用户环境

在使用传统的仿真软件时，用户首先需要建立一个完整的模型，然后运行仿真软件，最后用产生的仿真文件来描述过程，用户在仿真过程中不能改变仿真模型。但是在 Plant Simulation 的图形化、原型化的集成用户环境下，模型的所有功能和信息在建模、测试阶段也可以以图形化表示。因此，即使没有启动仿真，在建模、测试阶段，也能够对模型的部分进行仿真和动画显示，同时，在仿真过程中，模型的所有接口都是有效的，用户可以随时修改模型的参数和属性。

2. 层次结构化

在 Plant Simulation 中可以自上而下逐步建立仿真模型，而且在建模过程中能够随时添加其他层次结构。每一个模型都是一个模板，模板可以对输入输出进行不同的组合，因此，在一个大的仿真系统中，不同的用户能够并行工作。在 Plant Simulation 中，模型层次的个数是没有限制的，因此，在系统的设计中，用户通过附加层次，可以将设计细化到需要的任何程度。

3. 继承性

继承性是面向对象的一个主要特性，它是有效建模的决定因素。由于一个对象继承了类的所有特性和结构，因此只要类的属性发生变化，则所有对象也随之改变。

4. 建模中的信息处理

Plant Simulation 自带 SimTalk 语言、信息流模块和预定义函数库，使得信息处理和管理具有较强的柔性。

5. 系统优化

使用 Plant Simulation 可以优化产量、缓解瓶颈、减少在制品加工。考虑到内部和外部供应链、生产资源、商业运作过程，用户可以通过仿真模型来分析不同类型产品的影响。Plant Simulation 能够定义各种物料流的规则并检查这些规则对生产线性能的影响。用户可以使用 Plant Simulation 试验管理器（Experiment Manager）定义试验，并设置仿真运行的次数和时间，也可以在一次仿真中执行多次试验。用户可以结合数据文件，如 Excel 格式的文件来配置仿真试验。

6. 自动分析和优化

使用 Plant Simulation 可以自动为复杂的生产线找到优化的解决方案。在考虑到如产量、在制品数量、资源利用率、交货期等多方面的限制条件时，采用软件自带的遗传算法优化系统参数，并通过仿真手段进一步评估这些解决方案，按照生产线的平衡和各种不同批量交互

地找到优化的解决方案。

7. 分析仿真结果

使用 Plant Simulation 可以很容易地解释仿真结果，统计分析图表可以显示缓存区、设备、劳动力的利用率。用户可以通过创建广泛的统计数据和图表来支持对生产线工作负荷、设备故障、空闲与维修时间、关键性能等参数的动态分析；并且 Plant Simulation 可以通过生成生产计划的甘特图来显示资源的利用情况。

8. 数据交换能力

随着数据库应用的增加，Plant Simulation 还提供了与 SQL、ODBC、RPC、DDE 的接口，其能够读入 CAD、Excel 等格式的数据。

9. 二次开发能力

Plant Simulation 可以通过内置的编程语言 SimTalk 进行编程，从而开发出高级功能的组件和模块。

三、Plant Simulation 建模和仿真对象简介

Plant Simulation 提供了一系列用于构造系统仿真模型的基本对象（仿真结构元素），按对象的动力来源可分为两种，即主动对象和被动对象。主动对象指本身具有动力的物件，如小车有动力可以改变自己的位置，输送带可以运送货物；主动对象还是具有自动控制属性的对象，如发生器 Generator、Broker 等。被动对象指本身不具备动力，需要依靠其他对象才能移动位置的对象，如 Entity、Container 等；被动对象还是需要通过使用者来改变其属性的对象，如 TableFile，CardFile 等。Plant Simulation 提供的用于构造系统仿真模型的基本对象可分为两类：物流对象和信息处理对象。

物流对象用于描述实际存在的工具、设备等。常见的物流对象和建模功能如下。

(1) 产生物料的对象（Source）：用于对生产送料口建模。
(2) 物体对象（Entity）：用于对物料建模。
(3) 分流对象（Flowcontrol）：用于对分合流口建模。
(4) 单处理对象（Singleproc）：用于对加工设备建模。
(5) 多处理对象（Parallelproc）：用于对加工设备（机群）建模。
(6) 组装对象（Assembly）：用于对组装机器建模。
(7) 拆装对象（Dismantation）：用于对拆装机器建模。
(8) 仓库对象（Store）：用于对仓库建模。
(9) 排序对象（Sorter）：用于对排列工序建模。
(10) 轨道对象（Track）：用于对道路建模。
(11) 小车对象（Transporter）：用于对运输车辆建模。
(12) 线对象（Line）：用于对输送带建模。
(13) 集装箱对象（Container）：用于对集装箱及各种容器建模。
(14) 缓冲区对象（Buffer）：用于对缓冲站建模。
(15) 调控对象（Broker）：用于对调节分配资源的人建模。

（16）出站对象（Drain）：用于对出站口建模。

（17）仿真时钟对象（Event controller）：用于控制仿真的运行。

信息处理对象如下。

（1）表格对象（Table file）：用于提供数据和收集仿真数据。

（2）变量对象（Varible）：全局变量，用于仿真对象之间信息交换。

（3）方法（Method）：通过编程来控制仿真对象的属性和行为。

（4）文件接口单元（File interface）：用于 Plant Simulation 和其他应用程序（如 Word 和 Excel）进行数据交换和应用集成。

在 Plant Simulation 中，物流对象和信息处理对象按性质可归为以下 6 类。

（1）物流对象（Material Flow Objects），如图 9-7 所示。

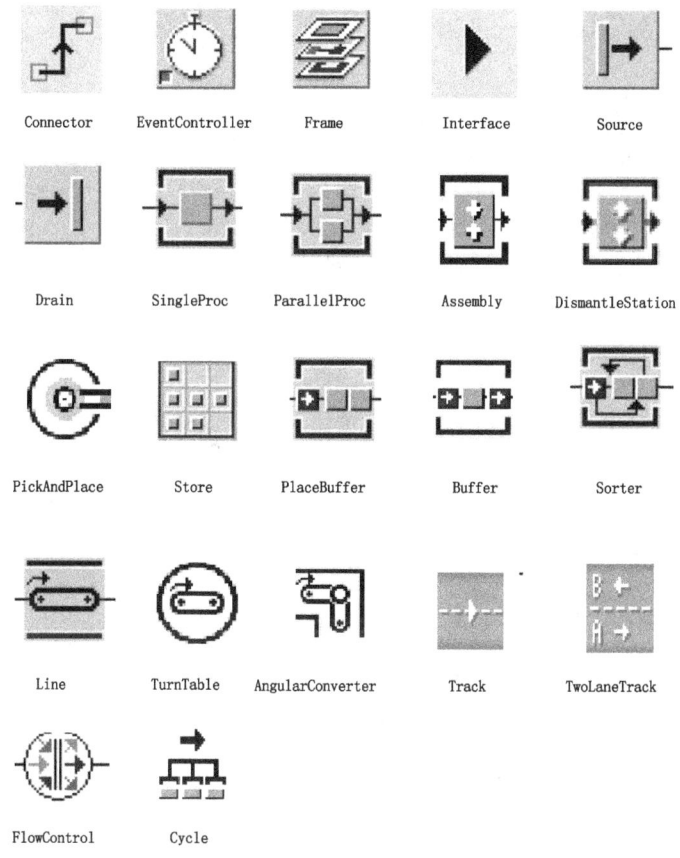

图 9-7　Plant Simulation 中的物流对象

（2）可移动对象（Moving Objects），如图 9-8 所示。

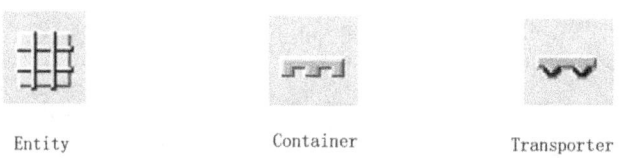

图 9-8　Plant Simulation 中的可移动对象

（3）资源对象（Resources Objects），如图 9-9 所示。

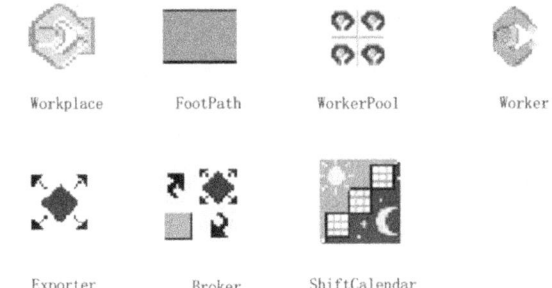

图 9-9　Plant Simulation 中的资源对象

（4）信息流对象（Information Flow Objects），如图 9-10 所示。

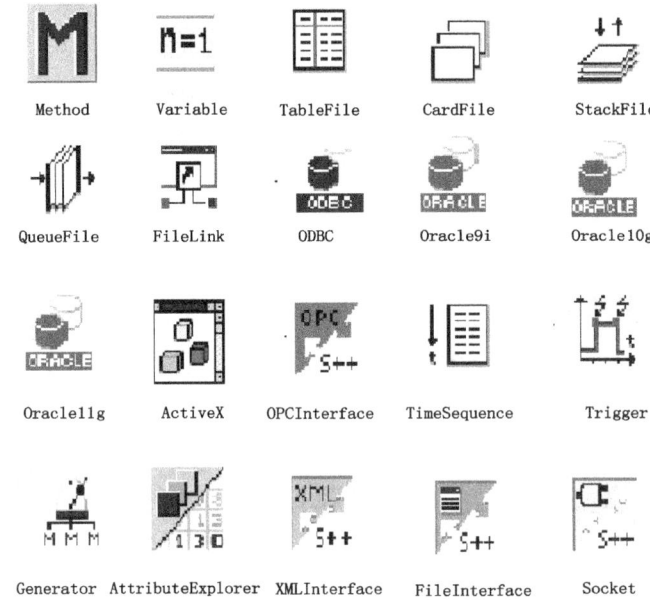

图 9-10　Plant Simulation 中的信息流对象

（5）用户界面对象（User Interface Objects），如图 9-11 所示。

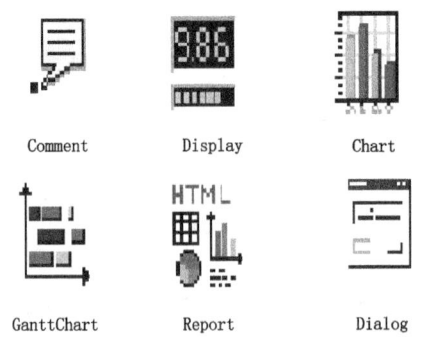

图 9-11　Plant Simulation 中的用户界面对象

(6) 工具对象 (Tool Objects), 如图 9-12 所示。

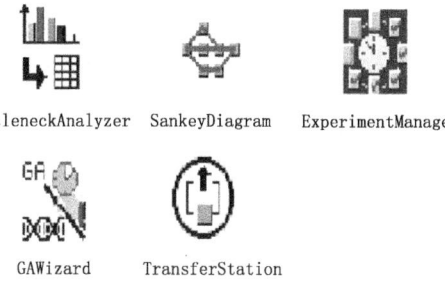

图 9-12 Plant Simulation 中的工具对象

四、Plant Simulation 工作界面

Plant Simulation 工作界面如图 9-13 所示。与典型的 Windows 软件一样,Plant Simulation 也是采用菜单、工具条、对象浏览器、工作区的方式组织系统界面的。界面顶部的菜单栏提供"文件""主页""调试程序""窗口""常规""图标""矢量图"等菜单项目,它们下面的子菜单可实现更为具体的功能。

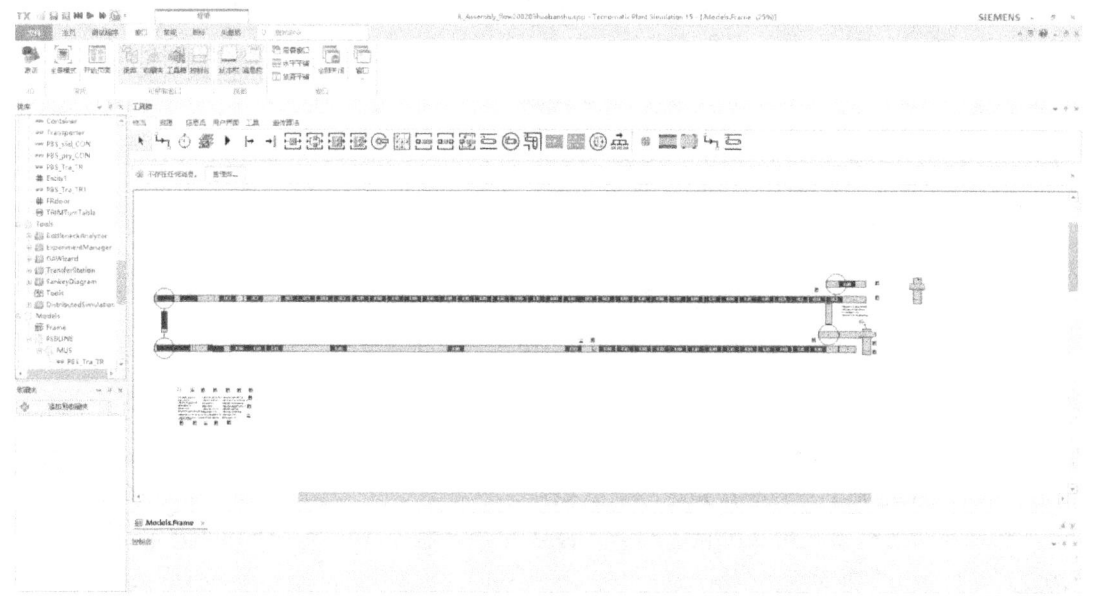

图 9-13 Plant Simulation 工作界面

菜单栏下面的工具栏及其上面的按钮是调用相应菜单功能的快捷方式,Plant Simulation 界面左侧的对象浏览器提供了 Plant Simulation 系统中的建模和分析工具对象,具体如下。

(1) 物流 (Material flow) 目录中是常见的建模对象。

(2) 资源 (Resources) 目录中是资源对象,如工人、服务等。

(3) 信息流 (Information Flow) 目录中是用于统计和收集系统仿真信息的对象,如编程对象、表格等。

（4）用户界面（User Interface）目录中是用于显示系统状态的图形化对象，如图表、报表、对话框等。

（5）移动单元（MUs）目录中是仿真系统移动的实体对象：实体（Entity）是没有动力的移动单元；容器（Container）是没有动力的、但可以装载其他移动单元的移动单元，如托盘和物流容器等；运输器（Transporter）是既有动力，又可以装载其他移动单元（包括实体和容器）的移动单元，如物流叉车、AGV 等。

（6）工具（Tools）目录中是 Plant Simulation 的系统分析工具，如瓶颈分析器和试验管理器等。

以上建模和分析工具对象都是 Plant Simulation 系统内置的，可为建模所用，一般情况下不需要修改这些目录中的对象。

位于对象浏览器最下面的模型（Models）目录是工作目录，一般用于存放仿真项目中的模型和模型中需要使用的对象。根据建模的需要，还可以在模型目录下建立不同名称的子目录，用于分别存放仿真项目的各相关模型。

Plant Simulation 工作界面右侧为工作区，工作区的上部为工具箱（Tool Box），其中内置了 Plant Simulation 系统的建模对象，工具箱中的建模对象被分为"物流（Material Flow）"、"资源（Resources）"、"信息流（Information Flow）"、"用户界面（User Interface）"和"工具（Tools）"5 类。

工作区下部的空白区域是系统建模和仿真的场所，在仿真和建模的过程中，Plant Simulation 提供的建模对象被添加到该区域，并在该区域进行连接、设置、编程，直至构建出生产物流系统的仿真模型，然后仿真模型在该区域中进行仿真运行、数据收集、统计分析等工作，最后根据仿真的情况进行模型调整与优化。

五、Plant Simulation 建模和仿真过程

Plant Simulation 对生产物流系统进行建模和仿真的过程如下。

1. 新建仿真模型

使用 Plant Simulation 对生产物流系统进行建模和仿真，首先必须建立一个仿真项目，Plant Simulation 利用仿真项目对仿真模型、对象、信息、资源、文件等进行组织和统一管理。在 Plant Simulation 中新建一个仿真模型非常简单，单击"文件"菜单中的"新建模型"选项，即可新建一个仿真模型。仿真模型的创建、打开、保存都可以通过文件菜单来完成，仿真模型的文件以".spp"为后缀。

2. 编辑仿真模型

1）添加仿真框架

新建或打开仿真模型后，进入仿真模型的编辑状态。Plant Simulation 是以框架（Frame）对象来组织和管理模型中的仿真对象的，框架在这里相当于容器，仿真模型的所有对象必须放置在框架中。简单的仿真模型可以只有一个框架，复杂的模型则由多个框架组成。

2）添加仿真对象

框架显示在 Plant Simulation 工作界面右侧的工作区中，我们可以从位于工作区上部的工

具箱中选择建模对象,并将该对象添加到框架中,具体方法:先用鼠标指针选中工具箱中的对象(此时该对象呈凹陷状态),此时鼠标指针呈十字形,然后将鼠标指针移到框架中,在适当的位置单击鼠标左键,就可以把建模对象放置到框架(Frame)中了,也可以在鼠标指针选中工具箱后直接拖放到框架的适当位置。重复以上操作,直至构建出整个生产物流系统的仿真模型。

3)连接仿真对象

添加到框架的仿真对象呈离散状态,必须连接起来才能形成生产物流系统,因此必须将这些离散的仿真对象连接起来。Plant Simulation 工具箱中的连接(Connector)对象可以实现仿真对象之间的连接,方法是先用鼠标指针选中工具箱中的连接(Connector)对象(此时该对象呈凹陷状态),在鼠标指针呈十字形时,按照物流的方向先后单击需要连接的仿真对象,即可完成仿真对象的物流设置。

4)设置仿真对象的属性

用鼠标指针双击框架中的仿真对象,即弹出该对象的属性设置对话框,可以在该对话框中设置该对象的属性。仿真对象属性被归类为"时间""准备""失效""控制""离开策略""统计""导入""自定义属性"等几个类别,应根据仿真对象的实际情况进行相应的设置,如图9-14 所示。

3. 启动仿真模型

仿真模型的运行必须依靠仿真时钟来控制系统的仿真事件。从工具箱中选择仿真时钟,并将该仿真时钟添加到框架中,双击仿真时钟,弹出仿真事件控制对话框,如图9-15 所示。

图 9-14 设置仿真对象的属性

图 9-15 Plant Simulation 仿真事件控制界面

在仿真时钟的"设置"标签中,可以设置仿真开始时间、仿真时长(生产物流系统仿真运行的时间);在"控制"标签中,"开始""停止""单步""列表""初始化""重置"等按钮可以对模型的仿真过程进行控制,单击"开始"按钮,便可启动生产物流系统的仿真。

4. 运行仿真系统,观察仿真场景

在仿真系统的运行过程中,可以观察到仿真模型在运行过程中的运行状态。Plant Simulation 利用不同的颜色来表示仿真对象的状态。红色:仿真对象处于故障停顿状态。蓝

色：仿真对象处于暂停状态。绿色：仿真对象处于正常状态。黄色：仿真对象处于阻塞状态。棕色：仿真对象处于准备状态。灰色：仿真对象处于等待状态。淡蓝色：仿真对象处于恢复状态。在仿真系统运行过程中，可以通过这些颜色来了解物流对象的工作状态，非常直观。

5. 仿真数据统计

建模和仿真的目的是为了获取生产物流系统在工作方面的统计数据信息，在 Plant Simulation 中，可以通过表格、图表等收集对象的工作状态信息。以图表（Chart）统计为例，将"工具箱"的"用户界面"中的"图表"对象添加到框架中，然后将需要被统计的仿真对象拖放到该"图表"上面，最后，在仿真系统运行时，可以很直观地观察到仿真对象的工作状态，图9-16 表示两台设备的工作时间比例。

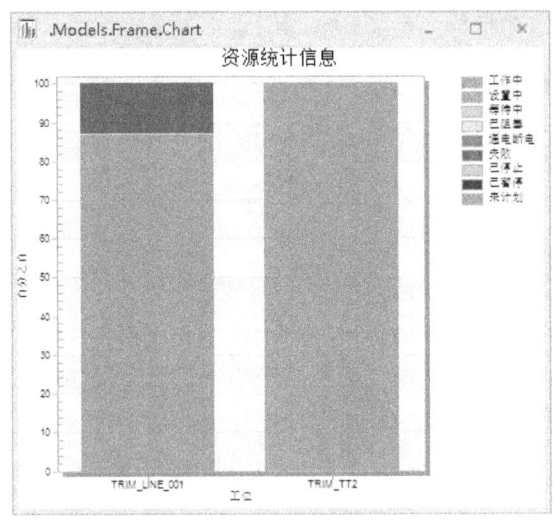

图 9-16 "图表"显示设备的工作时间比例

第四节 生产物流系统建模与仿真实例

总装车间是汽车生产的四大工艺车间之一，该车间按照总装工艺路线和节拍，将喷涂后的彩车身以流水的方式依次输送至各装配工位，以完成仪表、发动机和车门等部件的装配和测试，形成完整的汽车。如何优化各生产线运行参数并实现规划产能是当前汽车生产线设计的一大难题。然而，总装车间往往以经验设计为主，在某汽车制造企业的调研中发现，预估开动率是确定生产线运行参数的主要依据之一。目前，设计人员只能根据经验预估开动率，但是生产线的实际开动率受所有设备故障信息的影响，而且往往与预估开动率偏差较大，导致实际产能与规划产能难以一致，因此极易出现产能不足或资源浪费现象。针对这一现状，本节以某汽车内饰线为研究对象，根据其工作原理及运行流程，采用 Plant Simulation 仿真软件建立其生产物流系统仿真模型。借助仿真模型，考虑相关设备故障信息对生产线开动率的影响，针对其运行参数优化难题，将二分法迭代优化与仿真分析结合，介绍一种基于 Plant Simulation 的汽车内饰线运行参数优化方法。

一、汽车内饰线及其关键运行参数

1. 汽车内饰线简介

汽车内饰线是汽车进入总装车间的第 1 条装配主线,主要完成对安全气囊、方向盘、仪表板和室内空气循环系统等内饰部件的装配。以某汽车内饰线为例,其布局如图 9-17 所示。其中,汽车内饰线由 2 个工艺段、2 个流转段和 1 个快速输送段共 5 个区段组成,而且工艺 1 段有 31 个工位,工艺 2 段有 12 个工位。该汽车内饰线基于摩擦驱动式滑板输送技术,以宽板(滑板)为车身承载物,侧边采用摩擦驱动轮模块推动滑板在轨道上滑行,将彩车身输送至各装配工位,其工作原理及运行流程如下。

步骤 1:在流转 1 段区域,空滑板停靠于车身上线升降机底部,等待车身上线升降机将彩车身转接空滑板中。满载滑板在侧边快速摩擦驱动轮模块 A 的推动下加速驶向工艺 1 段,当接近工艺 1 段时,又在减速摩擦驱动轮模块的带动下逐步降至工艺段速度。

步骤 2:在工艺 1 段中,主摩擦驱动轮模块 A 推动与其接触的满载滑板以工艺段速度低速滑行,该滑板又将前方相邻滑板向前推送,通过滑板间的传递、推送,将彩车身连续输送至各装配工位。

步骤 3:离开工艺 1 段的滑板快速进入流转 2 段,经满载滑板提升机提升至空中平台,然后在通过两台滑板旋转台和满载滑板下降机后,进入工艺 2 段。

步骤 4:离开工艺 2 段的滑板在快速摩擦驱动轮模块 B 的推动下高速通过快速输送段,并停靠于车身下线升降机下方,同时等待车身下线升降机将彩车身提升至底盘线吊具中,空置后的滑板经滑板剪式下降机下降至地下平台,在经两台空滑板旋转台和滑板剪式提升机后,重新停靠于车身上线升降机底部,进入下一轮循环。

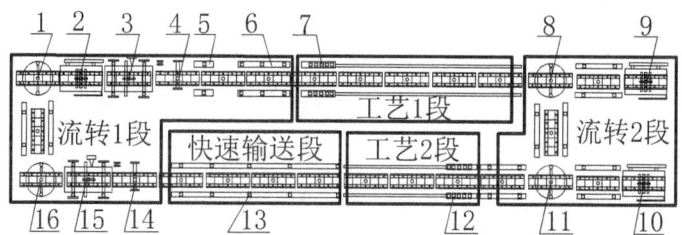

1—空滑板旋转台 A;2—空滑板缓存台;3—滑板剪式提升机;4—车身上线升降机;5—快速摩擦驱动轮模块;6—减速摩擦驱动轮模块;7—主摩擦驱动轮模块 A;8—滑板旋转台 A;9—满载滑板提升机;10—满载滑板下降机;11—滑板旋转台 B;12—主摩擦驱动轮模块 B;13—快速摩擦驱动轮模块 B;14—车身下线升降机;15—滑板剪式下降机;16—空滑板旋转台 B

图 9-17 某汽车内饰线生产物流系统布局

2. 关键运行参数

若已知汽车内饰线布局、运行流程、各设备可用性指标 ω 和设备可靠性指标 MTTR 等信息,则为了满足年规划产能,必须合理设计生产节拍、工艺段速度和最佳滑板数等关键运行参数。各参数含义及理论公式如下。

1)生产节拍 T

生产节拍指在汽车装配时,相邻两车生产的平均间隔时间,单位为 s。生产节拍的理论公式为

$$T = \frac{3600DKH\eta_\mathrm{p}}{P_\mathrm{p}} \tag{9-11}$$

式中，P_p 为年规划产能，单位为辆/年；D 为年工作基数，单位为天数/年；K 为生产班制，如单班制时 $K=1$、双班制时 $K=2$ 等；H 为单班有效作业时间，单位为 h/班；η_p 为汽车内饰线预估开动率，单位为%。

2）工艺段速度 v

工艺段速度是滑板在工艺段的移动速度，即

$$v = \frac{L}{T} \tag{9-12}$$

式中，L 为滑板长度，单位为 m。

3）生产节拍所需的最少滑板数 N_min

若线体中的滑板过少，则难以保证车身输送的连续性，因此无法满足规划的生产节拍和产能。N_min 的理论公式为

$$N_\mathrm{min} = C + \sum_{i=1}^{Z} N_\mathrm{min}^i = C + \sum_{i=1}^{Z} \mathrm{Roundup}\left(\frac{T_i}{T}\right) \tag{9-13}$$

式中，C 为工位总数；Z 为线体中的非工艺区段数；N_min^i 为第 i 个非工艺区段满足生产节拍所需的最少滑板数；T_i 为滑板单次通过第 i 个区段的总耗时，单位为 s；T 为生产节拍，单位为 s；$\mathrm{Roundup}()$ 为向上取整运算。

4）线体最佳滑板数 N_best

为保证车身输送的连续性，系统中的滑板数不得少于 N_min。多投入的滑板用于非工艺段的缓冲，以减少因个别设备临时故障而对工艺段造成的影响。但投入的滑板过多，也会造成堵塞。N_best 的理论公式为

$$N_\mathrm{best} = C + \sum_{i=1}^{Z}(N_\mathrm{min}^i + N_\mathrm{AVG}) \tag{9-14}$$

$$N_\mathrm{AVG} = \min_{i=1}^{Z}\left(\frac{N_\mathrm{max}^i - N_\mathrm{min}^i}{2}\right) \tag{9-15}$$

$$N_\mathrm{max}^i = \sum_{j=1}^{M_i} N_\mathrm{max}^{ij} = \sum_{j=1}^{M_i} \mathrm{RoundDown}\left(\frac{L_{ij}}{L}\right) \tag{9-16}$$

式中，N_AVG 为各非工艺段投入的用于缓冲的滑板数；N_max^i 为第 i 个非工艺区段所能容纳的最大滑板数；M_i 为第 i 个非工艺区段中的设备数；N_max^{ij} 为第 i 个区段第 j 个设备所能容纳的最大滑板数；L_{ij} 为第 i 个区段第 j 个设备的长度，单位为 m；L 为滑板长度，单位为 m；$\mathrm{RoundDown}()$ 为向下取整运算。

由式（9-12）～式（9-16）可知，生产节拍 T 是基准运行参数，其他参数多与其直接相关。由式（9-11）可知，在影响生产节拍 T 的诸多因素中，年规划产能、年工作基数、生产班制和单班有效作业时间在规划阶段能够确定，因此，汽车内饰线的关键运行参数主要取决于预估开动率 η_p。目前，预估开动率一般由技术人员根据经验估算，而汽车内饰线的实际开动率 η_s 受各设备的可用性指标 ω 和设备可靠性指标 MTTR 的影响，难与 η_p 一致，甚至多数情况下差异较大，导致实际产能与规划产能相差甚远。

二、基于 Plant Simulation 的运行参数优化方法

仿真优化的基本思想是，应用二分法迭代、遗传算法等算法的优化流程，逐步产生对应参数的可行解；再将可行解输入到仿真模型中，通过仿真得到可行解的性能指标；优化算法再依据可行解及其性能指标进行迭代搜索，从而产生新的可行解；最后将新的可行解导入到仿真模型中，如此反复，直到性能指标满足要求，输出得到的最优解。

根据这一思想，首先，基于汽车内饰线的工作原理及运行流程建立基于 Plant Simulation 的生产物流系统仿真模型。其次，以预估开动率 η_p 为目标优化参数，并根据预估开动率 η_p 更新生产节拍 T、工艺段速度 v 等运行参数。运用仿真模型统计在各参数作用下的实际开动率 η_s 和实际产能 P_s，并以二分法迭代为主控优化流程，不断提升预估开动率 η_p 与实际开动率 η_s 的一致性，最终实现对汽车内饰线生产物流系统运行参数的优化。基于 Plant Simulation 的运行参数优化方法如图 9-18 所示。

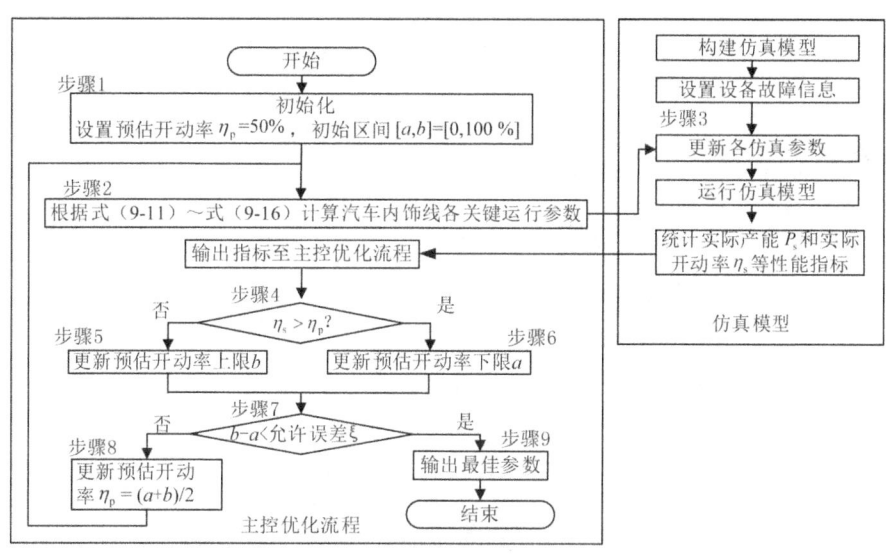

图 9-18 基于 Plant Simulation 的运行参数优化方法

1. 仿真模型的构建

在生产物流系统仿真中，建模的恰当与否直接决定仿真系统的可信度。汽车内饰线中主要有滑板旋转台、滑板升降机、滑板和轨道等主要物流设备，建模时需要根据物流设备的工作原理，在 Plant Simulation 中选择合适的对象模拟其运行过程。各物流设备的工作原理及选择的仿真对象如下。

1）滑板、滑板轨道及摩擦驱动轮模块

由于滑板本身并不具备动力，因此在 Plant Simulation 软件中可以直接使用 Container 对象表示滑板。滑板轨道是生产物流系统的基础设备，它直观地显示了滑板输送的路径，因此，仿真系统中对滑板轨道的建模必须真实反映滑板轨道的尺寸、半径和位置。Plant Simulation 中可以表示滑板轨道的对象有 Line 和 Track 两种，分别表示有动力轨道和无动力轨道。虽然汽车内饰线中的轨道本身并不具备动力，但两侧的摩擦驱动轮能够驱动滑板在轨道上滑行，因此，采用 Line 对象表示汽车内饰线中的轨道及摩擦驱动轮模块，并根据各区段滑板的运行

流程及速度特性合理分配各轨道的长度,以减少后续编程工作。

2)滑板旋转台

滑板旋转台能够驱动滑板实现两个方向的独立运动,即进出旋转台的横向运动及相对旋转台中心的旋转运动。针对这一运行特性,采用 TurnTable 对象模拟滑板旋转台的工作。

3)各种滑板升降机(包括提升机和下降机)

滑板升降机不仅能驱动滑板沿轨道横向运动,而且能驱动滑板进行垂直升降运动,以实现滑板在不同高度轨道间的转运。在 Plant Simulation 中没有能够直接模拟该类升降机的对象,本书采用 Line 对象与 Container 对象的组合来模拟升降机的垂直升降功能,并根据轨道高度设置对应的传感器(Sensor),再通过传感器触发 Method 程序,以实现滑板进出升降机的功能,同时增加软件延迟时间 T_D,以表示滑板进出升降机的横向运动时间。T_D 的计算公式为

$$T_D = \begin{cases} 2\sqrt{\dfrac{L_s}{a_s}}, & L_s \leqslant \dfrac{v_s^2}{a_s} \\ 2\dfrac{v_s}{a_s} + \dfrac{L_s}{a_s} - \dfrac{v_s^2}{a_s^2}, & 其他 \end{cases} \tag{9-17}$$

式中,L_s 为滑板进出升降机时的横向运行路程,单位为 m;a_s 为滑板加速度,单位为 m/s²;v_s 为滑板横向最大移动速度,单位为 m/s。

4)车身上/下线升降机

车身上/下线升降机的建模与滑板升降机类似,这里不再赘述。

汽车内饰线生产物流系统仿真模型如图 9-19 所示。

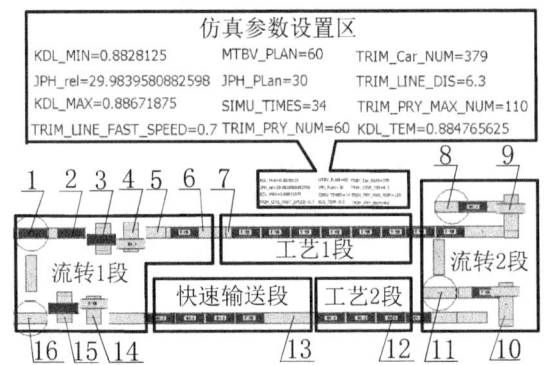

1—空滑板旋转台 A;2—空滑板缓存台;3—滑板剪式提升机;4—车身上线升降机;5—快速摩擦驱动轮模块 A 及轨道;6—减速摩擦驱动轮模块及轨道;7—主摩擦驱动轮模块 A 及轨道;8—滑板旋转台 A;9—满载滑板提升机;10—满载滑板下降机;11—滑板旋转台 B;12—主摩擦驱动轮模块 B 及轨道;13—快速摩擦驱动轮模块 B 及轨道;14—车身下线升降机;15—滑板剪式下降机;16—空滑板旋转台 B

图 9-19 汽车内饰线生产物流系统仿真模型

2. 设备故障信息的设置

在汽车内饰线中,需要设置故障信息的设备主要有滑板旋转台、各类升降机等物流设备和各装配工位。在 Plant Simulation 中,设置设备故障信息的界面如图 9-20 所示,需设置设备可用性指标 ω 及设备可靠性指标 MTTR。其中,设备可用性指标 ω 是描述设备在规定条件下和规定时间内处于可执行规定功能状态能力的,其计算公式为

$$\omega = \frac{\text{MTTF}}{\text{MTTF}+\text{MTTR}} \times 100\% \tag{9-18}$$

式中，MTTF 为设备平均无故障时间，单位为 s；MTTR 为设备平均故障恢复时间，单位为 s。MTTF 及 MTTR 均为设备可靠性指标，由设备供应商提供。

3．基于二分法迭代的主控优化流程

本书提出的基于二分法迭代的主控优化流程如图 9-18 所示，具体步骤如下。

步骤 1：初始化。将预估开动率 η_p 的区间设置为 [0,100%]，并将预估开动率 η_p 设置为区间中值，转步骤 2。

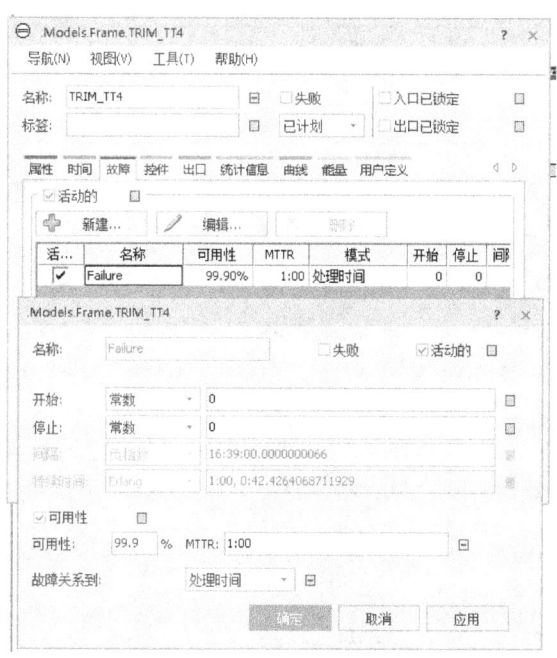

图 9-20　设置设备故障信息界面

步骤 2：根据预估开动率 η_p 的当前值，再利用式（9-11）～式（9-16）计算汽车内饰线各关键运行参数，转步骤 3。

步骤 3：将各关键运行参数输入仿真模型中，运行仿真模型，统计实际产能 P_s、实际开动率 η_s 等性能指标，并将指标导入主控优化流程，转步骤 4。

步骤 4：判断实际开动率 η_s 是否大于预估开动率 η_p，若否，表明实际产能 P_s 达不到规划产能 P_p，转步骤 5；若是，表明实际产能 P_s 超过规划产能 P_p，转步骤 6。

步骤 5：将预估开动率 η_p 的当前值设置为 η_p 区间的上限，转步骤 7。

步骤 6：将预估开动率 η_p 的当前值设置为 η_p 区间的下限，转步骤 7。

步骤 7：判断迭代结束条件，若预估开动率 η_p 的区间宽度小于允许误差 ξ，转步骤 9；否则，转步骤 8。

步骤 8：将预估开动率 η_p 设置为区间中值，转步骤 2，继续下一轮迭代。

步骤 9：输出最后一次迭代对应的生产节拍、工艺段速度等运行参数，结束。

三、设计实例及仿真优化分析

1. 设计实例简介

为了验证本书提出的优化方法的有效性,以国内某汽车内饰线为例,该汽车内饰线布局如图 9-17 所示,主要设备故障信息如表 9-5 所示,规划产能 P_p 为 60 000 辆/年,年工作基数为 250 天,生产班制为单班制,单班有效作业时间为 8h/班,要求确定生产节拍、工艺段速度及最佳滑板数等运行参数,并保证实际产能不得超过规划产能的 3%。

表 9-5 主要设备故障信息

设备名称	ω/%	MTTR/s
各装配工位设备	98.5	120
各类升降机	98.5	120
滑板旋转台	99.5	60
各摩擦驱动轮模块	99.9	60

2. 主控优化流程的实现及仿真优化分析

在建立的仿真模型中添加两个 Method 对象,分别命名为 Reset 和 Endsim。以一个年工作基数(250 天)为仿真周期,在每轮仿真周期结束时,利用 Endsim 对象统计该周期内的实际产能 P_s、实际开动率 η_s 等性能指标。

(1)Endsim 中的程序如下。

```
is
    muobj:object;
do
    if trim_car_num>100 then
        trim_mtb:=trim_mtb1_sum/(trim_car_num-100);    //统计平均下车间隔
        kdl_real:=mtbv_plan/trim_mtb;                   //统计实际开动率
        cn_real:=3600/trim_mtb*8*250;                   //统计实际产能
    end;
```

在 Reset 对象中加入判断机制,根据上一轮仿真周期的指标更新预估开动率 η_p 和各参数,再将更新后的参数用于下一轮仿真周期的仿真。

(2)Reset 中的程序如下。

```
is
    idim,jdim,buf_num:integer;
    str,str1,str_temp:string;
    stoobj:object;
    rr:real;
do
    if trim_mtb>0 then
        if kdl_rel>kdl_plan then;  //更新预估开动率
            kdl_min:=kdl_tem;
            kdl_tem:=(kdl_max+kdl_min)/2;
        else
```

```
            kdl_max:=kdl_tem;
            kdl_tem:=(kdl_max+kdl_min)/2;
        end;
end;
simu_times:=simu_times+1;
mtbv_plan:=kdl_tem*3600/jph_plan;
trim_line_speed:=trim_line_dis/mtbv_plan;
buf_num:=buf_msg[3,1];
for idim:=1 to 3 loop
buf_msg[2,idim]:=ceil(buf_msg[1,idim]/trim_line_fast_speed/mtbv_plan);
buf_num:=min(buf_num,ceil((buf_msg[3,idim]-buf_msg[2,idim])/2));
next;
trim_pry_num:=45+6;
for idim:=1 to 3 loop
    trim_pry_num:=trim_pry_num+buf_msg[2,idim];
next;
tab_trimnum[2,1]:=trim_pry_num;
.models.trimline.trim_pry_con.length:=trim_line_dis;
trim_lift_slid01.backwards:=false;
trim_lift_slid01.speed:=trim_line_liftspeed;
trim_lift_slid02.backwards:=false;
trim_lift_slid02.speed:=trim_line_liftspeed;
car_num:=0;
car_pro_msg.delete({0,0},{*,*});
trim_car_num:=0;
car_trim_msg.delete({0,0},{*,*});
trim_line_g001.exitlocked:=false;
trim_pry_max_num:=0;
trim_line_g002.speed:=trim_line_fast_speed;
trim_line_g001.speed:=trim_line_in_speed;
for   idim:=1 to 13 loop /*trim line init */
    str:=num_to_str(idim);
    if idim<10 then
        str:=incl("00",str,1);
    else
        if  idim<100 then
            str:=incl("0",str,1);
        end;
    end;
    str:=incl("trim_line_p",str,1);
    stoobj:=str_to_obj(str);
    stoobj.speed:=trim_line_fast_speed;
    stoobj.mudistance:=trim_line_dis;
    stoobj.mudistancetype:="minimum pitch";
```

```
            stoobj.capacity:=stoobj.length/trim_line_dis;
            stoobj.accelerationenabled:=true;
            stoobj.acceleration:=accele_speed;
            stoobj.deceleration:=decele_speed;
            stoobj.automaticstop:=false;
            trim_pry_max_num:=trim_pry_max_num+stoobj.capacity;
        next;
        for  idim:=1 to 4 loop /*trim line init */
            str:=num_to_str(idim);
            str:=incl("trim_tt",str,1);
            stoobj:=str_to_obj(str);
            stoobj.speed:=trim_line_fast_speed;
        trim_pry_max_num:=trim_pry_max_num+stoobj.length/trim_line_dis;
        next;
        for   idim:=1 to 2 loop /*trim line init */
            str:=num_to_str(idim);
            str:=incl("trim_line_g00",str,1);
            stoobj:=str_to_obj(str);
            stoobj.mudistancetype:="minimum pitch";
            stoobj.accelerationenabled:=true;
            stoobj.acceleration:=accele_speed;
            stoobj.deceleration:=decele_speed;
            stoobj.automaticstop:=false;
            stoobj.capacity:=stoobj.length/trim_line_dis;
trim_pry_max_num:=trim_pry_max_num+stoobj.length/trim_line_dis;
        next;
        for    idim:=1 to 5 loop /*trim line init */
            str:=num_to_str(idim);
            if idim<10 then
                str:=incl("00",str,1);
            else
                if  idim<100 then
                    str:=incl("0",str,1);
                end;

            end;
            str:=incl("trim_line_p",str,1);
            stoobj:=str_to_obj(str);
            stoobj.mudistancetype:="minimum pitch";
            stoobj.capacity:=stoobj.length/trim_line_dis;
            trim_pry_max_num:=trim_pry_max_num+stoobj.capacity;
            stoobj.accelerationenabled:=true;
            stoobj.acceleration:=accele_speed;
            stoobj.deceleration:=decele_speed;
```

```
            stoobj.automaticstop:=false;
        next;
        for    idim:=1 to 3 loop /*trim line init */
            str:=num_to_str(idim);
            if idim<10 then
                str:=incl("00",str,1);
            else
                if  idim<100 then
                    str:=incl("0",str,1);
                end;
            end;
            str:=incl("trim_line_",str,1);
            stoobj:=str_to_obj(str);
            stoobj.mudistance:=trim_line_dis;
            stoobj.speed:=trim_line_speed;
            stoobj.mudistancetype:="minimum pitch";
            rr:=stoobj.length/trim_line_dis;
            stoobj.capacity:=rr+1;
            trim_pry_max_num:=trim_pry_max_num+stoobj.capacity;
            stoobj.accelerationenabled:=true;
            stoobj.acceleration:=accele_speed;
            stoobj.deceleration:=decele_speed;
            stoobj.automaticstop:=false;
            if idim=3 then
                stoobj.speed:=trim_line_fast_speed;
            end;
        next;
end;
```

当允许误差 ξ=0.5%时，每次迭代的参数设置如表 9-6 所示，规划产能及每次迭代统计的实际产能如图 9-21 所示，统计的预估开动率 η_p 与实际开动率 η_s 的偏差率 E_η 如图 9-22 所示。偏差率 E_η 定义为

$$E_\eta = \left| \frac{\eta_p - \eta_s}{\eta_s} \right| \times 100\% \tag{9-19}$$

由图 9-21 与图 9-22 可知，在第 1 次迭代时，预估开动率与实际开动率的偏差率较大，仿真统计的实际产能接近 105 000 辆/年，远超规划产能的 60 000 辆/年。若按照此参数生产，则会形成大量的库存积压，造成资源浪费。随着迭代次数的增加，预估开动率与实际开动率的偏差率逐渐降低，当迭代到第 3 次时，预估开动率与实际开动率的偏差率已降至 1.21%，此时仿真统计的实际产能为 60734 辆/年，已满足不得超过规划产能 3%的设计要求。当迭代到第 8 次时，预估开动率与实际开动率的偏差率降至 0.05%，仿真统计的实际产能为 60030 辆/年，与规划产能基本一致，既保证了规划产能，又避免了因库存积压而造成的资源浪费，从而证明了基于仿真优化的汽车内饰线运行参数优化方法的有效性。

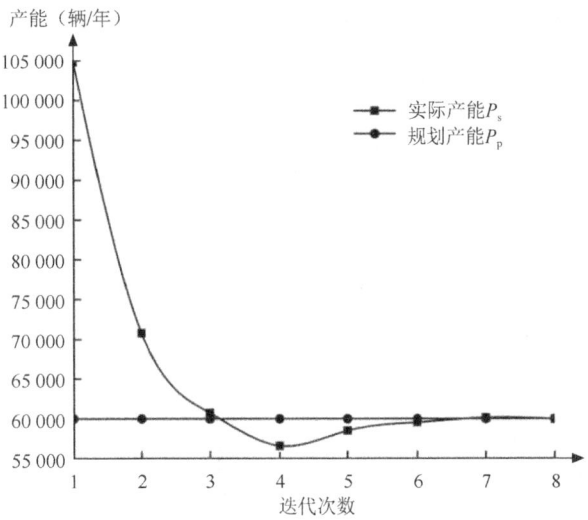

图 9-21 规划产能及每次迭代统计的实际产能

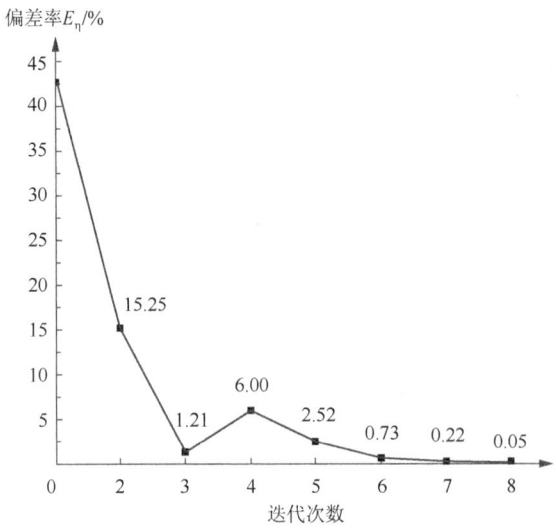

图 9-22 统计的预估开动率 η_p 与实际开动率 η_s 的偏差率 E_η

表 9-6 每次迭代的参数设置

迭代次数	[a,b]	η_p/%	T/s	v/(m/s)	N_{min}	N_{best}	η_s/%
1	[0,100 %]	50.00	60.0	0.1050	52	61	87.34
2	[50 %,100 %]	75.00	90.0	0.0700	53	61	88.50
3	[75 %,100 %]	87.50	105.0	0.0600	55	61	88.57
4	[87.5 %,100 %]	93.75	112.5	0.0560	55	61	88.44
5	[87.5 %,93.75 %]	90.63	108.8	0.0579	55	61	88.39
6	[87.5 %,90.63 %]	89.06	106.9	0.0589	55	61	88.41
7	[87.5 %,89.06 %]	88.28	105.9	0.0595	55	61	88.48
8	[88.28 %,89.06 %]	88.67	106.4	0.0592	55	61	88.71

参考文献

[1] 叶文华,陈蔚芳,马万太,等. 机械制造工艺与装备[M].北京:电子工业出版社,2020.

[2] 甘卫华,徐翔斌,吴素浓,等. 生产物流[M].北京:中国财富出版社,2015.

[3] 王建华,黄贤凤. 生产物流系统建模与仿真[M].北京:电子工业出版社,2014.

[4] 方庆琯. 物流系统设施与设备[M].北京:清华大学出版社,2009.

[5] 张晓川. 现代仓储物流技术与装备[M].北京:化学工业出版社,2013.

[6] 吕广明,刘明思. 物流设备与规划技术[M].北京:中国电力出版社,2009.

[7] 王耀斌,简晓春. 物流装卸机械[M].北京:人民交通出版社,2003.

[8] 孔令中. 现代物流设备设计与选用[M].北京:化学工业出版社,2006.

[9] Salichs M A,Moreno L. Navigation of mobile robots: Open questions [J]. Robotica,2000,18(3): 227-234.

[10] Durrant-Whyte H. Where am I? A tutorial on mobile vehicle localization [J]. Industrial Robot,1994,21(2): 11-16.

[11] Courbon J,Mezouar Y,Martinet P. Indoor navigation of a non-holonomic mobile robot using a visual memory [J]. Autonomous Robots,2008,25: 253-266.

[12] Beccari G,Caselli S,Zanichelli F,et al. Vision-based line tracking and navigation in structured environments [A]. Proc. of the 1997 IEEE Int. Symposium on Computational Intelligence in Robotics and Automation [C].USA,1997: 406-411.

[13] Lowe D G,Distinctive image features from scale-invariant Keypoints [J]. International Journal of Computer Vision,2004,60(2): 91-100.

[14] Herbert B,Andreas E,Tinne T,et al.Speeded-up robust features (SURF) [J]. Computer Vision and Image Understanding,2007,110(3): 346-359.

[15] Rosten E,Drummond T. Machine learning for high-speed corner detection [A]. European Conference on Computer Vision [C]. Berlin: Spring,2006: 430-443.

[16] 张建鹏.视觉导引AGV精准导引与精确定位技术研究[D]. 南京:南京航空航天大学,2017.

[17] 武星,张颖,李林慧,等. 复杂光照条件下视觉导引AGV路径提取方法[J]. 农业机械学报,2017,48(10): 15-24.

[18] 秦莉,董丽丽,许文海,等.CCD图像灰度与照度的转换标定方法[J].仪器仪表学报,2015,36(3):639-644.

[19] Wu X,Sun Co,Zou T,et al. SVM-based image partitioning for vision recognition of AGV guide paths under complex illumination conditions[J]. Robotics and Computer Integrated Manufacturing,2020,61: 101856.

[20] 喻俊,楼佩煌,钱晓明,等. AGV视觉导引路径的识别及精确测量[J]. 华南理工大

学学报（自然科学版），2012，40(3): 143-149.

[21] Wu X，Shen W，Lou P，et al. An automated guided mechatronic tractor for path tracking of heavy-duty robotic vehicles [J]. Mechatronics，2016，35(5): 23-31.

[22] 王荣本，李兵，徐友春，等. 基于视觉的智能车辆自主导航最优控制器设计[J]. 汽车工程，2001(7)，21(2): 97-100.

[23] 陈无畏，孙海涛，李碧春，等. 基于标示线导航的 AGV 跟踪控制[J]. 机械工程学报，2006(8): 164-170.

[24] Hemami A，Mehrabi M G. Synthesis for an optimal control law for path tracking in mobile robots [J]. Automatica，1992，28(2): 383-387.

[25] 张剀，赵雷，赵鸿宾. 磁轴承飞轮控制系统设计中 LQR 方法的应用研究[J]. 机械工程学报，2004，40(2):127-131.

[26] 褚健，胡协和. 关于最优调节器 LQR 鲁棒性的讨论[J]. 控制与决策，1992，7(6): 478-481.

[27] 周俊，姬长英. 基于视觉导航的轮式移动机器人横向最优控制[J]. 机器人，2002(5)，24(3): 209-212.

[28] 王仲民，岳宏，李充宁，等. 轮式移动机器人轨迹跟踪的最优控制[J]. 机械科学与技术，2006(1)，25(1): 21-23.

[29] 谷东兵，胡豁生，Michael Brady. 移动机器人的运动预测控制[J]. 仪器仪表学报，2000(4)，21(2): 155-158.

[30] 史恩秀，黄玉美，史文浩. 轮式机器人轨迹跟踪的预测控制[J]. 机械科学与技术，2004(10)，23(10): 1234-1241.

[31] 武星，楼佩煌. 基于运动预测的路径跟踪最优控制研究[J]. 控制与决策，2009，24(4): 565- 569.

[32] 于金霞，王璐，蔡自兴. 未知环境中移动机器人自定位技术[M]. 北京:电子工业出版社，2011.

[33] 西格沃特 R，诺巴克什 I R，斯卡拉穆扎 D，等. 自主移动机器人导论[M]. 西安:西安交通大学出版社，2013.

[34] Koubaa A，Bennaceur H，Chaari I，et al. Robot Path Planning and Cooperation[M]. Springer International Publishing，2018.

[35] 谢奥. 基于改进 AMCL 的 AGV 全局定位算法研究[D]. 济南:山东大学，2020.

[36] 高翔，张涛. 视觉 slam 十四讲从理论到实践[M]. 北京: 电子工业出版社，2019.

[37] 康晓龙. 面向动态障碍物的机器人局部路径规划策略研究与实现[D]. 成都:电子科技大学，2020.

[38] 费尔南德斯-马德里加尔. 移动机器人同步定位与地图构建[M]. 北京: 国防工业出版社，2017.

[39] 高云峰，周伦，吕明睿，等. 自主移动机器人室内定位方法研究综述[J]. 传感器与微系统. 2013，32(12): 1-5.

[40] 王鹏，李书杰，陈宗海. 移动机器人定位方法研究综述[C]. 第 13 届中国系统传真技术及其应用学术年会，2011.

[41] 曹蓓. 粒子滤波改进算法及其应用研究[D]. 北京:中国科学院研究生院（西安光子精密机

械研究所），2012.

[42] 鲍龙. 基于改进粒子滤波的移动机器人室内高效定位技术研究[D]. 武汉:华中科技大学, 2019.

[43] 曹思萌. 动态环境下移动机器人的路径规划算法研究[D]. 哈尔滨:哈尔滨工业大学, 2019.

[44] 王甜甜. 多移动机器人路径规划及仿真研究[D]. 西安:西安理工大学, 2019.

[45] 李鑫,仲训昱,彭侠夫,等.基于多分辨率搜索与多点云密度匹配的快速ICP-SLAM方法[J].机器人, 2020, 42(05): 583-594.

[46] 张浩悦, 程晓琦, 刘畅, 等. 基于全局稀疏地图的AGV视觉定位技术[J].北京航空航天大学学报, 2019, 45(01): 218-226.

[47] Wu X, Jin P, Zou T, et al. Backstepping trajectory tracking based on fuzzy sliding mode control for differential mobile robots [J]. Journal of Intelligent & Robotic Systems, 96(1): 109-121.

[48] Vis I F A. Survey of research in the design and control of automated guided vehicle systems [J]. European Journal of Operational Research, 2006, 170(3): 677–709.

[49] Hsueh C F. A simulation study of a bi-directional load-exchangeable automated guided vehicle system [J]. Computers & Industrial Engineering, 2010, 58 :594–601.

[50] Asef-Vaziri A, Kazemi M. Covering and connectivity constraints in loop-based formulation of material flow network design in facility layout [J]. European Journal of Operational Research, 2018, 264(3): 1033-1044.

[51] Rahimikelarijani B, Saidimehrabad M, Barzinpour F. A Mathematical model for multiple-load AGVs in tandem layout [J]. Journal of Optimization in Industrial Engineering, 2020, 13(1): 67-80.

[52] Adamo T, Bektaş T, Ghiani G, et al. Path and speed optimization for conflict-free pickup and delivery under time windows [J]. Transportation Science, 2018, 52(4): 739-755.

[53] Tai R, Wang J, Chen W. A prioritized planning algorithm of trajectory coordination based on time windows for multiple AGVs with delay disturbance [J]. Assembly Automation, 2019, 39(5):753-768.

[54] Lyu X F, Song Y C, He C Z, et al. Approach to integrated scheduling problems considering optimal number of automated guided vehicles and conflict-free routing in flexible manufacturing systems [J]. IEEE Access, 2019, 7: 74909-74924.

[55] Yang Y, Zhong M, Dessouky Y, et al. An integrated scheduling method for AGV routing in automated container terminals[J]. Computers & Industrial Engineering, 2018, 126: 482-493.

[56] Nishi T, Hiranaka Y, Grossmann I E. A bilevel decomposition algorithm for simultaneous production scheduling and conflict-free routing for automated guided vehicles[J]. Computers & Operations Research, 2011, 38(5):876-888.

[57] 卢少平. 基于RFID的AGV定位与导引研究[D]. 济南:山东大学, 2011.

[58] 庄惠敏,曹其新. 探测车基于可视路标的全局定位[J]. 上海交通大学学报, 2009 (6): 871-874.

[59] 于清晓. 轮式餐厅服务机器人移动定位技术研究[D]. 上海:上海交通大学, 2013.

[60] 冯肖维. 基于多传感器信息融合的移动机器人位姿计算方法研究[D]. 上海:上海大学, 2011.

[61] Eiselt H A, Sandblom C L. Introduction to operations research [M]. Berlin:Springer Heidelberg, 2012.

[62]《运筹学》教材编写组. 运筹学（第四版）[M]. 北京：清华大学出版社，2012.

[63] Kala R. Multi-robot path planning using co-evolutionary genetic programming [J]. Expert Systems with Applications, 2012, 39(3): 3817-3831.

[64] Nguyen S, Zhang M, Johnston M, et al. Automatic design of scheduling policies for dynamic multi-objective job shop scheduling via cooperative coevolution genetic programming [J]. IEEE Transactions on Evolutionary Computation, 2012.

[65] Cvetković D M, Rowlinson P, Simić S. An introduction to the theory of graph spectra [M]. Cambridge: Cambridge University Press, 2010.

[66] Guan X, Dai X, Li J. Revised electromagnetism-like mechanism for flow path design of unidirectional AGV systems [J]. International Journal of Production Research, 2011, 49(2): 401-429.

[67] 管贤平, 戴先中.AGV 系统避免死锁的多属性任务调度方法[J].中国机械工程, 2009, 20（19）：2337-2341.

[68] Kumar M V S, Janardhana R, Rao C S P. Simultaneous scheduling of machines and vehicles in an FMS environment with alternative routing [J]. International Journal of Advanced Manufacturing Technology, 2011, 53: 339-351.

[69] Wu X, Angeles J, Zou T, et al. Receding-horizon vision guidance with smooth trajectory blending in the field of view of mobile robots [J]. Applied Sciences, 2020, 10(2): 676.

[70] Xiao H, Wu X, Qin D, et al. A collision and deadlock prevention method with traffic sequence optimization strategy for UGN based AGVS [J]. IEEE Access, 2020, 8: 209452 -70.

[71] Xiao H, Wu X, Zeng Y, et al. A CEGA-based optimization approach for integrated designing of a unidirectional guide-path network and scheduling of AGVs [J]. Mathematical Problems in Engineering, 2020: 3961409.

[72] Wu X, Sun C, Zou T, et al. Intelligent path recognition against image noises for vision guidance of automated guided vehicles in a complex workspace [J]. Applied Sciences, 2019, 9(19): 4018.

[73] Wu X, Lou P, Yu J, et al. Intersection recognition and guide-path selection for a vision-based AGV in a bidirectional flow network [J]. International Journal of Advanced Robotic Systems. 2014, 11(39): 1-17.

[74] Wu X, Lou P, Shen K, et al. Precise transshipment control of an automated magnetic-guided vehicle using optics positioning [J]. International Journal on Smart Sensing and Intelligent Systems, 2014, 7(1): 48-71.

[75] 肖海宁, 楼佩煌, 钱晓明, 等. 一种柔性作业车间环境下单向导引路径网络设计方法[J]. 机械工程学报, 2013, 49(3): 122-129.

[76] 武星, 楼佩煌, 唐敦兵. 自动导引车路径跟踪和伺服控制的混合运动控制[J]. 机械工程学报, 2011, 47(3): 43-48.

反侵权盗版声明

  电子工业出版社依法对本作品享有专有出版权。任何未经权利人书面许可，复制、销售或通过信息网络传播本作品的行为；歪曲、篡改、剽窃本作品的行为，均违反《中华人民共和国著作权法》，其行为人应承担相应的民事责任和行政责任，构成犯罪的，将被依法追究刑事责任。

  为了维护市场秩序，保护权利人的合法权益，我社将依法查处和打击侵权盗版的单位和个人。欢迎社会各界人士积极举报侵权盗版行为，本社将奖励举报有功人员，并保证举报人的信息不被泄露。

举报电话：（010）88254396；（010）88258888

传 真：（010）88254397

E-mail：dbqq@phei.com.cn

通信地址：北京市万寿路173信箱
     电子工业出版社总编办公室

邮 编：100036